思想的・睿智的・獨見的

經典名著文庫

學術評議

策劃　楊榮川

五南圖書出版公司 印行

經典名著文庫

學術評議者簡介（依姓氏筆畫排序）

- 丘為君　美國俄亥俄州立大學歷史研究所博士
- 吳惠林　美國芝加哥大學經濟系訪問研究、臺灣大學經濟系博士
- 宋鎮照　美國佛羅里達大學社會學博士
- 林玉体　美國愛荷華大學哲學博士
- 邱燮友　國立臺灣師範大學國文研究所文學碩士
- 洪漢鼎　德國杜塞爾多夫大學榮譽博士
- 孫效智　德國慕尼黑哲學院哲學博士
- 秦夢群　美國麥迪遜威斯康辛大學博士
- 高明士　日本東京大學歷史學博士
- 高宣揚　巴黎第一大學哲學系博士
- 張光宇　美國加州大學柏克萊校區語言學博士
- 張炳陽　國立臺灣大學哲學研究所博士
- 陳秀蓉　國立臺灣大學理學院心理學研究所臨床心理學組博士
- 陳思賢　美國約翰霍普金斯大學政治學博士
- 陳清秀　美國喬治城大學訪問研究、臺灣大學法學博士
- 陳鼓應　國立臺灣大學哲學研究所
- 曾永義　國家文學博士、中央研究院院士
- 黃光國　美國夏威夷大學社會心理學博士
- 黃光雄　國家教育學博士
- 黃昆輝　美國北科羅拉多州立大學博士
- 黃政傑　美國麥迪遜威斯康辛大學博士
- 楊維哲　美國普林斯頓大學數學博士
- 葉海煙　私立輔仁大學哲學研究所博士
- 葉國良　國立臺灣大學中文所博士
- 廖達琪　美國密西根大學政治學博士
- 劉滄龍　德國柏林洪堡大學哲學博士
- 黎建球　私立輔仁大學哲學研究所博士
- 盧美貴　國立臺灣師範大學教育學博士
- 薛化元　國立臺灣大學歷史學系博士
- 謝宗林　美國聖路易華盛頓大學經濟研究所博士候選人
- 簡成熙　國立高雄師範大學教育研究所博士
- 顏厥安　德國慕尼黑大學法學博士

經典名著文庫036

美學 第三卷 上

Vorlesungen über die Ästhetik III (1)

【德】黑格爾 著
（Hegel, G. W. F.）
朱光潛 譯

經典永恆・名著常在

五十週年的獻禮・「經典名著文庫」出版緣起

總策劃 楊榮川

五南，五十年了。半個世紀，人生旅程的一大半，我們走過來了。不敢說有多大成就，至少沒有凋零。

五南忝爲學術出版的一員，在大專教材、學術專著、知識讀本已出版逾七千種之後，面對著當今圖書界媚俗的追逐、淺碟化的內容以及碎片化的資訊圖景當中，我們思索著：邁向百年的未來歷程裡，我們能爲知識界、文化學術界做些什麼？在速食文化的生態下，有什麼值得讓人雋永品味的？

歷代經典・當今名著，經過時間的洗禮，千錘百鍊，流傳至今，光芒耀人；不僅使我們能領悟前人的智慧，同時也增深我們思考的深度與視野。十九世紀唯意志論開創者叔本華，在其「論閱讀和書籍」文中指出：「對任何時代所謂的暢銷書要持謹慎的態度。」他覺得讀書應該精挑細選，把時間用來閱讀那些「古今中外的偉大人物的著作」，閱讀那些「站在人類之巔的著作及享受不朽聲譽的人們的作品」。閱讀就要「讀原著」，是他的體悟。他甚至認爲，閱讀經典原著，勝過於親炙教誨。他說：

「一個人的著作是這個人的思想菁華。所以，儘管一個人具有偉大的思想能力，但閱讀這個人的著作總會比與這個人的交往獲得更多的內容。就最重要的方面而言，閱讀這些著作的確可以取代，甚至遠遠超過與這個人的近身交往。」

爲什麼？原因正在於這些著作正是他思想的完整呈現，是他所有的思考、研究和學習的結果；而與這個人的交往卻是片斷的、支離的、隨機的。何況，想與之交談，如今時空，只能徒呼負負，空留神往而已。

三十歲就當芝加哥大學校長、四十六歲榮任名譽校長的赫欽斯（Robert M. Hutchins, 1899-1977），是力倡人文教育的大師。「教育要教眞理」，是其名言，強調「經典就是人文教育最佳的方式」。他認爲：

「西方學術思想傳遞下來的永恆學識，即那些不因時代變遷而有所減損其價值的古代經典及現代名著，乃是眞正的文化菁華所在。」

這些經典在一定程度上代表西方文明發展的軌跡，故而他爲大學擬訂了從柏拉圖的「理想國」，以至愛因斯坦的「相對論」，構成著名的「大學百本經典名著課程」。成爲大學通識教育課程的典範。

歷代經典．當今名著，超越了時空，價値永恆。五南跟業界一樣，過去已偶有引進，但都未系統化的完整舖陳。我們決心投入巨資，有計畫的系統梳選，成立「經典名著文庫」，希望收入古今中外思想性的、充滿睿智與獨見的經典、名著，包括：

- 歷經千百年的時間洗禮，依然耀明的著作。遠溯二千三百年前，亞里斯多德的「尼各馬科倫理學」、柏拉圖的「理想國」，還有奧古斯丁的「懺悔錄」。
- 聲震寰宇、澤流遐裔的著作。西方哲學不用說，東方哲學中，我國的孔孟、老莊哲學，古印度毗耶娑（Vyāsa）的「薄伽梵歌」、日本鈴木大拙的「禪與心理分析」，都不缺漏。
- 成就一家之言，獨領風騷之名著。諸如伽森狄（Pierre Gassendi）與笛卡兒論戰的「對笛卡兒『沉思』的詰難」、達爾文（Darwin）的「物種起源」、米塞斯（Mises）的「人的行爲」，以至當今印度獲得諾貝爾經濟學獎阿馬蒂亞．森（Amartya Sen）的「貧困與饑荒」，及法國當代的哲學家及漢學家余蓮（François Jullien）的「功效論」。

梳選的書目已超過七百種，初期計劃首爲三百種。先從思想性的經典開始，漸次及於專業性的論著。「江山代有才人出，各領風騷數百年」，這是一項理想性的、永續性的巨大出版工程。不在意讀者的眾寡，只考慮它的學術價值，力求完整展現先哲思想的軌跡。雖然不符合商業經營模式的考量，但只要能爲知識界開啓一片智慧之窗，營造一座百花綻放的世界文明公園，任君遨遊、取菁吸蜜、嘉惠學子，於願足矣！

最後，要感謝學界的支持與熱心參與。擔任「學術評議」的專家，義務的提供建言；各書「導讀」的撰寫者，不計代價地導引讀者進入堂奧；而著譯者日以繼夜，伏案疾書，更是辛苦，感謝你們。也期待熱心文化傳承的智者參與耕耘，共同經營這座「世界文明公園」。如能得到廣大讀者的共鳴與滋潤，那麼經典永恆，名著常在。就不是夢想了！

二〇一七年八月一日

目錄

第三卷　上

各門藝術的體系

序論

我們的這門科學第一卷研究了自然美和藝術美的普遍概念和實際情況：即眞正的美和眞正的藝術，亦即理想處在它的各種基本定性尚未展現時的統一體，還不涉及它的具體內容和各種表現方式。

第二卷討論了藝術美的這種本身尚未分化的混整的統一體，如何展現爲幾種藝術類型的整體，確定了這些藝術類型的定性，這同時就是內容的定性。這種內容是由藝術精神本身發展出來的對神和人的各種美的世界觀，這些世界觀自成一種內部經過分別開來的體系。

以上兩卷還沒有涉及體現於外在因素的實際存在（具體作品），因爲無論在第一卷討論單純的理想時，還是在第二卷討論象徵的、古典的和浪漫的三種藝術類型時，我們雖然也經常談到內在意義和外在表現這二者之間的聯繫或完全協調，但是這還只是在藝術理想所分化成的各種世界觀範圍之內，實現於本身還僅是內在的藝術產品（腹稿）。但是美這個概念本身就要求把美表現於藝術作品，對於直覺觀照成爲外在的，對於感覺和感性想像成爲客觀的東西。所以美只有憑這種對它適合的客觀存在，才眞正成爲美和理想。因此在這第三卷裡，我們就要研究用感性因素創造出作品中所形成的各門藝術體系，因爲只有憑這最後的形象塑造，藝術作品才成爲具體的、實在的、本身獨立自足的個體。

只有理想才能成爲美學的這第三個領域的內容，因爲這裡正是世界觀整體中的美的理念本身化成對象，所以藝術作品現在還不應理解爲本身分成部分的整體，而是應理解爲一種有機體，其中差異面如果在第二卷已分化爲一系列本質不同的世界觀，現在就要分成一些個別具體化的組成部分，其中每一部分又是獨立自足的整體，而且作爲個別具體化的整體，可以用各種不同藝術類型來表現。按照概念，藝術的這種新的實際存在本身固然全部都應屬於某一個整體，但是因爲這個整體只有在當前感性領域裡才變成實在的，所以理想現在就要消溶在它的組成部分裡，使這些組成部分各有獨立自足的地位，儘管也可以互相交錯、互相聯繫或互相補充。這種實際存在的藝術世界就是各門藝術的體系。❶

1. 各門藝術共同的發展過程

正如各種藝術類型，作爲整體來看，形成一種進化過程，即由象徵型經過古典型然後達到浪漫型的發展過程，每一門藝術也有類似的進化過程，因爲藝術類型本身正是通過各門藝術而獲得實際存在。但是另一方面各門藝術本身也有一種不依存於它們所對象化的那些藝術類型的獨立的變化或發展過程，這種發展過程，就它的抽象的關係來看，對所有各門藝術都是共同的。每一門藝術都有它在藝術上達到了完滿發展的繁榮期，前此有一個準備期，後此

❶ 這一段說明第二卷的「類型」專指象徵的、古典的和浪漫的三種不同的世界觀表現於「內在的藝術作品」，本卷的「各門藝術」是世界觀所形成的理想「對象化」爲外在的具體作品。每種世界觀自成一個整體，由此分化爲各門藝術也各是一個獨立自足的整體（例如繪畫），這種獨立性並不妨礙某一門藝術和其他藝術發生聯繫（例如繪畫和詩歌），也不妨礙某一歷史發展階段中除它所特長的某門藝術以外，還可以產生另一歷史發展階段中的特殊門類藝術（例如象徵時期已有繪畫和詩，浪漫時期還有建築和雕刻）。

有一個衰落期。因爲藝術作品全部都是精神產品，像自然界產品那樣，不可能一步就達到完美，而是要經過開始、進展、完成和終結，要經過抽苗、開花和枯謝。

我們現在一開始就約略提到這些抽象差異的發展過程，因爲它們適用於一切藝術。這些差異就是人們一般用來標誌各種不同藝術風格的，例如「嚴峻的」、「理想的」和「愉快的」風格，這些風格主要指一般的觀照方式和表現方式，有時只著眼到外在形式自由或不自由、簡單或繁蕪之類情況，總之，指內容的定性表現於外在現象的一切因素，有時只指藝術表現內容意義時對感性材料的技巧方面的加工。

通常人有一種成見，以爲藝術在起源時總是簡單而自然的。這句話在一定程度上當然是對的：這就是說，粗糙的和野蠻的風格比起藝術的眞正精神當然較爲簡單自然。但是就藝術作爲美的藝術而言，它的自然、生動和簡單卻另是一回事。所謂藝術的開始，即當作粗野來了解的簡單自然，例如兒童所畫的簡單形體，用幾條不成形的線就代表一個人像或是一匹馬，與藝術和美並不相干。美作爲精神的作品就連在開始階段也要有已經發展的技巧，大量的研究和長久的練習。既簡單而又美這個理想的優點毋寧說是辛勤的結果，要經過多方面的轉化作用，把繁蕪的、駁雜的、混亂的、過分的、臃腫的因素一齊去掉，還要使這種勝利不露一絲辛苦經營的痕跡，然後美才自由自在地、不受阻撓地、仿佛天衣無縫似地湧現出來。這種情況有如一個有教養的人的風度，他所言所行都極簡單自然、自由自在，但他並非從開始就有這種簡單自由，而是修養成熟之後才達到這種爐火純青❷。

所以無論是按照事物的本質還是按照實際的歷史發展來看，藝術在開始階段總是偏向於牽強和笨重，在次要方面不厭其詳，在服裝和一般周圍細節方面所下的工夫不厭其苦，這些外在方面愈齊全愈繁複，而眞正富於表情的東西也就愈單薄，也就是說，精神的東西在形狀和運動方面也就愈缺乏眞正自由生動的表現。

所以從這方面來看，最原始、最古老的藝術作品，在各門藝術裡都只表達出一種本身極其抽象的內容，例如詩中的簡單故事，在醞釀中的神譜及其抽象的思想和粗疏的加工，以及一些木雕石刻的神像之類，在表現方式上總不免笨拙、單調、混亂、僵硬和枯燥。特別在造型藝術裡，面孔表情呆板、靜止狀態，並不表現心靈的深思默索而只表現動物性的空洞呆板，或是走到另一極端，在表現特徵上過分尖銳和誇張。就連身軀的形狀和運動也是死板的，例如兩隻胳膊黏連到身體上、兩腿沒有分開，或是在笨重地、角度突出地，疾速地走動著；身體的其他部分也不像樣，顯得很逼促或是過分瘦長。但是在服裝、頭髮、武器和裝飾這些外表方面卻大半費過許多心思，下過許多工夫，不過衣褶總是板滯的，彼此不相配合而且也不合身，例如早期的聖母像和其他神像就帶有這些毛病，它們有時安排得過分整齊以至於單調，有時卻棱角畢露，線條沒有一定的方向，縱橫亂竄。最早的詩也是零碎的、上下文

❷ 這就是王安石的詩句所說的「成如容易卻艱辛」。

不銜接的、單調的，往往只有一種思想或情感以抽象方式起著統治作用，否則就是像脫韁之馬，粗暴激烈、毫無節制，細節很混亂，整體也缺乏謹嚴的內在有機聯繫。

A.嚴峻的風格

所以我們在這裡所要研究的風格是來在這種準備階段之後，和眞正美的藝術一起開始的。在開始時風格固然還很粗獷，但是較美的作品卻已使粗獷緩和到嚴峻。這種嚴峻的風格是美的較高度的抽象化，它只依靠重大的題旨，大刀闊斧地把它表現出來，還鄙視雋妙和秀美，只讓主題占統治地位，特別不肯在次要的細節上下工夫。在表現題旨中嚴峻的風格還堅持摹仿現成的東西，正如在內容上，無論就構思還是就表現來說，它都取材於現成的人所崇敬的宗教傳統，在外在形式上它所信任的是事物本身而不是它自己的創造發明。因爲它滿足於事物本身的巨大效果，所以在表現上也只追隨客觀存在的東西。一切偶然性的東西都被嚴峻的風格遠遠地拋開，所以也見不出主體的自由和任意性的痕跡；母題都很簡單，所表現的目的或旨趣不多，所以在形體結構、筋肉和運動方面也沒有多少細節上的變化。

B.理想的風格

其次，理想的純美的風格介乎對事物只作扼要的表現和儘量顯出愉快的因素這兩種風格之間。我們可以把這種理想的風格，稱之爲寓最高度的生動性於優美靜穆的雄偉之中的風格，就像它在菲迪亞斯和荷馬的作品中所令人驚贊的那樣。這種生動性在每一點都可以見出，無論是在形狀上、曲折上、運動上和組成部分上，一切都是有意義的和富於表情的，一切都是活潑的和發揮效力的。無論從哪一方面去看這種藝術作品，都可以看出自由生命本身的脈搏跳動；這種生動性基本上只顯出一個整體，它只是一種內容、一種個性和一種情節（動作）的表現。

從這種眞正的生動性裡，我們還可以感覺到一股秀美的氣息周流於全部作品裡。這種秀美是一種轉身面向觀眾和聽眾的姿態，這是嚴峻的風格所不屑採取的。但是司美女神❸儘管向旁人顯出一種感恩和取悅的神情，她處在理想的風格中卻從來絲毫沒有要取悅於人的意圖。我們對此可以作一種玄學的解釋。主旨是集中化的具有實體性的東西，本身是獨立自足的。它既通過藝術表現於形象了，從而就仿佛努力爲旁人而存在那裡，就由它本身的單純性和堅實性轉向特殊個別化——這種達到爲旁人而存在的發展過程就可以說是藉主旨取悅於人的一種表現，因爲它本身仿佛並不需要這種具體的客觀存在，而它之所以完全流露於客觀存在，那就是爲我們。但是這種秀美在現階段如果要發生效力，具有實體性的東西就得鎭靜自持地站在那裡，不受它們所顯現的秀美的干擾，這種秀美只是作爲一種外溢的或過剩的東西在那裡放蕊吐豔。正是這種內心的自信對它的客觀存在的漠不關心，這種本身獨立自足的靜

❸ 希臘神話中司美女神（Charis，亦稱 Gratia）是三姊妹，與九女詩神爲好友，在奧林匹斯山住在一起。

穆，才造成秀美的那種逍遙自在的神情，不把它的這種秀美的顯現當作一回事。也正是在這裡才可以見出美的風格的高華。美的自由的藝術在外在形式方面是漫不經心的，不讓它顯出任何思索、目的和意圖，而在每一點表現和曲折上只顯出整體的理念和靈魂。只有憑這一點，美的風格理想才保持得住，既不乾枯又不嚴峻，現出美的爽朗和悅。沒有哪一點表現或哪一個部分顯得勉強，每一部分都像是獨立的，對它自己的存在感到喜悅，但是同時又甘心服從整體，做整體中的一個因素。只有這一點才使秀美在深刻和明確的個性和品格的描繪之中顯出氣韻生動；只有主旨在起統治的作用，但是細節的描繪既鮮明而又豐富多彩，使整個形象明確生動，如在目前，仿佛使觀眾擺脫了單純的主旨，因爲擺在他們面前的是體現主旨的全部具體生活。

C. 愉快的風格

但是理想的風格如果從秀美朝外在現象方面再前進一步，它就會轉變爲愉快的或取悅於人的風格。這裡所顯出的意圖就不同於要求把主旨表現得生動。愉快和產生對外的效果變成了一種獨立的目的和旨趣，例如梵蒂岡宮好景亭（編注：即美景宮）所藏的著名的阿波羅雕像，雖然還不屬於愉快的風格，至少卻已標誌著由崇高理想到悅人效果的轉變。在這種愉快的風格中，唯一的主旨本身既然不再是全部外在形象所要反映的中心，於是本來雖由主旨本身生出的，而且只因爲主旨才成爲必要的那些個別特殊細節也就逐漸變成獨立的了。人們感覺到這些細節是作爲裝飾，穿插和陪襯而放進作品中去的。正因爲它們對於主旨是些偶然的東西，只有憑它們對觀眾或讀者的關係才獲得它們的基本意義，它們實際上是在投合欣賞者的主觀趣味，例如維吉爾和賀拉斯就用精雕細刻的風格取悅於人，人們看得出他的多方面的意圖以及他對產生愉快效果所做的努力。在建築、雕刻和繪畫裡，這種愉快的風格使得簡單而雄偉的體積消失了，到處出現的是些單獨的小型造像、裝飾、珍寶，腮幫上的小酒窩、珍貴的首飾、微笑，服裝的形形色色的褶紋，動人的顏色和形狀，奇特的難能可貴的然而並不顯得勉強的姿勢，如此等等。例如所謂哥德式或德意志式的建築在追求愉快效果時，我們就看到無窮的精雕細刻的可愛的小玩意兒，使得建築整體仿佛是由一層又一層的無數小柱，再加上一些塔樓和小尖頂之類裝飾所堆砌成的，這些組成部分單憑它們本身就使人愉快，卻也不至於破壞全體大輪廓和龐大體積所產生的總的印象。

但是整個現階段的藝術既然盡全力憑對外在方面的描繪來追求外在效果，我們可以談一談這種效果的另外一種普遍情況，那就是利用不愉快的、勉強的和龐大的東西（例如偉大天才米開朗基羅在這方面往往用得過度）以及尖銳的對比之類，作爲產生印象的手段。追求效果一般是側重面向觀眾的企圖，這就導致作品（形象）不再是獨立自足、靜穆而爽朗的，而是轉身向外，仿佛和群眾打招呼、迎接他們，憑表現方式來求和觀眾建立聯繫。這兩方面，靜穆自持和面向觀眾，當然是藝術作品都應該有的，但是兩方面應該達到最協調的平衡。具有嚴峻風格的藝術作品，如果只顧閉關自守，不願向觀眾說話，結果就會是枯燥。反之，如果過分面向觀眾，結果固然使人愉快，但也會喪失純眞，也就不單是憑純眞的內容和構思方式和表現方式本身來使人愉快。這種投合觀眾的傾向，會使所顯現的形象中夾雜一些偶然性的東西，也會使作品本身成爲一種偶然性的東西，我們從它裡面看到的不再是內容主旨和它本身決定的必然的形式，而是詩人或藝術家以及他的主觀意圖，他的矯揉造作以及他的創作技巧的本領。因此觀眾會完全脫離主旨的基本內容，發現自己在通過作品和藝術家打交道，因爲現在主要的事，在於看到藝術家的意願，他在構思和創作中表現出多大程度的手藝本領。這樣被導引到和藝術家在見解和判斷上打成一片，對於多數人是一種阿諛奉承；作品愈招邀觀眾或讀者施展自己這種主觀藝術鑒賞的本領，愈使他們懂得作者的意圖和觀點，他們也就愈容易讚賞詩人、音樂家或造型藝術家，愈覺得他們自己的虛榮心得到了滿足。在嚴峻的風格裡卻不然，觀眾得不到任何照顧，在對內容意義的實質進行嚴峻的乃至於生硬的描述之中，藝術家和觀眾的主體性都拋到後面去了。這種主體性的拋棄當然往往可以歸咎於藝術家的病態的陰暗心情，他把一種深刻的內容意義放在作品裡，卻不肯用流暢爽朗的語言把主旨闡明出來，甚至於故意替觀眾製造困難。這種故作艱深的勾當其實只是一種裝腔作勢，是對上述愉快風格的一種虛僞的對抗。

法國人特別愛在創作中追求阿諛奉承、吸引人的魔力和動人的效果，所以把面向觀眾的輕鬆愉快的風格當作藝術要務加以儘量發展了。他們認爲作品的眞正的價值就在於滿足旁人，於是就力求引起旁人的興趣，要在旁人身上產生一種效果。這種傾向在法國戲劇體詩裡特別顯著。例如馬蒙泰爾❹談過一段關於他的《暴君德尼》劇本上演的小故事。劇中一個起決定作用的時刻是向暴君提出的一個問題。克勒雍❺扮演提這個問題的角色，等到時刻到了，她正在和達奧尼蘇斯交談，就在這一髮千鈞之際，她卻向台前走一步，面向觀眾去提出那個問題，她這一招使作品博得全場喝彩。

我們德國人卻特別要求藝術作品要有一種內容，這種內容的深刻使藝術家自己感到滿足，他並不爲觀眾操心，觀眾應按照他們自己的意願和能力去用心體會❻。

2. 題材的劃分

在就各門藝術所共有的風格上的差別提出了一些一般性的說明之後，現在就要就這第三大部分的題材進行較詳明的劃分了。關於這方面，人們常根據片面的理解去替各門藝術的分類到處尋找各種不同的標準。但是分類的眞正標準只能根據藝術作品的本質得出來，各門藝術都是由藝術總概念中所含的方面和因素展現出來的。在這方面頭一個重要的觀點是這個：

---

❹ 馬蒙泰爾（Marmontel, 1723—1799），法國戲劇家和史學家，他的劇本已被人遺忘，現在還流傳的是他的《回憶錄》。

❺ 克勒雍（Clairon），十八世紀法國著名的女演員，下文達奧尼蘇斯，法譯作「暴君本人」。

❻ 以上一節說明各門藝術在風格上都經過嚴峻、高華優美和追求悅人的效果這個共同的發展過程。德法對比一段反映啓蒙運動時代北歐各民族對法國新古典主義文藝的反感。

藝術作品既然要出現在感性實在裡，它就獲得了為感覺而存在的定性，所以這些感覺以及藝術作品所藉以對象化的而且與這些感覺相對應的物質材料或媒介的定性，就必然提供各門藝術分類的標準。感覺既然是感覺，就要和物質發生關係，而物質是彼此外在的、多種多樣的，所以感覺本身又有觸覺、嗅覺、味覺、聽覺和視覺之別。感覺整體的內在必然性以及其中各部分不是本書所要研究的問題，這是自然哲學的事。我們所要研究的是：各種感覺按照它們的概念（本質）是否都有能力作為掌握藝術作品的工具？如果不都有，究竟哪幾種有？我們前已排除了觸覺、嗅覺和味覺，博提格[7]所說的用手摸女神雕像的滑潤的大理石並不能算是藝術的觀照或欣賞。因為通過觸覺一個人作為一個感性的個體[8]只是觸及另一個感性的個體，以及它的重量、硬度、軟度和物質的抵抗力；而一件藝術作品卻不只是一種感性的東西，而是精神在感性事物裡的顯現。同理，一件藝術作品也不是可以憑味覺來接受的，因為味覺不讓它的對象保持獨立自由，而是要對它採取實際行動，要消滅它、吃掉它。味覺的培養和精銳化只有對食品及其烹調，或是對對象的化學屬性的檢定，才是可能的和必要的。但是藝術的對象卻憑它的獨立的客觀的形象來供人觀照，它當然也是為人而存在的，但是它為人而存在的方式是認識性或理智性的而不是實踐性的，也就是說，它對欲念和意志不發生關係。至於嗅覺也不是藝術欣賞的器官，因為事物只有本身在變化過程中，在受空氣的影響而放散中，才能成為嗅覺的對象。

視覺卻不然，它和對象的關係是用光作媒介而產生的一種純粹認識性的關係，而光彷彿是一種非物質的物質，也讓對象保持它的獨立自由，光照耀著事物，使事物顯現出來，不像空氣和火那樣和對象有實踐的關係，明顯地或不知不覺地把對象燃燒掉。對於無欲念的視覺，一切在空間中互相外在或並列的物質性的東西都可以成爲對象，由於這對象沒有遭破壞，保持著它的完整面貌，所以它憑形狀和顏色而顯現出來。

另一種認識性的感覺是聽覺，聽覺與視覺形成最尖銳的對比。聽覺所涉及的不是形狀和顏色之類，而是聲音、是物體的震動。聽覺也不像嗅覺，它不需要對象經過分解，只需要對象的震動，對象在震動中也不受損傷。這種觀念性的運動[9]使物體仿佛憑它的聲響表現出它的單純的主體性和靈魂，人耳掌握聲音運動的方式和人眼掌握形狀或顏色的方式一樣，也是認識性的，因此音樂使對象的內在因素變成爲內在因素本身。[10]

這兩種感覺之外還有第三個因素，這就是感性的表象功能[11]，記憶，或是由個別的觀照

---

❼ 博提格（Böttiger, 1760—1835），德國學者。

❽ 「感性的」即物質的。

❾ 聲音的震動是一浪接著一浪的，需憑人腦的活動才可以把它了解爲一個運動的整體，所以是「觀念性的」。

❿ 原文簡略晦澀。意思是：聲音的觀念性的運動（代表物體的「靈魂」）能表現人的內心生活，而且對人的內心生活發生影響。法譯作「對象的內在方面變成主體本身的內在方面」。

⓫ 把一個意象放在心裡來觀照，叫做表象（Vorstellung）。

而進入意識的那種意象的保存，這些意象在記憶裡是隸屬到普遍範疇來想的[12]，是由想像力來見出關係和形成統一體的，從此一方面外在現實本身就作為內在的和精神性的（觀念性的）東西而存在，而另一方面精神性的東西在觀念裡也取得了外在事物（對象）的形式，作為一種既互相外在而又並列的東西而呈現於意識。[13]

這三種認識方式就對藝術提供一個眾所周知的分類法，即分為三種：第一種是造型藝術，把內容表現為外在的客觀的可以眼見的形狀和顏色；第二種是聲音藝術，即音樂；第三種是詩：即語言的藝術，運用聲音為單純的符號，通過這種符號來向內在方面，即向精神性的觀照、情感和觀念來表達要說的東西。不過如果我們滿足於把這種感性因素作為藝術分類的最後標準，我們從較精確的原則來看，就會馬上遇到困難，因為這種分類標準不是根據事物本身[14]的具體概念，而只是根據它的最抽象的一方面。[15]所以我們還要另找一種道理更深刻的分類法，事實上我們在本書總序論裡已提供了一個真正有系統的適合於這第三部分的分類法。藝術只有一個任務，那就是把真實的東西，按照它在精神裡的樣子，按照它的整體，拿來和客觀感性事物調和（統一）起來，以供感性觀照。因為現階段這個任務要在藝術作品的具體存在裡完成，藝術整體（按照它的真實本質來說，這就是絕對）就分化為不同的階段或因素。

中點，真正純粹的中心，在這階段就是對絕對的表現或描繪，這就是把神本身表現為還處在獨立自足的狀態，還沒有展現為運動和差異，還沒有發出動作，還沒有分化為特殊個別的東西，而是寂然自守，顯出雄偉的神聖的靜穆和沉默：這就是按照神本身而形成的理想，也就是神與他的客觀存在處在協調一致的統一。爲著要按照這種無限的獨立自足狀態顯現出來，絕對就需被理解爲精神、爲主體，但是這主體同時需在它本身上具有恰好符合它的外在的顯現形式。

但是當這神性的主體轉化爲實際存在時，就有一個外在的周圍世界和它對立，這個周圍世界就需符合絕對，被提升爲一種與絕對相協調，由絕對所滲透的現象界。這個周圍世界於是一方面成爲單純的客觀的東西，成爲外在自然的基礎和範圍，本身沒有任何精神的絕對的意義，也沒有主體的內心生活，因此也只能以暗示的方式去表現精神性的東西，它應該顯現爲這精神性東西的轉化爲美的外殼。⓰

⓬ 不僅抽象概念才見出普遍性，具體形象也可以見出普遍性，例如見到過許多個別的馬，對馬既可以得到一個抽象概念，也可以形成一個總的意象，前者是理解性的，後者是感性的。

⓭ 第一方面是物質變爲精神的認識，第二方面是精神性的東西成爲精神本身的認識對象，亦即取得空間性的形象而得到表現。

⓮ 即藝術。

⓯ 即藝術所用的材料或媒介。

⓰ 亦即表現精神內容的外在形式。

與外在自然對立的是主體的內心世界，即人的心靈，也就是絕對藉以顯現和達到客觀存在的因素。和這種主體性同時出現的有個性中的多種多樣的差異，向特殊分化、動作和發展，總之，精神的完滿的五光十彩的現實世界，在這裡面絕對成了人的認識、意志、情感和活動的對象。⑰

由這番說明可以見出：藝術整體內容和分化成的幾種差異，無論從認識還是從表現看，都基本上和本書第二卷所討論的象徵型、古典型和浪漫型三種藝術形式是協調一致的。因爲在象徵型藝術裡，我們所見到的不是內容和形式的統一，而只是內容和形式的某種聯繫，只是用外在於內容意義的現象去暗示它所應表現的內在意義。這就使得象徵型藝術，作爲一個基本的藝術類型，所擔負的任務是把單純的客觀事物或自然環境提升到成爲精神的一種美的藝術外殼，用這種外在事物去暗示精神的內在意義。古典型理想與此相反，它把單純的絕對表現於獨立的出自絕對本身的外在實物。至於浪漫型藝術則把思想情感的主體性（無限的和有限的或特殊的）既用作內容，又用作形式。

根據這個分類標準，各門藝術的系統可以劃分如下：

第一是建築。它是由事物本身決定的藝術的開始，因爲藝術在開始時，一般都還沒有找到適合的材料和形式去表現精神的內容意蘊，所以只能在摸索這種適合的材料和形式，滿足於內容和表現方式的外在性。這門最早的藝術所用的材料本身完全沒有精神性，而是有重量的，只能按照重量規律來造型的物質；它的形式是些外在自然的形體結構，有規律地和平衡對稱地結合在一起，來形成精神的一種純然外在的反映和一件藝術作品的整體。

第二門藝術是雕刻。它用精神的個性，即古典型的理想，作爲它的原則和內容，所以精神的內在因素在精神所固有的肉體形象裡找到了它的表現。因此，它所用的材料還是處在空間整體狀態的有重量的物質，但是在處理這種材料之中卻不只是考慮它的重量及其自然條件，按照有機體或無機體的形式，把它造成有規律的形狀，也不因爲要使人看得一目瞭然，就把它降低到外在現象的單純的外貌[18]，把所有的個別細節都和盤托出。由內容本身決定的形式在雕刻裡是精神的實際生活，也就是人的形象以及它的由精神貫注生氣的客觀的有機體[19]。這種人體形狀才適宜於表現出神的獨立自足性，他的高尚的靜穆和沉默的偉大風度，以及他對動作、衝突和苦難都寂然不動的神情。

第三我們要把表現主體內在生活[20]的幾門藝術當作最後階段[21]的一個整體來看。

---

[17] 以上三段概括精神的辯證發展過程中的一分爲二。在「中點」上絕對精神還是渾然太一，接著見出兩個對立面，一是外在自然，一是精神的內在世界。這裡還沒有涉及二者的統一，藝術的任務就在把精神的內在世界（內容意義）表現於外在自然（形式）。三種藝術類型的不同就由於這兩方面的關係的不同。

[18] 例如照相。

[19] 即人體。

[20] 有時也叫做「精神的個性」或「精神的主體性」。

[21] 浪漫型藝術階段，包括繪畫音樂和詩。

這一最後整體的開始的是繪畫。繪畫把外在形象本身完全轉化爲內在意義的表現，這內在意義在周圍世界的範圍之內，現在不只是表現絕對理念處在寧靜自守狀態，而是要把絕對表現爲自在的主體，處在它的精神生活裡，即處在意志、情感和動作，以及它對其他事物的活動和關係裡，因而也就是處在災難、苦痛和死亡，以及一整系列的情慾和滿足裡。因此，繪畫的對象不再是作爲人的意識對象的單純的神，而是這種意識本身：也就是神應該處在他作爲主體而顯出行動和忍受的活的現實生活裡，否則就是神作爲集團的精神，作爲自覺的精神和心靈，處在客觀存在的世界裡，經歷著需要和犧牲以及生活和活動中的幸福和歡樂。繪畫作爲表現這種內容的手段，在形象上就應該運用一般外在現象，不管是自然界的現象還是人類有機體的現象，只要它們能把精神的東西表現得晶瑩透澈就行。在材料方面，繪畫卻不能運用有重量的物質以及存在於空間的完滿的樣子，而是要使物質本身受到內在精神的貫注，就像形象也要受到內在精神的貫注那樣。使感性物質提高到精神時所要走的第一步，在於一方面要消除感性現象的實際面貌，把它的可以眼見的方面轉化爲藝術的單純的外形㉒，另一方面運用顏色的差異、轉變和配合來促成這種轉化。所以繪畫爲著表現內在的心情，把三度空間（立體）簡化爲二度空間（平面），利用色調所產生的外形來表示距離和空間形體，因爲繪畫所要做的事一般不是造成使人可用肉眼去看的東西，而是造成既是本身具體化而又使人可用「心眼」去看的東西。在雕刻和建築裡，形象通過外在的光線就成爲可以眼見的。在繪畫裡卻不然，昏暗的材料卻本身含有一種內在的觀念性的光，它自己把自己照明，而一般的光線相形之下反而黯然無光，光與陰影的統一和交錯配合要靠顏色。

其次，在這同一浪漫型領域裡，音樂形成了繪畫的對立面。音樂所特有的因素是單純的內心方面的因素，即本身無形的情感，這種情感不能用一般實際的外在事物來表現，而是要用一旦出現馬上就要消逝的亦即自己否定自己的外在事物[23]。因此，形成音樂內容意義的是處在它的直接的主體的統一中的精神主體性，即人的心靈，亦即單純的情感；它的材料是聲音；它的形象表現是聲音彼此之間的協調、劃分、結合、對立矛盾和解決，這些要根據聲音的量的差異以及由藝術加工所形成的時間尺度或節奏。

第三在繪畫和音樂之後，就是語言的藝術，即一般的詩，這是絕對眞實的精神的藝術，把精神作爲精神來表現的藝術。因爲凡是意識所能想到的和在內心裡構成形狀的東西，只有語言才可以接受過來、表現出去，使它成爲觀念或想像的對象。所以就內容來說，詩是最豐富、最無拘礙的一種藝術。不過詩在精神方面雖占了便宜，在感性方面卻蒙受了損失。這就是說，詩不像造型藝術那樣訴諸感性觀照，也不像音樂那樣訴諸觀念性的情感[24]，而是要

㉒「外形」（Schein）即藝術所造的形象，針對它所表現的內容，有時譯爲「顯現」，參看第一卷全書序論注❻。

㉓指聲音。

㉔指脫離具體內容的抽象情感，例如音樂可以使人喜怒，這卻不是實際生活中具體場合的喜怒。

把在內心裡形成的精神意義表現出來，還是訴諸精神的觀念和觀照本身[25]。所以詩用作表現手段的材料只保持一種手段或媒介（儘管是經過藝術處理的）的價值，用來把精神表現給精神去領會，而不再有一種感性事物的價值，像一般精神內容體現於相應的實際存在時所用的感性事物那樣[26]。在上文已討論到的各種藝術媒介之中，只有聲音才可以看作比較最適宜於表現精神的一種感性材料。但是聲音在詩裡卻不像在音樂裡那樣仍保持一種獨立的價值或效力，那樣單憑聲音的組織安排就可以完全達到音樂藝術的基本目的，而是含有精神世界的觀念和觀照的明確內容，仿佛就是這種內容意義的純然外在的符號。就詩的表現方式來說，詩顯得是整體藝術（或藝術總匯），所以在詩的領域裡，其他各門藝術的表現方式也用得上，只有在較少的程度上繪畫和音樂裡才有類似的情況。

從一方面看，詩在史詩體裡用客觀事物的形式去表現它的內容，這種客觀事物雖不像在造型藝術裡達到了畢肖外在的實際存在，卻仍然是由想像採用客觀事物的形式來掌握的，而且對於想像也是一種以客觀方式表現出來的世界。這種表現方式就形成了眞正的語言，它從內容本身及其語言的表現裡得到滿足。

但是從另一方面看，詩也是一種主體的語言，把內在的東西作爲內在的表現出來，這就是抒情詩。抒情詩求助於音樂，以便更深入到情感和心靈裡。

第三詩也用語言來表現一個本身完整的動作（情節），這個動作既要用客觀的方式表現出來，又要顯示出這種客觀現實的內在方面，所以可以和音樂、姿勢、摹擬和舞蹈相結合。

這就是戲劇藝術。在戲劇藝術裡，整個的人以再造的方式去表演由人創造的藝術作品。

以上五門藝術形成了本身明確而又劃分得很清楚的實際藝術體系。此外當然還有些不完備的藝術，例如園藝和舞蹈之類。我們對這些藝術只有在適當的機會順便提到。因爲哲學的研究只應限於由概念本身決定的差異，把眞正符合這類差異的形態結構掌握住和加以闡明。自然或現實當然不能用這些固定的界限來限制住，它有很大的越界的自由。我們經常聽到人稱讚天才作品時說它們一定要越出這些界限。但是正像在自然界裡，混種、兩棲類以及變種，並不表示自然的優越和自由，而只表示自然無力堅持由事物本身決定的本質性的差異，讓這些差異在外在的條件和影響之下受到歪曲，在藝術裡也可以看到類似的中間種或混種，儘管它們之中也有些悅人的、美妙的和有益的東西，它們總還不夠完善。

在這些導言性的討論之後，我們現在如果轉到對各門藝術本身的專門研究，馬上就會碰到來自另一方面的困難。因爲我們前此一直在討論的是藝術的本質，理想以及從藝術概念

㉕ 詩表現精神性的東西要用精神的東西去表現，也要憑精神或心靈的活動去接受，不是用感性事物爲材料，也不是針對著感性的視覺和聽覺。總之，在詩裡內容，媒介、表現方式和領會方式都是精神性的或觀念性的。

㉖ 詩用語音爲媒介，語音只是意義的符號，語音在詩裡就只有作爲符號的價值，不像顏色在繪畫裡還是作爲可以肉眼看見的一種物質的東西（即感性事物）而發生效力。總之，詩的媒介（即語音）是觀念性的而不是感性的。

本身發展出來的一些普遍的類型，現在卻需轉到藝術的具體作品以及與此相關的經驗性的東西。這方面的情況像在自然界裡一樣，其中一般的大輪廓固然可以按必然律來掌握，但是實際感性事物就有豐富多彩、變化無窮的零星個別的結構和種類——無論就它們提供我們考慮的那些方面來看，還是就它們實際存在的形狀來看——因此對它們往往可能持無數不同的看法，有時在運用根據簡單差異的分類標準於個別具體事例時，哲學概念彷彿就行不通，掌握事物的思考面對著這種繁複情況也彷彿喘不過氣來。但是我們如果只滿足於單純的描述和不著邊際的感想，這也就不符合我們的進行科學系統研究的目的。此外還有另一個困難。在今天，每一門藝術都要求一門獨立的科學，隨著對藝術知識的愛好不斷增長，各門藝術科學的範圍也就愈來愈豐富、愈廣闊。業餘藝術愛好在今天成爲時髦，一半要歸功於哲學，前此人們常說，眞正的宗教以及眞理和絕對要在藝術裡去找，藝術高於哲學，因爲藝術不是抽象的，而是寓理念於現實存在裡，而且使它可以通過直接觀照和具體情感來接受。另一方面今天流行的見解，是把藝術的重要任務看成在於掌握細節的汪洋大海，爲此每個人都要發見一些新的東西才能滿足要求。這種藝術鑒賞家的知識積累是一種學術上的無聊勾當，並無須費什麼大力。看一些藝術作品，發表一些臨時發生的感想，再加上熟習旁人對於這些作品的一些觀點，這樣就變成藝術鑒賞家和內行，倒是一件很愜意的事。每個人都想找到某種獨特的東西，都想有所新創，結果這種知識和感想積累得愈豐富，每一門藝術乃至其中每一個別小部門也就愈需要有它自己的很詳盡的專門研究。此外還有歷史方面也不能遺漏，歷史插手進來又對藝術作品進行一番研究和評價，事情就弄得愈來愈廣博了。此外，一個人要看得很多，而且要看而又看，才有資格就某一藝術部門的細節發表意見。就我自己來說，我看到的東西也不少，但是如果要把題材討論得很詳盡，我看到的就還不夠。

面對著這一切困難，我想作一個簡單的聲明：我的目的完全不在傳授藝術知識或是顯示淵博的歷史學問，而只在從哲學觀點去認識藝術這個主題的一些本質性的帶有普遍意義的觀點，聯繫到美的理念以及它如何體現在具體的藝術作品裡。抱著這樣的目的，我們就不用操心去管上述那些繁複的藝術形態，因爲不管它們多麼繁複，藝術這主題的符合概念的本質畢竟是主導的東西；在體現於具體作品之中這種起主導作用的本質，儘管爲許多偶然因素所掩蓋起，畢竟還存在著某些關鍵點，在這些點上它卻顯得很清楚。哲學要完成的任務就在掌握住這些本質的方面，對它們加以哲學的闡明[27]。

[27] 以上說明藝術體系中主要部門如建築、雕刻、繪畫、音樂和語言藝術（詩）在內容發展上情況都極複雜，藝術哲學或美學不能迷失在細節的汪洋大海裡，需抓住美這個基本概念，研究它如何體現於不同部門的具體作品。

第一部分　建築

序論

在用明確具體的形式使內容意義體現爲實際存在（作品）之中，藝術就變成一種專門的藝術，我們從此可以談到一門實在的藝術及其實際的起源。但是既有個別的專門藝術，按照概念就應有各種專門藝術的整體，因爲每一專門藝術都應把美和藝術的理念，體現於客觀存在。所以我們在這裡在各門藝術的體系之中首先挑出建築來討論，這就不僅因爲建築按照它的概念（本質）就理應首先討論，而且也因爲就存在或出現的次第來說，建築也是一門最早的藝術。不過如果要追問按照概念和實際存在兩方面來看，美的藝術究竟是如何起源的，我們在回答中既應拋棄經驗性的歷史資料，也應拋棄人們往往很輕易地提出的一些外在的（不相干的）感想，揣測和天眞自然的想法。

人們通常有一種傾向，想看到一件事物在起源時的情況，因爲事物在起源時顯得最單純。在這裡人們暗地裡有一個朦朧的想法，以爲這種單純的形狀就可以顯示出該事物的概念（本質）和最初的起源，從這起源發展下去，就達到我們要眞正研究的那個階段，於是人們又認爲根據一種瑣屑的範疇，就很容易地了解這樣的發展過程如何一步一步地把藝術推到上述要研究的那個階段。但是這種簡單的起源單就它本身來看，在內容意義上卻是很不重要的，因而對於哲學思考顯得是完全偶然的，儘管正是因爲偶然，這種簡單的起源卻是常識所認爲較易理解的。例如關於繪畫的起源流傳著一個故事，說從前有一個姑娘趁她的愛人睡著的時候，把他的影子的輪廓畫下來，這樣就產生了繪畫。關於建築的起源也有種種說法，有時說是起源於岩洞，有時說是起源於樹巢，如此等等。這類的起源本身就明白易懂，仿佛就用不著進一步的說明。特別是希臘人不僅就美的藝術的起源，而且還就倫理制度以及其他生活情況的起源，創造了許多美妙的故事，來滿足要在想像中認識最初起源的需要。這類起源的故事並沒有歷史的根據，其目的也不在根據概念來理解起源的方式，而是在想用歷史的方式來說明藝術是怎樣起源的。

劃分

我們現在需根據藝術的概念來把藝術的起源界定清楚，從而見出藝術的最初的任務在於就本身是客觀的東西，即根據自然的基礎，或精神的外在環境，來構成形狀，從而把一種意義和形式納入本來沒有內在精神的東西裡。這種意義和形式對這種東西是外在的，因爲它們並不是客觀事物本身所固有的形式和意義。接受這個任務的藝術，我們已經說過，就是建築，建築的最初形成要比雕刻、繪畫和音樂都較早。

如果要找建築的最初起源，我們可以把人所居住的茅棚以及容納神及其信徒團體的廟宇，看作最近於最初起源的建築。爲著要更清楚地界定這種起源，人們往往從建築所用的材料的差異上著眼，就建築是從用木料開始的（維特魯威[1]有此主張，希爾特也有類似的看

[1] 維特魯威（Vitrivius），羅馬奧古斯都大帝的建築師和軍事工程師，著有《論建築》，共十卷。希爾特，見第一卷全書序論注❶。

法）還是從用石頭開始的問題爭辯不休。這兩種看法的對立當然也很重要，因爲它乍看起來像只涉及外在的材料，其實外在材料是與建築結構的基本形式以及所用的裝飾都有密切聯繫的。不過我們可以把材料的差異看作畢竟是次要的，更多地涉及經驗性的和偶然的方面，暫且放開不談，來談更重要的一點。

住房廟宇和其他建築物都有一個重要的特點，這就是它們都是一種單純的手段需假定有一個外在的目的。住房和神廟需假定有住戶、人和神像之類，原先建造起來，就是爲他們居住的。所以建築首先要適應一種需要，而且是一種與藝術無關的需要，美的藝術不是爲滿足這種需要的，所以單爲滿足這種需要，還不必產生藝術作品。人也愛踴躍歌唱，也需要語言作爲傳達工具，但是說話、踴躍、叫喊和歌唱還不是詩、舞蹈和音樂。但是等到日常生活、宗教儀式或政治生活方面的某種具體需要的建築目的已獲得滿足了，還出現另一種動機，要求藝術形象和美時，這種建築就要顯出一種化分，一方面人這主體或神像，形成了根本的目的，另一方面，爲著人和神像，建築提供環繞遮蓋之類手段。從這種分化的情況中我們還找不到藝術的起源，因爲按照它的概念，起源應是直接的、單純的，不能有分化情況中的這種相對性和重要的關聯，所以我們需找到由分化而顯出差異面之前的那一個關鍵點。

關於這一點，我在前文已說過，建築是與象徵型藝術形式相對應的，它最適宜於實現象徵型藝術的原則，因爲建築一般只能用外在環境中的東西去暗示移植到它裡面去的意義。所以如果在起源時還見不出上述人和神像要有遮蓋圍繞的東西這一目的，與建築物作爲實現這一目的的手段之間的差異，我們就得去找像雕刻那樣的本身獨立的，不是因爲能滿足另一目的和需要才有意義，而是本身自有意義的一種建築物❷。這一點是極端重要的，卻還沒有人提到過，儘管這一點涉及事物的本質，是打開建築的多種多樣的結構祕密的唯一一把鑰匙，也是貫串到迷徑似的建築形式中的一條線索。這樣一種獨立的建築藝術也和雕刻有所不同，分別在於這種藝術作爲建築並不創造出本身就具有精神性和主體性的意義，而且本身也不就能完全表現出這種精神意義的形象，而是創造出一種外在形狀只能以象徵方式去暗示意義的作品。所以這種建築無論在內容上還是在表現方式上都是地道的象徵型藝術。

這番話適用於這一階段的原則，也適用這一階段的表現方式。在表現方式方面，單研究木造和石造的分別仍然是不夠的，因爲問題在於界定和圍起一定範圍的空間去適應宗教或其他人類的目的，例如住房、宮殿和廟宇之類，而這樣的空間可以用挖空一種堅固的體積很大的東西得來，也可以用築牆蓋頂的方式得來。從這兩種方式都不能找到獨立的建築藝術的開始。我們可以把獨立的建築藝術叫做一種無機的雕刻，因爲它固然建立起本身獨立的作品，但是並不能因此就用恰當的軀體形象去達到自由美和表現精神的目的，而是一般只擺出一種象徵的形式，來暗示和表現一種觀念。

❷ 找到這種建築物，才能找到建築作爲藝術的起源。

但是建築不能停留在這個出發點上，因爲它的任務在於替原已獨立存在的精神，即替人和人所塑造的或對象化的神像，改造外在自然，使它成爲一種憑精神本身通過藝術來造成的具有美的形象的遮蔽物。所以這種遮蔽物的意義不再在它本身而在它對人的關係，在人的家庭生活、政治生活和宗教儀式等方面的需要和目的。這就要取消建築物的獨立性了。

從這方面看，我們可以認爲建築的進一步發展，就是使上述目的和手段的差異分開來出現，替人或是替雕刻所造出來的客觀的具有人體形狀的個別的神像，建造出具有類似人和神所具有的意義的居房、宮殿和廟宇之類建築物。

第三發展的終點就把以上兩個階段統一起來，因而顯得二者在分裂的情況下仍是各自獨立的。

以上這些觀點提供了以下的劃分，作爲全部建築藝術的分類，這種劃分既照顧到建築本身的起於概念的差異，也照顧到建築的歷史發展。

第一是眞正象徵型的或獨立的建築。

其次是古典型的建築，它表現本身獨立個體的精神性的東西，但是取消了建築藝術的獨立性，把建築藝術降低到只限於替現已獨立實現的精神意義造出一種具有藝術形式的無機的環境或圍繞物。

第三是浪漫型的建築，例如摩爾族[3]式、哥德式和德國式的建築，其中住房、教堂和宮殿也是專爲居住場所和聚會場所，來應付市民的宗教的和其他精神活動的需要，但是它們仿佛沒有理睬這些目的，是單爲它們本身而獨立地構圖和建造出來的。

所以建築在本質上雖然始終是象徵性的，它比其他各門藝術卻更受到象徵的、古典的和浪漫的這三種藝術類型賦予定性，所以這些類型的分別在建築裡比在其他各門藝術裡更爲重要，因爲在雕刻裡始終深刻地貫串著古典型原則，在音樂和繪畫裡始終深刻地貫串著浪漫型原則，其他藝術類型的原則在這幾門藝術裡所起的作用只是很小的。最後在詩裡，儘管詩把所有三種藝術類型的原則都最完滿地體現在藝術作品裡，我們對詩的分類卻不依據象徵型詩、古典型詩和浪漫型詩的分別，而是把詩看作一種需要特殊分類法的特殊藝術，把它分爲史詩的、抒情的和戲劇的三種。至於建築卻不然，它是一種依靠外在因素的藝術，所以它的基本分別不外這三種：這外在因素本身就含有意義；這外在因素用作手段，去達到它本身以外的另一目的，以及這外在因素既用作這樣的手段而同時又顯得是獨立的。第一種情況符合單純的象徵型建築；第二種情況符合古典型建築，因爲這裡眞正的意義獨立地達到表現，而象徵的因素只是作爲一種周邊而附加上去，而這正合古典型的原則。這兩種類型的統一就形成浪漫型建築，因爲浪漫型藝術固然也利用外在因素爲表現手段，卻要從這種實在退回到它本身，因而使客觀存在的事物可以得到自由獨立的形狀結構❹。

❸ 一種信伊斯蘭教的阿拉伯民族。在中世紀曾入侵西班牙和法國南部。

❹ 以上說明建築儘管在古典型階段和浪漫型階段都各有代表作，但主要是屬於象徵型藝術的。

第一章　獨立的、象徵型建築

藝術的最初最原始的需要，就是人要把由精神產生出來的一個觀念或思想體現於他的作品，正如人運用語言來傳達自己的思想，使得旁人能理解。不過在語言裡，傳達媒介不過是一種符號，因而只是一種完全任意撿來的外在媒介。藝術卻不應只利用單純的符號，而是要使意義具有一種相適應的如在目前的感性面貌。所以一方面呈現於感官的藝術作品應寓有一種內在意義，另一方面它應把這內容意義和它的形象表現成爲使人看來不只是直接存在的現實界中的一件事物，而是人的思想和精神的藝術活動的產品。舉例來說，我看到一隻活的眞獅子，這隻獅子的這一次的個別形象使我對獅子形成了一個觀念，就像一幅畫中的獅子的形象也會產生完全同樣的結果。不過畫裡卻還有更多的東西，畫還會顯出這個形象曾經在人的思想裡打過轉，它的實際存在起源於人的心靈和創造性的活動，所以我們從畫裡所得到的不再是關於一個對象的觀念，而是關於一個人的觀念的觀念❶。把一隻獅子、一棵樹或任何其他對象「依樣畫葫蘆」也臨摹出來，對於藝術來說，這並不是最原始的需要；與此相反，我們已經看到過，藝術，特別是造型藝術，在描繪這類對象時正是爲著要顯示主體方面的塑造形象的才能。藝術的原始的旨趣在於，把原始的對客觀事物的觀照和帶有普遍性的重要思想擺到眼前來，讓自己看，也讓旁人看。但是這類民族性的觀點或思想起初還是抽象的，本身未經明確界定的，所以人爲著要使這類思想成爲有形可見的，就抓住本身也是抽象的單純的物質媒介，這是有體積有重量的，固然具有定性，但本身還不能見出具體的眞正精神性的意義。因此，內容和用來使這內容從一個人的思想滲透到另一個人的思想裡的感性媒介之間的關係只能是純粹象徵式的。不過同時畢竟出現了一種建築物，它要向旁人揭示出一個普遍的意義，除掉要表現這種較高的意義之外別無目的，所以它畢竟是一種暗示一個有普遍意義的重要思想的象徵（符號），一種獨立自足的象徵；儘管對於精神來說，它還只是一種無聲的語言。所以這種建築的產品是應該單憑它們本身就足以啓發思考和喚起普遍觀念的，而不是向原已獨立地表現出來的意義提供一種遮蔽物和外殼。因此，一種能把一個意義表現得晶瑩透澈的形式，就不能只作爲一種符號而發生作用，例如替死人豎十字架或是替陣亡的戰士立紀念碑。因爲這類符號固然也能喚起某些觀念，但是一個十字架和一個石碑並不能單憑它們本身就足以指引到所要喚起的觀念，它也可以喚起許多其他觀念。這種分別就形成了現階段的建築藝術的一般概念。

從這方面看，我們可以說，有一些民族就專靠建築或主要靠建築去表達他們的宗教觀念和最深刻的需要。不過這種情況基本上限於東方（從我們在討論象徵型藝術時所說過的話裡可以見出這一點），特別是巴比倫、印度和埃及的古代建築藝術的作品或是完全帶有這種象徵性質，或是大部分以這種象徵性質爲出發點。這些古建築物現在有些已成爲廢墟，但是仿佛還能窺視所經歷的許多年代和許多變革，還能以其離奇的形狀和龐大的體積引起我們驚

❶ 例如從畫裡我們不只得到對獅子本身的認識，而且還認識到藝術家對這獅子的認識。

贊。這類作品的建造花費過整個時代的整個民族的生命和勞動。

如果我們要問這一章如何再細分，每一分門裡有哪些主要的形態結構，我們就會發現這一階段的建築並不像古典型和浪漫型的建築那樣從某些確定的形式（例如住房）出發；因為在這種建築裡既沒有本身固定的內容，因而也沒有固定的表現方式，所以提供原則讓我們看出它的發展過程和一系列的不同的作品之間的聯繫。這就是說，這種建築用作內容的意義，像在一般象徵型藝術裡一樣，仍然是一些無形式的普泛的觀念，其中對自然界生活的一些粗淺的零散的彼此交錯的抽象概念，和對精神界實際情況的感想夾雜在一起，沒有在觀念上總結為一個主體的不同階段的活動❷。這種零散的情況使得它們顯得極端繁複，極端變化無常。這種建築的目的只是在表現中時而要突出這一方面，時而要突出另一方面，於是用符號來象徵它，使它經過人的勞動，成為可以眼見和可以意會的。面對著這樣複雜的內容，我們在這裡無法進行詳細的和系統的討論，所以我只想盡可能地把一些最重要的建築作品聯繫在一起，按照理性就它們進行分類。

一些具有指導性的觀點大略如下：

我們要求內容應是完全一般性的觀點，可以作為個人和民族的精神據點和他們的思想意識的統一點（或焦點）。這種獨立的建築的最切近的目的，只在於建造出一件能表現一個或幾個民族統一的作品，一個能使他們團聚在一起的地點。這個目的還可以和另一個目的密切結合在一起，那就是通過表現方式本身把人類的一般的統一因素表現出來，例如各民族的宗教觀念也可以通過這類作品獲得一種較明確的內容，供它們以象徵方式去表現。

其次，建築不能停留在這種起源階段的整體的（渾整的）定性上，許多象徵的形式結構要分化成零散的，象徵的內容意義要得到較明確的定性，因而使表現它們的形式也較顯著地互相區別開來，例如圓尖柱和方尖柱之類。另一方面，這種處在分散而各自獨立狀態的建築在發展中有向雕刻轉化的傾向，採取動物和人的軀體的有機形式，但是體積擴大成爲龐大無比，並且把許多不同形狀的建築排列在一起，又加上圍牆、壁、門、甬道之類，因而用建築的方式來處理雕刻方面的東西，例如埃及的獅身人首的金字塔，紀念曼儂❸的建築以及一些大廟宇都屬於這一類。

第三，象徵型建築開始過渡到古典型建築，這時它把雕刻排除到自己的範圍之外，開始造出一種建築物，來表現本來不能直接由建築來表現的意義。

爲著較清楚地說明這幾個發展階段，我要提一提一些著名的建築方面的傑作。

---

❷ 內容思想複雜而零亂，擺在一起來看，不能表現出一個完整的人格。

❸ 曼儂（Memnon），神話中的衣索比亞的國王，晨光女神的兒子，傳說紀念他的巨大雕像在早晨的太陽照到時就發出音樂聲。

1. 為民族統一而建造的建築作品

歌德在一首兩行體詩裡曾提出「什麼是神聖的」問題，他的回答是：「凡是把許多靈魂團結在一起的就是神聖的。」在這個意義上我們可以說：神聖的東西以這種團結爲目的，而這種團結就形成獨立建築的最早的內容。最早的例子就是關於巴比倫塔的傳說。人們在幼發拉底河[4]的廣大平原上建造起一座龐大的建築物。這是集體的作品，它的集體性也就是它的目的和內容。這種社會聯繫的建立並不是一種單純的家長制下的統一，實際上家庭單位在這裡恰恰是被取消掉了，而這座上干雲霄的建築也恰恰標誌著較早的家長制下的統一的解體以及一種新的較廣泛的統一的實現。當時那地區各民族的集體在爲這項工程而勞動，他們既然聚集在一起來從事於這項無法測量的龐大建築，所造成的產品就成爲聯繫他們的活動的繩索。它屹立在所選定的地點和基礎上，把大量的石頭堆砌在一起，仿佛是一種建築式的土地耕作，這樣就把參加勞動的人們緊密團結在一起，它的功用正像我們今天的道德風尚和國家的法律。這種建築也是象徵性的，因爲它暗示聯繫繩索的意義，它在形式和形象上都能單憑外在的方式去表現神聖的東西，亦即自在自爲地把人類團結成爲一體的力量。巴比倫塔的傳說也提到各民族在聚集到這個團結的中心點來完成這項工作之後，又分散開來了[5]。

另一座更重要的建築物有較可靠的歷史根據，那就是希羅多德所告訴我們的伯魯斯塔（見希羅多德的《歷史》卷一，一八一）。這座塔和聖經裡所說的塔[6]有什麼聯繫，我們在這裡暫不討論。就這座塔的整體來說，我們不能把它稱之為近代意義的廟宇，毋寧說它是一個廟宇區，正方形，每邊有兩個跑道分段❼長，中間有一道銅門，是入口。據見過這座塔的希羅多德說，這個聖地的中心有一座用厚牆築成的塔（中間不留空隙），縱橫各一個跑道分段長，一層之上架一層，總共有八層。塔外層有一條通道通到頂，正中間有休息所，擺著長凳供遊人休息。第八層頂上有一座大廟，廟裡有一張鋪得很好的很大坐墊，前面擺著一張金桌。廟裡卻沒有立神像。夜裡不准人進廟，只准一個當地女人進去，據廟裡神的司祭加爾底亞人說，她是神親自選出來的。司祭們還說，神親自到過這廟裡，就躺在坐墊上休息。希羅多德固然說過，在這聖地塔下方還有另一座廟，裡面供著一座金製的神像，面前擺著一大張金桌子。他還說廟外還有兩個大祭壇擺祭供。儘管有這段記載，我們卻不能拿這座巨大的建築來和希臘意義和近代意義的廟宇相比，因為塔的底下七層立方體都不是中空的，只有最上層才住著一個看不見的神，而這個神在那裡並不享受司祭或一般信徒的祈禱。他的像是在下

---

❹ 小亞細亞的最大的一條河。

❺ 傳說巴比倫塔由於築得很高，由於建築年代久，各層的勞動集團各自發展出一種語言，以致隔層就不能互相了解。見《舊約．創世記》第十一章。

❻ 即巴比倫塔。伯魯斯塔也在巴比倫，二者可能是一事。

❼ Stadium原係奧林匹克競賽場的跑道分段，後用作希臘的長度單位，約六丈長。

面，在這座建築物之外，所以這座建築物是眞正獨立的，並不是用來舉行宗教儀式的，儘管它不再是一種抽象的團結場所而是一個聖地。它的形式可能是偶然的，也可能是根據立方體的堅固性這樣一個純然物質方面的理由。但是同時這種形式也會使人要求找出它的意義，這種意義可能使這座建築整體具有一種確切的象徵的性質。我們應該從塔的層數去找這種意義，儘管希羅多德沒有明說。塔總共有七層，外加上第八層作爲神過夜的住所。七這個數目顯然像是象徵七大行星和天體。

在麥底亞[8]有些城市也是用象徵的方式建築起來的。例如艾克巴塔拿有七重城牆，希羅多德提到過（《歷史》卷一，九八），一半由於它建築在有斜坡的高崗上，一半由於在設計上有明確的意圖，這七重牆一重高似一重，城壘上塗著不同的顏色，第一重白色，第二重黑色，第三重紫色，第四重藍色，第五重紅色，第六重鑲銀，第七重鑲金，最後這第七重就是國王的禁城和財寶庫。克洛伊佐在他的論象徵的著作[9]裡這樣說過：「艾克巴塔拿，麥底亞的都城，禁城居中心，外面圍著七重城牆，城壘塗著七種不同的顏色，代表天上七個星球圍繞著太陽。」（編按：第八顆行星至一八四六年才被發現，其時僅有七大行星）

2. 介乎建築和雕刻之間的建築作品

現在我們要進一步研究另一類建築，這種建築用較具體的意義爲內容，而它的象徵性較強的表現也採取了較具體的形式。這些形式無論是單獨地用，還是在規模巨大的建築裡結合在一起來用，都還不像在雕刻裡那樣用法，而是還不越出它們自己的領域，這就是說，還是採取建築的用法。對於這個階段的建築，我們要研究得比較細緻一點，儘管還談不上詳盡，也還談不上用先驗式的闡明[10]，因爲建築藝術在現階段在體現廣泛的實際歷史時期的世界觀和宗教思想於具體作品之中，仍不免迷失在偶然事物裡。它的基本定性只是建築和雕刻的混合，儘管主導的方面還是建築。

A. 男性生殖器形的石柱

在討論象徵型藝術時我們早已提到，東方所強調和崇敬的往往是自然界的普遍的生命力，不是思想意識的精神性和威力而是生殖方面的創造力。特別是在印度，這種宗教崇拜是普遍的，它也影響到佛里基亞和敘利亞，表現爲巨大的生殖女神的像，後來連希臘人也接受了這種概念。更具體地說，對自然界普遍的生殖力的看法是用雌雄生殖器的形狀來表現和崇拜的。這種崇拜主要地在印度得到發展，據希羅多德的記載（《歷史》卷二，四八），它對埃及也不陌生。至少是在酒神祭典裡也可以看到同樣的情況。希羅多德說：「他們創造出一

---

❽ 波斯境北一古國，首都艾克巴塔拿。

❾ 見第二卷，象徵型藝術導論的注。

❿ 即根據概念，揭示出發展過程的理性。

種長達一肘[11]的東西來代替男性生殖器，上面繫著一條繩子，由女人們提著，使這生殖器經常舉起，這東西比身體其餘部分小不了多少。」希臘人也採取了這種崇拜，希羅多德明確地提到：「麥朗普斯[12]對埃及的酒神祭典並不生疏，他把崇拜酒神時舉著生殖器遊行的儀式輸入希臘」（《歷史》卷二，四九），特別是在印度，用崇拜生殖器的形式去崇拜生殖力的風氣產生了一些具有這種形狀和意義的建築物，一些像塔一樣的上細下粗的石坊。在起源時這些建築物有獨立的目的，本身就是崇拜的對象，後來才在裡面開闢房間，安置神像，希臘的可隨身攜帶的交通神的小神龕還保存著這種風尚。但是在印度開始是非中空的生殖器形石坊，後來才分出外殼和核心，變成了塔。眞正的印度塔必須與後來伊斯蘭教徒和其他民族的仿製品區別開來，印度塔的構造並不是用房屋的形式，而是細而高沿用石坊的基本形式的。與此類似的意義和形式在印度人憑想像誇大的彌魯山[13]的形狀裡也可以見出。這座山被想像爲天河裡的浮沫，由此產生了世界。希羅多德也提到過這類石坊，有時取男性生殖器的形狀，有時取女性生殖器的形狀。他認爲這些建築是由塞梭斯特理斯[14]建立的（《歷史》卷二，一六二），這位國王在他所征服的民族之中到處建立起這類石坊。在希羅多德的時代，這類石坊大半已不存在，他只是在敘利亞才親眼看到了一些。（《歷史》卷二，一〇六）這些，他全記在塞梭斯特理斯的帳上，這只是根據傳說。此外他還用希臘人的眼光來解釋這類石坊，把原來只涉及自然界的意義轉化爲倫理的意義，所以他說：「塞梭斯特理斯征伐到的民族如果在戰場上顯得英勇，他就在他們的國土上建立一些石坊，上面還刻著他自己的名字和國籍，表示他征服過這些民族。如果他沒有遇到抵抗，他除掉上述銘文之外還在石坊上刻下女性生殖器，表示這些民族在戰場上顯得很怯懦。」

B. 方尖形石坊，曼儂像，獅身人首像⓯

介乎建築與雕刻之間的類似作品主要是在埃及。屬於這類的有方尖形石坊。這種石坊固然不是用動植物和人的有機的生命的自然形式而是用有規律的幾何圖形，但是同時也還不是用作住房和神廟的，而是本身獨立的，帶有太陽光線這個象徵意義的。克洛伊佐（《論象徵》第二版，四六九頁）說：「密特拉斯，這位麥底亞人或波斯人，在埃及的太陽城裡統治著，根據他的夢建造了一些方尖形石坊，仿佛是石頭製成的太陽光線，還在上面刻些文字，人們把這些文字叫做埃及文。」普理琉斯⓰早就認爲方尖形石坊具有這種意義（《自然史》

⓫ 古尺名，約三分之二米長。

⓬ 麥朗普斯（Melampus）希臘傳說中的預言家。

⓭ 彌魯（Meru），印度和波斯都有一種傳說，說彌魯山就是樂園，是雅利安人的原始祖先的住處。佛經裡譯爲須彌山。

⓮ 塞梭斯特理斯（Sesotris），古代埃及國王。

⓯ 參看第二卷第一章第三節及注。

⓰ 普理琉斯（Plinius），西元前一世紀羅馬學者。

卷三十六，一四；卷三十七，八）。這些石坊都是獻給日神的，它們是用來接受太陽光而同時又代表太陽光的。在波斯也有一些放出火光的石坊（克洛伊佐的《論象徵》卷一，七七八頁）。

在方尖形石坊之後，我們主要地要提到曼儂像。在忒拜[17]的這類巨大的曼儂石像之中，斯特拉波[18]還看到一個完整的從一塊整石頭刻出的，另一個在日光照到時就發出聲響的，當時已經殘缺。它們都具有人的形狀，是兩個巨大的人在坐著，由於體積龐大，看起來形狀不是有機的，倒更像建築而不大像雕刻，那裡還有一些排成行列的曼儂石坊，情況也是如此，從它們的排列整齊和巨大體積來看，它們已離開了雕刻的目的而轉到建築。希爾特（《建築史》卷一，六九）提到了那座巨大的發聲響的石像，據鮑桑尼亞[19]說，埃及人把這石像看作是代表一位國王而不是代表神的，正像奧什曼第阿斯[20]和其他國王立過自己的紀念坊一樣。不過這種巨大的石像很可能代表某一個帶有普遍性的確定的或不很確定的觀念。埃及人和衣索比亞人都崇拜曼儂，晨光女神的兒子，當太陽初起時他們就向曼儂獻犧牲，石像就發出聲響去招呼祈禱者。所以發聲響的石像之所以重要和使人感到興趣，倒不僅由於它的形狀，同時也由於它仿佛是活的，能啓示某種意義的，儘管啓示的方式是用象徵去暗示。

獅身人首像和巨大的曼儂石像的情況也是一樣，它們的象徵意義我在前文已經談過。它們在埃及不僅數目很多，體積也大得令人驚奇。最著名的一座獅身人首像是在開羅的金字塔群附近。長達一百四十八米，從蹄到頭高達六十五米，從胸部到爪尖長達五十七米，雙足伸到前方休息著。這樣巨大的體積並不是先在別處雕成而後移置到這裡的；人們發掘到底層，發現基礎是石灰岩，足見這件龐大的作品是由一整塊岩石雕成的。這座大石像固然接近體積最大的雕刻，不過許多這樣的石像排成行列，也就獲得了完整的建築性格。

C. 埃及的廟宇建築

這類獨立的形體結構一般都不是分散孤立的，而是許多連成一起，形成廟宇、迷徑和各種地下建築，作爲整體來利用，而且四周築有圍牆。

關於埃及的廟宇區，我們今天從法國人的一些新發見中可以見出這些龐大建築物的主要性格，首先應該提到它們都是露天的結構，沒有屋頂和門，牆與牆之間，特別是石坊圍成的大廳和石坊林之間，都有通道。這些石坊建築都極寬敞，內部構造都很複雜，它們本身有獨立的作用，並非用來住神或是供祈禱集團聚會的；它們單憑巨大的尺寸比例和體積就足以令人驚奇，正如單憑分散孤立的形式和形象也就足以引起興趣，因爲它們都是某些普遍意義的

⑰ 在埃及，與希臘的一個城邦同名。

⑱ 斯特拉波（Strabo），西元前一世紀羅馬地理學家。

⑲ 鮑桑尼亞（Pausanias），西元前二世紀希臘地理學家，著有《希臘遊記》，描述他所見到的古代文物。

⑳ 奧什曼第阿斯（Osymandyas），古埃及一個國王。英國詩人雪萊寫過一首十四行詩，歌詠這位國王及其紀念坊。

象徵，可以揭示這種意義的不只有形體結構，而且還有刻在它們外層的文字和形象，它們仿佛代替了書籍。我們一方面可以把這些龐大建築叫做雕像的叢林，但是它們往往是千篇一律地重複同一個形象，排成行列，只有通過這些行列和秩序，它們才獲得了建築的性質，這種建築的性質本身就成爲一種獨立的目的，並不是用來支撐梁柱和屋頂。

這類建築之中比較大型的進口都從一條鋪道，根據斯特拉波的數字，約十丈寬，三、四十丈長。鋪道兩邊站著獅身人首石像，每一行有五十到一百座，每座高達兩三丈。接著就是一道高大的門，下寬上窄，有很高大的門樓和楹柱，比一個人要高十倍到二十倍；有時是孤立的，有時嵌在牆壁裡，牆壁是本身獨立的，高達五、六丈，下厚上薄，只有一面不和它成直角的牆壁聯在一起，上面沒有橫梁，不構成一間房子的形狀。它們和支撐屋樑的垂直牆不同，並不是爲支撐房的東西而是獨立的。這類牆壁上往往靠著曼儂石像，牆壁也形成過道，牆壁上刻滿了象形文字和大幅石刻畫，最近發見它們的那些法國人說它們很像印花布。我們也可以把它們比作書頁，雖然局限在一定的空間裡，卻像鐘聲一樣能喚起心靈深處的幽情和遐想。這樣的門有許多道，兩道門之間總是有成行的獅身人首石像。有時是一個完全由牆圍起來的露天廣場，有許多條由石坊圍成的通道通到這個圍牆。接著就是一種上面蓋著頂的廣場，並不用來住人，仿佛是一個石坊的叢林，上面沒有圓頂，而用石板蓋起來。在這些獅身人首像間的通道，石坊的行列和刻滿象形文字的牆壁之後，接著就是一座兩翼有廂房的前廳，前面立著方尖形石坊和躺著石獅，或是在一個前院和一些小徑之後，就是全座建築的終點，眞正的神廟或聖地。根據斯特拉波的記載，廟的體積並不很大，裡面並沒有神像，或是只有一個動物像。這種住神的廟往往只是一座獨立坊，據希羅多德的記載（《歷史》卷二，一五五），埃及布陀神廟就是如此，它是從一整塊石頭雕成的，四壁大致相等，都是約四十肘寬，上面有一塊石頭當作頂，約四肘寬。這類神廟一般都很小，裡面不能容納信徒團體，但是能容納信徒團體是廟宇的一個要素，否則廟宇就變成一種匣子，一種珍寶盒或是一種保有神像的神龕之類的東西了。

這類建築就是以這種方式向前伸展到若干里路之長，連同它的動物像行列，曼儂石像，龐大的門樓、牆壁，大得驚人的石柱，有時寬，有時窄，以及個別的零散的方尖形石坊之類，它們的目的有時只專爲宗教儀式中某些活動來用的。人們在這些巨大的值得驚贊的人類作品之中信步遊覽，不免要想到這些巨石堆砌成的作品對於什麼是神聖的這個問題究竟有什麼啓示，說出了些什麼。因爲細看起來，這些建築一般都有許多象徵的意義交織在一起，例如獅身人首像和曼儂像的數目、石坊和通道的位置標誌出每年的日數、黃道十二宮、七大行星（見前編按，目前應爲八大行星）、十二月的季節之類。有時雕刻還沒有脫離建築而獨立，有時眞正的建築因素如尺寸大小、間隔、柱、牆和台階的數目之類的處理方式又顯得這些關係的目的並不在它們本身，即不在對稱、和諧與優美，而在它們的象徵的意義。因此，這類作品顯得具有獨立的目的，它本身就是一種宗教崇拜，在這種崇拜中君民結合在一起。埃及有許多建築工程如水渠，莫理斯湖以及一般水利工程都與農業和尼羅河的氾濫有關。例如希羅多德曾提到過（《歷史》卷二，一〇八）埃及全國過去都可以通行車馬，到了國王塞梭斯特理斯才在全國修建許多水渠來供應飲水，因此車馬就不再有用處。但是主要的工程仍是宗教建築，在這上面埃及人出於本能地越砌越高，像蜜蜂營巢一樣。他們的財產和其他情況都是規定了的，土壤是無限肥沃的，不需費力耕種，農業勞動只限於播種和收穫。他們很少有其他民族所常有的那些興趣和活動。除掉僧侶記載中談到塞梭斯特理斯曾航海遠征以外，關於埃及人航海的資料很少。埃及人大體上只限於在本國進行這些建築。他們最宏偉的工程都屬於獨立的象徵的建築這一主要類型，因爲在埃及，人的內心生活、人的目的和外在形象中的精神性的東西還沒有達到自覺，還不能成爲自由活動的對象和產品。自覺性還沒有成熟，還沒有結果實，還不是本身既已完成的，而是在不斷努力搜尋猜測之中，不斷地創造下去而卻得不到滿足，因此也停止不住、休息不下來。因爲本身既已完成的精神[21]只有在符合精神的形象中才能得到滿足，也才能在所成就的事業中守住一定的界限。象徵型藝術作品卻多少是沒有界限的。

屬於埃及建築中這類沒有界限的作品之中的還有所謂迷徑，院場連著石柱圍成的通道，牆壁與牆壁之中曲折的道路，錯綜複雜地纏在一起，像打謎語似的，卻又不是出愚蠢的難題教遊人找到出路，而是讓遊人徘徊搜尋這種象徵的謎語的意義。因爲像我們在上文已經提到的，這些迷徑要摹仿和表現天體的運行。它們有些是在地面上建築的，有些是在地下建築的，除掉通道之外還有巨大的房間和廳堂，牆壁上都刻滿了象形文字。希羅多德親眼見到的最大的迷徑離莫理斯湖不遠。他說（《歷史》卷二，一四八），迷徑規模之大是言語所不能形容的，連金字塔也還沒有它大。他認爲這座建築是由十二代國王陸續造成的。他的描述是這樣：整個建築由一道牆圍著，分兩層，地上一層，地下一層。它們總計包括三千間房子，每層一千五百間。希羅多德只見到地上的一層，這一層分爲十二個毗鄰的院子，都開了對立的門，六道門朝北，六道門朝南，每個院子有雙排石柱圍成的通道圍繞著，柱子都是用白石精雕的。希羅多德還說，從院子可以走進房間裡，從房間裡可以走進廳堂裡，從廳堂裡又可以走進其他的房間裡，從這些房間裡又可以走到院子裡。據希爾特說（《古代建築史》卷一，七五），希羅多德提供上引最後的細節，只是爲著要說明房子和院子是連著的。談到這些迷徑似的過道，希羅多德說，通過那些蓋了頂的房間的許多過道以及院子與院子之間的無數曲折引起了他的無限的驚奇。普理琉斯說這些迷徑很神祕難解，由於曲折多，使外來人感到厭倦；開門時聲音之大就像打雷。斯特拉波像希羅多德一樣，也親眼見過這些過道，所以他的見證是重要的，他說這類迷徑環繞著院子的地面。主要的是埃及人建築這類迷徑，但是在克里特島上也有摹仿埃及式的迷徑，規模比較小，在摩利亞和摩爾太也有[22]。

㉑ 即達到自覺的精神。

㉒ 克里特島在地中海裡，古代希臘文化中心。摩利亞即希臘的伯羅奔尼薩半島，摩爾太也是地中海裡一個島。

因為這類建築一方面有房間和廳堂，已漸具住房的性質，另一方面按照希羅多德的記載，地下部分的迷徑（他沒有得到允許，不曾參觀）卻是建築者們和神鱷的墓地，所以這裡只有真正獨立的象徵意義才是迷徑的主因，我們可以把這類建築作品看作已開始接近古典型建築藝術的那種象徵型的建築。

3. 由獨立的建築到古典型建築的過渡

儘管上文所提到的那些建築已令人驚異，另外印度和埃及有些與東方民族所共有的地下建築還更為龐大，更值得驚贊。我們在地面上所看到的一些宏偉壯麗的建築都比不上印度莎爾賽特（與孟買相對）和艾爾羅拉，以及埃及北部和努比亞等地的地下建築。這些奇特的洞穴首次顯示出一種覆蓋環繞的迫切需要。人到洞穴裡去找庇護，就住在那裡，有許多民族除洞穴之外就沒有其他形式的庇身之所，這些事實都說明他們是迫於這種需要。這類洞穴在猶太山區曾經存在過，往往有許多層可以住成千上萬的人。在德國哈次山區靠近拉麥爾斯堡境內的哥拉地方也有些石屋，過去常有人帶著儲備的東西到這裡來避難。

A. 印度和埃及的地下建築

但是印度和埃及的地下建築卻與此完全不同。它們部分地用作聚會場所和地下教堂，建造的目的是引起宗教的驚奇感和有利於精神集中，帶有象徵性的設施和暗示，其中有石柱圍成的過道，獅身人首像、曼儂像、大石像、巨大的偶像，這些石像都是就岩石雕成的，還和原石的無形式的整體連成一片，就像人們在挖岩洞中要節省支柱似的。在岩壁前方的地方這些建築物往往完全是露天的，其他大部分很黑暗，需用火炬照明，有些部分開了天窗。

和地面建築比起來，這些洞穴顯得比較原始，所以人們可以把地面上那些龐大的構造看作只是地下建築的摹仿和複製。因爲在地下，並沒有什麼是積極營造出來的，而只是消極地挖去了一些東西。鑽到地下去住和挖洞穴，要比開採材料，把它砌成房子的形狀較爲自然。從這個觀點看，我們可以設想洞穴比茅屋草棚起源較早。洞穴總是一種伸展而不是一種局限，或者說，它們由伸展而變爲局限和環繞，其中環繞是原已天然存在的[23]。所以地下建築總是更多地從現成的東西開始，因爲它讓地下大部分土石像保持原狀，它還比不上地上建築那樣可以自由製造形狀。不過依我們看，這類建築儘管還是象徵型的，卻已屬於較進一步的發展階段，因爲它們已不再是作爲象徵型的建築而獨立存在，它們已有牆和頂之類來達到覆蓋環繞的目的，象徵性較顯著的形象是插進來的。希臘意義和近代意義的廟宇和房屋在這個階段現出它們的自然形式。

密特拉斯[24]岩洞也屬於這一類，儘管它們出現在另一地區。密特拉斯的崇拜和宗教儀式

㉓ 穴洞越挖越大，所以是伸展，挖成洞穴，四周就有了局限和環繞（房子的功用），石壁是天然存在的，不需堆砌。

㉔ 密特拉斯是埃及的光神，已見第二卷。

起源於波斯，但是類似的崇拜儀式也流行於羅馬帝國。例如在巴黎博物館㉕裡有一個著名的浮雕，雕的是一個少年人持刀割牛脖子。這個浮雕原來是在羅馬朱彼特神廟下面一個很深的岩洞裡發現的。在這類密特拉斯岩洞裡也發現到圓拱頂和過道。這些過道一方面象徵星宿的運行，另一方面也象徵靈魂在淨化過程中所要走的道路（正像近代自由泥瓦匠協會㉖的會場，參加儀式的成員們需走過許多過道，看一些戲之類），儘管淨化這個意義更多地在雕刻和其他作品裡得到表現，建築在這方面所起的作用不是主要的。

與此有類似聯繫的建築還可以提一下羅馬的地下墓窟，這種結構在起源時所根據的概念一定和用作水渠、墓道和地下水道的建築完全不同。

B. 死人的住處——金字塔

其次，我們還可以把在地下挖掘的和在地面上建造的死人的住處一類建築，看作由獨立的建築到服務的建築之間的一種較明確的過渡形式。

特別是在埃及，地面上的和地下的建築物都是和死人的國度聯繫在一起的，因為一般說來，無形可見的事物㉗被人見到而且得到房子居住，首先是在埃及。印度人把死人焚化掉或是讓骸骨躺在地上自行腐爛；按照印度的觀點，人類本是神或是要變成神，活人與死人的嚴格區分在印度就不存在。因此，印度的建築在未受到伊斯蘭教來源的影響的時候，不是用來住死人的，而是像上述那些奇特的洞穴一樣，屬於建築藝術的一個較早的時期。但是對於埃及人來說，活人和死人的對立卻顯得很突出；精神的東西開始和非精神的東西分割開來了。這是具體的有個性的精神在產生和發展。所以死人被看作需保存住的個體，與自然界生死流轉的觀念相反，可以免於一般自然事物都在所不免的腐朽和消逝。個性是把精神的東西看成獨立的觀點所要依據的原則，因爲精神只有作爲個體，作爲人格，才有存在的可能。所以我們認爲這種尊敬死人和保存死人的習俗，對於精神個性的存在是第一個重要的因素，因爲在這種習俗裡，個體不是被取消掉而是被保持住了，至少是肉體是作爲這種自然的直接的個體而被珍藏和敬重。我們前已說過，希羅多德曾提到埃及人是最早宣稱靈魂不朽的民族。儘管埃及人對精神個性的堅持還不夠澈底，他們仍認爲死人需在三千年中遍歷陸水空三界的全部動物體系的生活之後才變回人的形體[28]，儘管如此，他們在這種觀念裡，以及在屍體上塗油防腐的習俗裡，畢竟把軀體方面的個性和脫離軀體而獨立的精神的自爲存在之間的區別固定下來了。

因此在建築藝術中就發生了一個重要的變化，精神的東西作爲內在的意義而分割出來，

㉕ 法譯作羅浮宮。

㉖ 一種祕密組織，目的在互助，成員往往是上層社會人物。過去在中國叫做「共濟會」。

㉗ 即陰魂。

㉘ 這就是靈魂輪迴說。

並且獲得了獨立的表現，至於肉體的外殼則作爲單純的建築的環繞物而放在精神的東西的周圍。在這個意義上埃及的死人住處形成了最早的廟宇；本質性的東西，即崇拜的中心，是一個主體，一個個別的對象，它本身顯得有獨立的意義，而且本身就達到了表現，有別於它的住處，這住處只是作爲一種應用的外殼而建造起來的。這當然還不是作爲一個實際的人的需要而建造出一座房屋和宮殿，而是爲本無需要的死者，國王或是神獸，建造大到不可測量的庇身之所。

正像農業會把東西流浪的民族固定到一定的地區，墳墓、墳墓的紀念坊和祭祀一般也把人們團結在一起，使既無國家又無劃定了的財產的人們有一種聚會場所，一種聖地，他們會防守這塊聖地，不肯讓旁人奪去。例如什提亞民族[29]，據希羅多德的記載（《曆史》卷二，一二六—一二七），是流動不居的，波斯大帝達琉斯發現他們到處都走在他前面，就派使臣去通知他們，如果他們的國王自以爲很強可以抵抗，他就應停下來應戰，否則他就應奉達琉斯爲主子。伊丹圖蘇斯回答說，他們既沒有城市，也沒有耕地，沒有什麼東西要防守，達琉斯也不能從他們那裡掠奪去什麼。但是如果達琉斯一定要挑戰，他們卻有祖先的墳墓；達琉斯如果敢侵犯，他就會看到什提亞民族是否爲保衛祖墳而戰鬥。

我們發現最古的宏偉的墳墓紀念坊是埃及的金字塔。乍看起來這些値得驚奇的工程之所以使人驚贊的地方，在於它們的體積大到難以測量。這立刻使人想到要費多久時間和多少人力才能完成這樣龐大的一座建築。如果單從形式方面去看，它們並沒有引人入勝的地方，只消花幾分鐘就可以把它們看完和記住。由於在形狀上這樣簡單整齊，它們目的何在問題是久經爭論的。古代人例如希羅多德和斯特拉波本來早就說明了它們的實際用途，但後來不同時代的遊歷家和作家們卻提出一些荒誕不經的看法。阿拉伯人曾經企圖用暴力打進去，希望在金字塔內部可以找到財寶，不過這些侵犯並沒有達到目的，只造成很多的損壞，眞正的通道和房屋並沒有找到。後來有些歐洲人，應該特別提到的是羅馬人伯爾佐尼[30]和熱那亞人加費利亞，終於成功地走進金字塔內部考察。伯爾佐尼在西弗瑞[31]的金字塔裡發見到國王的墳墓。金字塔的入口用正方形石板封閉得很牢固，看來埃及人在建塔時仿佛就已預防人知道有入口，縱使知道，也要使它極不容易找到和打開。這就足以證明金字塔是要永遠封閉起來，不能再利用的。塔內有房間，有暗示靈魂在死後輪迴變形所要走過的道路，有寬敞的廳堂，還有蜿蜒起伏的地下管道。伯爾佐尼所發見的國王墓就是在岩石裡挖成這樣形式，從這頭走到那頭要花一個鐘頭。在正廳裡擺著一副花崗石棺，已沉到地下，裡面只發見一架木乃伊，是一種動物的殘骸，顯然是一頭神牛。從整體看，這種建築無疑是用作死人住處的。金字塔

㉙ 在古代遊牧於黑海北岸一帶的民族。西元前五世紀他們的國王是伊丹圖蘇斯。

㉚ 伯爾佐尼（Belzoni）和加費利亞（Caviglia）這兩位義大利學者考察埃及的文物都在十九世紀初期，前者較著名，著有《埃及和努比亞的發掘》一書。

㉛ 西弗瑞（Cnephren）古埃及國王，他所建立的金字塔一般叫做「第二金字塔」。

的年代，形式和體積各不相同。最早的是用石頭逐層砌成棱錐形，較晚的建築得整齊一律，其中有些是平頂的，有些是尖頂的，有些頂上還有平台，根據希羅多德關於胡夫[32]的金字塔的記載（《歷史》卷二，一二五），可以見出埃及人的建築程式，希爾特把這座金字塔歸到還未完工的一類（《古代建築史》卷一，五五）。根據近來法國人的資料，在年代較遠的金字塔裡房屋和過道都比較曲折複雜，在較晚的金字塔裡它們都比較簡單，上面刻滿了象形文字，如果要把它全抄下來就要花幾年的工夫。

從此可見，金字塔雖是本身就値得驚贊，卻只是一種簡單的結晶體、一種外殼，其中包裹著一個核心，即一種離開肉體的精神，功用是要保存這種精神的肉體原形。所以一切意義都在這個獨立達到表現的死者身上，而前此本來本身自有意義的獨立的建築現在卻劃分開來，在這種劃分狀態中它變成應用的[33]。至於雕刻現在則接受了一個新的任務，即表現眞正內在的（精神的）東西，儘管它起初還只以木乃伊的形式去保存個體的直接的自然形狀[34]。所以就埃及建築藝術的整體來看，我們一方面看到一些獨立的象徵型建築物，另一方面也看到只以庇護死者爲特殊任務的建築物（特別是涉及墳墓紀念坊的建築物）很清楚地開始出現了。這就需要一個根本的條件，那就是建築不只是鑿穴掘洞，而要顯出自己是一種無機的自然，是由人手建造來適應他的需要的[35]。

其他民族也建立過與此類似的墳墓紀念坊，或是下面住死人的神聖的建築物。例如在加里亞[36]的陵寢和較晚的哈德良[37]的陵寢（即現在羅馬的聖安傑羅堡寨）都是精工建成專葬一個死人的宮殿，在古代就已馳名，根據烏敦[38]的描述（《沃爾夫和波特曼的博物館》卷一，五三六），還有一種墓地建築也屬於這一類。這種建築在安排和環境方面摹仿神廟，不過具體而微。它有花園、拱廊、噴泉、葡萄園，還有供神像的小禮拜堂。特別是在羅馬帝國時代，這類墓坊常築來供用來代表死者的阿波羅、維納斯、米諾娃等神的神像。這類神像和整個建築物在當時具有神化死者和廟祀死者的意義，就像埃及人把死人塗油防腐，帶上標誌等級職位的徽章，放在棺材裡，表示死者已化爲神一樣。

但是在這類建築物之中既宏偉而又簡單的是埃及的金字塔。在金字塔上首次出現特宜於建築的基本線條，即直線，以及一般形式方面的整齊一律和抽象性。因爲作爲單純的環繞庇護的東西，作爲未經住在裡面的精神灌注生氣而成爲本身具有個性的，即無機的自然，建築

㉜ 胡夫（Cheop），埃及國王，上文提到的西弗瑞的兄弟和繼承人。

㉝ 象徵型建築原來是獨立的，後來它的目的一分爲二，既保存原來的獨立的目的（象徵某一普遍概念），又有讓死者庇身的目的（即變成應用的）。

㉞ 即肉體原形。

㉟ 即上文所已提到的「消極地挖去一些東西」和「積極的營造」的分別。

㊱ 加里亞（Karien）在小亞細亞，古希臘的殖民地。

㊲ 哈德良（Hadrian），西元二世紀羅馬皇帝，他的陵寢在羅馬城內，聖安傑羅堡寨就用這個陵寢爲基礎。

㊳ 烏敦（W.Uhden），十八世紀德國考古學者。

就還只能有外在（即不由本身內容決定）的形狀，而外在的形式就不是有機的，而只是抽象的、訴諸知解力的。不過金字塔儘管已開始獲得住房的性質，眞正的住房所用的直角形卻還沒有普遍地應用；金字塔還保持一種獨立性，不只是按照它所服務的目的去造型的，因此它由基礎到尖頂的循序漸進的形狀單從本身看就是完整的。

C. 到應用的建築的過渡

從現在起，我們可以研究由獨立的建築藝術到眞正的應用的建築藝術的過渡。

這種過渡可以從兩個出發點來看，一方面是象徵型建築，另一方面是需要和服務於需要的目的性。關於象徵型建築的結構，我們前此已討論過，建築的目的性只是次要的因素，只是一種外在的秩序安排。住房卻形成另一極端，它要適應直接需要的要求，它要有木柱，或是直立的牆壁，上面架橫梁，和牆壁成直角，梁上還架一個頂。毫無疑問，這種眞正目的性的要求是由它本身決定的；但是問題的關鍵在於這樣一個分別：我們馬上就要當作古典型建築藝術來討論的那種眞正的建築是否只起於需要，還是起於上述獨立的象徵型建築作品，這就是說，還是這類象徵型作品本身就直接導致應用的建築。

(1) 在建築裡，一些完全只是適應目的和訴諸知解力的形式是由需要產生的，例如直線形、直角形和平滑的表面。因爲在應用的建築裡眞正目的的就是神像，或者說更確切一點，就是個別的人，是團體、是民族，他們聚居在一起，不只是爲滿足身體方面的需要，而是抱有一般的宗教的或政治的目的。他們特別直接需要替偶像、神像，或是一般獨立代表某一如在目前的聖物的形象，建立一種庇身之所。例如曼儂像和獅身人首像之類是擺在露天裡和叢林裡，以自然爲周邊的。但是這類形體結構，尤其是具有人形的神像，畢竟不是直接從自然界借來的，而是屬於想像的，是憑人的藝術活動才獲得存在的。因此，它們單靠自然的周邊還不夠，還需要一種基地和一種環繞庇護的東西作爲它們的外在因素，而這些外在因素也需是來自想像和憑藝術創作來形成的。神們只有在由藝術所造成的環境裡才算居得其所。這種外在環境就不是本身自有目的，而是服務於另一目的，這才是它的本質性的目的，因此，它就受這種目的性的制約。

不過如果要使這些本來只服務於目的的形式提升到美，它們就不應停留在它們的原來的那種抽象性上，而是必須於對稱與和諧之外，還現出有機、具體、本身完滿和變化多方的性質。因此，人們就要考慮到單從目的性看則是多餘的那些因素，要考慮到一些差異和定性以及有意的突出表現和塑造問題。例如橫梁既按直線形伸延，兩端卻都要有終點，撐持橫梁和屋頂的直柱也是如此，從地面達到它所撐持的橫梁，也就達到終點。應用的建築就要突出這些差異，通過藝術來就這些差異塑造形狀；一個有機的結構，例如一棵植物或一個人，儘管也有上下之分，卻從開始就是按有機的方式構成形狀的，人有足和頭之分，植物則有根和花蕾之分。

(2) 象徵型建築卻與此相反，它多少以這種有機的形狀構造爲出發點；但是它在牆壁、門、橫梁和方尖形石坊等方面，也還不能完全排除直線的和整齊一律的形狀，如果它要按照建築的方式把那些龐大的雕刻性的作品安裝排列起來，它也必須求助於眞正應用的建築中的一些原則，如體積相等，行列成直線，前後有間隔之類，也就是說，要有規律和秩序。這樣一來，象徵型建築就包含兩套原則，[39]兩者的統一才使它有可能既服務於它的目的，又顯得美。不過在象徵型建築裡，這兩方面還沒有融成一體，而還是並列地擺在一起的。

(3) 因此，我們可以這樣理解上述過渡：一方面前此獨立的建築藝術需按知解力的方式把有機界的一些形式加以改造成爲整齊一律，使它們符合目的性，而另一方面單純的符合目的性的形式也要轉向有機界的原則。如果這兩極端相遇而且互相轉化，那就會產生眞正的美的古典型建築。

這種統一的實際產生，可以很清楚地從我們在前此的建築中已見到的一種變革中看出，那就是柱子。爲著圍繞屏障，牆壁固然是必要的，但是牆壁也可以是獨立的（前文已舉例證明過），不一定就完全能形成一種圍繞屏障，除著四周有屏障以外，還要有一個重要的因素，即上面的屋頂。要蓋屋頂，最簡單的辦法是用柱子。從這一點來看，柱子的基本的獨特的功用就在於撐持。所以單就撐持來說，牆壁實在是多餘的。因爲撐持是一種機械的關係，屬於重力和重力規律的範圍。重量或一個物體的重心都集中在撐持物上面，這撐持物就使它保持平衡，不致倒塌。這就是柱子所做的事，用柱子撐持重力，顯得把外在的工具節省到最低限度。浪費很大的牆壁去撐持的東西只用很少的柱子就能撐持住，古典型建築之所以具有高度的美，就因爲它所豎立的柱子不多於實際撐持梁和頂所需要的。在眞正的建築裡，柱子只是裝飾，所以不屬於眞正的美。因此，純粹獨立的柱子不能實現柱子本來的職能。人們固然也豎立過紀功柱，例如著名的圖拉眞和拿破崙的紀功柱[40]，不過它們實際上只等於雕像的台座，而且還有浮雕，用來紀念和頌揚一個英雄，這個英雄的立像就由它們撐持起。

關於柱子，特別値得注意的是它在建築發展過程中怎樣掙脫具體的自然形狀，然後才能獲得既有規律而又符合目的的抽象的美的形狀。

①因爲獨立的建築從有機的形體出發，它可以利用人的形體，例如埃及的曼儂像就部分地把石柱雕成人體形狀。這種人體形狀是多餘的，因爲人像本來不是用來撐持重量的。希臘人固然曾用卡里亞人像[41]來撐持重量，但是這種辦法只能在少數情況下才使用。這種辦法可以看作是對人的形體的濫用，所以卡里亞惕德像是些受壓迫者的形象，她們的服裝說明她們是奴隸，要撐持這種重擔就是奴隸的一種負擔。

②用作撐持重量的支柱所能採取的較自然的有機體形狀是樹和一般植物，一根主幹或

---

[39] 一套原則來自自然界的有機的形體，一套原則來自幾何學乃至力學的機械律，亦即來自建築本身的要求。

[40] 圖拉眞（Trajen），西元前一世紀左右羅馬皇帝，他的紀功柱在羅馬圖拉眞廣場中心；拿破崙的紀功柱就是巴黎的凱旋門。

[41] 卡里亞人（Karyatiden），卡里亞是希臘的一個鎭市，希臘建築有時用卡里亞地方的女人像作支柱。

一根細弱的莖筆直地聳立，例如樹幹獨立地支撐枝葉，穀稈獨立地支撐穗，莖獨立地支撐花。埃及建築從自然界直接地採取這些形式，但是還不能自由地進行抽象化。在支柱的形式方面，埃及的宮殿和廟宇的宏偉風格，它們的石柱行列的規模之大和數量之多以及整體的偉大氣象，從來就使觀眾驚贊不置。從它們的千變萬化的形狀可以看出這些石柱是採用植物形狀的，例如蓮花和其他種類的花都被伸延成柱形。同一柱廊裡的許多柱子形狀並不一樣，往往隔一根、兩根或三根柱子輪流地換一個樣式。德農[42]在他的《埃及遊記》裡搜集了許多這種樣式。整體還不是用訴諸知解力的整齊一律的形式；基礎是用一種洋蔥形（半球形），從根球上發出一種蘆葦狀的派生莖葉，或是像有些植物那樣，有許多根球瓣捲在一起。所以石柱像細長的莖從這種球瓣基礎上一直衝上去，有時不用直線而用螺旋的曲線，柱頭也像一朵花連著紛披的枝葉。不過這種摹仿並不妙肖自然，而是植物形狀服從建築的結構，變成接近圓和直線之類有規律的幾何圖形，所以這類柱子從整體來看，很像一般所謂「阿拉伯式花紋」。

③這裡應當約略地談一下阿拉伯式花紋，因爲它在概念（本質）上也屬於由運用自然界有機形體於建築，轉到眞正的建築的較嚴格的整齊一律的建築之間的過渡階段。但是建築藝術如果在定性上變得自由了，它就會把阿拉伯花紋降低到裝飾。阿拉伯式花紋主要是些皺縮的植物形狀，或是由植物形狀和動物與人的形狀交織在一起，或是把植物形狀歪曲成爲動物形狀。如果這類花紋具有象徵的意義，它們就可以看作自然界的不同類的東西互相轉變；

如果沒有這種象徵的意義，它們就只是把各種自然界的形狀任意加以組合，配合和分解的幻想遊戲。這類建築裝飾給幻想提供了各種各樣的用武之地，可以把器皿和服裝、木塊和石頭都摻雜進去。它們的基本特徵和基本形式是把植物、枝葉和花朵乃至動物變成接近無機的抽象的幾何圖案。因此，人們發見阿拉伯式花紋往往呆板而不忠實於有機體形狀，而且經常譴責這種花紋以及運用它們的藝術，特別是繪畫，儘管連拉斐爾也曾廣泛地畫過這種花紋，而且達到了最高度的優美、雋妙和豐富多彩的效果。無論從有機體的形狀來看，還是從力學規律來看，阿拉伯式花紋當然都是違反自然的；不過這種違反自然不僅是一般藝術的權利，而且是建築的職責，因爲只有通過違反自然，本來不適合建築藝術的生物形狀才能適應眞正的建築風格，和它協調起來。這種適應用植物特別合式，而在東方大量地用在阿拉伯式花紋裡的也正是植物，因爲植物還不是能感覺的個體，本來就便於配合建築的目的，它們生來就可以防風蔽雨遮太陽，而且植物在大體上還沒有那些擺脫整齊一律而自由飄蕩的線條。植物的葉子本來就已整齊一律，用在建築裡，還可以弄得更圓或更直一點，因此，凡是人們認爲對植物形狀是歪曲，不自然和呆板的東西都基本上應該看作適應眞正建築要求的一種適當的改造。

㊷ 德農（Denon, 1747—1825），法國藝術批評家，著有《埃及遊記》。

總之，從柱子就可以見出眞正的建築藝術從單純的有機體的形狀轉到訴諸知解力的符合目的性，又從符合目的性轉回到接近有機體的形狀的過程。這裡有兩個出發點，一個是實際的需要，一個是建築的不符合目的的獨立性。我們在這裡有必要提到這兩個出發點，因爲這兩個原則的統一才是眞實的。優美的石柱從自然形式出發，然後改造成爲木柱，在形式上具有整齊一律和可理解性。

第二章　古典型建築

建築藝術到了獲得符合它的本質的時候，它的作品就服務於一種非它本身所固有的目的和意義。它就變成一種無機的環繞物，一個按照重力規律來安排和建造起來的整體，這個整體的各種形式都要形成嚴格的整齊一律，直線形、直角形、圓形和一定的數量關係，由它本身界定的尺度以及謹嚴的規律性之類範疇。這種建築的美就在於這種符合目的性本身；這種目的性已擺脫了有機的、精神的和象徵的三種因素的直接混合；儘管是應用的，它卻結合成一個本身完備的整體，通過它所有的形式使它的目的顯得一目瞭然，而在它的這些關係的和諧配合中就把單純的符合目的性提高到美。但是這個階段的建築仍然符合它的特有的概念（本質），因爲它還不能單獨地由它本身使精神性的東西獲得恰當的實際存在，因而只能把外在的本無精神的東西改造成爲對精神的東西的反映。

我們將按照以下的程式來研究這種既實用而又美的建築：

第一，我們要確定這種建築的一般的概念和性格。

其次，我們要研究古典型建築中由目的決定的那些建築形式具有哪些特殊的基本定性。

第三，我們可以約略地看一下古典型建築所發展出來的那種具體現實情況。

對這幾點我都不準備詳細討論，只討論一些帶有普遍性的東西，這方面在古典型建築裡比在象徵型建築裡較爲簡單。

1. 古典型建築的一般性格

A. 服務於一種確定的目的

按照我已屢次提到的原則，眞正的建築藝術的基本概念，在於精神性的意義並不是單獨地納入建築物本身，使建築物因而成爲內在意義的一種獨立的象徵，而是這種意義在建築之外本來就已獲得自由的存在了。這種存在可以有兩種，一種是意義已由另一種較廣泛的藝術（在眞正的古典時期這主要是雕刻）獨立地表現出來了，另一種是人在直接現實生活中已生動地認識到這種意義而且把它施諸實踐了。此外，這兩種意義還可以結合在一起。所以從前巴比倫、印度和埃及這些民族的東方式的建築，一方面用本身自有價值的形體，以象徵的方式把他們所奉爲絕對和眞實的東西表現出來，而另一方面不管人物已死，還把他的外在的自然形體保存下來，用建築把它圍繞起來，而現在古典型建築卻不然，精神性的意義已是獨立存在的（或是憑藝術，或是在實際生活中），和建築物是分割開來的，建築就要爲這種精神性的東西服務，這種精神性的東西就成了建築的眞正的意義和確定的目的。因此在古典型建築中這個目的是統治一切的因素，它支配著全部作品，決定著作品的基本形狀和輪廓，不像象徵型建築那樣一方面聽任媒介材料，另一方面聽任幻想和主觀任意性，自由獨立地發揮它們的作用，也不像浪漫型建築那樣離開目的性，發展出多種多樣的對目的來說是多餘的細節和形式。

B. 建築物符合目的

關於這種建築物要提出的第一個問題，就是它的目的和使命以及它所由建立的環境。要使建築結構適合這種環境，要注意到氣候、地位和四周的自然風景，在結合目的來考慮這一切因素之中，創造出一個自由的統一的整體，這就是建築的普遍課題，建築師的才智就要對這個課題的完滿解決上見出。在希臘，建築藝術的主要對象是公共建築、廟宇、石柱廊和門廊，供人們休息和散步，還有門廊連林蔭大道的建築，例如著名的雅典城堡前的大道[1]；至於私人住宅卻很簡單。在羅馬，情況卻相反，私人的房屋，特別是別墅，都很豪華，皇帝的宮殿、公共澡堂、劇場、馬戲場、露天劇場、水渠和噴水池也是如此。但是這類建築完全以功用爲指導原則，美多少只占裝飾的地位。所以在這個領域裡最自由的目的是宗教的目的，體現於廟宇，即一個主體的庇身之所，這個主體本身原已屬於藝術，由雕刻塑造爲神像。

C. 房屋作為基本類型

在這些目的方面，眞正的建築比起前一階段的直接從自然界借用有機形狀的象徵型建築較爲自由，甚至比起雕刻也較爲自由，因爲雕刻不得不用現成的人體形象，不得不適應人體形象及其既定的一般情況，而古典型建築對於它的形式及其形狀結構，則根據內容或精神性的目的創造出來，至於形象也不是根據藍本而是根據人的知解力創造出來的。但是這種較大的自由也只是相對的，適用範圍是受到局限的。古典型建築藝術的處理方式，由於它所用的那些形式是訴諸知解力的，在大體上仍不免抽象和枯燥。

弗列德里希・施萊格爾曾經把建築比作凍結的音樂，實際上這兩種藝術都要靠各種比例關係的和諧，而這些比例關係都可以歸結到數，因此在基本特點上都是容易了解的。像上文已經說過的，在房屋是對這些基本特點及其體現於單純、嚴肅、宏偉和秀美動人之類風格的不同比例關係提供主要定性的是房屋本身：它的牆、柱和梁都配合成爲完全可以理解的結晶體的形式。這些比例關係的性質是不能歸結爲數目和尺寸的。但是舉例來說，一個直角長方形比起正方形較能引起快感，因爲在長方形之中，相同之中有不同。如果一個體積中長倍於寬，這個關係就是令人愉快的❷；反之，長而細就是不能令人愉快的。同理，支撐物和被支撐物之間的力學比例關係也需按照正確的尺度和規律，例如粗重的柱頭放在細弱苗條的柱子上，或是讓龐大的台基負荷很輕巧的建築，都是不合式的。在建築中寬對長和高的比例關係，柱子的高對粗的比例關係，柱子之間的間隔和數目，裝飾的簡單或繁複，在如此等類的一切比例關係上，古代建築中都隱含著一種和諧，特別是希臘人對於這種和諧有正確的體會，他們在個別細節上有時也背離這個和諧原則，但是在大體上他們總是要顧到一些基本的

---

❶ 雅典城堡（Akropolis）在雅典城中心，高約一千尺，門廊前有一條林蔭大道，叫做 Propylaea。

❷ 例如所謂「黃金段」。

比例關係，不肯越出美的界限。

2. 建築形式的一些特殊的基本定性

A. 木料建築和石頭建築

上文已提到人們長久以來在爭辯是木料建築還是石頭建築形成了建築的起點，這種材料方面的差異是否影響到建築的形式。就眞正的建築藝術來說，由於它要按照目的性原則而且要把房屋這個基本類型建造得美，木料建築可以看作更爲原始的。

希爾特採取了維特魯威[3]的看法，就下過這樣的結論，而且常因此受到攻擊。我想就這個久經爭論的問題簡略地提供一點意見。流行的研究方法是找出一種抽象的簡單規律來解釋假定已經發見到的具體事實。希爾特就是用這種方法設法找出希臘建築所自出的基礎典範，也就是他的理論，它的解剖輪廓。根據形式以及和形式協調一致的材料，他發見到這種基礎典範就是房屋和木料建築。房屋當然是建造來供人居住和防禦風雨寒暑以及動物和人的，它就需要一個完整的圍繞遮蔽的場所，以便一個家庭或更大的人群單獨地聚居在一起，和周圍世界隔開，來滿足他們的需要和進行他們的活動。房屋完全是一種有目的的結構，由人按照人的目的而建造出來的。人在這上面要按照多種多樣的目的，進行多種多樣的工作，使整個結構中各部分按照重力規律的要求，互相配合或互相推拒，以便達到穩定和牢固，還要便於關閉，不但使傾斜的部分得到支撐，還要使橫平的部分維持橫平，使交結在一起的部分形成適當的角度和縫口，如此等等。房屋固然也要求有一種完整的圍繞遮蔽，牆壁對此是最有用最穩妥的，從這方面來看，石頭建築像是比較符合目的；但是牆壁也可以用並列成行的柱子來代替，上面架梁，而梁又可以使支撐它們的直柱聯繫在一起和穩定住。最後在這梁架上面又蓋上屋頂。但是在廟宇建築裡，關鍵並不在圍繞遮蔽而在支撐物和被支撐物之間的比例關係。爲著把這種力學的比例關係調整好，木料結構顯得是最輕便也是最自然的。作爲支撐物的柱子也需要有一種東西把它們聯繫在一起，而它們所支撐的橫梁就起了這種聯繫作用。直柱和橫梁就成爲廟宇建築的基本定性（特徵）。木料結構最宜於這種分割與結合以及適應目的的配搭，必要的材料又可以直接從樹上取來。一棵樹不需要很大的加工就可造成柱和梁，因爲它本身已有一定的形式，零散的木段多少已是直線形的，可以很容易地構成直角銳角或鈍角，來造成角柱、支柱、橫梁和頂。石頭卻不然，它本來就沒有固定的形狀，比起樹來，它是一堆無形式的物質，需先按照目的把它分割開來，經過打磨，才可以並列在一起或疊在一起，來構成整體。它需要經過許多操作手續，然後才能獲得木料生來就有的形狀和適應性。

此外，在形成巨大體積堆的地方，石頭便於鑿洞穴，而且由於生來就是相對地無形式

❸ 見第一章注❶。

的，可以打磨成任何形狀，所以它既宜用於象徵型建築，又宜用於浪漫型建築及其信任幻想的形式。至於木料則由於樹的莖幹生來就是直線形的，卻宜於達到古典型建築所根據的較謹嚴的符合目的性和便於理解的原則。從這個觀點來看，木料建築在獨立的建築藝術裡要占優勢，儘管埃及人用石板包裹柱廊，其實木料卻能更輕便更自然地滿足這種需要。另一方面，古典型建築也並不是只限於木料建築，只要能產生美的效果，它也採用石頭，不過一方面要在建築形式上見出原始木料建築的原則，儘管另一方面也加進去一些不屬於單純的木料建築的特徵。

B. 廟宇的特殊形式

關於房屋作爲基本類型所具有的而廟宇也有的一些特殊的要素，應該提到的重要方面可簡述如下：

就房屋本身所特有的力學的比例關係來看，上文已經說過，它一方面有支撐物，是按照建築方式來造型的物質堆，另一方面有被支撐物，這兩方面結合起來才達到堅固和穩定。此外還加上第三個因素，即圍繞遮蔽和按照長寬高的三度體積來定的界限。一個建築結構，作爲一些不同要素的互相配合，是一個具體的整體，它需在本身上顯出這一點。這裡就產生出一些本質性的差異，這些差異既表現在房屋的特殊性格和特別的形成方式上，也表現在各部分的憑知解力的配合上。

(1)從這方面看，最重要的一點就是支撐物。一談到支撐物，我們就很容易根據近代的需要，習慣地想到最牢固最安全的支撐物是牆壁。我們前已說過，牆壁的獨特功用並不在支撐，而主要地在圍繞遮蔽和界限，所以它在浪漫型建築中形成一個占優勢的因素。希臘建築的特點卻在於它造出一種專爲支撐用的是柱❹，它運用柱來實現建築的目的性，同時也產生美。

①柱子除支撐以外，別無其他功用，儘管依直線排列的一行石柱也可以標誌界限，它卻不能像牆壁那樣起圍繞遮蔽的作用，而是有意地被安置在離開牆壁的地方，成爲自由獨立的東西。柱子的獨特的目的是支撐，所以柱子對所支撐的重量的比例關係需令人一眼就得出它們的符合目的性，因此柱子既不宜太粗壯，也不宜太纖弱；既不宜顯得很局促，也不宜很輕巧地扶搖直上，仿佛和它所支撐的重量在玩把戲。

②石柱一方面既不同於圍繞遮蔽的牆壁，另一方面也不同於單純的木柱。木柱一頭埋到地裡，另一頭到它所支撐的重載安放的地方就到了終點。因此，它的確定的長度，它的起點和終點，仿佛是由另一物所劃定的消極的界限，是一種不由它本身決定的偶然的定性。但是起始和終止卻是支撐的石柱本身所固有的定性，所以應該顯出它們是由石柱本身決定的因素。就是因爲這個緣故，發展成熟的美的建築在石柱下端安柱基，上端安柱頭，在塔斯康❺

---

❹ 漢語只用公名「柱」，西方Säule與Pfeste有別，前者是石柱，大半是圓的，後者是木柱，大半是方的。

❺ 塔斯康，義大利北部地方。

柱式裡固然沒有柱基，柱子就直接插進土裡，但是它的長度因此看來好像是偶然的，人們看不出柱子是否由它所支撐的重載壓下去，埋在地下的部分究竟有多麼深。爲著避免使柱子的起點顯得不確定和偶然，它就應該有特意設立的基腳，使人明白地認出這是它的起點。藝術因此一方面指點出：「石柱從這裡開始」，另一方面使柱子的穩定與安全成爲可以眼見的，眼睛因此也仿佛安定下來。爲著同樣的理由，藝術讓柱子終於柱頭，柱頭既標誌出柱子的支撐任務，也指點出：「柱子到此爲止。」這種著意安排的起點與終點的考慮，就說明了柱基和柱頭之所以存在的深刻理由。這就像音樂裡的旋律要有一種明確的結束，也像書裡一句話要用一個大字母開頭，用一個句點符號結尾，在中世紀句首的大字母還特別放大而且用彩色加以美化，句尾也有同樣的裝飾，爲的是要突出起點和終點。所以儘管柱基和柱頭越出了實際的需要，我們卻不應把它們看成一種多餘的裝飾，也不應認爲它們起源於埃及柱的藍本，因爲埃及柱還是摹仿植物形態的。有機的形體結構，像雕刻在動物像和人像上所表現的，在它們的自由的輪廓上自有起點和終點，有理性的有機體本身就有由內在因素決定的形狀的界限，建築卻不然，它沒有別的東西來界定柱子和形狀，只有支撐物的力學的定性以及由地面到柱子和所支撐的重載的接觸點之間的距離。至於這一力學定性所包括的一些特殊因素卻要由藝術來塑造和顯現出來，因爲這些因素就是柱子的因素。所以柱子的確定的長度和上下兩頭的界限以及它怎樣支撐的情況，就不應顯得是偶然由外因決定的，而是應該表現爲由柱子本身決定的。

關於柱基和柱頭以外的柱子的其他形狀，頭一層它是圓形的，因爲它應該自由獨立完備自足地站在那裡。圓形是本身最單純的完滿自足的，憑知解力界定的最有規律的線形。因此，柱子在形狀上就已顯示出如果它和一系列的其他柱子一根接著一根地排列成行，並不能形成一個平面——不像鋸成直角形的方柱並列在一起就可形成牆壁——而是只有一個目的，只限於支撐。此外，柱子從平地上升到它的長度的三分之一時就變細，顯得苗條，因爲下部要負荷上部的重量，這種力學的比例關係也需在柱子上面表現出來，使人可以看出。最後，柱子往往有垂直的槽紋，一方面是爲著使簡單的形狀有些變化，另一方面在必要時使柱子顯得比實際上要粗壯一點。

③儘管柱子是每根各自獨立的，它畢竟還要顯出豎立它並不是單爲它本身，而是爲它所要支撐的體積。就房屋周圍各邊都要有一個界限來說，單獨的柱子還不夠，還要有別的柱子和它並排立起，因此柱子就有一個基本的定性，需排成行列。如果有許多柱子共同支撐同一重載，這就要求它們有同樣的高度，而且所支撐的橫梁就成爲把它們互相結合起來的手段。這就使我們由支撐的直柱轉到和它對立的被支撐的橫梁。

(2)柱子所支撐的是安置在上面的梁架。這方面最重要的關系是直角形的性質。無論是和地面，還是和梁架，支撐的柱子都要形成直角形，因爲按照重力的規律，橫平的位置是唯一的穩妥適合的位置，而直角則是唯一的牢固明確的角度；銳角和鈍角都是不確定的，度數可大可小，所以帶有偶然性。

梁架的組成部分可以細分如下：

①輪台（也就是主樑）直接安置在一行齊高的柱子上把整行柱子結合在一起，對它們施同等重壓。作爲單純的橫梁，輪台只需要四面平直，相交成直角的抽象的整齊一律的形狀。但是輪台一方面是被柱子支撐的，另一方面它本身又要支撐梁架上其餘部分[6]，所以發展較完備的建築也要把主梁的這雙重功用顯示出來，在它上面安置凸出來的側板以及用其他辦法，來表示它還要撐持上面的部分。所以從這方面看，和主梁發生關係的不僅有支撐它的柱子，還有它所支撐的重載。

②這種重載之中首先是線盤線盤，也叫花邊，有兩個組成部分，一個是安置在主梁上的小托梁的盡頭，一個是這些盡頭之間的空間，因此線盤比起輪台有較重要的差異或顯出較多的變化，它需把這些差異或變化突出地顯示出來，特別是當建築已用石頭爲材料，卻還比較嚴格地遵守木料建築的基本類型的時候。這就產生了三棱槽和槽隙[7]的分別。三棱槽是雕成三條槽的橫梁盡頭，槽隙是槽紋與槽紋之間的四角形的空間。在最早的時代，這些空間可能是空著的，後來才雕滿了浮雕，作爲裝飾。

③線盤安置在主梁上面，它本身上面又安置著飛簷。飛簷的功用在撐持屋頂，屋頂是整座房屋上部的終點。這裡有一個問題：這個終點界限應該採用什麼樣式？可以有兩種樣式，一種是成直角的平頂，另一種是成鈍角或銳角的尖頂。如果我們只從需要來考慮，南方人很少受暴雨和狂風的侵襲，要防禦的只有太陽，所以對於他們來說，成直角的平頂彷彿就

足以滿足需要了。至於北方人卻要防常要下的雨，還要防雪在屋頂上壓得太重，所以他們需要傾斜的尖頂。但是在美的藝術裡起決定作用的並不只是需要；作爲藝術，它還要滿足美與快感的更深刻的要求。從地面向高處聳立的東西，必須表現爲具有基腳讓它可以站在上面而且得到支撐；此外，眞正的建築所用的柱子和牆壁也使我們從物質手段上體會到支撐作用。房屋上部分的頂卻不再起支撐作用，而只是被支撐。這一特點也必須在屋頂本身上顯出來，這就是說，它必須造成不能再起支撐作用的形狀，因此，需形成一個角，無論是銳角還是鈍角。所以古代廟宇都不用平頂，而使頂的前後兩部分相交成鈍角，一座建築這樣結束，是符合美的。因爲平頂不能產生已完成的整體的印象，一個平面不管地位多麼高，總是還能支撐重量，而尖頂的傾斜面相交的線形卻不能支撐重量。在繪畫中我們喜歡人物組合形成金字塔形（錐形），道理也是一樣。

(3) 我們要研究的最後一個功用就是圍繞遮蔽，也就是牆和壁。石柱固然能支撐和劃界

---

❻ 西方建築柱頭（Kapitel）上承梁架（Gebälk）。梁架分三層，最低一層與柱頭交接處叫做輪台（Ahitv），原義爲主梁，其實是主梁的盡頭。中層緊接著輪台，叫做線盤（Fries），刻成三條垂直的槽紋的，叫做三棱槽（Triglyph）。線盤一般是雕花最多的部分。上層緊接著線盤，叫做飛簷（Karnies），上與屋簷相接，往往雕成波浪紋，是梁架最凸出的部分。

❼ 槽隙（Metope），即兩槽紋之間的空間。

限，但是不能圍繞遮蔽；石柱所界定的空間和由牆壁圍封起來的室內空間簡直是對立面。所以要有完整無缺的圍封，就要用很厚的牢固的牆壁。廟宇建築的實際情況就是如此。

①關於牆壁，要說的只有一點：它必須是直線形的，平整的而且垂直的，因為形成銳角或鈍角的斜牆就會產生勢將倒塌的印象，而且沒有一個永遠固定的方向，銳角和鈍角在角度上都有很多的分別，它用這個角度而不用那個角度，就顯得是偶然的。憑知解力的規律性和目的性都要求牆壁形成直角。

②由於牆壁既能支撐，也能圍繞遮蔽，而我們已把單純的支撐視為柱子的專職，這就產生一種看法，以為在既需要支撐又需要圍繞遮蔽的地方，就可以豎立一行柱子，用厚牆把它們聯成一種屏障，半露柱[8]就是從這種看法產生出來的。例如希爾特就採納了維特魯威的看法，認為原始建築物從豎立四根角柱開始。如果後來發見有圍繞遮蔽的需要，如果同時又有柱子的需要，當然就會把柱子嵌在牆壁裡。可以找到證據來證明遠古時代就已有半露柱。希爾特說（《根據古代基本原則的建築藝術》，柏林，一八〇八年，一一一）：「半露柱的運用和建築藝術本身是同樣古老的，起源都可以追溯到這樣一種情況：柱子和柱拱撐持著梁架和屋頂，但是此外還有防風蔽雨遮太陽的必要。」既然原來的柱子已足以撐持住房屋，建造牆壁就不必像柱子那麼粗，也不必用柱子的那樣牢固的材料，因此，柱子總是露到牆壁浮面之外的。這種起源的理由也許是正確的，但是半露柱畢竟是引起反感的，因為這種結構把兩個對立的設有內在必然聯繫的目的並列在一起，把它們混淆起來。人們如果認為嚴格地從

木料建築出發，柱子本身的基本功用就是圍繞遮蔽，他們當然也就可以爲半露柱辯護。但是如果這樣看，厚牆裡安石柱就沒有意義，石柱就被降低到方形木柱的地位。眞正的柱子在本質上是圓的，本身完滿自足的，憑這種完滿自足的狀態就足以使人見出它不宜於平面形，因而也就不宜嵌在牆壁裡。所以如果要在牆壁裡安支柱，這種支柱就必須和牆壁一樣是平面形的，不能是圓柱。

歌德在一七七三年《論德國建築藝術》一篇青年時代論文裡，就已發出這樣的呼籲：「近代法國賣弄哲學的藝術行家，你說第一個近於需要而進行創造發明的人拿四根樹椿插到地裡，然後在上面綁上四根竿子，蓋上樹枝和苔蘚，這和我們有什麼相干！而且你說這就是世界上最早的茅屋，這話也不正確。前面豎兩根在頂上交叉的竿子，後面也豎兩根在頂上交叉的竿子，然後再用一根竿子搭在兩個交叉處，就成了脊梁，這是一個更早的發明創造，你每天從田野裡和種葡萄的山岡上那些草屋都可以看出，但是你無法從這裡找到你的豬欄的原型！」歌德在這裡要證明在以單純的圍繞遮蔽爲基本目的的建築物裡，嵌在牆壁裡的柱子是毫無意義的。這並非說他看不出柱子的美，相反地，他對柱子卻很讚揚。他接著說：「當心不要亂用柱子，柱子在本質上要自由地站著。誰若是把這樣苗條的東西埋在老厚的牆壁裡，

---

❽ 半露柱嵌在牆壁裡，有一半露出來。

誰就該倒楣！」接著他談到眞正的中世紀的和近代的建築藝術說：「柱子並不是我們近代住房的一個組成部分；毋寧說，它和近代一切建築的本質是互相矛盾的。近代的住房並不起源於四角四柱，而是起源於四邊四壁，四壁就代替一切柱子，而且排除一切柱子，哪裡有柱子，看起來就是一種笨重的贅瘤。這話也適用於我們近代的宮殿和教堂，除掉在這裡不用注意的少數例外。」這番話是根據事實的獨到見解，道破了關於柱子的正確原則。柱子的基腳立在牆壁前面，離開牆壁而獨立。在較新式的建築裡我們固然常看到方形半露柱的運用，但是人們把這些看作過去柱子的粗略摹仿，它們不是圓形而是平面形的。

③從此可見，儘管牆壁也能支撐，因爲支撐已由柱子獨立地勝任，牆壁在發展較完備的古典型建築裡就以圍繞遮蔽爲目的。如果牆壁也像石柱用來支撐，石柱就沒有它們所特有的功用，而不同的部分理應有不同的功用，這樣一來，牆壁究竟應該起什麼作用的觀念就不免混淆不清了。所以在供神像的廟宇[9]正殿裡，我們發見到主要目的是在圍繞遮蔽，上部往往是露天的。如果有屋頂的要求，它就應有獨立的支撐物，這才符合較高的美。因爲把梁架和屋頂直接安放在目的在圍繞遮蔽的牆壁上，這只是迫於需要，不是出於自由的建築美；古典型建築不需要牆壁來擔負支撐的任務，用牆壁就不符合目的，就會增添不必要的設施和浪費。

以上就是古典型建築處在它的特殊地位中，所應分析的一些基本定性（特徵）。

C.古典型的廟宇，作為整體來看

儘管我們一方面定下一個基本原則，要求上文已約略提到的那些差異面需顯出它們的差異，另一方面這些差異面也有必要結合成爲一個整體。在建築裡這種結合主要地只能涉及排列，組合以及一種始終一致的和諧與妥當的尺寸比例。現在我們約略談一談這一方面，作爲結束。

一般說來，希臘廟宇建築的面貌是令人心滿意足的，或則說，令人感覺恰到好處的。

(1)看不出有什麼爭高出奇的東西，全體向長寬兩方面伸展出去，並不向上挺出。如果要巡視正面結構，眼睛用不著著意抬起來看，卻自然而然地被正面的寬吸引住了，不像中世紀德國建築藝術那樣衝破尺度比例，騰空聳立，顯得非常高。古代人把寬看作主要的，因爲寬顯得安穩地植基於大地上；至於房子的高度則以人的高度爲準，而且高度的增加總是只隨著寬度和長度的增加。

(2)此外，裝飾總是以不損害簡單樸素的印象爲度。建築也有許多地方要靠裝飾。古代人，特別是希臘人，在這方面總是保持最美的尺度。例如一塊通體簡單的大平面或一條通體簡單的長線，看起來不如加一點變化或來一點中斷時那麼大、那麼長，因爲變化或中斷就使

❾ 法譯作希臘廟宇。

觀者的眼睛覺得有了一種較明確的尺度。但是這種劃分和裝飾如果弄得過分瑣細，觀者就只看到這種雜多的瑣細方面，比例關係和體積方面的最宏偉的東西就顯得遭到破滅了。所以古代人在建築施工中大體上既不用這種方法來使建築物的尺度顯得比實際較大，也不利用中斷和裝飾來把整體劃分爲若干片段，使每部分都很小，各部分又缺乏把全體貫串起來的統一，因而整體就顯得很小。他們的完美的作品也既不只是一大堆材料堆砌在地面上，顯得很局促，又不是一直衝到上空，使高與寬不相稱，而是在這種比例關係方面保持恰到好處的中庸，使簡單樸素之中寓有符合尺度的豐富多彩。特別是整體及其簡單的個別細節的基本原則在一切方面表現得最清楚，而且對形體結構的個別細節起著統治作用，正如在古典理想裡，普遍性的實體統治著它所賦予生命的偶然的特殊的事物，有力地使它們和自己協調一致。

(3) 關於廟宇各部分的安排和劃分，可以看出發展中的一個重要階段，另一方面也可以看出很多的東西仍然是傳統的。這裡我們所要關心的主要因素，只限於用牆壁圍起來的供神像的中心小殿、前殿和後殿，以及環繞全部建築的柱廊。原來的類型是一套前殿和後殿，前面豎一行柱子，這就是維特魯威所說的「前後柱廊」（Amphiprostile），後來前面又加上走廊，兩邊各有一行柱子；最後發展到最高階段，全廟區都用雙行柱廊圍著，在三殿內部也加上雙行柱廊，和牆壁隔開，和殿外的柱廊一樣，是作爲走道用的；維特魯威曾舉過兩座這種廟宇的例子，雅典的護神雅典娜的八柱廟和奧林匹斯的雷神的十柱廟（希爾特《建築史》卷三，一四—一八及一五一）。

我們在這裡不談柱子的數目，它們彼此之間的距離以及它們和牆壁之間的距離之類較細微的差異，且談一下柱廊和前殿之類一般對於希臘廟宇的眞正意義。

在這些直接通到外面空地的柱廊和前後柱廊裡，這些單行柱廊和雙行柱廊裡，我們可以看到遊人隨意散步，有時散開，有時偶然聚在一起；因爲柱子一般不是用來圍繞遮蔽，而是用來劃定界限，在柱廊中行走時人是一半在內，一半在外，至少是可以隨時直接走到空地裡。同理，柱廊背後的長牆也不容許擁擠的遊人集中到一個中心點，在柱廊裡人滿時把遊人的視線都吸引到這一點來，相反地，遊人的眼睛不致落到這種集中點而是可以朝四面八方去看，這就使我們得到一個印象，這些遊人並不是爲同一目的在這裡集會，而只是閒散無事，隨便散步聊天、消遣尋樂。在牆壁以內，當然可以猜想到，氣氛遠較鄭重嚴肅，但是在這些柱廊裡，我們多少是在注意外面寬敞的環境（在建築得很完善的廟宇裡特別如此），這就說明遊人在這裡不那麼嚴肅認眞。所以這種廟宇所產生的印象固然是簡單而宏偉的，同時卻也熱鬧、爽朗和令人心曠神怡，因爲整座建築的布置與其說是讓人們集中到這裡，與世隔絕，不如說是讓人們進進出出，走來走去，隨意遊息。

3. 古典型建築的各種建築方式

如果我們在結束時看一看使古典型建築分成幾個基本類型的幾種不同的建築方式，以下就是應該著重的幾個差異。

A. 多立克、愛奧尼克和柯林斯三種柱式[10]

建築風格上的差異最突出地表現在柱子上面，我們在這裡只提各種柱式的主要特徵。最著名的柱式有多立克、愛奧尼克和柯林斯三種，這些柱式在美和符合目的性兩方面不但是空前的，而且是絕後的。因爲前此的塔斯康的建築風格以及據希爾特所描繪的遠古希臘建築風格（《建築史》卷一，二五一）都很簡單粗糙，屬於原始的簡單的木料建築範疇而不屬於美的建築範疇；至於後此所謂羅馬柱式只是在柯林斯柱式上再加上一些雕飾，沒有什麼重要性。

柱式的要點涉及高度與粗度的比例關係，柱基和柱頭的差異以及柱與柱之間的不同距離。關於第一點，如果柱的高度比它的直徑（粗度）大不到四倍，柱子就會顯得矮胖而局促；反之，如果柱的高度比它的直徑大到十倍，柱子也就會顯得過於細弱，不符合支撐的目的性。與此密切相關的是柱子與柱子之間的距離；如果要柱子看起來顯得粗，它們就應擺得靠近一些；如果要柱子看起來顯得苗條細弱，它們彼此就應隔得遠一些。同樣重要的還有柱子應不應該有基腳，柱頭應當高還應當低，要不要雕飾這類問題，因爲這些差異會完全改變柱子的性格。關於柱身有一條規律，它應該光滑、不雕花，不過上下不能一樣粗，由下中部到上部要逐漸變細些，因此實際上有一種膨脹，儘管看不出來。後來到了中世紀末期，人們把古代柱式借用到基督教的建築上去，嫌柱身光滑太枯燥無味，於是在柱身周圍雕上花圈，或是把柱身雕成螺旋紋。這種辦法是不合適的，違反眞正審美趣味的，因爲柱子的唯一任務在支撐，就應該牢固地、筆直地，而且獨立地聳立上騰。古代人只許在一點上破壞規律，那就是在柱身上雕垂直的槽紋，據維特魯威說，有槽紋的柱子比光滑的柱子顯得粗些。這種雕槽紋的辦法用得很廣。

關於多立克、愛奧尼亞和柯林斯的柱式和建築風格的較明確的差異，現在只提以下幾個要點。

(1) 在原始建築結構裡，安穩是基本的定性，建築就止於安穩，因此還不敢追求苗條的形式和較大膽的輕巧，而只滿足於一些笨重的形式。多立克建築風格就是如此，其中材料還憑它的重量發揮最大的影響，特別在粗度與高度的比例關係上顯得突出。如果一座建築物輕巧而自由地騰空直上，大堆材料的重量就顯得已經得到克服；反之，如果它粗而又矮，它就會像多立克建築風格那樣，使人感覺到它的基本特徵是受重量控制的穩定和堅牢。

多立克柱式具有這種性格，所以比起其他柱式，它是最粗又最矮的。最早的多立克的柱子高度大於下部直徑僅六倍，甚至有些只到四倍，因此它憑它的笨重所給人的印象是嚴肅

---

❿ 多立克（Doirs），希臘北部小山城；愛奧尼亞（oiIna）在小亞細亞西海岸上，古希臘的殖民地；柯林斯（Corinthia）在希臘北部一個半島上。這三種古典型建築的風格差異主要從柱子上見出。

的，樸質無華的男人氣概，例如帕斯圖姆[11]和科林特的廟宇可以爲證。晚期的多立克柱達到高度大於直徑七倍，據維特魯威，廟宇以外的建築可以大到七倍半。不過一般說來，多立克建築風格的特點在於最接近木料建築的原始的樸素，儘管比起塔斯康的建築風格，較易接受裝飾和美化。這類柱子幾乎完全不用柱基，直接豎在地基上，至於柱頭則用最簡單的方式把薄石板和凸盤嵌在一起。柱身有時是平滑的，有時雕成二十條槽紋，柱下部約全柱三分之一的地位槽紋很淺，幾乎是平的，以上才雕深些。（希爾特《根據古代原則的建築藝術》，五四）關於柱與柱之間的距離，從較古的紀念坊來看，是柱的直徑的兩倍，少數到兩倍半。

多立克建築風格的另一特點也接近木料建築的類型，那就是三棱槽和槽隙。三棱槽是線盤的一部分，雕成三棱形，嵌入主梁的盡頭或輪台，至於槽隙則塞住上下樑之間的空間，在多立克建築樣式裡還保持著正方形。作爲雕飾，它們上面往往刻上浮雕，而在輪台上的三棱槽之下以及上面的飛簷的朝下的平面上還嵌上六個小圓錐體，作爲裝飾。

(2) 如果多立克風格就已發展到堅固與悅目的結合，愛奧尼亞式建築卻向前更進一步，發展到苗條和秀美動人的類型（儘管還很簡單）。柱子的高度比起下部直徑（粗度）要大七倍到十倍。根據維特魯威，柱子的高度主要取決於柱與柱之間的距離，因爲這種距離大，柱子就顯得細而高，反之，如果距離小，柱子就顯得粗而矮。因此，爲著避免過細或過粗，建築師就不得在柱子過細時就降低高度，在柱子過粗時就增加高度。如果柱與柱之間的距離大於柱的直徑（粗度）三倍以上，它們的高度就只能等於直徑的八倍，如果距離等於直徑的二又四分之一倍到三倍，它們的高度就應等於直徑的八倍半。但是如果距離等於直徑的兩倍，高度就應該是直徑的九倍半；如果距離等於直徑的長度加一半（這是最短的距離），高度就應該升到直徑的十倍。不過後面的這幾種比例是很少見的，根據留存下來的愛奧尼亞式的建築傑作來看，古代人很少用更高的柱子尺寸比例。

愛奧尼亞式與多立克式的另一異點，在於愛奧尼亞式的柱子不像多立克式的柱子那樣直接從地基上豎起，而是豎在一種具有幾個組成部分的柱基上，柱身有二十四條槽紋，比多立克式的槽紋雕得較深，它比多立克柱也略微變細了，以細而長的苗條姿態一直上升到柱頭。如果拿艾菲索斯[12]的愛奧尼亞式的廟宇和帕斯圖姆的多立克式的廟宇作一對比，這種差異就顯得很突出。愛奧尼亞式的柱頭在豐富多彩和秀美方面也前進了一步。不僅有雕花的凸盤、小石杆和薄石板，而且左右兩邊還有螺旋線紋，邊緣還有坐墊狀的雕飾，因此叫作坐墊式的柱頭。坐墊上的螺旋皺紋標誌柱子的終點，柱子如果再上升，就得彎曲。

由於柱子具有這種苗條悅目的姿態和雕飾，愛奧尼亞的建築風格也要求降低梁架的重量，以便在這方面也加深秀美的印象。它比起多立克的建築風格離木料建築較遠，所以放棄

---

⑪ 帕斯圖姆（Pästum）在義大利南部，古希臘殖民地。

⑫ 艾菲索斯（Ephesus）小亞細亞西海岸上愛奧尼亞的主要城市。

了光滑線盤上的三棱槽和槽隙，而用花環把供祭的動物的頭顱聯在一起，作爲它的主要的雕飾（希爾特《建築史》卷一，二五四）。

(3) 最後，關於柯林斯的建築風格，它沿用愛奧尼亞的建築風格作爲它的基礎，還是細而長，但是雕飾得更富麗，顯出更高的審美趣味。它也還是滿足於沿襲木料建築的複雜而明確的組成部分，不過露不出沿襲的痕跡來，因爲它用了各種雕飾，它在梁上和簷板上加上複雜的雕花的嵌板和嵌條，用了簷溝和瀉水槽，結構複雜的柱基和雕飾得較富麗的柱頭，在這些方面它都表現出它下了很多工夫要顯出一些悅目的特點。

柯林斯柱固然不高於愛奧尼亞柱，一般也有同樣槽紋，高度只等於下部直徑八倍或九倍，但是由於柱頭較高，看來卻較苗條，特別是較富麗，柱頭高度超過下部直徑八分之一倍，而在四角中的每一角都有較細長的螺旋紋，因此就不用坐墊狀的雕飾。關於這一點，希臘人有一個很美的故事。據說一位特別美的女郎死了，她的保姆把她生前的玩具搜集起來放在一個小籃子裡，擺在她的墳墓上，那裡就長起來一朵莨菪花。葉子不久就把小籃子環繞起，這就使人想到這種形狀可以用作柱頭。

關於柯林斯風格和多立克與愛奧尼亞兩種風格的其他異點，我在這裡只提一下飛簷下面的雕得很精美的椽頭，以及簷溝上一些凸出的部分和簷板上雕的齒狀紋和小支柱。

B. 羅馬的拱形和圓頂結構

羅馬建築藝術可以看作介乎希臘的和基督教的建築藝術之間的一種中間形式，從它開始運用拱形和圓頂這一點上可以見出。

拱形結構最初發明在何時，這問題還沒有確定的答覆。但是有一點卻可以確定，埃及人儘管在建築方面有很大的發展，他們還不知道用圓拱形和圓頂，巴比倫人、以色列人和腓尼基人也是如此。埃及建築中的紀念坊，只能說明埃及人在需要蓋屋頂時只知道在巨大的石柱上橫鋪石板，就像架梁一樣。如果他們需要替很寬的入口或橋洞蓋圓拱頂，他們所知道的方法只有一種，就是使一塊石頭在兩邊都凸出一點，上面砌上另一塊兩邊更加凸出，如此逐層往上砌，直到最後只需要一塊石頭把縫口合起來。如果他們不使用這種權宜之計，他們就用兩塊大石板互相斜撐起，就像豎人字椽那樣。在希臘建築中可以找到用圓拱形結構的例子，但是畢竟很少，寫過最好的關於古代建築和建築史的作者希爾特，認爲這類用圓拱形的希臘建築之中沒有一座有確鑿的證據能證明它們的年代早於庇理克勒斯⓭。希臘建築中最能見出特徵的而且也發展完備的是柱子和橫平地擺著的梁架，所以柱子除掉用來支撐梁架（這是它的眞正功用）以外就很少作別用。但是在兩根柱子上所蓋的圓頂或穹隆形的東西是一種新的

⓭ 即最早也只能在西元前五世紀，庇理克勒斯統治雅典的時期。

發展，因為柱子已開始放棄它的支撐的職能了。因為圓拱形由一邊向上斜升，中經彎曲，再由另一邊向下斜降，是依圓心為轉移的，而圓心與支撐的柱子卻毫不相干。一個圓形的各部分是互相支撐又互相受支撐的，所以它用不著柱和梁的幫助。

在羅馬建築裡，上文已經說過，拱形結構和圓頂是很常見的；如果我們完全相信後來的證據，還有一些遺跡必須歸到羅馬國王的時代[14]。屬於這類的建築有地下墓窖[15]和暗水渠[16]，它們都用圓頂，不過它們都應看作後來的改造。

人們把圓頂的發明歸功於德謨克利特（據西涅卡[17]的《書簡》第九十篇），這位希臘哲學家從事於多種數學問題的研究，據說他發明了裁石術。

用拱形為基本型的羅馬建築中最優秀的作品可以舉阿格里帕[18]所建的朱彼特（雷神）神宮。這座神宮裡除掉朱彼特神以外，還有六座神龕，供著六座巨大的神像，即戰神、愛神、神化的尤利．凱薩，以及另外三尊還不能確定代表誰。這些神龕的兩邊都立著兩根柯林斯式石柱，全龕上部都蓋著一個半球狀的圓頂，摹仿天空的穹隆形。技巧上值得注意的是這些圓頂並不是用石頭蓋的。羅馬人最初在大多數的情況下都只用木料來造成圓頂形的模型，然後再在上面塗上石灰和火山灰的膠泥，火山灰是由凝灰岩的碎石和捶碎的磚瓦片合成的。這種混合泥乾了以後，全體就形成一整塊，就可以把木料模型移去，這樣造成的圓頂用的材料很輕而凝結得又很牢固，所以對牆壁沒有多大的重壓。

C.羅馬建築的一般性格

除掉這種新的拱形結構以外，羅馬建築藝術一般具有和希臘建築藝術完全不同的體積輪廓和風格。希臘建築藝術的特徵在於，既有澈底的符合目的性而又有藝術的完美，既高尚素樸而又裝飾得很輕巧美妙；羅馬建築藝術在機械的方面固然見出特長，比起希臘建築藝術較富麗豪華，但比不上它的高尚和秀美。此外，到了羅馬時代，在建築裡出現了許多希臘人所不曾知道的目的。我在開始時就已說過，希臘人只把藝術的高華和優美運用到公共建築方面去，他們的私人住房始終是微不足道的。至於羅馬人則不但擴大了公共建築的範圍，例如他們的劇場、鬥獸場以及其他公共娛樂場所，都把結構的符合目的性和外觀的豪華壯麗結合在一起，而且在私用建築方面也大有發展。特別是在國內戰爭⑲以後，別墅、澡堂、走廊和台階之類都建造得極豪奢，從而替建築藝術開闢了一個新的領域，其中包括園林藝術，以富於

⑭ 即羅馬還未成爲共和國的時代，在西元前六世紀以前。

⑮ 地下墓窖（Katakomben），在羅馬，早期基督教徒被迫害，在地下墓窖裡舉行集會和宗教儀式，其形如礦坑。

⑯ 暗水渠（Klooken），形如陰溝，水渠是羅馬建築的一個特色。

⑰ 西涅卡（Sca），西元一世紀羅馬哲學家。

⑱ 阿格里帕（Aenegrippa），西元一世紀羅馬執政。

⑲ 指西元一世紀中羅馬貴族內部爭權奪利的戰爭。

才智和審美趣味的方式發展得很完美。路庫路斯的別墅[20]是一個顯著的例子。

羅馬建築的這一類型對後來義大利人和法國人提供了範本。我們德國人長期受到義大利和法國的影響，最後才回到希臘，用古代的較純粹的形式做模範。

---

[20] 路庫路斯（Luculus），西元一世紀羅馬征服小亞細亞彭圖斯（Pontus）的名將。

第三章　浪漫型建築

眞正的浪漫型建築的顯出特徵的中心是中世紀的哥德式建築藝術[1]。由於法國藝術趣味的蔓延和統治，哥德式建築藝術長期被人鄙視爲粗糙的和野蠻的。直到近代，特別是歌德憑他青年時代的與法國人及其原則相對立的新鮮的自然觀和藝術觀，才使哥德式建築恢復了榮譽[2]。此後人們才逐漸學會珍視這些宏偉的作品，因爲它們既符合基督教崇拜的目的，而建築的形體結構又與基督教的內在精神協調一致。

1. 一般的性格

在浪漫型建築裡特別突出的是宗教建築。關於浪漫型建築的一般性格，我們在本卷序論中已經說過，它把獨立的建築和應用的建築統一起來了。這種統一卻不是來自東方建築形式與希臘建築形式的混合，而是一方面住房或圍繞遮蔽物在提供基本類型上比起希臘神廟發生了更大的影響，另一方面單純的應用性和目的性也被消除掉，房屋彷彿不受應用性的束縛而自由獨立地昂然高聳。這些神廟和建築物一般當然也是爲宗教崇拜和其他用途而建造的，完全是符合目的的，但是它們的性格卻恰恰在於它們越出了上述確定的目的，作爲一種本身獨立自足的建築而聳立著。作品獨立地站在那裡，堅定而永恆。因此，不再有什麼純然訴諸知解力的比例關係來決定整體的性格；從內部看，我們的新教的教堂像一個長方形箱子，是專爲容納人而建造的，除掉一些彼此隔開的簡陋的椅子以外空無所有；而從外部看，整座建築卻自由地騰空直上，使得它的目的性雖然存在而卻等於又消失掉，給人一種獨立自足的印象。這樣的建築是沒有東西能塞滿的，在整體的偉大氣象之中一切都消失了；它具有而且顯示出一種確定的目的，但是在它的雄偉與崇高的靜穆之中，它把自己提高到越出單純的目的而顯出它本身的無限。這種對有限的超越和簡單而堅定的氣象就形成哥德式建築的唯一的特徵。從另一方面看，也只有在這種建築裡才能使最高度的向特殊分化（具體化），分散狀態和豐富多彩性（變化）有儘量發揮作用的餘地，而同時又不至於使整體打碎成為一些純然個別的偶然的細節。藝術的雄偉氣象把這些劃分開來成為片段的東西重新納入原來的簡樸裡去。關鍵在於整體所表現的實體，正是這種實體在無窮的劃分中分化為一種個性化和雜多化的世界，但是這種一眼看不到邊的千變萬化，是以簡單的有規律有系統的方式分化開來和部署起來的，無論在運動中還是在靜止中都形成最圓滿的和諧，而縱橫交錯的五光十色的個別細節，則無拘無礙地結合成為最安穩的統一體和最清楚的自為存在。

---

❶ 「哥德式」（Gotische）一詞起源於哥德族，哥德族是波羅的海和黑海一帶的遊牧民族，是中世紀初期入侵歐洲的「蠻族」中的主要力量。蠻族在文藝各方面對歐洲帶來了新的血液，特別在建築方面。建築是中世紀基督教歐洲的主要藝術貢獻，主要代表作是一些大教寺，它們大半都是哥德式的。黑格爾把中世紀藝術歸到浪漫型藝術，也主要是從哥德式建築著眼。

❷ 主要指歌德的〈論德國建築〉一文對哥德式建築的讚揚。

2. 特殊的建築形體結構方式

如果轉到形成浪漫型建築藝術特殊風格的一些特殊形式，我們所要談的，像上文已經提到的，只是不同於希臘神廟的哥德式建築，主要是基督教的教寺建築。

A. 完全與外界隔開的房屋是基本形式

這裡的主要形式是以完全與外界隔開的房屋作爲基礎。

(1) 正如基督教的精神集中到內心生活方面，建築物也是在四方面都劃清界限的場所，供基督教團體的集會和收斂心神之用。收斂心神，就要在空間中把自己關起。不過基督教心靈的虔誠同時也是一種對有限事物的超越，而這種超越也決定了基督教寺的風格。這就使得基督教建築獲得了一種獨立的意義，即在無限中超越出單純的目的性的限制，這種獨立的意義也要通過空間的建築形式表現出來。所以藝術現在所要產生的印象一方面是不同於希臘神廟的豁然開朗，是一種收斂心神，與外在自然和一般世俗生活絕緣的心靈肅靜的氣象，另一方面是力求超脫一切訴諸知解力的界限而遠舉高飛的莊嚴崇高氣象。所以如果希臘建築一般是向橫平方向展示它的寬廣，和它對立的基督教寺的浪漫風格則在於騰空直上雲霄。

(2) 在這種通過自禁閉而忘去外在自然和有限生活中紛紜擾攘的情況之下，建築方法就必然不再用與世俗生活緊密聯繫在一起的那種希臘式的敞開的院子和柱廊之類形式，這些形式被移到建築內部，完全改頭換面了。同理，陽光或是被遮住，或是讓陽光透過彩畫玻璃窗裡投入比較黯淡的光輝，爲著避免黑暗，窗子還是不得不開。在這種教堂裡，人所需要的東西不是外在自然所能提供的，只有求之於專爲人虔誠默禱，清心凝神而設的，而且由人自己造出來的一種內在世界。

(3) 基督教寺在總的面貌和個別細節上所取的普遍類型可以界定爲自由上騰，終於尖頂，這尖頂有的是由拱形形成的，有的是由直線形成的。在古典型建築裡圓柱或方柱上面鋪梁架是基本形式，這就使得直角形狀和支撐功用成爲它的主要因素。因爲橫鋪在柱子上和柱子形成直角的橫梁就表明了它受到了支撐。儘管橫梁本身也要支撐屋頂，屋頂卻是由兩個傾斜面相交而成的鈍角。這裡並沒有向上飛騰和形成尖頂的問題，關鍵只在於安放和支撐。一個圓拱形也是安放著的，它的以同等曲度逐漸彎曲的曲線從一個柱頂伸延到另一個柱頂，上面的一切點都圍繞著同一個圓心，這樣它就很平穩地停在支柱上。但是在浪漫型建築裡並沒有單純的支撐，因而直角形也不再是它的基本形式，與此相反，浪漫型建築的圍繞遮蔽結構無論從內部看還是從外部看，都在獨立地向上飛騰，兩邊相交成尖頂，看不出固定的明白表現出的支撐物與被支撐物的分別。這種自由向上飛騰的努力以及兩傾斜面相交成尖頂的形式就成爲浪漫型建築的基本定性，因此有時出現底邊寬窄不同的等邊三角形，有時出現尖拱頂，這兩種形式最突出地標誌出哥德式建築的風格。

B.外部形狀和內部形狀

虔誠的默禱和向上的追求這種內心活動，作爲宗教修養，具有許多複雜的特殊因素和方面，不再是能在敞開的場所或是廟宇前面的院子裡進行的，而是要在教寺內部才能找到適當的場所。所以如果在古典型建築中的廟宇裡，外面形狀是主要方面，外面的柱廊並不依存於內部結構，在浪漫型建築裡卻不然，內部不但因爲全部建築應起圍繞遮蔽的作用而在本質上具有特殊的重要性，而且也在外部形狀上表現出來，內部形狀就決定著外部各部分的特殊形式。

我們現在先研究內部形狀，然後從此出發，來說明外部形狀。

(1) 我們已經指出了教寺內部的最重要的職能，它是宗教集團聚會和虔誠默禱的場所，爲著遮風蔽雨，爲著脫離塵世的紛紜擾攘，在上下四方都應該是完全與外界隔開的。所以內部的空間要完全圍繞遮蔽住，不像希臘神廟那樣四周有敞開的柱廊，甚至神殿本身也往往是敞開的。

但是因爲基督教的虔誠修持，就標誌著心靈對有限存在的超越和主體與上帝的和解，所以教寺建築在本質上是由許多不同的因素轉化成的一個本身具體的統一體。同時，浪漫型建築也接受了一個任務，要盡建築方面的可能，在形體結構和安排上顯示出精神的內容，顯示出建築物的目的就在向精神提供圍繞遮蔽，並且既決定內部形式，又決定著外部形式。這個任務就提出以下幾點要求。

①內部空間不能只是一種抽象的全部一樣的空洞的空間，完全見不出差異面和各差異面的轉化統一，而應該是一種具有具體形狀的，即在長度、寬度和高度與所形成的體積的形式上各不相同的空間。圓形、正方形、長方形以及圍牆和屋頂，在長寬高這些方面的等同在浪漫型建築裡就不適用。因爲一種四方形的各方面的等同，在建築上不能表現出心靈超越塵世的有限事物而上升到彼岸和較高境界時，所出現的運動、差異對立和轉化和解的過程。

②與此聯繫的還有一點，在哥德式建築裡，房屋的目的性變成了次要的東西，無論是就用牆壁和屋頂所起的圍繞遮蔽作用來看，還是就立柱和橫梁在形成整體與各部分的形狀來看。因此，像上文已經指出的，一方面是支撐物與被支撐物的嚴格區分已經消失，另一方面是不再符合目的的直角形式也被拋棄了，又回到一種類似自然事物的形式，即能表現出自由上騰的莊嚴的集會場所與隱遁場所的形式。如果我們走進一座中世紀大教寺的內部，看到那些牢固的從力學來看是符合目的的柱子以及擺在上面的圓頂，至少就會想起樹林所形成的拱頂，兩行樹的枝葉傾斜相向，最後相交成拱頂。一根橫梁需要有一個穩妥的重心和橫平的位置；但是在哥德式建築裡牆壁卻自由獨立地向上聳立，就連柱子也是向不同的方向朝上各自伸展，這就是說，儘管圓頂實際上也是安放在柱子上的，而支撐圓頂這個職能卻沒有獨立地和突出地表現出來。看來柱子好像並不是在支撐，就像樹枝並不是由樹幹支撐住，從它們的輕盈的曲線形狀看，仿佛就是樹幹的繼續，它們和鄰樹的枝椏相交在一起，就成葉頂拱廊。大教寺的圓拱頂就是這樣的拱廊，它是建造來滿足內心需要，供人瞻仰驚贊的；它的牆壁和

成林的柱子自由地在頂上相交，也正像葉頂拱廊一樣。但是這番話並不意謂著：哥德式建築的形式就是用樹林作爲藍本。

尖頂一般是哥德式建築的一個基本形式，所以在教寺內部，它採取了尖拱形這個特殊的形式。主要的結果是柱子獲得了一種完全和原來不同的職能和形狀。

寬廣的哥德式教寺爲要有完全的圍繞遮蔽，就要有一個屋頂，而這個屋頂由於建築物的寬廣，就有很重的壓力，也就必然要在下面立支撐的東西。所以柱子在這裡好像也有它們的正當功用。但是因爲聳立上騰的姿態正是要把支持轉化爲具有自由上升的外貌，柱子在哥德式建築裡就不能按照古典型建築的柱子的意義來運用。它們變成了方柱，所支撐的不是橫梁而是拱，而且支撐的方式需顯得拱仿佛就是方柱的繼續，而左右兩股仿佛無意地在上面相交於一點，成爲尖頂。人們當然可以把兩根彼此中間有些距離的柱子，必然要在頂點相交才達到終點的情況，設想爲就像人字形屋頂安放在角柱上那樣；不過由於人字形屋頂的前後簷雖然與它們下面的角柱成鈍角，仍然要產生屋頂是被支撐物而柱子是支撐物的印象。尖拱卻不如此，它起初從柱子出發，直線上升，然後很慢地逐漸向內彎曲，以便向對立的那一股傾斜，這就使人感覺到兩股相交在一點的仿佛都不過是兩根柱子的繼續。方柱與拱頂的關係不同於圓柱與橫梁的關係，就在於兩者好像本是一體，儘管拱實際上是安置在柱頭上，它從柱頭才開始向上升高。有時柱子上根本沒有柱頭，例如在許多荷蘭教堂建築裡就是如此，這就更清楚地顯出柱子與拱形成了不可分割的統一體。

還有一層，努力向上飛騰既然是哥德式建築的基本性格，方柱的高度大於下部粗度的倍數就不是能用眼睛測定的。方柱變成細瘦苗條，高到一眼不能看遍，眼睛就勢必向上轉動，左右巡視，一直等到看到兩股拱相交形成微微傾斜的拱頂，才安息下來，就像心靈在虔誠的修持中起先動盪不寧，然後超脫有限世界的紛紜擾攘，把自己提升到神那裡，才得到安息。

方柱和圓柱的最後一個分別，在於眞正哥德式方柱在它的特徵得到充分發展的地方，不像圓柱那樣始終是圓形的，本身固定的一種圓柱體，而是在柱基上就有一束蘆葦狀的柱飾像一團線一樣地纏繞在一起，隨著柱子上升，它們就分散開來，向四面八方伸展爲無數枝條。在古典型建築裡圓柱的發展，就已經是由笨重、堅實和簡單轉到纖細和比較華美，方柱也顯出類似的發展，它愈來愈以細長的苗條姿態向上聳立，愈離開支撐的功用，愈顯得自由，但是上部卻是關閉住的❸。

門窗上也重複著方柱與尖拱的同一形式。特別是窗子，東西兩邊走廊下部分，尤其是教堂正中和合唱隊席位的上部，都安著巨大的窗子，眼睛如果注視它們的下部分，就不能同時看到上部分，像看圓拱頂一樣，需抬頭仰視。這就產生有意要傳達給觀眾的向上飛騰時那種心神動盪不寧的印象。此外，窗扇是嵌著半透明的彩畫玻璃，玻璃上畫的有時是宗教故事，

❸ 不是無窮地伸展，而是匯合於拱頂。

有時只是塗上各種彩色，用意是使從外面射進來的光線變得黯淡些，讓裡面的燭光顯得更明亮些。因為教堂裡照明的不應該是外在自然界的光，而應該是另一種光。

③ 最後，關於哥德式教寺的內部全體結構，前已說過，各個特殊部分在高度、寬度和長度上需見出分別。最重要的分別是合唱隊席位台，十字架形結構及其左右兩翼，教寺中部正廊和正廊左右兩側的側廊之間的分別❹。

左右兩側廊朝外的一邊就是教堂周圍的牆壁，裡邊沿著牆壁有一些排列成行的方柱和拱頂，正廊就是拱頂下兩行方柱所圍起的地方，所以正廊在牆壁內部不再有牆壁隔開，正廊與側廊是相通的。從此可見，哥德式教寺的走廊所占的地位或所起的作用與希臘神廟中的柱廊正相反：希臘柱廊向外是敞開的，向建築內部卻是隔開來的，而哥德式教寺的正廊和側廊的每兩根方柱之間的空隙都是自由來往的通道。有些教堂有兩重左右側廊，比利時的昂維爾大教寺甚至有三重左右側廊。

教寺中每邊都有牆壁圍著，正廊比側廊隨著不同部位要高些，有時高出一倍。牆壁上開著成排大窗子，使得牆壁本身彷彿變成一排細高的方柱，上面相交成拱頂。也有些教寺側廊和正廊一樣高，例如德國紐倫堡的聖賽巴爾德大教寺。這就使全部建築具有一種宏偉、自由、爽朗和秀美的風格。從整體看，這部分建築是用成行列的方柱劃分開來的，這些方柱就像樹林，分出許多枝椏伸展到各方面，最後都相交在一起，形成圓拱頂。有些人要在柱子的數目以及一般數的關係上尋找許多神祕的意義。當哥德式建築開出最美的花朵的時代，數目象徵誠然具有很大的重要性，例如德國科隆大教堂可以爲證，因爲知解力的朦朧摸索很容易抓住像數目這類的外在細節。不過如果把建築的藝術作品看成一種次要的多少是任意的象徵遊戲，那就既不能見出較深刻的意義，也不能見出較高度的美，因爲建築的藝術作品的眞正的意義和精神，不是用數目差別的神祕意義所能表達的，而是要用其他形式和形象才能表達的。所以我們應該小心提防，不要在搜尋這種神祕意義中鑽牛角。因爲存心要過分窮根究竟，要在一切地方找較深刻的意義，也會使人陷於煩瑣而不能眞正的深入。這種毛病正不亞於盲目的冬烘學究對表達得很明白的深刻意義也熟視無睹。

最後，關於合唱隊席位台部分和正中部分的較重要的分別，我只提出以下幾點。首先是大祭壇，宗教典禮的眞正的中心。它設在合唱隊席位台上，這就把這座台分配給僧侶專用，而一般教眾團體的席位則在教堂正中部分，宣教的神父或牧師所用的講壇也設在這台上。上

❹ 中世紀高德式基督教寺一般採用長方的十字架形，十字的一橫把教寺分爲前後（下上）兩部分，它是十字架縱橫交叉處，一橫形成左右兩翼，橫以上整個部分叫做十字架形結構（德，Kreuzflugel；英法，Transept），祭壇在最後（上）。祭壇前是合唱隊席位台（德，Chor；英，Choir；法，Choeur），是合唱隊和僧侶活動的地方。十字的一橫以前（下）部分都在台下，是教眾的座位。正中部分叫做正廊（德，Schif；英，Nave；法，Nefprincipla），正廊左右兩側叫做側廊（德，Nebn Qange；英，aisles；法，Nef Neflaterale）。廊與廊之間有排列成行的柱子隔開。正廊的入口是正門，側廊的入口是側門。

台有台階，高低隨教寺不同，但台總比其餘部分較高，所以台上所發生的一切都讓人可以看到。在裝飾方面，台這部分也比其餘部分較華美，比起教堂正中部分，拱頂雖一樣高，但風格較爲莊嚴。特別重要的是台這部分的柱子比較多，排列得也比較密，因此它們也比較細，這就使這部分顯得更肅靜、更崇高，仿佛形成最後的隱蔽場所，至於十字架形結構部分和教堂正中部分因爲各有門，有進出通道，還可以與外在世界保持一種聯繫。就方位來說，合唱隊席位台朝東，而教堂正中部則朝西，十字架形結構一面朝南，一面朝北。也有些教堂有兩個合唱隊席位台，一個台朝東，一個台朝西，主要的門就在十字架形結構的南北兩邊。行洗禮用的石池擺在正門的門樓裡，初入教的人們要在這裡受洗。在合唱隊席位台和教堂正中部分的周圍還有一系列的小禮拜堂，每個都像是一座獨立的禮拜堂，是專爲某些專門的虔誠禱告用的。

哥德式教寺的全體結構大致如此。

在這種大教寺裡，整個民族的成員都可以找到位置。因爲一個城市及其周圍的教眾來聚會，不是在房子四周而是要在房子裡，凡是與宗教有關的生活中多種多樣的旨趣在這裡也各有各的位置。教寺裡廣闊的空間並沒有被排列成行的席位分割成爲一些彼此隔開來的小房間，任何人都可自由來去，暫時租一個或是挑一個席位，跪了起來，做了禱告，起身就走。如果不是大彌撒的時間，許多事務都可以在這裡同時進行，彼此各不相妨。這裡有人在講道，那裡有人在救護病人，這兩批人之間又有一個遊行隊伍在慢慢地穿過；這裡有人在受洗，那裡有一個死人送到教堂裡來，在另外一個地方僧侶在唸彌撒，或是替一新婚夫婦祝福；到處人們像遊牧民族成群結隊似地跪在祭壇和聖像面前。所有這一切活動都在這一座建築物裡進行。但是在這座寬廣的建築物裡，這種紛紜繁複的情況彷彿消失在不斷的來往流動中；沒有什麼能把這座建築物塞滿，人們匆匆地來去，過往的人們和他們的足跡一出現就消失，化爲過眼雲煙，在這樣巨大的空間之內，暫時性的東西只有在消逝過程中才是讓人看得見的，而這巨大的無限的空間本身卻超越一切，永遠以同一形狀和結構巍然挺立在那裡。

這些就是哥德式教寺內部的基本特徵。我們在這裡所能找到的不是某一種單純的目的性，而是顯示心靈在虔誠信仰中既深思默索最內心世界的特殊細節，而又超越一切個別有限事物的那種目的性。所以這類建築內部是由一系列封閉起來的陰暗的空間單位使它和外在自然隔開來的，它既是精雕細鑿地造成的，而又崇高雄偉，表示出努力向上高舉的精神。

(2)現在轉到哥德式教寺的外部，我們已經說過，它和希臘神廟相反，它的外部形狀，雕飾和牆壁之類的安排都是由內部決定的，因爲外部應該顯得是內部的圍繞遮蔽。

關於這方面有以下幾點需特別提出：

①首先是整個外部的十字架形狀，它在大輪廓上就足以令人想起內部的結構，因爲它也把合唱隊席位台和教堂正中部分這兩部分跟左右兩翼劃分開來，這是用不同的高度顯示出來的。

說得更詳細一點，教寺正面，作爲正中部分和左右側廊的外部，在正門和左右兩門的位置上顯出與內部構造恰相對應。正門較高大，通向教堂正中部分，左右兩側門較小，通向左右兩側走廊，通過透視上的收縮（愈遠顯得愈小），外部顯得收縮，變小乃至於消失，才可以形成入口。內部形成可以看得見的背景，外部向內深入，就沉浸到內部裡去，正如心靈收心內視，就沉浸到內心生活裡去一樣[5]。左右兩側門上邊各有一個巨大的窗子，也是直接與內部相聯繫的；門的上部分也形成尖拱，和內部的頂也採取同樣的形式。在左右兩側門之中，在正門的上邊開著一個大圓窗，即所謂玫瑰窗，這個形式對哥德式建築是完全適合的。如果不用玫瑰窗，用來代替的就是一個更大的有拱頂的窗子。十字架形結構的南北兩方的正面也有與此類似的安排。至於教堂正中部分，合唱隊席位台以及左右兩側走廊的牆壁以及牆壁上面的窗子，外部和內部也完全一致。

②其次在與內部在形式和各部分安排上有這樣緊密的配合之中，外部也有本身所特有的任務要完成，因而也現出一些獨立性。在這方面我們可以提到斜撐柱。這些斜撐柱代替了內部的多種多樣的直柱，對於教寺整體的升高與穩定是必不可少的鞏固支點。它們同時也和內部柱子的距離、數目等等相對應，但是形式卻不同，愈往上部就變得愈細弱。

③第三，只有內部才應形成一種完整的圍繞遮蔽，這個性格在外部形狀上就見不出，外部形狀所顯出的唯一性格是昂然高聳。因此外部獲得一種不依存於內部的獨立形式，主要是在一切方面都表現爲尖角，努力向最高處飛騰，迸散爲一層高似一層的尖頂。

足以見出這種昂然高聳性格的有許多高大的三角形結構，在尖拱頂之外，它們在大門，特別是正面的大門，以及正中部分和合唱台上面大窗戶的頂上看起來像往上飛騰似的。上述性格在屋頂的尖角形的山牆上也可以見出，特別是十字架形結構的南北兩面的山牆。此外還有上文提到過的斜撐柱，它們的上部到處都形成了一些小尖塔，因而形成懸在空中的塔頂的叢林，正像內部的柱子形成樹幹、樹枝和穹隆頂的叢林一樣。

但是作爲最崇高的絕頂，以最獨立的姿態高聳著的是樓塔。全部建築物的體積仿佛都集中在這些樓塔上，特別是主要的樓塔對於人眼來說，簡直是高不可測，但並不因此就失去了鎭靜和穩定。這類樓塔一般是立在左右兩側走廊的正面之上，此外還有一個較寬大的主塔從十字架形結構，合唱隊台和正中部分的拱頂相交處騰空直上。也有些教寺只有一個樓塔，立在教堂正面上邊，和教堂正中部分一樣寬。這是最常見的安排。樓塔上的鐘塔是專爲宗教禮拜儀式而設的，因爲鐘聲特別適合基督教的禮拜，這種依稀隱約而莊嚴的聲響能感發人的心靈深處，儘管原來只是一種外來的準備禮拜的號召。表現一定思想感情的音義分明的聲響就是歌唱，這只有在教堂內部才進行。音義不分明的聲響卻只能在教堂外部才有地位，要從樓塔上發出，因爲地位高就可以傳播得很遠。

---

❺ 從門口透視內部，愈深入就愈縮小，愈接觸到精微奧妙，這正象徵虔誠的教徒收心內視所見到的境界。

C. 裝飾的方式

第三，關於裝飾的方式，我在開頭時就已經指出一些基本特徵了。

(1) 應該著重的第一點就是裝飾對於一般哥德式建築的重要性。古典型建築藝術在裝飾方面一般保持一種明智的節制。哥德式建築卻不然，因爲它的主要企圖在於使所堆砌起來的體積顯得比實際更大，特別是更高，所以它不滿足於運用簡單的平面，要把這些平面劃分開來，塑造成爲一些能產生努力向上高舉印象的形狀。例如柱子、尖拱以及它們上邊的尖角三角形結構也都還是些裝飾。這樣，這巨大體積的樸素的整一就遭到破壞，而極精細的個別特殊細節的雕鑿就使得整體露出最嚴重的矛盾。一方面人一眼就看到在龐大無垠的體積之中仍有極明白易曉的基本線條和各部分的部署，而另一方面裝飾的豐富多彩卻不是一眼就可以看遍的，這就使得駁雜的個別細節和最普遍最單純的輪廓處於矛盾對立，正如心靈一方面顯示出基督教的虔誠信奉，而另一方面又沉浸在有限事物裡，慣於過渺小瑣屑的生活。這種分歧必然激發默想，這種向上高舉的努力就要導致心靈的提高。因爲這種裝飾方式的關鍵在於，基本線條輪廓不至由於雕飾的繁複變化而遭到破壞或掩蓋，而是在變化多方之中仍顯出它們的本質性的因素，使人能夠完全掌握住。只有在這種情況之下，哥德式建築才能保持住它的宏偉莊嚴的氣象。正如宗教的虔誠需貫串到心靈的一切特殊方面以及個人的一切生活關係裡去，而同時仍要把一般固定的原則銘刻在心裡，簡單樸素的建築基本原型也要能使千變萬化的劃分，穿插和裝飾永遠回到上述基本線條輪廓裡，而且消失在這些基本線條輪廓裡。

(2) 裝飾還有第二個方面，也是一般和浪漫型建築藝術有密切聯繫的。浪漫型藝術一方面根據側重內心世界的原則，亦即理想回到內心世界本身的原則，另一方面內在的需反映於外在的，然後又從外在的回到內在的本身。在建築裡最內在的東西本身所藉以儘量表現出來的，是處在空間關係中的感性物質材料體積。運用這種材料不可能有其他辦法，只有不讓這種堆成體積的物質材料不單憑它的物質性而發揮作用，要把它打得稀爛、破成碎片，然後從其中顯出緊密的融貫性和獨立性的外貌。在這方面，裝飾，特別是不需顯示單純的圍繞遮蔽這一職能的外部裝飾，就獲得了到處打得稀爛和平面織成網狀這一特性。沒有哪一種建築能像哥德式建築這樣，一方面把巨大笨重的石堆牢固地結合在一起，而另一方面又完全保持住輕盈秀美的印象。

(3) 第三，關於雕飾的樣式，可以只指出一點：除掉拱頂，方柱和圓形結構以外，雕飾都採取眞正有機體的形式，雕孔和對整塊體積的精雕細琢都可以顯示出這一點，可以很明顯地看出一些樹葉和花蕾，以及用眞實的或幻想的人體和動物體構成的阿拉伯式花紋。正是在建築方面，浪漫型的想像力顯示出它的創造發明和奇特組合的豐富性，儘管另一方面，至少是在浪漫型建築達到最純正的時代，就連在雕飾方面也常用一些簡單形式的反覆複現。

3. 浪漫型建築的各種風格

最後，我還要就浪漫型建築藝術在不同時期所發展出來的幾種主要形式約略說幾句話，儘管在這裡不能提供建築這一部門的藝術史。

A. 哥德期前的建築藝術

上文所描述的哥德式建築需與從羅馬建築發展出來的所謂哥德期前的建築分別開來。基督教教堂最古老的形式是會議廳式的[6]。這類教堂起源於羅馬帝國時代的公共建築，一種巨大的長方形廳堂，屋頂架是用木料做的，君士坦丁大帝[7]分配給基督教徒集會用的教堂就是這樣。在這種建築裡有一個講台，在集會舉行宗教儀式時，僧侶上台歌唱、宣講或朗讀。合唱隊台的觀念也許就是從這裡來的。基督教建築用同樣的方式從過去借來一些其他形式，例如圓柱上架圓拱的運用，圓拱和它的全部裝飾方式都是從古典型建築，特別是西羅馬帝國的建築借來的，在東羅馬帝國裡直到查士丁尼大帝以前[8]，教堂建築好像都忠實地保持這種風格。就連東哥德族人和倫巴底人在義大利所建造的教堂也基本上保持羅馬的風格。拜占廷帝國晚期的建築才帶來了很多的變化。建築的中心是一個圓拱頂架在四大根方柱上，後來在這個基礎上附加各種結構，以適應東部希臘人的特殊宗教儀式的需要，他們的儀式和羅馬人的不同[9]。不過真正的拜占廷帝國建築不應和在十二世紀末期流行於意、法、英、德等國的一般所謂拜占廷式建築相混。

B. 真正的哥德式建築

哥德式建築藝術發展出它的獨特形式是在十三世紀，這種形式的主要標誌我在上文已詳細描述了。近來人們否認哥德式建築是哥德民族創造的，把它改稱德國的或日爾曼的建築。不過我們還沿用較流行的舊名稱，因爲在西班牙還找得到這種建築的遺跡，這就與歷史情境有關，因爲哥德族的國王們在被趕回到奧地利亞和加里西亞[10]的山區以前，在西班牙維持過獨立的統治。因此，哥德式建築和阿拉伯建築似可能有緊密的聯繫[11]。但是這兩種建築有本質的分別，因爲中世紀阿拉伯建築的特徵不是尖拱形而是馬蹄鐵形。此外，阿拉伯建築是爲另一種宗教儀式用的，它把東方的富麗堂皇和植物之類形式的裝飾跟羅馬和中世紀的遺產勉強混雜起來。

---

❻ 原文是 Basilika，羅馬時代集會用的長方形建築，早期基督的教堂也採取這種形式，所以一般也就用這個名稱指教堂。

❼ 君士坦丁大帝在西元三二四年定基督教爲國教。他遷都東部的拜占廷，以後東西羅馬帝國分治，拜占廷（後改名君士坦丁堡）成爲東羅馬帝國的首都。

❽ 查士丁尼大帝在西元六世紀初期又把東西羅馬帝國統一起來，他領導了編定羅馬法典的工作。

❾ 西羅馬帝國的基督教即所謂天主教，東羅馬帝國的基督教即所謂希臘正教。

❿ 原在波蘭。

⓫ 中世紀十世紀前後阿拉伯人曾統治過西班牙，所以西班牙受到阿拉伯文化的影響很深。

C.中世紀的民用建築

民用建築是和宗教建築平行發展的，它沿用教堂建築，但根據需要而加以改造。但是在市民建築裡藝術沒有很大的用武之地，因爲需要是多種多樣的，每座建築物的目的比較窄狹，所要求的滿足也比較嚴格地限於某一用途，留給美的地位只是單純的裝飾。除掉形式與尺寸比例的一般的和諧以外，藝術就只能主要地在裝飾建築物正面，台階、窗、門、山牆、樓塔之類發揮一些作用，但是還要以符合目的性爲它的決定因素和始終不能離開的原則。在中世紀民用住宅的主要類型是築有防禦工事的，坐落在山坡上或山頂上，或是在城市裡。在城市裡每一座宮殿或私家住房都具有小堡壘或炮台的形狀，例如在義大利就是如此。牆壁、門戶、橋梁和樓塔之類都是適應需要而建造的，由藝術加以裝飾和美化的。堅固、安全，加上富麗堂皇和具有生動個性的形式——這些就是中世紀民用建築的基本特徵，我們以後還要對此進行較詳細的分析。

最後我們可以用補充的方式就園林藝術作一備簡略的說明。園林藝術不僅替精神創造一種環境，一種第二自然，一開始就用完全新的方式來建造，而且把自然風景納入建築的構圖設計裡，作爲建築物的環境來加以建築的處理。我在這裡只舉「無憂宮」[12]的宏偉的台階前的花園這個人所熟知的例子。

討論到眞正的園林藝術，我們必須把其中繪畫的因素和建築的因素分別清楚。花園並不是一種正式的建築，不是運用自由的自然事物而建造成的作品，而是一種繪畫，讓自然事物保持自然形狀，力圖摹仿自由的大自然。它把凡是自然風景中能令人心曠神怡的東西集中在一起，形成一個整體，例如岩石和它的生糙自然的體積，山谷、樹林、草坪、蜿蜒的小溪，堤岸上氣氛活躍的大河流、平靜的湖邊長著花木、一瀉直下的瀑布之類。中國的園林藝術早就這樣把整片自然風景包括湖、島、河、假山、遠景等等都納到園子裡。

在這樣一座花園裡，特別是在較近的時期，一方面要保存大自然本身的自由狀態，而另一方面又要使一切經過藝術的加工改造，還要受當地地形的約制，這就產生一種無法得到完全解決的矛盾。從這個觀念去看大多數情況，審美趣味最壞的莫過於無意圖之中又有明顯的意圖，無勉強的約束之中又有勉強的約束。還不僅此，在這種情況下，花園的特性就喪失了，因爲一座園子的使命在於供人任意閒遊、隨意交談，而這地方卻已不是本來的自然，而是人按自己對環境的需要所改造過的自然。但是現在一座大園子卻不如此，特別是當它把中國的廟宇、土耳其的伊斯蘭教寺、瑞士的木棚，以及橋梁、隱士的茅廬之類外來的貨色雜湊在一起的時候，它單憑它本身就有要求遊覽的權利，它要成爲一種獨立的自有意義的東西。

⓬「無憂宮」（Sanssouci）在柏林附近的波茨坦，是德皇威廉一世所建的行宮，仿效法國的芳藤伯羅宮。法德兩國的這兩個宮的花園都受到了中國園林藝術的影響。

但是這種引誘力是一旦使人滿足以後就立即消逝的，看過一遍的人就不想看第二遍；因爲這種雜燴不能令人看到無限，它本身上沒有靈魂，而且在漫步閒談之中，每走一步，周圍都有分散注意的東西，也使人感到厭倦。

一座單純的園子應該只是一種爽朗愉快的環境，而且是一種本身並無獨立意義，不致使人脫離人的生活和分散心思的單純環境。在這種園子裡，建築藝術和它的可訴諸知解力的線索、秩序安排、整齊一律和平衡對稱，用建築的方式來安排自然事物就可以發揮作用。萬里長城外的蒙古人的園林藝術⓭，西藏人的園林藝術以及波斯人的極樂園，都早已更多地採用這種類型。它們不是英國人所了解的公園，而是栽滿花木的裝置著噴泉、小溪、院落、宮殿的展覽館，供人在自然中游息；它們富麗堂皇，不惜浪費地建造出來，以滿足人的需要和提供人的方便。但是最澈底地運用建築原則於園林藝術的是法國的園子，它們照例接近高大的宮殿，樹木是栽成有規律的行列，形成林蔭大道，修剪得很整齊，圍牆也是用修剪整齊的籬笆來造成的，這樣就把大自然改造成爲一座露天的廣廈⓮。

⓭ 似指元朝忽必烈在熱河（現爲承德）所建的行宮。由於馬可波羅在《遊記》裡介紹過，西方人早就對此很注意，詩文中有時提起。承德公園現還存在，它的附近廟宇建築多受西藏喇嘛教的影響。

⓮ 凡爾賽宮的花園就是如此。黑格爾的園林趣味還是十八世紀的。

第二部分　雕刻

序論

通過建築而獲得藝術形象的那種精神的無機自然[1]，是和精神本身相對立的，現階段的藝術作品[2]卻用精神為它所要表現的內容。我們在上文已經見到這種進展的必然性；這種必然性就是由精神的概念（本質）決定的，精神把自己分化為兩個差異面，一個是精神主體的自為存在，另一個是主體的單純的客觀存在[3]。建築的處理固然也使內在的（精神）顯現於這種外在客觀事物裡，但是內在的還不能完全滲透到這外在客觀事物裡，還不能使客觀事物成為精神的絕對完滿的表現，即恰足以表現精神，不多也不少。因此，精神需從無機界抽身出來而回到內在方面[4]，這內在方面從此處在它的更高的眞實中，不再與無機的東西夾雜在一起而獨立地發揮作用——前此建築藝術由於受重力規律的約束，還只能使無機的東西勉強接近於精神的表現。在雕刻裡所看到的正是處在精神離開有體積的物質，而回到精神本身的道路上。

但是在雕刻這個新領域的最初階段裡，精神也還沒有回到它的眞正的內在的主體性[5]，否則表現精神社會需要一種本身只是觀念性的表現方式，而是精神在開始時還只能就自己所表現的肉體形式來認識自己，並且在這肉體形式裡得到符合它自己本性的客觀存在。所以用這種精神性的觀點為內容的藝術就需把精神的個性表現為在物質中的顯現，或者說，用直接的眞正的物質的東西來表現精神個性。（雕刻與語言不同）語言也是精神在外界裡的表現，但語言所用的客觀因素不是作為直接的具體的物質的東西而生效，而只是作為聲音、作為運動，或一個完整的物體和空氣這一抽象元素的震顫，語言才成為傳達精神的媒介。（雕刻所用的）直接的物體卻是占空間的物質，例如石、木、金屬、黏土，都是具備三度空間的；但是我們已經說過，適宜於表現精神形象的是精神自己所依附的肉體，通過肉體，雕刻才使精神實現於一種占空間的整體。

從這方面來看，雕刻還是和建築藝術同處在一個階段，因爲雕刻也是就單純的感性的物質的東西，按照它的物質的占空間的形式來塑造形象。但是雕刻畢竟和建築有所不同，雕刻不像建築那樣把與精神對立的無機物質改造成爲由精神創造的符合目的的環境，而改造成的形式所要達到的目的卻不是這些形式本身所固有的而是外在的；雕刻則把精神本身（這種自覺的目的性和獨立自足性）表現於在本質上適宜於表現精神個性的肉體形象，而且使精神和肉體這兩方面作爲一個不可分割的整體而呈現於觀照者的眼前。所以雕刻的形象擺脫了建築所擔負的作爲一種單純的外在自然和環境而服務於精神的任務，憑它自己而獨立地站在那裡。不過儘管有這種區別，雕像畢竟還是和它的環境有重要的關係。一座雕像或雕像群，特

---

❶ 建築用木石土之類材料都是無機的，還不能表現精神的有機性，即生命。

❷ 即雕刻。

❸ 指自然物質存在，即肉體。

❹ 即回到精神本身。

❺ 即沒有成爲自覺的精神，還沒有精神個性，還不能像詩用語言那樣的觀念性的表現方式。

別是一塊浮雕在創作時不能不考慮到它所要擺置的地點。藝術家不應該先把雕刻作品完全雕好，然後再考慮把它擺在什麼地方，而是在構思時就要聯繫到一定的外在世界和它的空間形式和地方部位。在這一點上雕刻仍應經常聯繫到建築的空間。因爲雕像一般是擺在廟宇神龕裡的，正如在基督教的教堂裡繪畫提供祭壇上的神像，在哥德式教堂裡雕刻作品和所擺的地方也有類似的聯繫。不過神廟和教堂並不是擺雕像、雕像群和浮雕的唯一的地方，雕刻作品也可以用來點綴廳堂、台階、花園、公共場所、門樓、個別的石柱、凱旋門之類建築，使氣氛顯得更活躍些。雕刻作品縱然有時離開這類較寬廣的環境而獨立，也還要有一個基座來標誌方位和基礎。以上就是雕刻和建築的聯繫和區別。

我們如果進一步拿雕刻和其他藝術對比，那就要考慮到詩和繪畫。無論是個別的雕像還是雕像群都要用完整的肉體來顯出精神的形象，也就是按照人的本來的樣子把人描繪出來。所以雕刻好像掌握著最忠實於自然的表現精神的方式，而繪畫和詩卻顯得不自然，因爲繪畫不表現人的形體和其他自然界事物實際所占的空間的感性整體，而只利用平面，至於語言則更少表現肉體的東西，而只能通過聲音去傳達關於肉體的東西的觀念。

不過事實恰恰與此相反。儘管雕像好像特別善於保持自然眞相，正是這種通過笨重物質來表現出的肉體的外在自然面貌不能表現精神之所以爲精神的本質。反之，只有在語言、行動和事蹟的表現裡，精神才得到它所特有的實際存在，因爲語言、行動和事蹟是由內心生活發展出來的，所以能如實地顯示出精神。

在這一點上雕刻特別比不上詩。造型藝術固然擅長於揭出鮮明的輪廓，使肉體的東西顯得如在目前，但是詩也能描繪人的外形，例如頭髮、額頭、腮、體格、服裝、姿勢之類，當然比不上雕刻那樣精確完滿，但是詩在這方面的損失卻由想像彌補起來了。此外，想像使人對某一對象得到一個觀念，並無須把這種固定的詳細的定性都描繪出來，它所要帶我們看的首先是在行動中的人以及他的動機命運與情境的糾紛，他的一切情感和言語，總之，凡是揭露他的內心生活和外在事蹟的東西。這是雕刻所絕對做不到或是做得不很完善的事，因爲它既不能描繪主體的內在精神所處的特殊內心狀態和情慾，也不能像詩那樣敘述一系列的事物，而只能塑造出從肉體上見得出的個性的一般和無先後承續的東西處在某一頃刻中的狀態，而這些卻是靜止的，不能成爲生動活潑的向前進展的動作。

在這方面雕刻也還比不上繪畫。因爲繪畫通過面貌的顏色以及光線和陰影能把精神表現得更完滿，而這種完滿還不僅是就物質的自然意義來了解的，而且特別能把面貌方面和病理方面的現象描繪得精確而生動。人們也許因此就認爲要使雕刻更完善，就只消把雕刻原有的能表現空間整體（立體）的優點和繪畫的優點結合在一起，並且認爲雕刻排斥繪畫方面的著色是出於主觀任意性，而且雕刻局限於現實的一個方面，即物質的形式方面，把其他方面都抽掉，頗類似側面剪影和版畫那樣臨時應急方便行事的樣子，這也只能歸咎於創作技巧方面的貧乏和無能。但是眞正的藝術卻不應受「主觀任意性」的指責。雕刻所塑造的形象事實上只是具體的人體的一個抽象的方面，個別具體化的顏色和運動不能使這種形象的形式顯得豐富多彩。這卻不是一種偶然的缺陷，而是藝術概念所決定的媒介和表現方式方面的限制。藝術本是精神的一種產品，這種作品要有一種界定過的具體內容，因而也要有一種和其他藝術不同的即專門的藝術表現方式。這種情況是藝術和各門科學所共同的，例如幾何學專以空間爲對象，法學專以法律爲對象，哲學專以說明永恆理念及其在事物的實際存在和自爲存在爲對象，這些對象中每一種都是根據它的特點以獨特的方式發展出來的，上述各種科學中沒有哪一種能把一般人所了解的具體實際存在完完全全地展示出來，讓人有全面的認識[6]。

藝術作爲出自精神的造型活動在逐步前進，把在概念上即在事物本質上可分割的，但是在實際存在中是不可分割的東西分割開來[7]，所以藝術把這種階段或步驟當作獨立固定的，以便按照它的既定的特性去完成它的發展。因此在造型藝術用作媒介的占空間的物質材料之中，有兩個階段需在概念上辨別清楚和分割開來，一個是肉體作爲空間的整體（具備三度空間）以及它的抽象的形式[8]，即單純的人體形狀，另一個是肉體在顏色的多樣性方面所現出的生動鮮明的個別特殊細節。雕刻在處理人的形象方面屬於前一個階段，它把人的形象當作一種立體的物體，只按照它在三度空間中所現的形式來處理它。藝術作品既然要靠感性因素，就需有一種爲他存在[9]，特殊具體化就從此開始；但是最初用人體形式來表現精神的藝術在這種「爲他人的存在」中還只能走到最初階段，還不能越出自然事物的一般狀態，這就是說，還只限於單純的顯而易見性以及一般在光線中存在的事物，還不能聯繫到陰暗，而通過光和陰暗的結合，顯而易見的事物才能特殊具體化，才成爲顏色。按照藝術發展的必然過程，雕刻所占的地位就是如此。因爲雕刻不能像詩那樣用觀念這一種因素❿把現象界整體都統攝進來，它必須把現象界整體拆散開來。

因此，我們所得到的一方面是客觀存在，就它還不是精神所特有的形象來說，它是作爲無機的自然而與精神相對立的，建築把這種客觀存在的東西轉化爲一種只起暗示作用的象徵（符號），這象徵本身並沒有它所暗示的那種精神的意義。與客觀存在相對立的另一極端是主體性，其中包括心境，即各種情感活動、心情和情慾、內心和外表的激動和行動。在這兩方面之中我們還碰到一種精神個性，這種精神個性固然有明確定性，但是還沒有沉浸到主體的深刻的內心生活裡去，其中占優勢的還不是主體的個別特徵，而是具有實體性和普遍性的精神方面的目的和特徵。由於處在這種普遍性裡，精神個性還沒有成爲一個純然精神性的個性，絕對地退回到它本身，因爲它處在主客兩極的中途，還接近客觀事物和無機自然，而且

---

❻ 這節說明每門藝術都有特殊的內容和表現方式，排除其他內容和表現方式，在這個意義上都具有抽象性。這裡所談的就是萊辛所提的藝術界限問題。

❼ 各門藝術各以一種獨特的方式處理某一方面的內容。

❽ 因爲抽去肉體形狀以外的東西如行動語言情感之類，所以叫做「抽象的」。

❾ 原文是 **ein sein für anders**，意指藝術作品有爲觀眾而存在的一方面，需易爲人所了解。

❿ 因爲詩用語言，而語言代表觀念，也引起觀念。

本身還不能離開單純的肉體性，肉體還被看作精神的實際存在，既適合於精神，也能顯示出精神。就是在這種不再和內在方面處於單純對立的外在方面裡，精神個性應該表現出來，但是還不能表現爲活的個性，即還不能表現爲經常回到受主體精神灌注生氣而達到統一，而只能表現爲一種形式，這種形式雖然受到精神的滲透，而這種精神還不能離開肉體而回到精神本身，作爲純然內在的東西而顯現出來⑪。

上文已提到的兩點就是從這裡產生出來的：雕刻不用象徵的表現方式去暗示精神的意義，而用人體形象去表現精神，而人體形象就是精神的實際存在。但是同時雕刻由於它所表現的主體是不動情感的，它所表現的心靈還是未經特殊具體化的，它就滿足單純的形象，亦即見不出統一的主體性的形象。也就是由於這個緣故，雕刻一方面不用動作或一系列要達到某種目的的運動，即不用動作和事蹟去表現精神，實際上正是這些因素才能突出地顯出一個人物性格，它仿佛處在客觀的地位把精神表現爲靜止的形象，在這種形象上只能從運動和組合中約略見出動作的最初開端，見不出主體的內部與外部的各種衝突鬥爭，或是牽涉到和外界的各種糾紛中。因此，雕刻的形象只顯示出沉埋到肉體中的精神，而這種精神是要從整個形象上顯示出來的，所以雕刻的形象缺乏顯現主體性的焦點，靈魂作爲靈魂的集中表現，也就是目光的閃動。關於這一點，以後還要詳談。從另一方面看，雕刻的對象既然還是未向多方面分化和特殊具體化的個性，它就不能把繪畫的著色魔術用到它的表現方式裡——這種著色魔術通過它的濃淡深淺的細微差別和多樣性，可以把人物性格特徵的全部豐富性烘托出來，而且通過眼神，可以傳達出精神煥發與精神凝聚的狀態。雕刻不能採用從本質來看是不必要的材料或媒介，所以它只用人的形體的空間形式而不用繪畫的著色。雕像在大體上是單色的，是用純白色而不是雜色的石頭雕成的；有時它也用各種金屬物——這種原始物質也是整體一致，見不出差異，可以說是一種「凝聚的光」，見不出各種顏色的反襯與和諧。

希臘人的偉大智慧就在於抓住了而且堅持了這個觀點。我們要研究的主要是希臘雕刻。希臘雕刻之中固然也有些雕像是用多種顏色的，但是在這一點上我們需把這門藝術的初期和晚期跟它的極盛時期區別開來。同時我們也要區別開通過宗教傳統勉強納入藝術而不是眞正屬於藝術的東西。我們前已說過，古典型藝術並不是一霎時就一成不變地把它固定下來，而是先要經過剔除對它不適合的異己因素的過程，這也正是雕刻的情況。雕刻也要經過許多準備階段，然後才達到完善，它的開端和頂峰是迴不相同的。最古的雕刻作品是用畫上彩色的木料雕的，例如埃及的偶像，希臘人也用過這種方法。我們應把這類作品排除到眞正的雕刻之外，因爲我所要做的事是確定雕刻的基本概念。我們並不是要否認過去有許多著色雕刻的實例，但是隨著藝術趣味日益提高，「雕刻也就日益拋棄本來對它不適合的色彩的華麗；

⓫ 這段原文很艱晦，大意是雕刻還不像浪漫型藝術階段那樣沉浸於個人內心生活裡，它既要表現精神個性，更要表現精神的有實體性的共性，特別是還離不開肉體形狀或有機的自然。

出於明智的考慮，它只用光與陰影，以求使觀眾得到更高的溫潤、靜穆、明晰和愉快的印象」。[12]可以引來和白石的單色相對比的當然還不僅有許多青銅的雕像，而且還有一些最偉大、最優美的作品也是用多種顏色，菲迪亞斯所雕的宙斯就是一個例子[13]。但是這裡所說的不是絕對不用顏色那種極端抽象的辦法；象牙和黃金也不是畫家用的顏料。一般說來，某一門藝術的作品實際上並不是每一次都那麼以抽象的獨立方式堅持那門藝術的基本概念；因爲它們與多種多樣的目的發生生活的聯繫，它們擺在不同的地點，因而要配合外在環境而對眞正的類型有所更動。所以有一些雕像是用黃金和象牙之類珍貴材料雕成的；它們坐在華麗的寶座上或是站在雕得很精美、裝飾得很豪奢的基座上，使全國人民看到這種富麗堂皇的作品就爲自己民族的富強而自豪。特別是雕刻，本來就是一種較抽象的藝術，並不永遠堅持這種抽象性，而是一方面從它起源時就接受一些傳統的、保守的和地方的影響，另一方面又要迎合民族的生活需要；因爲活潑的人要求賞心悅目的多樣性，要求從多方面去發揮觀照和想像的能力。這種情況與朗誦希臘悲劇頗相似，朗誦對藝術作品也只能提供一種較抽象的形象。在較寬廣的場合裡表演，就要加上活的角色、服裝、布景、舞蹈和音樂。雕刻也是如此，在它的外在現實裡它也不能離開一些配搭的東西。不過我們在這裡要研究的只是眞正道地的雕刻作品，就不應讓上述那些外在因素妨礙我們認識事物的最內在的概念（本質），而就應從它的定性和抽象性來認識它。

劃分

現在要轉到本段落的題材的劃分。雕刻是古典型藝術的中心，因此我們在這裡不能像前此在討論建築時那樣，把象徵型、古典型和浪漫型看作貫串全部發展過程的分別和劃分題材的根據。雕刻是古典理想中的眞正的藝術。它固然也有由象徵型藝術去運用的階段，例如在埃及就是如此。但是這只能算是史前階段，並不是在本質上能影響雕刻的眞正概念的一種不同流派，因爲這類作品在設立地位和用途上更多地屬於建築而不適合雕刻的目的。同理，當浪漫型藝術也藉雕刻來表現自己時，雕刻已越出它本身的界限，只有在摹仿希臘雕刻時才恢復到眞正造型藝術的類型。因此，我們需另找劃分題材的根據。

根據上文所說的道理，古典理想通過雕刻而達到最適合於它的實際存在時所採取的方式才是目前所討論的問題的關鍵。不過在著手研究理想的雕刻形象的這種發展之前，我們首先要指出哪種內容和形式對於作爲專門藝術的雕刻才是特有的，才能使雕刻用由精神滲透的人體形象以及它的抽象的空間形式去表現古典理想。從另一方面來看，古典理想要依靠既具有

⓬ 引邁約的《希臘造型藝術史》卷一，一一九頁。邁約（H.Meyer, 1760—1832），德國畫家和藝術史家。

⓭ 菲迪亞斯（Pheidias）西元前五世紀希臘雕刻鼎盛時期最大的雕刻家。他的《天神》雕像是爲奧林帕斯天神廟雕的，據說材料中用了象牙和黃金。他的雅典娜女神像也是如此。

實體性[14]而又經過特殊具體化的個性，這就使雕刻用作內容的不只是一般的人體形象的理想而是受到界定的理想，因而用不同的表現方式去處理不同的對象。這種不同有一部分只涉及構思和表現本身，也有一部分涉及表現所用的材料或媒介，材料的不同性質也對藝術本身帶來了新的特點或差異。在這些差異之外又加上最後一個差異，即雕刻的歷史發展過程中的不同階段。

根據這些考慮，我們將依下列程式來討論：

第一，我們只討論由雕刻概念本身決定的內容和形式的本質有哪些一般的定性。

其次，我們要進一步分析古典理想，單就它如何通過雕刻而得到符合藝術的實際存在來看。

第三，我們要討論雕刻如何開始運用不同的表現方式和材料，擴張成爲一個無數不同作品的領域，其中按照某一方面來看，它也可以用在浪漫型藝術裡，不過眞正道地的造型藝術的中心是古典型的[15]。

⓮ 即代表普遍理想。

⓯ 在這序論部分黑格爾指出雕刻與前此的建築以及後此的詩歌和繪畫的異同，概括各門藝術遞承和演變的痕跡。黑格爾最推崇古典型藝術，而在古典型藝術之中又特別推崇希臘雕刻以及史詩和悲劇。他在這方面有比較充分的研究，他的美學觀點也大部分從這方面的研究得出來的，所以值得特別注意。

第一章　正式雕刻的原則

一般說來，雕刻所抓住的是一種驚奇感，這就是精神把自己灌注到完全物質性的材料裡去，就這種外在材料塑造成一種形狀，使自己從這種形狀裡看出自己就擺在面前，認出這種形狀就是符合自己內在生活的形象時所感受到的那種驚奇感。在這方面所要討論的有下列幾點：

第一，要追問是哪種精神性才能用這種材料把自己表現爲純然感性的占空間的形象。

其次，要追問應如何塑造一些空間性的形式，才能使人從美的肉體形象中認出精神性的東西。

我們一般要研究的是「在空間中伸延的事物的秩序」和「觀念性的事物的秩序」這兩者的統一，亦即靈魂和肉體的最初的美的結合，因爲在雕刻裡精神的內在的東西只能表現於它的肉體的實際存在。

第三，這種統一或結合就符合古典型藝術的理想，因此雕刻就成爲古典理想中的眞正道地的藝術。

1. 雕刻的本質性的內容

我們已經說過，雕刻用來塑造形象的元素是占空間的物質，這物質還處在原始的一般性的實際存在，其中可以運用到藝術裡的特殊具體的因素，還只有它的一般性的空間體積以及就這些體積儘量塑造出美的形象時，所能達到的一些較具體的空間形式。與感性材料的這些較抽象的因素相對應的內容，在大多數情況下就是精神的由它自己決定的客觀存在，因爲精神在這階段既還沒有和它的普遍性的實體區別開來，也還沒有和它在肉體裡的實際存在區別開來，因而還沒有達到自爲的存在，還沒有回到它所特有的主體性❶。這裡就包含著兩個因素。

A. 客觀的精神性

精神作爲精神固然永遠就是主體性，它本身或它的自我的內在本質。但是這個我可以和凡是在知識、意志、思想、情感、行動和事業中形成精神方面的普遍永恆的內容意義，還沒有分割開來而堅持他的特殊的自性和偶然性。在這種情況下，單純的主體性就突出地顯現出來，因爲這種主體性把精神的客觀眞實內容全都拋棄掉和精神只有形式上的聯繫，而實際上是一種無內容意義的精神，就這樣孤立自足地存在著。例如在自足自滿的情況中，我一方面固然可以完全客觀地對待自己，由於做了一件合乎道德的事，對我自己感到滿意。不過由於這種自我就已把自我從我的行動的內容分裂出來，把我作爲一個個別的人，作爲這個自我和精神的普遍性分割開來，以便拿我和這種精神普遍性進行比較。在這種比較中我對我自己的贊許就形成自滿，在自滿裡這個受到定性的我，正是作爲這一個人，對我自己感到欣喜。這

❶ 雕刻的形象既代表一種普遍的倫理理想（實體），又表現爲人的肉體，介乎一般與特殊兩極端之間，還沒有充分個性化，還沒有達到精神的自覺（自爲存在），所以見不出「獨特的主體性」或個性。

個自我在凡是一般人所認識的、所願望的和所做成的事蹟之中固然都要參預進去，但是參預到這種一般認識和行動裡去的還是這個特殊的自我，還是意識中主要內容；或則說，這個人有兩種可能，一種是使他的自我難解難分地完全沉浸到這種內容裡去，另一種是永遠自禁於主體的人格（個人）的小天地裡過活，這二者之間卻有極大的分別。❷

(1) 這樣脫離實體性的單純的主體性，就會陷落到欲望的抽象特殊性和情感與衝動的任意性和偶然性裡，因此舉動輕浮，受特定環境及其變化的擺布，一般不能自己做主而要依靠自身以外的東西。這樣的主體只代表純粹有限的主體性，與眞正的精神性是相對立的。如果這種主體在他的認識和意志中意識到這種對立而仍堅持這種對立，他就會不僅陶醉於空洞的幻想和妄自高大的想法，而且還會墮落成爲醜惡的性格，受制於醜惡的情慾，做盡奸盜邪淫的壞事、刁猾、兇殘、妒嫉、驕橫，以及一切其他違反人性的惡劣品質都無所不有，他就代表人的無內容意義的有限性。

(2) 這種單純的主體性的全部範圍，都應該立即排除到雕刻的內容之外，因爲雕刻只宜於表現精神的客觀性。所謂客觀性在這裡是指具有實體性的、眞正的、不可磨滅的東西，也就是精神的本質，受不到只靠自己的那種主體所遭受的偶然的暫時性的東西的影響。

(3) 不過客觀的精神性，作爲精神，也不能離開自爲的存在（自覺性）而達到實際存在。因爲精神就只能作爲主體而存在。但是這種主體性在雕刻的精神內容中不是獨立地得到表現，而是完全爲實體所滲透，不能離開這實體而只在形式上反映出自己。所以上述客觀性雖有一種自爲的存在，但是這種以自己爲對象的認識和意志卻不能離開所涉及的內容意義，而是和這種內容意義形成一個不可分割的統一體。

這種包含實體與眞理的獨立自足的精神性，精神的這種無拘無礙的尚未向特殊分化的存在，就是我們所說的神性，這和有限性是對立的，有限性才分化爲偶然的實際存在，顯出差異和變動。從這個觀點來看，雕刻所要表現的就是單純的神性，要把它表現爲無限靜穆和崇高，不受時間影響，沒有運動，不能顯出狹義的主體的人格，也沒有動作或情境的矛盾對立。如果雕刻在形象和性格的刻畫方面也要較明確地顯示出人的定性，它也只應抓住這種定性中的不可磨滅的常住的實體，作爲它的內容，而不應挑選偶然的容易消逝的東西；因爲它所應表現的客觀的精神性，還沒有轉化爲只有把自己了解爲孤立的個體的主體性才有的那種變動不居的特殊個別的性相。例如在描述一個人的雜多的遭遇、事蹟和行動的傳記裡，許多糾紛和偶然事變的錯綜曲折的過程，照例是爲著要描繪出一種性格的，這種性格描繪總是把廣泛的細節總結爲某一普遍的特性，例如善良、正直、勇敢、明智之類。這些特性就是一個人的經久不變的性格，至於其他一些特殊細節卻只是他的偶然表現。雕刻所要表現的也正是

---

❷ 依黑格爾的看法，人的「自我」有兩個因素，一是代表普遍理想或客觀精神的我，或則說，社會性的人的我；一是「單純的主體性」，抽去一切精神內容意義的我，或則說，動物性的人的我。他要藉此說明他所理解的「客觀的精神性」與單純的沒有實體內容的主體性是對立的。

這種常住不變的東西，因爲這些常住不變的東西才是唯一能代表個性中潛在和實在的東西。但是雕刻並不根據這類普遍的品質創造出一些寓意體的作品，而是要刻畫出一些具體的個別人物，他們在客觀的精神性方面是完滿自足的，顯出獨立自由的靜穆，不受外在事物的攪擾。在雕刻裡每一種個性都以實體爲基礎，占優勢的既不是主體對自己的認識和情感，也不是浮面的容易變動的特殊細節，而是神和人身上的永恆的東西，脫淨了主觀任意性和偶然的自私的偏見，雕刻就應把這一永恆的方面表現得通體透明。

B. 在肉體中自為存在的精神性

我們應該提到的另一點是雕刻的內容，由於它的材料要求它的外在表現需取完整的三度空間的形式，也不能是單純的精神性，即不能是只和自身發生聯繫，只滿足於內省自己的內心生活。只有在自己的另一體，即在肉體中自爲存在的那種精神性才能表現於雕刻裡。對外在事物的否定只屬於單純內在的主體性，所以在雕刻裡不能發生，因爲雕刻把神或人用作內容要根據他的客觀性。只有這種不帶單純主體性而沉浸到內心生活裡去的那種客觀因素，才能用三度空間的外在形體自由表現出來和這種空間整體結合在一起。因此，雕刻從精神的客觀內容意義中，只能選取可以完全用外在肉體表現出來的那一部分作爲對象，否則它所選的內容就不適合它的材料或媒介，就不能達到恰當的表現方式。

2. 美的雕刻形象

其次，我們要追問肉體形象中的哪些形式才宜於表現上面所說的內容。

正如在古典型建築裡住房仿佛形成解剖學的現成骨架，建築藝術要就這個基礎進一步塑造形狀，雕刻也以人的形象作爲它的造型的基本類型。不過住房本身已是一種人工造作的東西，儘管還不是由藝術加工的東西，人的形體結構卻不然，它是一種不假人力的自然產品。所以雕刻的基本類型是天生成的而不是由雕刻設計的。不過人的形象是自然的這句話還很不明確，還有待於進一步的分析。

在自然界，理念獲得它的最初的直接的客觀存在（我們在討論自然美時已經說過❸），而且在動物的生命及其完整的有機體裡，理念獲得適合它的自然存在。所以動物軀體構造是本身完整的概念（本質）的一種產品，概念在這種軀體裡是作爲靈魂而存在的，不過作爲單純的動物生命，它使動物軀體受到改變，成爲極多種多樣的特殊種屬，儘管每一種屬仍受概念的統轄。不過要研究和確定概念和肉體形狀（或者說得更確切一點，靈魂和肉體）這兩者之間的互相符合卻是自然哲學的事。自然哲學要說明動物軀體的各種不同的體系，它們的內部構造和形狀以及它們彼此之間的聯繫，乃至軀體所分化成的各種器官，都和概念中的一些

---

❸ 理念體現於具體事物才算得客觀存在，直接的或自然的存在還不是自覺的存在。

因素協調一致；從此也就可以看得很清楚，在多大程度上在這裡實現的就只是靈魂所必有的一些特殊方面。不過說明這種協調一致並不是我們在這裡的任務。

但是人的形體卻不像動物的形象那樣只是靈魂的肉體，而是精神的肉體❹。這就是說，精神和靈魂在本質上是應區別開來的。因爲靈魂只是軀體只就軀體來看的單純的觀念性的自爲存在，而精神卻是有意識和自意識生活的自爲存在，以及其中的一切情感、思想和目的。單純的動物生命和精神的有意識的存在這兩者之間雖然有這樣大的分別，精神的肉體，即人體和動物的肉體卻顯得很相近，這就彷彿有些奇怪了。人們對這種類似常感驚異，我們可以這樣加以澄清：我們需記起精神按照它的獨特的概念，有自決定的定性，它可以自決定成爲有生命的東西，自決定同時既是靈魂，又是自然存在。根據動物靈魂所固有的概念，精神性既然就是活的靈魂，就可以使自己有一個軀體，在基本特色上一般類似活的動物的有機體。所以無論精神多麼高於僅僅有生命的東西，它畢竟還要替自己造一個軀體，而這個軀體是和動物的軀體是根據同一概念來分成各部分和受到生命灌注的。但是還有一點，精神既然不僅是實際存在的理念，不僅是具有自然性和動物生命的理念，而且是具有獨立自由的內在生活的理念，所以精神性就要在單純感性的有生命的存在之外，替自己造成它所特有的客觀領域——這就是科學知識，只有思維本身的實際存在才是這種科學的實際存在。除掉思維和它的哲學系統活動以外，精神還過著情感、願望、觀念、想像等等方面的豐富生活，這種生活也與精神的靈魂加肉體的實際存在有不同程度的密切聯繫，因而也要在人的軀體上實現出來

（獲得實際存在）。精神在這種適合它的實際存在才顯得是活的，使自己照耀到或滲透到這種實際存在裡，並且通過這種實際存在把自己揭露給旁人看。所以人的軀體不是一種單純的自然存在，而是在形狀和構造上既表示它是精神的感性的自然存在，又表現出一種更高的內在生活，因此就不同於動物的軀體，儘管它和動物的軀體大體上很一致。但是精神本身既然就是靈魂和生命，它的動物的軀體就只能是一種變種，其中的變化是由活的軀體所固有的精神所決定的。因此，人的形體作爲精神的顯現，在這些變化方面顯得不同於動物的形體，儘管人的有機體和動物的有機體之間的區別，還是精神的無意識活動的結果，正如動物的靈魂也憑無意識的活動造成它的肉體❺。

我們就應從這裡出發。人的形體，作爲精神的表現，對於藝術家來說是現成的。藝術家不僅在一般意義上發見人的形體是現成的，而且在個別特殊細節方面，在軀體的形狀、特點、姿勢和習慣等方面，藝術家也發見到人的體形是精神的內在生活的反映。

關於精神和肉體在各種情感、情慾以及其他精神狀態方面的較確切的聯繫，我們還很難把它歸納成爲牢實可靠的原則。人們固然試圖在情緒心理學和面相學裡對這種聯繫進行科學

❹ 靈魂這裡只涉及生命，精神則涉及思想意識。

❺ 黑格爾還來不及掌握達爾文的「物種起源」的進化學說，他對人與動物的聯繫和區別的認識是不科學的。

的描述，但是到目前爲止還沒有得到正確的結果。依我們看，只有面相學才能有些重要性，因爲情緒心理學所研究的只是某種情感和情緒由某種身體器官發生，例如說憤怒的位置在膽汁，勇敢的位置在血液。趁便地說，這種說法是不正確的。因爲儘管某種情緒與某種器官相對應，也不能說憤怒的位置在膽汁，而只能說就憤怒要表現在身體上而言，主要是表現在膽汁上。像我們已經說過的，這種情緒心理學的現象與本題無關，因爲與雕刻有關的只是凡是由精神的內在的東西轉化爲外在的形狀，而在這形狀使精神變爲肉體的，可以眼見的。身體內部器官和動情感的心靈之間的協調並不是雕刻的對象，雕刻對於許多表現在外在形狀上的東西都不能用作題材，例如盛怒中的手和全身的顫抖以及嘴唇的震顫之類。

關於面相學我只提這一點：雕刻既以人的形體爲基礎，如果它要顯示肉體就在它的形式上，不僅要表現出精神方面一般人性和神性中實體性的東西，而且還要表現出具有這種神性的某一個人的特殊性格，那麼，我們對於身體某些部分、特點和形體結構是否完全符合某一種人的個性問題就應進行理性的探討。古代雕刻作品就會促使我們進行這種研究，因爲我們事實上不得不承認古代雕刻作品既表現出普遍的神性的東西，又表現出神們的特殊性格，但我們無法斷定這裡精神的表現和感性的形式之間的協調究竟是必然的還是偶然的、任意的。在這個問題上每一個器官都應該從兩個觀點來看，一個是單從身體方面來看，一個是從精神表現方面來看。我們當然不能跟著噶爾[6]走錯誤的道路，他把精神看成一種單純的人腦的產物[7]。

A. 排除現象中的個別特殊細節

就它所要表現的內容來看雕刻，進一步的研究就要追問這種既具有普遍性的實體而又具有個性的精神性如何體現在肉體裡，從而獲得實際存在和形象。這就是說，一方面雕刻既要有充分適合的內容，它就要在精神和肉體兩方面排除外在現象中的偶然的特殊細節。雕刻作品所要表現的只是人體形式中常住不變的、帶有普遍性的、符合規律的東西，儘管同時又要求對普遍的東西加以個性化，使得擺在我們面前的不只是抽象的規律，而是和規律融成一片的具有個性的形狀。

B. 排除面相表情❽

另一方面雕刻還應該排除偶然的主體性和自覺的內心生活的表現（像前文已經說過的）。因此，雕刻家在面貌方面不應該走向面相表情。因爲面相表情只是主體的內心特點以及特殊個別的情感思想和意志在面部的流露。在面相表情上一個人只表現出他這個偶然的主

---

❻ 噶爾（F.G.Gal, 1758—1828），奧國醫生和神經系統研究的先驅，著有《腦生理學》、《神經系統研究》等書。

❼ 德文原文用Schädelstäte，原義是骷髏場即刑場（耶穌被釘死的場所），英譯即用「刑場」，說不通，原字照字面也可譯爲「腦蓋骨的地方」，噶爾主張精神在腦蓋骨裡，所以譯爲「人腦的產物」，取其易懂。

❽ 原文是Mienenhaften，指面部筋肉運動和顏色變化的細節。

體在某一場合心裡偶然感觸到的，這或許只涉及他私人的事，或許是接觸到旁人旁物時自己心中所起的反映。例如我們在街道上，特別是在小城市裡，看到大多數人在儀表和面相上都只在操心自己的事、自己的裝飾和衣服，一般說來，他們私人的花花絮絮，或是眼前經過的一些新奇的容易引起注意的事。驕傲、妒嫉、自滿、輕視之類情緒的面相表情就是在這種場合出現的。此外，就實體性的存在和我個人的特殊情況進行對比時所產生的情感也可以流露於面相，例如自卑、傲慢、恫嚇和恐懼之類情感就屬於這一種。這種對比已把單純的主體和普遍性的實體分割開來，而對實體的思索往往傾向於反躬自問，以致占優勢的內容不是實體而是主體自己。但是無論是主體與實體的分割還是主體比實體占優勢，都不能表現爲嚴格遵守雕刻原則的形象。

最後，除掉眞正的面相表情之外，還有很多一霎時的面部變化和身體姿態的表情，例如一瞬間的微笑，剛出現就被壓下去的憤怒的眼色，很快就消掉的嘲弄的神情之類。特別是眼睛和嘴在這方面有極敏捷的運動和本領，能表現出心情變化的每一細微分別。這類變化是繪畫的好材料，但不能用在雕刻裡。雕刻卻需牢牢把握住精神表現中的一些常住不變的特點，把它們反映在面孔神色和身體姿態上。

C. 具有實體性的個性

由此可見，雕刻形象的基本任務，在於把還未發展成爲主體的特殊個性的那種精神實體灌注到一個人體形象裡，使精神實體與人體形象協調一致，突出地表現出與精神相契合的身體形狀中一般的常住不變的東西，排除偶然的變動不居的東西，而同時又使形象並不缺乏個性。

內在的與外在的二者之間的這種完全的協調一致就是雕刻所要達到的目的，這就導向還待討論的第三點。

3. 雕刻作為古典型理想的藝術

從上文的討論可以直接得出這樣的結論：比起任何其他藝術，雕刻在特性上更符合理想。從一方面看，雕刻在兩點上超出了象徵型藝術，一點是它把作爲精神來掌握的內容很明晰，另一點是它的表現方式和這種內容意義完全吻合。從另一方面看，雕刻還沒有走到專注意主體的內心生活而對外在形象漠不關心的境地[9]。所以雕刻成爲古典型藝術的中心。象徵型藝術的建築和浪漫型藝術的繪畫，當然也可以用來顯示古典的理想性，但是理想就它的獨特的領域來說，畢竟不是上述兩種類型和兩門藝術的最高準則，因爲它們不像雕刻，並不以自在自爲的個性，完全客觀的性格，既自由而又必然的美爲它們的對象。雕刻的形象卻必須出自思維的想像力，需憑這種想像力把精神的主體性和肉體的形狀之中一切偶然的因素都抽掉，不帶主體的對於某些癖性的偏愛，不帶情感、私欲以及各種各樣的激動和靈機一動中的

❾ 這指浪漫型藝術。

巧智。我們已經說過，藝術家爲著創作他的最好的作品，所能運用的只是精神所灌注的肉體，亦即人的形體結構中本身帶有普遍性的一些形式；而他的創造發明部分地局限於使內在因素與外在因素之間達到普遍性的協調一致，部分地局限於使所顯現的個性靈活地依附到具有實體性的理想上去而與它交織在一起。雕刻塑造形象，應該像神們一樣，神們在各自領域裡都按照永恆的理念去進行創造，但是聽任所創造的人物在現實生活中仍各有自由和私人的獨特性。神學家們把神的行動和人憑私意抉擇所做的事區別開來；但是造型藝術的理想卻已提高到無須考慮這類問題，因爲這種理想正處在這種沐神福和自由的必然這兩種狀態的中間，在這裡普通事物的抽象性和特殊事物的任意性都沒有意義，都不發生效力。

對神和人的這種完美造型的敏感是希臘人的天生的特長。如果我們不用對雕刻理想的深刻認識作爲理解的鑰匙，不從這種造型藝術的觀點去觀察史詩和悲劇中英雄人物形象乃至實際生活中政治家們和哲學家們的形象，我們就無法從關鍵上去理解希臘的詩人、辭章家、歷史家和哲學家們，因爲在希臘鼎盛時期，無論是詩人和思想家還是實際行動中的人物，都具有既顯出普遍性的造型藝術風格又顯出個性的這種內外協調一致的性格。他們偉大而自由，在本身體現實體的個性基礎上獨立地成長起來，自己培育自己，成爲自己所願做的那樣的人。特別是培里克里斯[10]時代具有這種性格的人最多：培里克里斯自己、菲迪亞斯、柏拉圖，尤其是索福克勒斯，此外還有圖什底德斯、克塞納芬和蘇格拉底，他們之中每個人各成一類型，不因和另一個人相比而有所減色，他們都具有高度的藝術家的性格，其實他們自己就是些理想的藝術家，仿佛都是從一個熔爐中熔煉出來的不同的藝術作品，像一些不朽的神巍然挺立，時光和死亡對他們都毫無影響。奧林匹克競賽中的勝利者們在身體方面也具有同樣的造型藝術作品形象，甚至芙里尼⓫的形象也是如此，這個最美的女人裸體跳出水來，面對著希臘全境的人們。

❿ 培里克里斯（Perikles，西元前499-429）雅典極盛時期的政治家。

⓫ 芙里尼（Phryne），西元前四世紀希臘的名妓。在一次節日盛典中她從海裡赤裸裸地跳出來。希臘人替她在德爾菲立了一座金像。

第二章　雕刻的理想

在轉到對雕刻的眞正理想風格進行研究時，我們還應再一次回想一個事實：完善的藝術必然要從不完善的藝術發展出來，這不僅從本題所不涉及的技巧方面看是如此，就是從普遍的理念、構思以及按照理想來表現這種理念的方式看也是如此。我們曾把還在摸索中的藝術一般叫做象徵型藝術，所以純粹的雕刻也要有一個象徵型的階段作爲它的先行條件，這並不是指一般所指的由建築代表的象徵型藝術的某一階段，而是指還帶有象徵性質的一種雕刻。將來我們在第三章還有機會看到埃及雕刻的情況就是如此。

從理想的觀點來看，我們可以很抽象地形式地把一門藝術的象徵階段看作該門藝術的不完善階段，例如小孩子們用蠟或黏土來捏一個代表人的形象時所做的嘗試。他們所捏出來的東西只是一個象徵（符號），只能暗示所要表現的有生命的東西，但是對於對象和它的意義卻完全不忠實。藝術在開始時也就像這樣，是象形文字性的，不是偶然的任意畫出的符號，而是一種約略近似對象的素描，以便喚起想像。爲著達到這樣的目的，一個畫得不好的圖形就已夠用，只要它能引起人想到它所要指的那個對象就行了。同理，虔誠的教徒滿足於很壞的造像，他們所崇拜的最拙劣的造像仍代表基督、聖母和其他聖徒，儘管這類形象還要藉一種特別標誌如一盞燈、一個烤肉架和一塊磨石之類，才能使人認出某人就是某人。因爲虔誠的教徒所要求的一般只是只以引起他們想到崇拜對象的東西，不管圖像多麼不忠實，心靈還可以憑它把那對象想像出來。所要求的並不是擺在面前的活靈活現的表現，並不是要對象本身如在眼前才能引起崇拜者的熱情，只要所提供的藝術作品能引起對於對象的一般概念，儘管形象不忠實，它就已圓滿地完成任務了。但是觀念總要由抽象得來的。我對一些熟悉的東西，例如一座房子、一棵樹或一個人，在心裡很容易形成觀念，但是這種觀念儘管在大體上是很明確的，卻仍停留在大概面貌上，而且一個觀念要成爲眞正的觀念，它就必須把個別事物的直接形狀從具體觀照中塗抹掉，對它進行簡化。如果藝術作品所要喚起的是關於神性的對象的觀念，而且應該是一切人或一整個民族都易於認識的觀念，那麼，達到這種目的的最好的辦法就是不讓表現方式有任何更改。因此，藝術就變成沿襲陳規的和保守的，不僅古埃及的藝術，就是古希臘和基督教的藝術，也都有這種情況。藝術家們都在保持某些固定的形式，複製這些形式的定型。

只有到了藝術家能夠按照他的理念自由創造，能用天才的閃光射到作品裡去，使所表現的形象新鮮而生動的時候，我們才算看到美的藝術的醒覺這一巨大的轉變。只有到了這個時候，精神的調質才浸潤到整個作品裡，作品才不局限於只在意識中喚起一個觀念，不是只令觀眾想起他心中原來就有的一種深刻的意義，而是進一步把這種觀念體現於一個具有個性的生動的形象，栩栩如在目前，因此，藝術家既不停留在形式的單純的膚淺的一般性上，而在細節特點的描繪上也不拘泥於抄寫現成的平凡的現實。

攀登到這一階段，這就是產生理想的雕刻所必不可少的先行條件。

關於理想的雕刻的產生，在這裡要確立以下幾個觀點：

第一，我們要拿所說的前後階段進行對比，來確定理想的形象的一般的性格以及它的形式。

其次，我們要研究一些具有重要性的特殊因素，例如面部結構、服裝和姿勢之類。

第三，我們要說明理想的形象不只是美的一般形式，而是根據眞正的活的理想所必具有的個性原則，在本質上也要把握住個別特殊方面和它的定性（或特徵），因此，雕刻的範圍就擴充成爲神和英雄等等形象的一種體系。

1. 理想的雕刻形象的一般性格

古典理想的一般原則是什麼，我們前已詳加討論了。所以現在的問題只在於這個原則以什麼方式通過雕刻體現於人體形象。在這方面可以從人所表現的精神面貌和儀表和動物的面貌和儀表之間差別中找到一個較好的比較標準。動物的面貌和儀表逃不出有生命的自然狀態，它們總是和自然需要以及滿足這些需要的動物軀體的符合目的的結構有聯繫。不過這個標準也還是不明確的，因爲人的形象單就它本身來看，無論在肉體形式還是在精神表現上，也並不是本來就已經是理想的。相反地，我們從希臘雕刻中優美的傑作才可以更好地認識到，雕刻的理想在它所塑造的形象中所要表達的那種優美的精神表現究竟是什麼。談到對這方面的知識，熱烈的愛好和卓越的見解，我們首先要提到溫克爾曼[1]，憑他在臨摹和研究古典雕刻作品方面的熱情和審愼的理解，他才把過去關於希臘美的理想的曖昧的論調一掃而清。他就雕刻的每部分的形式特徵分別地明確地加以界定，這是唯一的富於啓發性的辦法。對於他所獲得的結果，當然在許多個別問題上還值得批評或提出異議，但是人們切不要因爲他所犯的個別細節上的錯誤就抹煞了他的主要成就。不管希臘藝術方面的知識推廣到多麼遠，溫克爾曼的成就都必須定作重要的出發點。儘管如此，當然也不可否認自從溫克爾曼去世之後，我們對於古代雕刻作品的知識不但在數量上增加了，而且也把這些作品的風格和美的價值擺在更精確的標準上來衡量了。溫克爾曼固然著眼到很大範圍的埃及和希臘的雕像，現在人們無論是對伊吉那❷雕刻還是對過去人們說是菲迪亞斯所做的那些傑作（其中有些是屬於菲迪亞斯時代的，有些是在他指導之下塑造的），都有比過去較精確的認識。總之，我們現在對於一些雕刻作品、雕像或浮雕有較確定的把握，而這些作品在理想風格的謹嚴上是屬於希臘藝術極盛時期的。爲著保存希臘雕刻中這些值得驚贊的傑作，大家都知道，我們要歸功於上議院議員艾爾金❸的努力。他是英國駐土耳其的大使，他把雅典神宮裡和其他希臘城市的一批極美的雕像和浮雕運到英國。人們責備他這是盜廟，事實上他替歐洲搶救下了這些藝術作品，免於全部毀滅。這種行爲是值得認可的。此外，這一來，所有的藝術鑒賞者

---

❶ 參看卷一，全書序論注㉗和全書序論2對溫克爾曼的頌揚。溫克爾曼的主要著作是《古代藝術史》（1755）。在古典型雕刻方面，黑格爾受溫克爾曼的影響很大。

❷ 伊吉那（Aegina），希臘的一個商業城市，有天帝廟，其中一些雕刻作品的遺跡還存在。

❸ 艾爾金（Elgin, 1766—1841）在一八一二年把雅典神宮裡一些著名的雕刻盜運到英國，現藏倫敦大英博物館。這是歷史上一次著名的文物劫掠，黑格爾的辯護是錯誤的。

和愛好者，都對在風格謹嚴上代表著古典理想的眞正偉大和崇高的希臘雕刻表現方式的產生時期開始發生興趣。輿論一致讚賞這個時期的作品，並不是因爲所雕的形式和姿態秀美動人，也不是因爲表現的美妙，自從菲迪亞斯以後，表現就已側重外部表情，目的在於取悅觀眾，也不是因爲創作手腕顯得既恰到好處而又大膽；它們之所以獲得普遍的稱讚，原因並不在此，而在它們在自由生動方面達到了最高峰，藝術家把靈魂灌注到石頭裡去，使它柔潤起來、活起來了，這樣靈魂就完全滲透到自然的物質材料裡去，使它服從自己的駕御。特別令人驚贊不已的是躺著的河神雕像❹，這是古代留傳給我們的最美的作品之一。

(1) 這些作品之所以生動，是由於它們是從藝術家的心靈自由地產生出來的。這個階段的藝術家既不滿足於用一些普泛的偶然的輪廓和表達方式，去暗示他所要表現的同樣普泛的觀念（印象），而對於個別特殊部分，也不採取從外在界偶然碰到的一些形式。因此，他也不按照原來偶然的樣子把這些形式臨摹出來。他知道怎樣憑他的獨特的自由的創造力，把經驗界個別特殊偶然發生的事件和人物形體的一般形式納在仍能見出個性的和諧的統一體裡，既透澈地顯出他所要表現的那種精神內容，又顯出藝術家自己的生氣，構思並把自己的靈魂灌注到作品裡去的作用。內容裡一般性的東西並不是由藝術家創造的，而是由神話和傳說提供給他的，正如人的形體中的一般與特殊對於藝術家也是現成的。但是貫串作品各部分的那種自由生動的個性化卻是他自己的體會和創作的功勞。

(2) 這種生動自由所產生的效果和魔力，只能來自一切部分的塑造方面的妥帖和忠實，而要達到這一點，就需要對這些部分在運動中和在靜止中的情況有極明確的認識和看法。身體的每個部分在每一種運動或靜止的姿勢中是站著還是躺著，是圓的還是扁的，如此等類的樣子都要最妥帖地表現出來。我們在所有古代作品中都看得出這種對一切部分的精工細作和輕重分明，只有靠這種無窮的意匠經營和眞實，作品才顯得有生氣。我們在看這類作品時並不能一眼就把各部分的差別看得很清楚，只有靠光與陰影的強烈對比所產生的一種照明作用，或是通過觸摸才能把這些差別分辨出來。但是儘管這些微細的差別不能一眼就看得清楚，它們所產生的總的印象卻並不因此而喪失。有時觀者如果從另一個角度去看，它們就顯得很清楚；有時它們使人感覺到所有的部分和它們的形式都仿佛處於有機的流動狀態。這種氣韻生動，這種物質形式所表現的靈魂完全在於每一部分既以它的個別特殊的身分而獨立存在，又通過最豐富的逐漸轉變，不僅與此相鄰的部分，而且與整體都有緊密的呼應。因此，所造的形象在每一點上都見出生命；最個別的細節也是符合目的的，一切部分都各有自己的差異、獨特性和優點，但是仍處在不息的流動中，只有靠整體才有生命、才有價值，所以使人從殘骸斷片中可以見出整體，這樣被割裂開來的某一部分仍然可以保證對尚未破壞時的整

❹ 奧林匹亞的天帝廟的人字牆上塞滿了一系列神像，東西兩側都是躺著的河神雕像，西側是哥羅底亞斯（Cladeus）河神像，東側是阿爾菲斯（Alpheus）河神像，都已損壞，現代所看到的是近代修補的。

體的觀照和欣賞。雕像的皮膚儘管受到風雨剝蝕，卻仍顯得柔潤，例如一塊馬頭的殘雕在石頭上仍煥發著蓬勃生氣的光輝。這種有機輪廓中各部分之間的互相流注，結合到最細心的精工細作，不致形成整齊一律的表面或是只形成圓形或凸面形，才產生那種氣韻生動，那種各部分的柔潤和理想美，那種協調一致，就像整體到處都受到精神所灌注的生氣。

(3) 但是無論所塑造的形狀在個別細節和在一般輪廓上都多麼忠實，這種忠實卻不是自然本色的抄寫。因爲雕刻所要做的事永遠是形式的抽象化，所以一方面要拋棄掉凡是在身體上純屬自然的東西，即只關自然（生理）功能的東西，而另一方面又要避免極端的特殊細節，例如在處理頭髮時只要把握住大概形式，把它表現出來。只有這樣辦，雕刻中人體形象才不是單純的自然形式，而是精神的形象和表現。與此密切相關的還有一點，精神的內容意蘊固然通過雕刻表現於肉體，而按照眞正的理想，它卻也不應該過分地顯現在外在的肉體上面，使這外在的肉體單憑它本身的美妙就足以引起觀眾的喜悅，或是占壓倒一切的優勢。與此相反，按照眞正謹嚴的理想，精神性固然要體現於肉體，通過形象和它的表情才變成活靈活現，如在眼前，但是這形象卻只應由它所表現的精神內容來融成一體，來撐持住和滲透到它裡面去。生命的洋溢，肉體方面的柔潤、韶秀或打動感官的豐滿和美麗都不應獨立地成爲表現的對象，正如精神性的個別方面在表現中也不應變成只圖迎合觀眾自己的主觀特點和接受能力。

2. 理想的雕刻形象中的一些個別特殊因素

如果現在轉到進一步研究理想的雕刻形象中的一些主要方面，我們在基本上要追隨溫克爾曼。他以最大的敏感和幸福，描述了一些特殊形式以及希臘藝術家們爲著使這些形式顯出雕刻理想所採取的處理和塑造的方式。藝術的生動性固然是容易消融的，不是憑知解力所能下定義的，知解力在雕刻這方面不像在建築裡那樣能把特殊的東西透澈地和牢固地掌握住，不過即使在雕刻裡也還有可能把自由的精神和肉體的一些形式之間的聯繫揭示一個大概。

在這方面我們可以指出的一般重要的差別，涉及雕刻作品要用人的形象來表現精神性這個一般性的使命。精神的表現儘管要貫串到整個身體，卻大半集中在面部構造上，身體的其餘部分只通過姿勢來表現精神，因爲姿勢是由本身自由的精神發出，所以能反映精神性的東西。

研究理想的形式，我們要從頭部開始，其次要談身體姿勢，第三以討論服裝原則來結束。

A. 希臘人的面部輪廓

談到人的頭部的理想的構造，我們首先要談一般人所說的希臘人的面部輪廓。

(1) 希臘人面部輪廓的特徵在於額和鼻的特殊配合：額和鼻之間的線條是鼻直的或微曲的，因此，額和鼻連結起來，中間不斷，這條垂直線與連接鼻根和耳孔的橫平線相交成直角。在理想的美的雕刻裡，額與鼻在線條上總是形成這種關係。問題在於這種結構是否只是一種民族的和藝術的偶然現象，還是一種生理上的必須。

著名的荷蘭生理學家坎伯❺特別把這個線條稱為面孔上美的線條。他認為人的面部構造和動物的面部輪廓的主要差別就在這個線條上。他研究了這線條在各民族中的變異。布魯門巴哈❻在他的《各民族的差異》（第六十節）裡固然提出過與他不同的看法，但是大體說來，這個線條確實是人和動物在外貌上的一個很能見出特徵的差異。動物的嘴部和鼻軟骨之間的線條固然也有幾分直，但是為著較便於接近食物，動物的嘴部所形成的特殊的凸出形狀主要是由嘴部和頭蓋骨的關係所決定的，連上頭蓋骨的還有耳部，比頭蓋骨稍高或稍低，因此動物的從鼻根或上唇牙齒所在的地方那條直線就和頭蓋骨形成一個銳角❼，而不是像在人頭上那樣形成一個直角。每個人都可以在大體上感覺到這個差別，這個差別當然可以引起較明確的思考。

①在動物頭部結構裡突出的部分是用來吃食物的嘴，連同上下唇、牙齒和用來咀嚼的筋肉。其他器官都只是輔助這個主要器官的附屬品，為這個主要器官服務。首先是用來嗅食物的鼻，其次是伺探食物的眼睛。這種專為自然需要和滿足自然需要的部分顯著突出的結構，就使動物頭部顯得只有行使自然功能的目的性，而見不出任何精神的理想性。所以我們可以從咀嚼食物的工具出發，來理解動物的全體構造。某種食物要求有某種嘴部結構，某種牙齒和這些密切相聯繫的還有上下唇結構，用來咀嚼的筋肉，乃至脊椎骨、腿骨、蹄爪等等，都因食物不同而有不同的形狀。動物身體只是滿足自然需要的工具，正是這種對營養這個自然需要的依存使得動物給人一種印象：沒有精神性。如果人的面貌在肉體形狀上就應該

有一種精神的烙印，在動物身上特別突出的那些器官在人身上就不應突出，人的器官就不應只有實踐的功用，還要有認識的或觀念性的功用。

②因此，人的面孔還有一個第二中心，它顯出人對事物的活躍的精神態度。這個中心在面孔上部，即在流露深思神情的額頭和它下面的靈魂煥發的眼睛以及它的周圍部分。這就是說，額頭能表現出思維、感想和精神的沉思反省。精神的內在生活很清楚地集中表現在眼睛上。由於額頭的凸出和口部與腮骨的退後，人的面容才獲得它的精神的性格。額頭的凸出就必然要對頭蓋骨的整個結構起決定作用，頭蓋骨因額頭凸出，就不再（像動物那樣）往後低垂，形成上文所說的銳角的一邊，作爲這一邊的另一極的終點，嘴部顯著地凸出來，而是從額頭經過鼻子到下唇可以畫一條垂直線，這條線和從後腦勺畫到額頂的那條橫線相交成直角或近於直角。

③第三，鼻子形成面孔上下部的橋梁，亦即認識性和精神性的額和管吸收營養的工具即口之間的橋梁。鼻子從自然功能上看是嗅覺器官，它處在對外在世界的實踐的關係和認識

---

❺ 坎伯（P. Camper, 1722—1789），荷蘭解剖學家。

❻ 布魯門巴哈（J. F. Blumenbach, 1752—1840），德國哥丁根大學生理學教授。

❼ 人額高，所以從額到上唇的垂直線和鼻根到耳孔的橫平線相交成直角，成⊥形，動物額低，所以這兩條線相交成銳角，成∠形。

的關係的中間。處在這種中間地位，鼻子一方面固然還適應動物性的需要，因爲嗅覺和味覺有密切的聯繫，動物的鼻子總是服務於口，幫助吸收營養，但是嗅覺器官還不像口齒和味覺器官那樣在實踐上直接吞噬食物，而只是去感覺食物在空氣中分解那種看不見的祕奧過程的結果。假定額頭到鼻子的過渡構成這樣一種形狀：額頭形成向前凸出的弧形，比起鼻子卻是向後退縮的，而鼻子比起額頭先凹下去一點，然後又聳高一點，這時面孔的上下兩部分，即認識性部分、額頭和實踐性部分，鼻和口就形成一種明顯的對立，由於這種對立，同時屬於認識體系和實踐體系的鼻子就像從額頭往下拉，拉到口部。這樣，額頭在它的孤立的地位就顯出精神凝聚，深思反省時那種嚴峻的神情，和原來只管營養的那口的愛用語言傳達思想的神情恰成對比，而鼻子則爲刺激食慾的工具，用嗅來爲口服務，也還是適應物質的需要。額頭和鼻子的有千變萬化的不易界定的偶然形狀，就和這個道理有密切的聯繫。額頭成弧形、凸出和後縮的方式是不能精確界定的，鼻子也可平可尖，可下垂也可上聳，下陷或向上捲起。

但是在希臘人的面部輪廓裡，流露精神的額頭是用輕微的逐漸不停的轉變過渡到鼻子，並且和鼻子連成一氣的，這就使面孔的上下部之間顯出一種柔化和平衡，一種美妙的和諧，而鼻子由於和額頭有這種聯繫，仿佛更多地屬於額頭，因而被提到精神體系，本身也獲得了一種精神的表現和性格。嗅覺仿佛成爲一種側重認識功能的嗅覺，一種用來嗅精神事物的更精細的鼻子。事實上鼻子通過皺縮之類看來雖不重要的運動，卻極靈活地表現出精神方面的判斷和情感。例如我們說一個驕傲的人鼻子聳得多高，看到一個年輕姑娘把小鼻子往上一掀[8]，就認爲她表示輕蔑。

嘴也有類似的情況。嘴一方面固然是用來解饑解渴的工具，另一方面卻也能表現思想情感之類精神狀態。在動物身上嘴已用來鳴叫，在人身上嘴還用來說話、笑、哀嘆等等，在這些情況中，嘴的運動紋路本身就已和運用語言來傳達思想時的精神狀態有密切的聯繫，能顯出哀樂等等。

人們當然提出過反對的意見，說只有希臘人才認爲上述面孔結構眞正美，中國人、猶太人和埃及人卻認爲完全另樣，乃至相反的面孔結構才美乃至更美，所以正面的和反面的例子互相抵消，就無法證明希臘人的面部輪廓才是眞正美的典型。不過這種異議是很膚淺的。希臘人的面部輪廓不應視爲只是外在的偶然的形式，而是本身特有一些符合美的理想的理由：第一，在這種面孔結構上精神的表現把純是自然的東西完全推到後面；其次，它儘量地排除形式方面的偶然性，但並不因此就墨守規律、排除個性。

(2)關於各種個別形式的細節，我只從大量材料中挑出一些主要的東西來談。在這方面我們首先談額頭、眼和耳這些較多地涉及認識和精神的面孔部分；其次談鼻、口和唇這些較多地涉及實踐的部分；第三談髮，這是頭部的周邊，有了髮，頭才現出美的橢圓形。

---

❽ 即「嗤之以鼻」。

①按照古典型雕刻形象的理想，額頭既不宜太向前凸出，一般也不宜太高，因爲儘管精神應該表現在面孔結構上，但是這裡所說的還不是雕刻所要表現的那種單純的精神性，還不是完全表現於肉體形狀的個性。例如赫拉克勒斯的額頭就寧可雕低些，因爲赫拉克勒斯以臂力見長，要和外界事物打交道，並不是在深思默索上顯出精神力量。此外，額頭有多種多樣的變化，年輕女人的韶秀，額頭要低些，經常從事思考這種精神活動的莊嚴人頭額卻要高些。額頭不宜和太陽穴成銳角，也不宜低落到和太陽穴一般高，而是微微的彎曲成卵形，上邊長著頭髮。因爲只有老年人才額頭上無髮，太陽穴成銳角以及窪陷到太陽穴，永遠處在青春的理想的神和英雄們卻不如此。

談到眼睛，我們首先就應確定一個事實：理想的雕刻形象除掉不用繪畫所特用的形色之外，也不表現目光。人們固然可以用歷史事實來證明古代人在雕刻米諾娃和其他供在廟裡的神像時在眼睛上曾塗了顏色，在某些雕像上現在還可以看出著色的痕跡。不過藝術家在雕宗教用的雕像時，不免因儘量保持傳統而犧牲好的審美趣味。也有些雕像在眼睛裡嵌了寶石。這是由於想儘量把神像裝飾得很富麗。一般說來，這種著色不是標誌著藝術還處在萌芽階段，就是由於宗教傳統，只是一些例外。此外，著色也不能使眼睛顯出精神凝聚的目光，只有這種目光才能提供完滿的表現。所以我們可以把這一點看作確鑿的事實：古代流傳下來的眞正古典的自由的[9]全身和半身雕像都沒有瞳孔和目光的精神表現。儘管眼珠裡也往往嵌進瞳孔或是用一個圓錐形窪陷部分標誌瞳孔，因而也表現出一種目光，但是這種目光畢竟只見於眼的外形，而不是表現內在靈魂的那種眞正的活躍的目光。

可以想到，犧牲眼睛這種全神貫注的器官，對於藝術家是一個很大的損失。如果我們看一個人，首先就看他的眼睛，就可以找出了解他的全部表現的根據，因爲全部表現都可以用最簡單的方式從目光這個統一點上體會出來。目光是最能充分流露靈魂的器官，是內心生活和情感的主體性的集中點。一個人和另一個人一握手就達成契合，眼光的交接還能更快地做到這一點。而這種最能充分流露靈魂的器官卻是雕刻所不得不捨棄的。在繪畫裡卻不然，它能用顏色的深淺濃淡的細微差別，把主體方面的全部內心生活，他同外界事物的多種多樣的接觸以及這種接觸在他心裡所引起的特殊興趣，情感和情慾都渲染出來。但是雕刻藝術家的領域既不在把整個的人都集中在單純的「我」上面的那種靈魂的內在生活（這種內在生活才以目光爲它顯現的焦點），也不在和外在世界糾纏在一起的那種分散不集中的主體性。雕刻所要達到的目的是外在形象的完整，它需把靈魂分布到這整體的各部分，通過這許多部分把靈魂表現出來，所以雕刻不能把靈魂集中到一個簡單的點上，即瞬間的目光上來表現。雕刻作品並沒有一種特別需要表現在這理想的目光上，而不表現於身體的其他部分的單純的內心生活，否則就會使眼睛和全身處於對立地位，而這正是雕刻所應避免的。在雕刻裡個人身上

❾ 不是用於宗教的。

內在的精神性的東西都熔化在形象的整體裡，讓觀照的精神，即觀眾，從這整體裡體會出那些內在的精神性的東西。

其次，目光是朝外在世界看的，它主要是爲看事物而設的，因而顯示出人對外界事物的各種各樣的關係以及人對周圍世界在發生的事物的感觸。但是雕刻形象正要分離人與外界事物的這種聯繫，而沉浸到它的精神內容中實體性的東西裡去，維持獨立自在的地位，避免任何分散和糾紛。第三，目光要通過形象整體中其他部分的表現，例如一般儀表和語言，才獲得它的充分發展出來的意義，儘管它本身和這充分的發展是分割開來的，作爲主體性的形式上的焦點，集中了人物形象和它的環境的複雜的因素。但是這樣的廣度是不符合造型藝術本質的。所以目光的特殊表現，如果不從它和形象整體的呼應中獲得進一步的發展，就會成爲一種個別特殊的現象，而個別特殊的現象卻正是雕刻所要拋棄的。

由於上述那些緣故，雕刻不僅不因爲它所造的形象沒有目光而有損失，而且按照雕刻的全部基本原則，它就必然要排斥這種表現靈魂的方式。所以古希臘人的偉大智慧正在於他們承認雕刻的這種局限和界限，嚴格遵守雕刻的這種抽象化。這正顯出他們能把高超的知解力跟豐滿的理性和完整的觀照結合在一起。古代雕刻中當然也出現過眼睛朝某一固定目標看的事例，例如在林神的雕像裡，林神的目光就注視著年輕的酒神，注視時所帶的微笑是表現得很生動的；但是就連在這個例子裡，眼睛也不是眞正在看；而一般眞正的神像都處在簡單的情境中，並不表現出眼睛的轉動和目光這類特殊細節。

關於理想的雕刻作品中眼睛形狀的詳細情況，眼睛在形式上大而橢圓、睜開的，在位置上和由額頭到鼻子那條線成直角，深窪下去。溫克爾曼（全集，卷四，一九八）早就把大眼睛看作美的，說這正如大光比小光美。接著他說：「眼睛的大小要和眼骨或眼眶成恰當的比例，要在眼皮張開時的樣式上表現出來，如果眼裡角一邊上眼皮所形成的弧形比起下眼皮的弧形較圓，眼睛就算得上美。」在手藝較高超的側面像的頭上，眼球本身也現出側面，通過這種睜開時的剪影，獲得一種莊嚴氣象和一種開朗的目光，根據溫克爾曼的觀察，在一些錢幣上的雕像裡，這種目光的光線是在眼球上部稍突出的一個點上表現出來的。不過不是一切大眼睛都美，眼睛美，一方面要靠眼皮的活躍，另一方面要靠眼球窪下去很深。這就是說，眼睛不宜向外鼓出來，彷彿要被拋進外在世界，因爲這種牽引到外在世界是不符合理想的，它會妨礙主體個人深思反省，沉浸於實體性的內心生活。但是眼睛的凸出還使人想到眼球時而向前伸，時而向後縮，特別是在呆視的時候，只顯出當事人精神失常，或是心不在焉，傻頭傻腦地瞪著大眼，或是沒精打采地注視某一個感性對象。在古代雕刻的理想裡，眼睛比在實際中還窪下去更深（溫克爾曼的《藝術史》卷一，第二十一章）。溫克爾曼說明了理由：在體積較大的雕像裡，由於離觀眾的視線較遠，如果眼睛窪下不深，如果眼球大部分又是平板的，它就顯得沒有意義、沒有生氣，除非眼骨高聳，增加光與陰影的作用，才能使眼睛顯得活躍。眼睛的深陷還另有一個意義。如果它使額頭比在實際中更凸出，它就能壓住面孔的感性部分[10]，使精神的表現更突出。此外，深眼眶裡較濃的陰影也使人感到一種精神方面的深刻和凝聚，一種對外界事物的忽視和對個性本質的聚精會神，感到這個性本質的深刻意蘊融解在形象整體裡。在極盛時代的錢幣雕像上眼睛總是窪下很深，眼眶上的骨頭則昂然高聳。反之，古代雕刻表現眉，卻不用細毛形成的高弧形，而只用眼骨梁部的高聳來暗示眉，這就不致像用有顏色的長得較長的眉毛那樣會破壞額部賡續不斷的形狀，暗示眉的眼骨梁圍繞著眼睛，形成一種半月形的花環。眉部如果過高，形成一個獨立的拱頂，那就不會美。

關於耳，溫克爾曼說（《藝術史》卷一，第二十九章），古代人在雕耳上煞費苦心，耳朵雕得草率的石刻就一定是僞製品。特別是人物肖像上耳朵往往還表現出個人所特有的形狀。所以雕的如果是人所熟知的人，從雕像的耳朵就可以認出那人是誰，例如從一隻耳孔特別大的耳朵就可以認出馬可．奧里略[11]。古代人對畸形的耳朵也還是照樣雕出。理想的頭像上也還是找到畸形的耳朵，溫克爾曼曾舉某些赫拉克勒斯的頭像爲例，這些頭像的耳朵很平板，軟骨耳翼卻像腫脹了。這種耳朵一般標誌出格鬥士和角力士的身分，事實上赫拉克勒斯也是以角力士的身分在厄理斯城邦的帕洛普斯運動會上奪得錦標的。[12]

② 其次關於在自然功能上更多地涉及感官的實踐方面的，一些面孔部分，我們要談的是鼻、口和顎的比較明確的形式。

鼻子形狀的差異使面孔現出千變萬化的形象和表情。例如我們經常把形狀很端正筆直，兩側皮很薄的鼻子看作聰明的標誌，寬扁低垂的或像動物鼻向上捲起的鼻子則一般標誌情慾旺盛，愚笨和殘暴。但是雕刻在形式和表情上都要擺脫這些極端的毛病以及它們的各種變相，因此不但要避免上文談希臘人的面部輪廓時所已提到的鼻與額之間的割裂，而且也要避免鼻子向上或向下彎曲，尖銳的鼻端、臃腫、中部隆起、向額頭或口部方向窪下，總之，要避免尖銳的棱角和粗厚的形狀。雕刻不用這些多種多樣的改變常態的鼻子，它所雕出的形式差不多是平平常常的，儘管仍微微顯出生動的個性。

口僅次於眼，是面孔中最美的部分，如果雕刻所表現出的不是它的作爲吃喝工具，服務於自然需要的一方面，而是它的流露精神狀態的一方面。口的表情變化多方，豐富僅次於眼睛。口通過極輕微的運動和活動可以生動地表達出毫釐之差的譏諷、鄙夷和妒嫉以及各種不同程度的悲喜；就連在靜止狀態中，口也可以表現出愛情的溫柔、嚴肅、淫蕩、拘謹和犧牲精神等等。但是這種精神表現中的濃淡，深淺上的特殊的細微差別在雕刻裡卻用得極少，雕刻首先要避免嘴唇的形狀和線條上帶有純屬感性的自然需要方面的意味。所以雕刻一般不把口雕得太豐滿或太消瘦，嘴唇太薄也表示情感的淡薄。雕刻一般把下唇雕得比上唇較豐滿，席勒雕像的嘴唇就是如此，人們從席勒口部構造上曾經體會出他的心靈蘊藏著各種深刻而豐

---

❿ 即口鼻等滿足自然需要的部分。

⓫ 馬可．奧里略（Marcus Aurelius，西元121—180），羅馬皇帝，斯多噶派哲學家。

⓬ 帕洛普斯（Pelops），天神宙斯的孫子，厄理斯國王。希臘舉行運動競賽常在祭神的季節。

富的意蘊。這種較理想的嘴唇形式與動物的嘴部對比起來，顯得不受自然需要的束縛，至於動物嘴部上唇的突出卻令人想起急忙攫噬食物的狀態。人的口就精神關係來說，主要是語言的座位，有意識的內心生活的自由傳達的工具，正如眼睛是情感方面靈魂的表現。按照雕刻的理想，嘴唇還不應緊閉，在藝術鼎盛時期的雕刻作品裡，口是微張的，但不露牙齒，因爲牙齒與精神的表現無關。口之所以要微張而不緊閉，因爲感官在活動時，特別在凝視某一對象時，口總是閉著的，而在不看事物想心事時，口總是微張，口角總是稍微下垂的。

第三是顎。顎在理想的形狀裡可以補充或完成口部的表情，如果不像動物那樣完全沒有顎或是不像在埃及雕像裡那樣瘦削而後縮的額。理想的顎要比通常實際的顎下垂得較長，它的弦形要顯得圓而豐滿，特別是在下顎較短時，要把它雕得比較大些。顎的豐滿可以產生滿足和安靜的印象。易激動的老太婆們往往擺動乾皺的顎和瘦削的筋肉，歌德曾把這種顎骨比作兩股要夾起東西的鉗子。如果顎長得豐滿，就見不出這種騷動。人們現在把酒窩（笑靨）看成美，不過它只是一種柔媚，在本質上算不得美。古代頭像的一個準確的標誌不是酒窩而是一張豐滿的大顎。麥底契愛神雕像的顎很小，人們公認這是由於遭到損壞。

③ 在結束時我們還要談一談頭髮。一般說來，髮在形狀上靠近植物而不靠近動物，它並不表示有機體的堅強，而更多的是軟弱的標誌。野蠻人讓頭髮平鋪地垂著，或是剪得很短，不捲也不束。古希臘人在理想的雕刻作品裡對於頭髮的雕鑿卻煞費苦心，近代人在這方面不那麼下功夫，在技巧上也不那麼擅長。當然，古希臘人碰到石頭太硬時，也不雕出起波

浪紋的下垂的髮鬈，只雕成剪得很短梳得很齊整的形狀（溫克爾曼的《藝術史》卷一，第三十七章，二一八頁）。但是在風格好的時代裡，用的材料如果是大理石，男子的頭髮總是雕成厚密的髮鬈，女子的頭髮總是雕成向上聳，在頭頂上束成髻，據溫克爾曼說，髮蜿蜒起伏，有些地方故意窪下，使髮鬈的複雜樣式在光和陰影的配合下可以顯現出來，如果溝槽較淺，就產生不出這樣的效果。此外，不同的神還有不同的頭髮樣式和安排。這種情形頗類似基督教的繪畫使人可以從頭頂和頭髮的樣式認出基督，現在有許多人根據這種藍本來摹仿基督的儀表。

(3) 以上所描述的那些個別部分合在一起在形式上就組成頭的整體。美的頭形是由一條最近似卵圓形的線所界定的，一切棱角都因此融化在一種和諧的、各部分有逐漸過渡的聯繫的形狀裡，卻見不出呆板的整齊一律和抽象的對稱，也不像身體其餘部分那樣有許多樣式，許多轉折，向許多方向走的線條。構成這種回轉到原來起點的卵圓線形主要靠兩個線條，一條是面孔正面由下顎部到耳部的那條優美的自由動盪的曲線，一條是上文已提到的由額頭垂直畫到眼眶的那條線。此外還可以加上側面像上由額到鼻端再到下顎部的那條弧線，以及由後腦殼到頭頂的那個優美的圓頂形。

理想的頭部形狀大致如此，細節不再詳談。

B.身體的姿勢和運動

關於身體的其他部分，如頸、胸、背、腹、臂、手、腿和足，它們是屬於另一類的。它們在形式上固然也可以美，但只是感性的生命方面的美，不像面孔那樣單憑形狀就可以表現精神。古希臘人對於這些部分的形狀和對它們的塑造，也顯出最高度的美感，但是在眞正的雕刻裡，這些形狀不應只顯出生命方面的美；作爲人的形象的部分，它們同時也應盡肉體所能做到的表達出精神的面貌。否則內心生活就只能集中在面孔上表現，而按雕刻的原則，精神卻應顯得滲透到全身形狀裡，而不應成爲本身孤立的東西和肉體相對立。

如果要問通過什麼手段，胸、腹、背和手足這些部分才能有助於精神的表現，因而除掉生命方面的美以外，還可以嗅到精神生活的氣息，那麼，我們就可以指出以下幾種手段：

第一是姿勢，如果姿勢是從精神的內在方面出發而且由它決定，身體各部分配合在一起就現出一定的姿勢。

其次是運動或靜止在形式上達到完美和自由。

第三，這種運動和靜止在它們的具體的儀表和表現裡，更能顯出理想所由體現的那種特殊情境，理想永遠不能是抽象的或懸空的理想。

關於這幾點，我還要提出一些一般的看法。

(1) 關於姿勢，頭一點是上文已經約略提到的是人的直立姿勢。動物的身體在移動時是與地平面平行的，它們的嘴和眼都沿著脊椎骨的方向伸延出去的，它們不能憑自己來消除地心吸力牽引身軀匍匐的情況。人的情況卻與此相反，他的向前直視的眼睛在自然方位中的視線與地心引力和身軀的那條直線成直角。人固然也可以像動物一樣同時用手足在地上爬行，實際上嬰兒就是如此；但是等到意識開了竅，人就掙脫了地面對動物的束縛，自由地站了起來。站立要憑一種意志，如果不起站立的意志，身體就會倒到地上。所以直立的姿勢就已經是一種精神的表現，因爲把自己從地面上提起來，這要涉及意志因而也就涉及精神的內在方面。就是因爲這個道理，一個自由獨立的人在意見、觀點、原則和目的等方面都不依賴旁人，我們說他是「站在自己的腳跟上」的。

　　但是直立的姿勢也不是單憑它本身就美，而是要憑形式的自由才美。如果一個人只是呆呆地直立著，兩隻手緊貼在身旁，兩條腿也併在一起，那就會產生不愉快的僵硬印象，儘管沒有什麼勉強的痕跡。這種僵硬一方面是由於各部分彼此處在同樣姿態所現出的那種抽象的仿佛像建築式的整齊一律，另一方面是由於這種姿勢顯不出任何來自內心的精神決定作用，因爲手足胸腹等部分都掛在那裡，好像從一出世就是這樣長著，不曾經過精神的意志和情感的支配，來把它們的情況改變一下。這番話也適用於坐相。與此相反，趴在地上的姿勢仿佛喪失了自由，因爲它令人想到隸屬，依賴和奴隸的地位。自由的姿勢卻不然，它一方面避免抽象的整齊一律和稜角突出，要使身體各部分的姿勢現出接近有機體（有生命的東西）的線條，另一方面也要使精神的決定作用從姿勢中現出，使人從姿勢就可以認出內心生活的情況和情緒。只有這樣，姿勢才是精神的表情。

但是利用姿勢來表情，雕刻也要極端小心，在這方面要克服很多困難。一方面身體各部分的互相關係固然要由精神的內在因素來決定，另一方面這種決定也不能採用勉強的姿勢，既違反身體結構及其規律，又違反藝術家用來表達他的構思的那種重而硬的材料。第三，姿勢要顯得完全不勉強，要使人得到一種印象，是身體憑它本身採取了這種姿勢，否則精神和肉體就顯得區別開來，彼此可以分割開來，兩者的關係只是精神在發號施令而肉體則在被動地服從，而實際上在雕刻裡精神和肉體理應形成一個緊密協調的整體。從這方面看，不勉強是一個首要的要求。精神作爲內在方面必須滲透到全體各部分，而全體各部分也必須把精神及其決定作用當作它自己靈魂的內容來接受進來。最後，關於理想雕刻中姿勢所能有的表情方式，根據我們在前文已經作過的說明，可以推出這樣的結論：這種表情不應只是可改變的或暫時性的。雕刻塑造人物不應使他們仿佛憑胡安的魔號角[13]調動，在運動和行動之中被化成僵石，結成冰凍了。與此相反，姿勢表情儘管可以暗示某一顯出特徵的動作，卻只應表現出那個動作的開始或準備，或則說，一種意圖，否則就是表現出動作停頓回到靜止的狀態。一種蘊藏著一整個世界的一切可能性在內的精神處在靜止和獨立自足的狀態，對於雕刻的形象是最理想的。

(2) 其次，關於姿勢的道理也適用於運動。眞正的運動在純粹的雕刻裡很少有地位，除非雕刻已離開自己的領域而採取另一藝術的表現方式。雕刻的主要任務就在於表現神的福慧的圓滿自足無鬥爭的靜穆狀態中的形象。這就要排除複雜的運動。表現出來的最好是一種沉浸於自己內心生活的站相或臥相。這種站或臥的活動並不發展成爲具體的動作，因而不需把全副力量集中到某一動機上，使這一動機成爲主要因素，這種活動只處在一種靜穆的無分別的持續狀態。人們可以設想，神的形象是永遠保持這同一姿勢而不改變的。離開本身而捲入某一具體的充滿衝突的動作漩渦中，捲入不能持久的一瞬間的緊張狀態中，這種情況是違反雕刻的靜穆理想的，它只出現在雕像群和浮雕裡，這時雕刻已開始投合繪畫的原則，把某一動作的某一特殊細節表現出來。強烈情感及其暫來即去的迸發所產生的效果固然暫時使人感動，但也是立即消逝的，人們看後就不願再看。因爲所表現出來的引人注目的東西只是一瞬間的東西，人們也就在那一瞬間把它看清楚，而人們可以長久玩味不捨的那種內在的豐滿和自由，那種永恆無限的東西，卻被排擠到後面去了。

(3)但是這也並非說，雕刻在堅持嚴格原則和達到高峰的時候，就一定要完全排除運動的姿勢；如果是這樣，雕刻表現神性的東西，就會只能表現出它的未得定性，渾整無別的狀態。雕刻既然要把實體性的東西理解爲個性，表現爲肉體的形象，它在內容和形式上所反映出的內在的和外在的情況也就必須是具有個性的。這種某一具體情境中的個性正是雕刻要通

⑬ 胡安（Hüon），十三世紀法國民族史詩中的人物。

過身體的姿勢和運動來表現的。不過因爲在雕刻裡，首要的因素還是具有實體性的東西，而個性還沒有掙脫這實體性的東西而成爲一個特殊獨立的東西，所以情境的個別特殊性還不應大到足以損害或破壞實體性東西的純眞性，把實體性東西化成片面性的東西，捲入衝突鬥爭裡去，或是讓它受制於個別特殊事物的壓倒的優勢；情境單就它本身來看，應該更多地只有一種不很重要的定性，或是只在個性浮面上起一種爽朗的無害的生活活潑的作用，而個性的實體性卻並不因此在深刻、獨立自足和靜穆等方面受到損害。關於這一點，我在討論理想達到具體表現時所應處的情境以及雕刻的理想時[14]已經接觸到，所以這裡不再詳談。

C.服裝

我們還要討論的一個重要點就是雕刻裡的服裝問題。乍看起來，仿佛最符合雕刻理想的是裸體的形象，以及它在姿勢和運動中所現出的由精神滲透的感性的肉體美，而服裝只是一種不利條件。就是按照這種想法，特別在今天人們還在抱怨近代雕刻往往被迫要在人物形象上安上服裝，而實際上服裝並不能顯出人的有機體形式的美。與此相關的還有另一種抱怨，說我們近代的藝術家們沒有機會研究裸體，而古代希臘人卻經常有裸體擺在眼前。關於這一點，我們在這裡只能一般地說，單從感性美方面看，裸體當然有它的優點，但是單純的感性美並不是雕刻的最終目的，所以古希臘人儘管讓大多數男子的雕像裸體，卻讓更大多數的女子的雕像穿上服裝，這並不算闖出一條錯誤的路徑。

(1)除掉藝術的目的以外，服裝的存在理由一方面在於防風禦雨的需要，大自然給予動物以皮革羽毛而沒有以之給予人，另一方面是羞恥感迫使人用服裝把身體遮蓋起來。很概括地說，這種羞恥感是對於不合式的事物的厭惡的萌芽。人有成爲精神的較高使命，具有意識，就應該把只是動物性的東西看作一種不合式的東西，特別是要把腹胸背腿這些肉體部分看作不合式的東西，力求使它們屈從較高的內在生活，因爲它們只服務於純然動物性的功能，或是只涉及外在事物，沒有直接的精神的使命，也沒有精神的表現。所以凡是開始能反思的民族都有強弱不同的羞恥感和穿衣的需要。早在《創世記》的故事裡，就已意味深長地談到這種轉變。亞當和夏娃在從知識樹上摘食禁果之前，都赤裸裸地在樂園裡到處遊逛，但是一旦他們有了精神的意識，意識到自己的裸體，就感到羞恥。這種羞恥感在其他亞洲民族中也統治著。希羅多德（《歷史》卷一，第十章）敘述蓋吉士[15]登基的情況時曾談到利底亞人和幾乎所有的野蠻民族都以被人看到自己裸體爲恥，他還引了康道爾王后的故事來證明這一點。康道爾王讓他所寵倖的警衛蓋吉士偷看王后的裸體，以證實她是最美的女子。她事先受瞞，等到她發現蓋吉士躲在自己的寢室門後看她時，深以爲恥。在盛怒之下，她第二天召

---

[14] 見卷一，第三章(二)2.論「情境」一節。

[15] 蓋吉士（Gyges），西元前七世紀小亞細亞利底亞國的國王。

見了蓋吉士，告訴他說，既然國王做出了這樣的事，讓蓋吉士看到他所不應該看見的，他現在就只有兩條路可走，把國王殺掉，作爲懲罰，事後就繼承王位，並且和她結婚，否則他就該立刻就死。蓋吉士選了第一條路，殺了國王，奪取了王位，娶了王后。埃及人卻往往把雕像雕成裸體的，男像只繫上一條短圍裙，而伊什斯女神的像上的服裝則只是兩腿之間一條幾乎看不出來的薄薄的細花邊。這並不是由於埃及人缺乏羞恥感，也不是由於他們懷有對有機體形式的美感。因爲從他們的象徵觀點看，可以說，他們所關心的不是要形象成爲精神的恰當的表現，而是形象所要帶到意識裡來的意義，亦即形象背後的本質和觀念，所以他們讓人像保持它的自然形式，而不考慮到這形式在多大程度上能符合精神，本來他們在其他方面也極忠實地臨摹自然形式。

(2)最後，希臘雕像有裸體的，也有穿衣的。希臘人在實際生活裡總是穿著衣服，但是在運動會裡競賽時，卻把裸體看作最體面的事。特別是斯巴達人開了不穿衣上場搏鬥的風氣。這也並不是由於他們富於美感，而是由於他們對於羞恥感的優美品質和精神意義漠不關心。希臘民族性格的特點，在於他們對直接呈現的而又受到精神滲透的人身的個性具有高度發達的敏感，對於自由的美的形式也是如此，這就使得他們必然要把直接呈現的人，即人所特有的受到精神滲透的軀體，作爲一種獨立的對象來雕塑，並且把人的形象看作高於一切其他形象的最自由的最美的形象來欣賞。所以希臘人拋開不讓人看到人的自然身體的那種羞恥感，並不是由於他們對精神事物漠不關心，而是由於他們要求美，就對涉及欲念的純然感性事物漠不關心。所以他們有意地把許多雕像都雕成裸體。

但是這種不穿任何服裝的辦法也不能到處都行得通。我在上文已指出頭部與身體其餘各部分的差別，事實上無法否認形體上的精神表現局限於面孔以及全身的姿勢和運動，局限於由手足和兩腿的站相所流露出來的舉止動靜。因為這些器官是向外活動的，所以最能通過它們的姿勢和運動表現出精神狀態。至於身體的其餘部分卻始終只能顯出純然感性的美，在它們上面可以見出的差別只是體力大小、筋肉發達的程度或是柔嫩的程度，以及性別和年齡等方面的差別。所以就美的觀點來說，這些部分的裸露對於形象的精神表現也不起什麼重要的作用。如果所要表現的主要是人的精神方面，把這些部分遮蓋起來就是符合端莊觀念的。理想的藝術對身體上每一個別部分一般都要完成的任務，是把動物生活需要方面的細節安排如細血脈、皺紋、皮膚上的毛之類拋棄掉，而單把形狀的生動的輪廓所含的精神意義突出地表現出來，這正是服裝所做的事。服裝把各器官的多餘部分遮蓋起來，這些部分對於維持身體健康和消化之類功能固然是必要的，對於表現精神卻是多餘的。所以不能毫無區別地說，雕刻形象的裸體毫無例外地都顯出較高的美感和較大的道德的自由和純潔。在這方面希臘人也聽從一種較正確、較明智的敏感的指導。

兒童們，例如愛神[16]，在肉體形狀上還完全是天真自然的，而他們的精神的美也正在這

---

[16] 女愛神阿芙羅狄特的兒子，即邱比特（Cupid），希臘雕刻一般把他表現為頑皮的裸體的男孩。

種天眞自然、毫無顧慮。此外，青年人、青年神、英雄神和英雄，例如波蘇斯、赫拉克勒斯、提蘇斯和傑生之類，主要地憑英勇，在要求臂力強健和堅忍的工作中運用和鍛鍊身體；民族運動競賽中的格鬥士們最引起興趣的地方不是他們的行動的內容，精神和性格中的個性，而只是身體方面的活動、氣力、敏捷、美、筋肉和身體各部分的靈活運動；山神、林神和在舞蹈的熱狂中的酒神崇拜者們也是如此，再有女愛神阿芙羅狄特在單著重她的肉體方面的女性美時也要歸在這一類，所以古希臘人把這一類形象都雕成裸體的。但是如果他們要突出一種顯出思索力的較高的意蘊，一種內心生活的嚴肅時，一般就不應讓自然的東西占上風，他們總是雕出服裝。例如溫克爾曼早就指出，女像只有十分之一不穿服裝。在女神之中，穿衣服的特別是雅典娜、天后、女灶神、女月神、女穀神和女詩神們；在男神之中，穿衣服的主要是天神、長著鬍鬚的印度酒神等。

(3) 最後，關於服裝的原則，過去人談了很多，而且很瑣碎，現在只約略提出以下幾點看法：

大體說來，我們無須抱怨近代人的道德感不讓雕像完全裸體。因爲如果服裝不僅不遮蓋住姿勢，而且還可以把姿勢充分顯示出來，我們就毫無損失，而且服裝還可以把姿勢正確地突出地表現出來，就應看作一個優點，因爲它把純然感性的沒有意義的東西遮蓋起，只顯示出由姿勢和運動表現出來的情境中有關的東西。

① 如果接受這個原則，那就似乎可以說，服裝如果能把身體各部分以及姿勢遮蓋得儘

量得少，那就是最好的藝術處理，近代緊貼身軀的服裝正是如此。我們的衣袖和褲筒緊貼著胳膊和大腿，使這些部分的輪廓形狀可以看得很清楚，而且絲毫不妨礙它們的舉止動靜。反之，東方人的寬袍大袖和大褲筒對於我們西方人好活動而事務又多的生活似極不相宜，而只適合像土耳其人那樣終日盤腿靜坐，行動起來也是古板正經、慢條斯理的人們。但是同時我們也知道，而且對近代雕刻和繪畫只消好好地看一眼也可以證明，我們現在穿的衣服是最沒有藝術性的。我們在近代服裝上所看得出的（我在另一個地方早已提到過）不是身體處在柔和的流轉自如的發達狀態中的那種生動、自由而優美的輪廓，而是一種帶著僵硬褶紋的綳得很緊的布袋。因爲儘管極通套的形式還在，而有機體的優美的源泉滾滾的浪紋卻消失了。我們所看到的只是一種由外在實用目的來決定的、裁剪拼湊成的東西，這裡很鬆垮，那裡又綳得很緊，到處都是些不自由的形式，還加上到處都是縫口，紐扣和紐扣孔的衣面和衣褶。事實上這種服裝只是一種遮蓋物，完全沒有自己的獨特形式，另一方面它在大體上雖然按照身體各部分的有機構造來剪裁的，卻把身體的感性美，生動的圓形和波浪似的曲線都遮蓋住，而只使人看到一種用機械方式加過工的衣料。這就是近代服裝毫無藝術性的地方。

②具有藝術性的服裝有一個原則：那就是它也要像一種建築作品那樣來處理。建築作品只是一種環繞遮蔽，人在其中卻仍能自由走動；離開它所環繞遮蔽的對象來說，它自己還要有而且要顯出它自己的獨特的表現方式。此外，建築方面的支撐與被支撐的關係還要按照力學規律獨立地表現出來。這個原則正是古代理想的雕刻運用到服裝方面的。特別是大衣

就像一座人在其中能自由走動的房子。大衣固然是穿在身上的，但是只繫在身體上的一處即肩膀上[17]；大衣其餘部分卻按照它本身的重量形成一種特殊的形式，獨立自由地懸掛著、垂著，形成一些褶紋，這種自由的形狀構造只通過姿勢而取得一些特殊的變化。古代服裝的其餘項目也在不同程度上現出與此類似的褶紋的自由，它的藝術性也就在此；因爲只有這樣，我們才看不出勉強造作，單憑外在壓力和必須而決定形式的痕跡，這種服裝彷彿是憑它本身而形成它的形式的，同時又通過身體的姿勢，以精神爲它的出發點。因此，古代的服裝只是由於有防止脫落的必要，才由身體把它支持住，通過身體的姿勢而獲得一定的形狀，此外它自由地懸掛著，就連在隨身體的運動而擺動的時候，也還是遵守這個自由原則。這是完全必要的，因爲身體是一回事，服裝是另一回事，它有獨立的權利，應該顯出它的自由。近代服裝卻正與此相反，它逃不出兩種情況：或是完全由身體撐持住，聽身體的指使，因而過分突出地表現出身體的姿勢而又歪曲身體各部分的形式；或是在褶紋等方面獲得一種獨立的形狀，而這種形狀卻畢竟只是由裁縫追隨偶然的時髦風尚來決定的。衣料一方面被身體和它的運動，另一方面又被自己的縫口弄得東拉西扯。根據這些理由，古代服裝對於雕刻作品是理想的標準，而近代服裝則差得很遠。關於古代服裝樣式和細節，人們憑淵博的考古知識談得太多了，而且還在談個不休，因爲人們通常儘管沒有權利來閒聊服裝樣式、衣料、衣邊、剪裁之類細節，從考古學的觀點來看，卻找到藉口把這類瑣屑的事當作大事來談，而且比婦女們在她們的這個專門領域裡還談得更詳細。

③但是如果問題涉及近代雕刻是否在一切情況下都毫無例外地只用古代服裝而不用其他任何服裝，我們就應採取一個完全不同的觀點。這個問題對於眞實人物的造像是特別重要的，因爲這個問題的主要興趣涉及現代藝術的一個原則，我們想在這裡談得比較詳細些。

如果在現代要替一個當代人物造像，就有必要根據這個人物的現實生活來確定他的服裝和外在環境，因爲他既然以一個現實的人的身分來提供藝術作品的題材，他的外表方面，其中主要包括服裝，就絕對必要按照現實生活中眞實的樣子去塑造。這個要求特別要服從，如果雕刻所要按照個性來表現的人物在某一特殊領域裡是個偉大的有聲勢的人物。這種人物無論是在繪畫裡還是在雕刻裡都是讓人直接看到身體的。這也就說，他要受到外界條件的約制，如果造像要越出這種約制，那就會不僅使他違反自己的眞實性格，而且還現出更大的矛盾，因爲現實界的人的功績和優異處正在於他在一定職業領域裡實際生活中的活動。如果要表現這種個人的活動，就不應把他擺在和他不相稱乃至有害的環境裡。例如一位名將，就他的職業環境來說，是直接生活在槍炮火藥中間的，如果我們要把他的活動表現出來，我們就會想到他下命令、擺陣勢、向敵人進攻之類。此外，這位名將不是一位萬能的將軍，而是在

⑰古希臘服裝極簡單，用六、七尺寬八、九尺長的長方形衣料，圍在身上，在兩肩用帶子或紐扣繫起，腰間用腰帶束起，所以一般用不著裁縫。

某一兵種方面，例如步兵或騎兵之類特別擅長。每一兵種各有與自己地位相稱的特殊制服。還不僅此，一位名將只是一位名將，他不是一位立法者或詩人，也許從來不是一個宗教家，也沒有掌握過行政權，總而言之，他不是一個整體（或全面發展的人才），而只有整體才是理想的、神性的。因爲理想雕刻形象中的神性，正在於它們所表現的人物個性超然於特殊的關係和活動目的之上，見不出這種職業的劃分，縱使把這種特殊關係表現出來，也要表現得使人相信這種人物有能力做一切領域裡的事。

因此，如果認爲當代的或最近過去的英雄人物在英雄品質上只局限於某一方面，在塑造他們的形象時也應要求用理想的服裝，這就是很膚淺的想法。這種要求固然顯出一種對藝術美的熱情，卻不是出於理智的；並且由於愛好古代藝術風格，就忽視了古代人的偉大處正在於他們對自己所做的一切都有高深的理解：他們固然表現本身是理想的東西，但是對本身並非理想的東西，他們並不把理想的形式強加上去。如果人物性格的內容並不是理想的，那就無須讓他穿上理想的服裝。如果一位勇猛果斷的將軍在面貌上本來就不像一個戰神，而是讓他穿上希臘戰神的服裝，這就成了僞裝，其可笑正不亞於把一個鬍鬚滿腮的男人塞進一套小姑娘穿的衣裙裡。

此外，近代服裝用在雕刻裡確實產生了許多困難，因爲它受時髦樣式的擺布，變得快。時髦樣式的存在理由，就在於它對有時間性的東西有權利把它不斷地革舊翻新。一件按照現成樣式剪裁的上衣很快就變成不時髦了，要討人歡喜，就得使它趕上時髦。一旦過時了，人們對它就不習慣，幾年前還討人喜歡的東西一霎時就變成滑稽可笑了。因此，適合於雕刻用的服裝樣式應該既具有一個時代的特色，又要有一種比較持久的典型。一般說來，最好是找出一種中間道路，像現代藝術家們所常採取的那樣。不過人物造像的體積如果不太小，或是不打算作爲家常隨便的表現方式來看待的，用近代服裝總是不合式的。如果太小或是要表現得家常隨便，最好是用半身像，只用頭頸和胸部，這樣要維持理想就比較容易些，因爲在半身像裡頭部和面相成爲主要的東西，其餘部分都成爲一種不重要的附屬品。但是如果雕像的體積很大，特別是在很安靜地站著的時候，我們一眼就會看到雕像身上穿的什麼，如果穿的是近代服裝，就連在畫像裡也很難把一個大丈夫的形象不顯得平凡無味。例如愓希拜因[18]所畫的赫爾德和魏蘭的全身坐像（後來由很高明的藝術家刻成銅版畫），就使人感到很呆板、沉悶、膚淺，看到他們的短褲和鞋襪以及他們坐在椅子上雙手叉在肚皮上那副安逸自滿的樣子。

但是要造像的人物活動的時代如果離我們很遠，或是他們本身如果具有理想的偉大，情況就和上文所說的不同。因爲古代人彷佛已變成沒有時間性的，已歸到一種渺茫的一般觀念裡去了，他們已擺脫了他們的那種特殊的現實，所以在服裝方面可以用理想的表現方式。如果要造像的人物憑他們的獨立自足性和內心生活的豐滿，脫離了某一職業和某一時代影響的

---

[18] 愓希拜因（F. Tischbein, 1750—1812），德國畫家。赫爾德是德國啓蒙運動的先驅，魏蘭是德國詩人。

局限性，本身已成為一種自由的整體，一個無數關係和事業的中心，因此，他們在服裝方面也要顯得擺脫了當時日常生活中的那種家常隨便的情況。古希臘人替阿基里斯和亞歷山大造像就已把個性特徵雕得非常美好，使人們看到這種形象就相信所雕的是年輕的神而不是人。對於胸襟宏大的青年亞歷山大，這種處理是完全正當的。拿破崙所占的地位也很崇高，他的精神也涵蓋一切，就沒有理由在他的造像中不用理想的服裝。理想的服裝對於腓特烈大帝也不算不合式，如果造像的目的在紀念他的全部偉大性格。雕像的體積在這裡當然也要考慮到。如果體積小，就宜於顯得家常隨便些，例如雕拿破崙就不妨讓他戴上他的三角小帽，穿上他的著名的制服，把兩隻手叉在胸前，如果要雕出腓特烈大帝的日常生活中的樣子，我們就不妨讓他戴著便帽，提著手杖，像在菸盒上所看到的他的畫像那樣。

3. 理想的雕刻形象的個性

我們在上文既已討論到雕像的一般性格，也已討論了雕刻在各種形式上所表現的特殊差別。現在剩下要提出的第三點就是：雕刻的理想既然在內容上應表現出本身具有實體性的個性，在形象上應採取人體的形式，它就必須顯出現象中可以區別開來的各種不同的特殊因素，因此就要塑造出一系列的特殊的個別人物，就像我們從古典型藝術裡已看到的一系列的希臘神那樣。人們固然可以設想最高的美和完善應該只有一種，而這一種又應該完滿地集中表現在唯一的一座雕像上。但是這種唯一理想的設想簡直是荒謬的。因為美的理想正在於它不是一種純然一般性的規範，而是具有本質上的個性，亦即具有特殊的性格。只有這樣，雕刻作品才能有生氣，把唯一的抽象的美，展現爲一整個系列的本身明確具體的形象。不過大體說來，這個系列在內容意蘊上專案並不很多，因爲有許多範疇，例如我們近代要表現人和神的特性時所慣用的基督教觀點中那些範疇，都是眞正的雕刻理想所不包括的。例如中世紀和近代世界所綜合成爲一套職責信條（每個時期又加以變化）的那些道德倫理思想對於雕刻中的理想的神們是不存在的、沒有意義的。所以在這裡我們不應指望看到關於自我犧牲、克制自私自利、對肉感的搏鬥、貞潔的勝利之類觀念的表現，也不應指望看到熱烈的愛情，始終不渝的忠貞，男人和女人的榮譽感以及宗教的謙卑、順從和神福之類觀念的表現。因爲所有這些道德品質，特性和情況有時要靠精神和肉體的割裂，有時脫離了肉體而回到單純的內心生活，或是表示出個別的主體性已和它的絕對實體分裂開來而又努力重新和它達到和解。此外，雕刻中眞正的神的體系固然形成一個整體，卻也不是從概念上可以把各成員嚴格區別開來的整體，像我們在討論古典型藝術時所已談到的。不過每一個神的形象是一個完滿自足的得到定性的個體，與其他神的形象畢竟有分別，儘管他們彼此之間的區分不是按照抽象的烙印鮮明的性格特徵，而是在他們的理想性和神性方面仍保持很多的共同點。

較重要的分別[19]可以按照下列觀點來看：

---

[19] 每一神的形象不同於其他神的形象的特點。

第一，要研究的是純然外在的標誌，附加的符號、服裝、兵器之類。對於這類符號的細節，溫克爾曼有很詳盡的描述。

其次，主要的分別卻不僅在外在的標誌和特徵而在整個形象的見出個性的構造和儀表。這方面最主要的是年齡和男女性的差別，以及提供內容和形式給雕刻作品的那些領域的差別，因爲雕刻所表現的可以從大神和英雄到山神、林神乃至眞實人物的造像，最後到了塑造動物形象，雕刻就達到沒落了。

第三，我們還要看一下雕刻怎樣運用這些一般性的差別去塑造成爲具有個性的個別形象。這方面特別有極其廣闊的細節資料，我們在這裡只能略舉一些例證來作一些經驗性的說明。

A. 符號、兵器、裝飾等

第一，關於符號和其他外在的附屬品，例如裝飾、兵器、工具、器皿以及一般標誌周圍情況的東西，它們在第一流的雕刻作品裡都處理得很簡單、有分寸有節制的，它們的作用只限於暗示和幫助理解。因爲能揭示精神意義和對精神意義的看法的是形象本身及其表現，而不是由外在的附屬品。但是爲著辨識出所雕的神，這類標誌卻也是必要的。不同的個別的神都從普遍的神性中獲得他們的形象所表現出的具有實體性的東西；由於有這種共同的基礎，他們在表現和形象上顯出彼此有密切的親屬關係或類似，這就取消了每個神的特殊性，使他可以出現在不是他原來所特有的其他情境和表現方式裡。因此，他們身上一般並不易看出有嚴格的性格特徵，要辨認出他們，只有靠這類外在的附屬的標誌。在這類標誌之中我提出下列幾種：

(1) 在討論古典型藝術和它的神的體系時，我已經談到眞正的符號。在雕刻裡這類符號還比其他藝術裡更多地失去了獨立的象徵性格，它們的作用只在把一種有持久性的外在標誌附加到某一神的形象上，這個標誌和這個神的某一方面性格是有些聯繫的。這類標誌往往是從動物界借來的，例如天神宙斯身邊往往雕著鷹，天后朱諾身邊往往雕著孔雀，酒神有時被雕成坐在由虎豹拖著的車上，據溫克爾曼說（《藝術史》卷二，五〇三）這是因爲豹經常覺得渴，性愛酒；女愛神維納斯不是伴著兔子，就是伴著鴿子。其他的符號有器皿或工具，這是聯繫到每個神按照他的個別職能所要用來活動和動作的。例如酒神手持纏繞葡萄葉和花圈的神杖，或是頭戴桂冠，用來標誌他遠征印度的勝利[20]，或是手持火炬替穀神希銳思照明。

這類的聯繫（我在這裡只舉一些最著名的例子）特別向考古學家們提供了展示敏感和博學的機會，使他們穿鑿附會、小題大做，把本來沒有深文奧義的東西看作具有深文奧義。例如他們硬說梵蒂岡宮和麥底契別墅所藏的兩座著名臥像代表克麗奧佩脫拉，唯一的理由就是

---

⑳ 亞歷山大東征印度後，酒神的崇拜流行漸廣，在性質上也漸趨淫蕩。

她戴著蝮蛇形的手鐲。考古學家們一看到毒蛇就想到克麗奧佩脫拉的死，正如一個虔誠的神父會想到樂園裡引誘夏娃的那第一條毒蛇[21]。但是事實是希臘婦女一般有戴蛇形手鐲的風氣，以致手鐲就叫做「蛇」。所以溫克爾曼早就憑他的準確的識力否定了那兩座雕像代表克麗奧佩脫拉，而維斯康提[22]最後認出了它們代表阿里阿德涅在離開提蘇斯感到痛苦之後終於昏沉入睡的情況[23]。不過儘管許多人在這類問題上走入迷途，儘管浪費精力於這類瑣屑細節的敏感是微不足道的，這種研究和批判卻畢竟是必不可少的，因爲只有通過這種途徑才可以斷定一個形象究竟代表什麼神。不過這方面也有困難，因爲符號正和形象一樣，都不是永遠專屬於某一個神的，而是通用於幾個神的。例如杯是天帝宙斯的符號，也是日神阿波羅、交通神墨丘利、醫神喬利帕斯，乃至女穀神希銳思和健康女神亥吉亞等神的符號。有幾個女神都手持穀穗，天后、女愛神和希望女神都手持百合花，就連電光也不是天帝的專利品，雅典娜也有分。也不是雅典娜一個神才手持神盾，天帝、天后和阿波羅也都有神盾。個別的神們都起源於一個共同的、尚未得到定性的普遍意義，因而就保持了這個普遍的因而是共同的神性原來所用的老符號。

(2) 其他一些附屬品，如兵器、器皿、馬之類，更多地出現在不是表現神們的簡單的靜態而是表現他們的行動的作品裡，例如雕像群或一系列的形象裡，像在浮雕裡就應有成群的行動的形象，因此，可以較廣泛地利用多種多樣的外在的標誌和暗示。在各種藝術作品裡特別在雕像裡常出現的供神的禮品上，在奧林匹克運動會上獎給勝利者的雕像上，特別是在錢幣和寶石的雕像上，希臘人的豐富的創造才能獲得廣大的用武之地，發明了許多象徵的暗示方式，例如暗示某一城市的所在地的符號之類。

(3) 還有些意義較深刻的標誌和某一既定形象本身打成一片，形成它的一個不可分割的組成部分，這類標誌就已由單純的外在因素轉化到神的個性的表現。屬於這類的有服裝、兵器、頭髮裝飾之類特殊樣式。在這方面我只想從溫克爾曼所舉的例子之中挑選幾個來作進一步的說明，溫克爾曼對這類標誌的差異的見解是很銳敏的。在個別的神們之中，特別是天帝宙斯可以憑頭髮的樣式辨認出來，據溫克爾曼說（第四冊，第五卷，第一章，第二十九節），一個頭像是否屬於天帝，單憑額上面的髮式鬍子就可以斷定，儘管其他部分都不存在了。「天帝的髮在額頭上部聳起，然後分成若干不同的髮鬈，蜷曲成緊密的弧形，向後腦勺垂下。」這種表現頭髮樣式的方法很澈底，就連天帝的兒孫也還保持這種樣式。例如在頭髮樣式上天帝的頭和醫神喬利帕斯[24]的頭就很難分辨，不過醫神的鬍鬚不同，特別上唇上的更

---

[21] 埃及皇后克麗奧佩脫拉用毒蛇咬自己的胸部自殺，在《創世記》裡毒蛇代表惡魔，引誘夏娃偷食禁果。

[22] 維斯康提（Visconti, 1751—1818），義大利藝術史家。

[23] 提蘇斯（Theseus），雅典王子，被派遣到克里特島國執行使命，與當地公主阿里阿德涅（Ariadne）一見鍾情，帶她回雅典，但在中途遺棄了她。

[24] 阿波羅的兒子，天帝的孫子。

明顯地形成弧形，而天帝的髫鬚則「在口的兩角上轉一個彎，然後和腮幫上的髫子聯起」。溫克爾曼還認出先藏在麥底契別墅，後藏在佛羅倫斯的一座美麗的頭像是屬於海神波西頓的而不是天帝的，根據髫鬚比較蜷曲，在上唇部分比較濃，而髮鬈的曲度也較大。雅典娜和女獵神黛安娜正相反，頭髮留得很長，垂到後腦勺用帶子束起，然後又分成許多髮鬈垂下；而黛安娜的頭髮則全梳到頭頂上束成髻。女穀神希銳思的後腦勺是用頭巾蓋起來的，除掉插著穀穗以外，還像天后一樣戴著一頂冠，據溫克爾曼說：「冠前露出向上聳起的美麗而蓬鬆的頭髮，這也許表示她對她女兒普洛索庇娜[25]被劫掠，感到傷心。」與此類似的個性還可以通過其他外在細節表現出來，例如雅典娜可以從她的頭盔樣式和服裝樣式之類特徵辨認出來。

B. 年齡、男女性和形象體系的差別

但是眞正有生氣的個性，在雕刻裡既然要通過自由的美的身體形狀表現出來，它就不應僅由符號、髮型、兵器，以及其他工具如棍棒、三叉戟、鬥等等附屬品來表明，而是要使個性滲透到形象本身和它的表情裡去。在這種個性化方面，所塑造的神們的形象愈具有基本一致的共同實體性的基礎，希臘藝術家們也就愈顯出他們的微妙的創造的才能；見出特徵的個性必須從這個共同實體性的基礎上脫胎出來，而不是和它分裂開，這樣就使這個共同實體性的基礎憑這個見出特徵的個性而顯得活靈活現，如在眼前。最好的古代雕刻作品特別引人驚贊處，就在藝術家們在使形象和表情中每一件最微細的特點，都和整體和諧一致時所費的那

種精細的意匠經營，只有通過這種意匠經營才能產生出整體的和諧。

如果進一步追問有哪些一般的基本差別可以作爲最重要的基礎，便於使身體形狀及其表情現出明確的個別特色，我們可以舉出下列幾種：

(1)第一個是幼年少年和中老年在形態上的差別。我前已說過，根據理想，形象的每一部分和每一特徵都應表現出來，應該避免伸延得很長的直線、抽象的呆板的平面以及按照幾何定律的圓形，應使用各種各樣的生動的線條和形式，彼此之間的過渡只顯出極其微妙的毫釐之差。在童年和青年的形象上各種形式的區別不很分明，一種形式很柔和的流轉爲另一形式，像溫克爾曼所說的，人們可以把這種皮面比作沒有風的海，儘管還在運動，卻顯得是靜謐的。在老年的形象上形狀之間的差別卻比較突出地顯露出來，較明確地表現出性格特徵。所以完善的成年男子形象容易使人乍看到就感到喜愛，因爲一切都較富於表情，我們也就比較容易欣賞藝術家的知識、智慧和熟練技巧。至於畫青年的形象彷彿顯得比較不費力，因爲它柔和，差別較少。不過實際情況卻恰恰相反。因爲「在發育和成熟之間的各部分的構造都還不很確定」（溫克爾曼，卷七，八十），關節、骨骼、脈絡和筋肉正因爲比較柔和，就應把它們顯示出來。古代藝術就在這裡顯出它的勝利：就連在最柔和的形象上各部分和它們的

㉕ 見第二卷第二部分第二章3節。

組織情況，是用幾乎看不出的極其輕微的凹凸起伏表現成爲可以辨認的，在這方面觀察者要有極精細的注意力才能體會到藝術家的才智。例如像青年阿波羅這樣一種男像，如果不是由藝術家憑周密的（儘管半隱藏起來的）深思熟慮把它表現於基本上是實際人體的形狀，各部分也許會顯得很完滿圓潤，但是也就會沒有我們所看到的那種變化多端的表現力，也就不會使人那樣喜愛它。青年形體和老年形體的差別可以舉拉奧孔雕像群的父與子作爲最突出的例子[26]。

一般說來，希臘人在塑造理想的神像時寧願用較年輕的形象，就連塑造天帝宙斯和海神波西頓，也很少用白髮老人的像。

(2) 第二個分別在男女性，這是更重要的分別。上文關於青年和老年所約略說過的話，大體上也適用於男女性的分別。女子的形狀比較柔和，脈絡和筋肉雖然也不應看不出，卻不那麼突出，各種形狀之間的轉變應該比較委婉輕微些，不過表情上的差異，從靜穆嚴肅、剛強嚴峻到溫柔秀媚之間，仍有多種多樣的毫釐之差的變化。男子的形狀同樣有豐富多彩的形式，在表情上不僅見出發達的臂力，還要見出英勇。但是無論男女形象都要見出一種爽朗喜悅的神情，一種徜徉自得，對塵俗特殊事物漫不經心的神情，往往同時微露一絲靜默的愁容，一種涕淚中的微笑，其中既不只是涕淚，也不只是微笑。

不過在雕刻裡男子性格和女子性格之間的界限也不能嚴格地劃分。像酒神和阿波羅那樣較年輕的神們的形象往往塑得很細膩，顯出女性的柔和，乃至具有女子身體結構的個別特徵。有一些赫拉克勒斯的像塑造得極像年輕姑娘，以致人們有時把他誤認爲伊俄勒，他所愛的女郎。此外，希臘人還有意地把半雌半雄的人（「陰陽人」）雕成男女兩種形狀的結合，還不僅是男子形狀到女子形狀的過渡。

(3)最後，第三個問題涉及雕刻形象由於從不同體系或領域採取理想內容，即適合於雕刻的世界觀，而現出的一些主要差別。

雕刻在塑造中一般所能利用的有機體形狀一方面是人的形狀，另一方面是動物的形狀。關於動物的形狀，我們前已說過，在較謹嚴的藝術處在高峰時期，動物形狀只是擺在神像旁邊作爲一種符號，例如女獵神黛安娜身邊有一隻牝鹿，天帝宙斯身邊有一隻鷹。屬於這一類的動物形狀還有豹和獅身鷹翼的怪獸之類。除掉作爲符號之外，動物形狀有時和人的形狀夾雜在一起，有時是完全獨立的，不過這種表現範圍畢竟是有限的。除掉牡山羊以外，在造型藝術中獲得地位的主要是馬，因爲馬很美而且活潑雄壯。馬一般很接近人的勇猛敏捷之類英雄品質和英雄品質的美。至於其他動物，例如赫拉克勒斯所戰勝的獅子和麥利格所殺死的野豬，則由於成爲英雄行動的對象，也有權利在刻畫較生動的情境和動作的雕像群和浮雕中獲得表現。

㉖ 詳本卷下第三章注2節。

人的形狀，如果把它在形式和表情上都理解爲純粹的理想，是用來表現神性的適合形象，但是由於這神性的東西還是和感性的肉體結合在一起，就不能集中地表現於一個單純的統一體，即唯一的一個神身上，而是要由一系列的神的形象才表現得出來。但是另一方面，人的形狀無論在內容意義上還是在表現形式上，都還離不開人的個性的領域，儘管人的個性時而與神性、時而又與動物性相聯繫或結合在一起。

因此，雕刻可以取材於下列幾個領域來作爲它所表現的內容。我已屢次提到，這方面基本中心是各種特殊神的體系。神和人的主要差別，在於神們在表情上超脫了塵世有限可朽事物的焦慮和情慾，把沐神福的靜穆和永恆的青春結合在一起，而在身體形狀上也不僅把人的形體的有限特殊因素清洗乾淨，而且也把涉及感性生活需要的因素擺脫掉，卻又不因此喪失生氣。例如母親設法使嬰兒安靜下來，就是一個有趣的題材；但是希臘女神們在雕刻中從來都沒有兒女。根據神話，天后朱諾曾把幼年的赫拉克勒斯從懷裡抛開，因此就產生了天上的銀河。從古希臘的觀點來看，天后這樣一個莊嚴的女神如果帶孩子，就會有損尊嚴。就連女愛神阿芙羅狄特也從來沒有以母親的身分出現在雕刻裡。小男愛神邱比特固然在她附近，但是不易看出他就是她的兒子。根據同樣的道理，天帝的奶媽是山羊，而羅慕勒斯和雷姆斯[27]是吃狼奶長大的。在埃及和印度的雕刻裡有許多神吃母奶的例子。在希臘的女神雕像裡，少女的形象占絕對優勢，很少女神以妻子的身分出現。

在這一點上可以見出古典型藝術和浪漫型藝術的一個重要的對比；在浪漫型藝術裡母愛

是一個重要的主題。在大神之後，雕刻的題材就是英雄以及半人半獸如半馬半人的怪物，林神和山神之類形象。

英雄們和神們只有極細微的差別，比實際生活中的平常人也只稍微提高了一點。溫克爾曼談到非洲希臘城市賽銳涅的錢幣上一個名叫巴吐斯的雕像說：「如果添上一副溫柔喜悅的眼色，他就會變成酒神，如果添上一點神的偉大氣象，他就會變成阿波羅。」但是如果要顯出意志的和臂力的強大，人的形狀在體積上就要放大，特別是在某些部分；藝術家就要使筋肉現出迅速的活動和激動，把所有的人身上自然發條都開動起來。不過因爲同一個英雄可以碰到一系列的不同的乃至互相對立的情境，男子的形狀有時也接近女子的形狀，例如阿基里斯初次出現在萊柯麥德的少女們中間的形象就是如此[28]。在這裡阿基里斯沒有展示出在特洛伊戰場上所顯示的威武的英雄氣概，而是穿著女衣、長得俊俏，幾乎使人識不出他的性別。赫拉克勒斯也不是永遠被塑造成爲魁梧奇偉，令人想到他所完成的許多艱辛的工作，而是有

---

[27] 羅慕勒斯（Romulus）和雷姆斯（Remus）是羅馬神話中的孿生兄弟，羅馬城的建立者。據說他們的父親是戰神，母親是凡人，他們出生之後就被投到河裡，被一隻狼救起養大成人。

[28] 阿基里斯的母親爲著使他逃避參加特洛伊戰爭，把他喬裝成女郎，遣送到伊琴海裡一個島國的國王萊柯麥德的宮中，和他的女兒們住在一起，其中之一後來和阿基里斯結了婚。

時塑造成像他侍候歐姆法勒[29]時的樣子，或是像他成神後的安靜的樣子，總之，他出現在最多種多樣的情境裡，形象當然隨情境改變。在其他情況中英雄們的形象極接近神們本身，例如阿基里斯頗似戰神阿瑞斯。所以要經過極深入的研究，我們才能不藉助於符號而單憑性格描繪就斷定某一雕像究竟代表誰。眞正內行的鑒定家可以從零星碎片來推測出整座雕像的性格和形狀，把散失的部分修補起來。從這方面我們可以學會欣賞希臘藝術在刻畫個性方面所表現的精銳的敏感和整體與各部分融貫一致，希臘大師們懂得怎樣使極細微的部分都和整體配合呼應，而且在施工中把所構思的東西完全實現出來。

關於山神和林神，凡是被排斥於神們的崇高理想之外的東西，例如人類的需要、生活的歡樂、感官的快感、欲念的滿足等等，都納到山神和林神的領域裡來了。不過古希臘人把年輕的山神和林神的形象塑造得很美，用溫克爾曼的話來說，「這類形象之中每一個，除頭部以外，都活像阿波羅，特別是叫做『殺蜥蜴者』的阿波羅雕像，在這裡他兩腿的站相和林神的一樣」。林神和山神可以從他們頭部的豎起來的尖耳朵，立起來的硬髮和兩個小角辨認出來。

第二個形象體系就是人類的形象。這裡特別包括人的形象美，例如在運動競賽中所顯出的高度發達的氣力和靈活敏捷。所以格鬥士和擲鐵餅者之類人物成爲主要的題材。在這類作品中雕刻已接近眞實人物的造像，不過在造像方面古希臘人儘管表現的是眞實人物，卻仍堅持我們所認識到的雕刻原則[30]。

最後由雕刻掌握的一個領域是單純的動物形象的塑造，特別是獅子和狗之類。在這方面古希臘人仍然能堅持雕刻原則，要掌握住形象中具有實體性的因素，使它具有個別具體事物的生氣，從而發生效力。他們在塑造動物形象方面也達到高度的完美，例如米隆[31]所雕的母牛比他的其餘作品還更馳名。歌德在他的《藝術與古代》（卷二，第一部分）裡用優美的文筆描繪了這件作品，特別指出像餵奶這樣的動物功能在古代雕刻中只在動物界裡才出現，我們在上文也曾提到這一點。歌德拋開了古希臘箴銘中的一切詩意[32]，很有見識地只討論了構思的素樸，這才是這件最爲人所熟知的作品的來源。

C. 各種個別的神的塑造

在結束本章之前，我們還要較詳細地談一下運用上述那些差別如何塑造出一些個別具體形象，使它們顯出性格和生氣，主要是談個別神們的塑造。

(1) 雕刻中精神性的神們，像一般雕刻中的形象一樣，都符合這樣一個正確意見：精神性實在就是個性的解放，所以理想愈是眞實、愈崇高，理想作爲個體也就愈不彼此顯出差

㉙ 赫拉克勒斯曾當過三年里第亞女王歐姆法勒（Omphalé）的奴僕，替她紡羊毛線，有時穿女衣。

㉚ 即不排除理想化。

㉛ 米隆（Myron），西元前五世紀的希臘雕刻家，他的著名作品有「擲鐵餅者」。

㉜ 箴銘之類短詩在希臘出現較晚，以奇思雋語爲其特徵，是高度教養的產物，與下文「構思的素樸」對立。

別。但是古希臘人解決雕刻難題的方式，令人驚贊的地方卻正在儘管神們所體現的是普遍性和理想性，他們卻仍保持個性，使彼此之間見出差別——儘管在某些領域裡希臘人力求消除嚴格固定的界限，也表現出各種特殊形式以及由這一形式到另一形式的轉變或過渡。此外，如果把個性理解爲某些神具有某些個性特徵，就像眞實人物造像所顯出的個性特徵那樣，那麼，結果就會產生一種固定的類型而不是有生氣的作品，使藝術受到損失。但是這卻不是古希臘雕刻的情況。與此相反，在古希臘雕刻裡，在個性化和生動化方面所顯出的創造力愈精妙，它也就愈有一種具有實體性的典型做基礎[33]。

(2)此外，關於個別的神們本身，他們使人有這樣一種印象：在這一切理想的神的形象之上，有一個個別的神的形象處在統治的地位。菲迪亞斯在塑造天帝宙斯時，總要使他的形象和表情顯出這種尊嚴和崇高地位，不過他也把這位同時是凡人的父親的神表現爲一個壯年人，眼中流露出慈祥和心曠神怡的神色，既沒有青年人的那種豐滿紅潤的臉龐，也沒有老年人的那種瘦骨嶙峋、龍鍾衰朽的樣子。在形象和表情上最接近天帝的是他的兩位弟兄，海神和陰間皇帝，例如竺來希敦博物館所藏的這兩神的令人發生興趣的雕像，就足以見出他們雖都很像天帝，卻仍各具個性特徵，可以區別開來：天帝顯得崇高和慈祥，海神較粗野，而陰間皇帝相當於埃及的沙拉庇斯神，比較陰暗愁慘。

和天帝差別較大的是酒神和阿波羅、戰神和交通神，頭兩個神較年輕俊美，後兩個神較健壯，儘管都沒有鬍鬚，交通神較瘦、較靈活，面貌特別細膩，戰神在筋肉的力量以及其他形狀上比不上赫拉克勒斯，但較年輕俊美，身體結構較合於理想。

關於女神們我想只談天后朱諾[34]、雅典娜、女獵神黛安娜和女愛神阿芙羅狄特。

正像宙斯在男神中那樣，朱諾在女神中在形象和表情上顯得最莊嚴。她的圓弧形的大眼睛顯出高傲的指揮一切的神色，她的嘴也是如此，特別在側面像上人們一看到她的嘴就可以認出她。在大體上她給人的印象是「一位要統治一切的受人敬愛的皇后」（溫克爾曼，卷四，一一六頁）。

雅典娜卻顯出一位未婚少女的嚴峻貞潔風度，凡是一般女子的溫柔恩愛之類弱點在她是一塵不染；她的眼睛不像天后的張得那麼大，弧形也不那麼突出，略垂視，仿佛在沉思；她的頭也不像天后那樣昂然高舉，儘管戴著頭盔。

黛安娜在形象上也是一個未婚少女，但是比較俊美動人、比較清瘦，儘管她仿佛意識不到自己的美，不因爲美自鳴得意。她不是站在那裡靜觀，而是像在急忙地向前走動，眼睛直朝遠處看。

最後是阿芙羅狄特，體現純美的女神。除掉秀美女神三姊妹和季節女神之外，只有她在

---

33 這一節說明希臘雕刻把一般與特殊的統一問題解決得很理想。

34 這是羅馬的天后的名稱（Juno），就是希臘的天后希拉（Hera）。

希臘雕刻中才以裸體出現，儘管也有些藝術家不把她雕成裸體。把她雕成裸體是有正當理由的：因爲她所要表現的主要是由精神加以節制和提高的感性美及其勝利，一般是秀雅、溫柔和愛的魔力。她的眼睛即使在應顯得嚴肅崇高的時候，也比雅典娜和天后的眼睛小，這不是指較短，而是指眼孔張得較窄，由於下眼皮略微向上揚起，這就使得愛的思慕心情表現得極美。不過她在表情上有很多變化，時而嚴肅、威風凜凜，時而溫柔嫵媚，時而當壯年，時而是少女。溫克爾曼把麥底契的女愛神像比作一朵玫瑰對著朝陽放蕊吐豔。天國的女愛神卻戴著像天后所戴的冠作爲她的標誌，《勝利者維納斯》雕像就戴了這樣的冠。

(3) 發明了這種造型藝術的個性，單憑形式方面的抽象[35]就把它完全表現出來，而且達到難與匹敵的完美，這只有希臘人才能做到，根源在於希臘宗教本身。一種精神性較強的宗教就會滿足於收心內視和虔誠默禱，把雕刻作品只看成奢侈和多餘的事。但是像希臘人所崇奉的那種陶醉於感性觀照的宗教就必然要不斷地進行創造，因爲對於這種宗教來說，藝術的創造和發明本身就是一種宗教的活動和宗教的滿足；而對於希臘人民來說，觀看這類藝術作品並不只是看看而已，而是他們的宗教和生活的一個組成部分。希臘人凡有所作爲，都是爲公眾的，對這種所作所爲，每個公民都感到欣喜、驕傲和光榮。由於具有這種公眾性，希臘人的藝術並不只是一種裝飾，而是生命攸關的必須滿足的一種急需，正如繪畫對於鼎盛時代的威尼斯人那樣。只有從這裡我們才能體會到儘管雕刻有許多困難要克服，何以在希臘隨便哪一個城邦裡卻有成千上萬的成林的各種各樣的雕像，在厄里斯、在雅典、在柯林斯，乃至在每一個微不足道的城邦，乃至在大希臘[36]以及在許多海島裡都有數不盡的雕刻作品。

---

[35] 指就形式加以概括化和理想化。

[36] 「大希臘」指希臘本土以外由希臘人統治的領域，如義大利。

第三章　各種表現方式和材料與雕刻的歷史發展

我們在上文首先研究了一些一般的定性，從這些定性我們可以推演出適合於雕刻的內容以及適合於這內容的形式。我們發見到這內容就是古典理想。於是我們第二步就確定在各門藝術之中最便於體現這種理想的雕刻所採取的方式。我們發見到這種理想在本質上應理解爲個性，所以不僅藝術家的內在觀點發展爲一個理想形象的體係，而且實際藝術作品的表現方式和創作過程也劃分爲一些特殊種類的雕刻。關於這方面我們現在還要談一談以下幾個觀點：

第一是表現方式。這要涉及實際的創作過程，所塑造的或是單獨的雕像，或是雕像群，最後發展到浮雕，就已開始過渡到繪畫的原則。

其次是外在的材料或媒介，上述那些差別要在媒介裡實現。

第三是歷史發展階段，亦即用不同方式和材料來完成的藝術作品的發展過程。

1. 雕刻的表現方式

我們討論建築時曾指出獨立的建築和應用的建築這一重要分別，現在我們對於雕刻也可以指出類似的分別：有些雕刻作品是本身獨立的，有些雕刻作品是爲點綴建築空間服務的。前一種的環境只是由雕刻藝術本身所設置的一個地點，而後一種之中最重要的是雕刻和它所點綴的建築物的關係，這個關係不僅決定著雕刻作品的形式，而且在絕大多數情況下還要決定它們的內容。大體說來，單獨的雕像是本身獨立的，雕像群，特別是浮雕，卻開始喪失這種獨立性而服務於建築，要適應建築的目的。

A. 單獨的雕像

關於單獨的雕像，它們的原始任務就是一般眞正雕刻的任務，也就是製造神像去擺在神廟裡，神廟的整個環境都是要適應神像的。

(1) 在單獨的雕像裡，雕刻還保持著最符合它的本質的純潔，因爲它把神的形象表現爲不依存於情境的，表現出單純的無行動的靜穆美的，或則說，自由的、不受干擾的，不牽涉到具體行動和糾紛的，處在無拘無礙的純樸的情境中，像我前已屢次描述過的。

(2) 等到形象開始離開這種嚴峻的崇高或沐神福的沉思狀態時，它的整個姿勢就暗示出某一動作的開始或終結，但還不因此就破壞了神的靜穆或是表現出衝突和鬥爭。著名的麥底契別墅的維納斯雕像和梵蒂岡美景宮的阿波羅雕像❶都屬於這一種。在萊辛和溫克爾曼的時代，這些雕像曾被尊爲藝術的最高理想，博得無限的讚賞。但是自從一些在表情上比它們更深刻而在形式上也比它們更生動的重要作品被發見以來，我們現在對上述兩件作品的價值卻要估低些了；我們現在把這兩件作品擺在希臘的較晚期，當時塑造工作的光滑油潤所著眼的

---

❶ 麥底契別墅的維納斯原藏佛羅倫斯博物館，美景宮的阿波羅據近代考古家鑑定，是按照一座較早的青銅雕像的仿製品。

已是使人看起來愉快舒適，而不復保持謹嚴純正的風格。一位英國遊客甚至把阿波羅叫做一個「戲劇性的花花公子」，他固然承認維納斯顯出高度的柔和、溫潤、停勻和羞怯的秀美，但仍認爲她沒有瑕疵也沒有精神，只有一種消極的完美和大量的枯燥寡味（見倫敦《早晨紀事報》，一八二五年七月二十六日）。我們對雕刻形象脫離較謹嚴的靜穆的神聖風度的發展過程可以這樣理解：雕刻固然是一種高度嚴肅的藝術，但是神們的這種高度嚴肅既然不是一些抽象的東西而是要體現於具有個性的形象，它也就要顯出絕對的喜悅，從而也就要反映出現實界有限事物，在這種現實界裡，神們的喜悅並不表現陶醉於這種有限內容意義的感覺，而是表現和解的感覺、精神自由和獨立自在的感覺。

(3) 因此，希臘藝術流露出希臘精神的全副喜悅氣象，在無數極可喜的情境中尋找幸福、歡樂和活動的場所。因爲等到希臘藝術一旦擺脫了呆板抽象的表現方式，而轉到重視統攝一切的生動的個性，它就開始顯出生動活潑和爽朗舒暢的東西是可愛的，而藝術家們也就有無限廣闊的題材，把痛苦的、恐怖的、歪曲的和可厭惡的東西拋開，只表現純樸無害的人性。古希臘人在這方面創造出很多極卓越的雕刻作品。在許多雖帶有詼諧遊戲意味而卻純潔爽朗的神話題材之中，我想單舉小男愛神邱比特的各種嬉戲爲例。它們已很接近日常的人類生活。還有其他事例，其中主要興趣在於描繪的生動，單是抓住和運用這類題材足以見出喜悅和純樸的心情。在這個領域裡，舉例來說，波留克列特斯❷的〈擲骰者〉和〈警衛〉之受人珍視，並不亞於他的〈天后〉，米隆的〈擲鐵餅者〉和〈賽跑者〉也享到同樣的聲名。還有〈男孩坐著拔去腳上的刺〉是多麼可愛！此外還有許多表現類似的內容的作品，其中有一些只留下了名稱。這類題材都是自然界偶然瞥見的一縱即逝的東西，但是由雕刻家把它們凝定下來了。

B. 雕像群

自從這樣開始轉向外在現實界以後，雕刻就發展到表現比較動盪的情境、衝突和動作，因而就產生了雕像群。因爲既有較明確的動作，生動具體的生活就會出現，就會發展出矛盾和反應動作，因此就要使幾個人物密切聯繫起來，讓他們交織在一起。

(1) 首先還只有幾個人物很安靜地擺在一起，例如擺在羅馬卡法羅山上的那兩座龐大的〈馴養馬的馬夫〉像，據說是代表卡斯特和波樂克斯[3]的。人們認爲這兩座雕像中一座是菲迪亞斯的作品，另一座是普拉克希特列斯[4]的作品，但是沒有確鑿的憑據，儘管從構思的卓越、創作加工的精妙看，說它們是這兩位大名家的手筆是有理由的。它們還只是一種自由獨

---

❷ 波留克列特斯（Polyklet），西元五世紀希臘大雕刻家，與菲迪亞斯齊名，菲迪亞斯擅長雕神像，他卻擅長雕人像，多取材於現實生活。

❸ 卡斯特（Castor）和波樂克斯（Pollux）是希臘神話中的兩弟兄，兄擅長馴馬，弟擅長拳術，是運動家和武術家的護神，在雕刻中他們常以騎士的形象出現。

❹ 普拉克希特列斯（Praxiteles），西元前四世紀雅典名雕刻家，他的最著名的傑作是女愛神維納斯的雕像。

立的雕像群，還不表現眞正的動作或動作的結果，但完全適合於雅典娜神宮面前的雕像陳列和公開展覽，它們原來顯然是擺在這個地方的。

(2) 其次，雕刻發展到雕像群，同時也就要發展到表現導致衝突、涉及糾紛的行動以及痛苦之類內容的情境。在這方面我們還是要欽佩古希臘人的精審的藝術敏感，他們不把這類雕像群雕成獨立自足的，而是使它們和建築密切聯繫起來，因爲雕刻到此已開始越出它的獨特的獨立自足的界限而爲點綴建築空間服務了。廟裡的神像作爲單獨的雕像是帶著無鬥爭的靜穆和神明的氣象站在正殿裡層神龕裡的，神龕就是爲雕像而設的。但是正殿外層山牆的凹面上卻用雕像群來點綴，這些雕像群就描繪神的具體動作，因而就要刻畫出動態較多的生動的場面來。著名的〈尼俄伯和她的子女們〉❺雕像群就屬於這一類。人物安排的一般形式要取決於雕像群所擺的地點。主要人物站在中心地位，在體積上極大，顯得特別突出，其餘的人物擺在山牆的銳角部分，就得取另樣的姿勢，有的甚至躺著。

關於其他著名的作品，我在這裡只提〈拉奧孔〉雕像群。近四、五十年來這件作品一直是大量研究工作和廣泛爭論的對象。人們認爲特別重要的是維吉爾對拉奧孔的情節的描繪是根據這件雕刻作品呢？還是雕刻家根據維吉爾的描繪來作成這件雕刻作品？此外，拉奧孔是否眞正在哀號？在雕刻裡表現這種哀號是否適當？以及其他這類的問題。過去人們在這些重要的心理學的問題上糾纏不清，因爲他們還沒有受到溫克爾曼的啓發，也沒有眞正的藝術敏感。關在書齋裡的學者們往往既沒有機會去看實在的作品，縱使他有機會看到，也沒有能力去理解這些作品，所以他們就只能爲這類問題操心。對於研究這個雕像群，最重要的事實在於儘管它表現出極端痛苦、高度的眞實、身體的抽搐、全身筋肉的跳動，它卻仍保持美的高貴品質，而絲毫沒有流於現醜相、關節脫臼和扭曲。從題材的精神、組織安排的技巧、姿勢的邏輯性，以及創作加工的方式這些方面看，這整個作品無疑屬於一個較晚時期，當時雕刻家已不滿足於單純的美與生動，設法顯示關於人體結構和筋肉組織的科學知識，而且著意雕鑿精美，來博得觀眾的喜愛。人們在從純樸自然的偉大的藝術到弄姿作態的藝術的轉變過程中已邁進了一步[6]。

(3) 雕刻作品可以擺在各種不同的地點，例如柱廊的入口、建築物前面的廣場、台階欄杆、神龕等等。雕刻作品的內容和題材，也可以隨多種多樣的地點和建築的性質而有無窮的

---

❺ 尼俄伯（Niobe）有七子七女，自以爲比僅有一子（阿波羅）一女（阿特米斯）的勒托（Leto）還強，阿波羅和阿特米斯聽到大怒，把尼俄伯的子女殺光，只剩下一個，把她本人轉化爲一塊頑石。在雕刻中尼俄伯往往以哭子女的形象出現。

❻ 拉奧孔是特洛伊國阿波羅神廟的司祭，因勸阻特洛伊人把希臘人暗藏精兵的木馬移到城內，激怒了祖護希臘人的海神，海神遣兩條毒蛇把拉奧孔父子三人絞死。表現這個題材的雕像群在一五〇六年才在羅馬發掘出來。到了啓蒙運動時期，這件作品成爲廣泛討論的對象，溫克爾曼、萊辛、狄得羅、赫爾德、歌德、施萊格爾等人都有評論。他們都誤認爲「拉奧孔」是早期希臘的作品，但據近代藝術史家們的研究，它是希臘晚期的。參看萊辛的《拉奧孔》（已由譯者譯出）和譯者所編的《西方美學史》上卷第十章。

變化。地點與建築性質和人類情況和關係有千絲萬縷的聯繫，這就使得藝術作品的內容和題材有無窮的變化；而雕像群的內容和題材又可以更接近人類情況和關係。這種雕像群縱不表現衝突，它們的形象和運動畢竟比較複雜，把它們擺在建築物的頂上，除著天空以外別無背景，效果總是不好的。因爲天空時而陰暗，時而陽光眩目，使觀眾不能把人物的輪廓看得很清楚；而這種輪廓或剪影正是最重要的東西，觀眾看到的主要的就是輪廓，憑它才能了解其餘部分。因爲在雕像群裡，形象許多部分總是前後參差，例如手臂比軀幹突出，這條腿比那條腿突出。這就使得從遠處看時這些不突出的部分看不清楚、不易了解，或是至少不如突出的部分那樣清楚。人們只需設想一下把一群人物畫在一張紙上，把某一人物的某些部分畫得粗重清楚，其餘部分則畫得暗淡模糊些，就可以懂得這個道理。一座雕像所產生的效果正是如此，特別是雕像群在後面除著天空以外沒有背景的時候：人們就會只望見一個粗線條的輪廓，輪廓裡面的東西看起來就很模糊。

就是因爲這個緣故，柏林的布蘭登堡城門樓上的那座勝利女神像產生很美的效果，這不僅由於它的單純靜穆，而且由於其中各個形象都容易認清楚。戰馬彼此之間有適當的距離，不致互相遮掩起來，而勝利女神的形象則比它們較高聳，足夠突出。與此相反，我們的歌劇院頂上的阿波羅乘著半獅半鷲的怪物拖的車那座雕像群（蒂克的作品）就不那麼中看，儘管整個作品的構思和創作加工都是符合藝術規矩的。由於一個朋友的介紹，我曾經到雕刻家的工作室裡看過這件作品，擺在工作室裡，效果可以說是頂好的；但是一擺到屋頂上，前面形象的輪廓把背景中的形象輪廓遮掩得多，使它顯得不夠清楚，以致全部形象都不夠單純。拖車的怪物由於腿子短，站在那裡沒有馬那麼高、那麼自由獨立，而且還長著一對翅膀，阿波羅的頭髮也雕出來了，手上還提著豎琴。擺在屋頂上，這一切都太多了，結果只會使形象的輪廓模糊。

C. 浮雕

最後，在浮雕裡雕刻的表現方式已向繪畫的原則邁進了一大步，最初是深浮雕，然後是淺浮雕。浮雕以平面爲條件，所以人物都站在同一平面上，這就使得雕刻的出發點，形象的立體性，逐漸消失掉了。不過古代的浮雕還不太近於繪畫以致顯出前景與背景的透視上的差別，而是堅持單純的平面，不用縮小的技巧來顯示不同對象站在遠近不同的地位。所以在浮雕裡最好是表現人物形體的側影，把所有人物都並列在一個平面上。但是這種簡單的表現方式不能用複雜的動作爲它的內容，而是要用現實中就已是沿著一條線彼此相銜接的動作，例如遊行行列、進香隊以及奧林匹克運動會中勝利者的行列之類。

不過浮雕的花樣最多，它不僅填塞和點綴神廟的柱頂線盤和牆壁，還可以用來裝飾各種器皿、祭器、祭供、盤碟、杯、瓶、燈之類；椅座和鼎也用浮雕裝飾。浮雕已很接近手工藝，它首先要求構思的巧妙，想出最多種多樣的形象和組合，因此就不再能堅持獨立的雕刻所特有的目的了。

2. 雕刻所用的材料

我們既已從雕刻的基本原則（即個性）出發，研究了它如何在塑造的題材方面分化爲神、人和自然三個領域，在表現方式方面分化爲單獨的雕像、雕像群和浮雕，現在就要探索藝術家用來進行塑造的材料所顯出同樣多種多樣的分化了。因爲某種題材和某種表現方式往往要利用某種感性材料才較合適，這三者之間有一種祕奧的互相傾慕和互相契合的關係。

我在這裡只想提出一個一般性的看法，這就是古希臘人不僅在創造力方面具有無比的優越性，而且他們在創作加工方面所表現的修養和熟練技巧也博得驚贊。這兩方面在雕刻裡都是難事，因爲雕刻不能利用其他藝術所能利用的那樣多面性的媒介。在這一點上建築固然比雕刻還更差，但是建築的任務卻不在表現出精神的生動性或是用本身無機的（無生命的）物質把自然界有生命的東西表現得活靈活現。這種經過修養的熟練技巧對於澈底圓滿地處理材料是必要的，它是理想這個概念本身所要求的，因爲理想的原則就是要完全滲透到感性的東西裡去，使內在精神和它的外在的實際存在融成一片。所以這個原則也適用於化理想爲現實。因此如果聽到有人說這樣的話就不用大驚小怪：在藝術技巧達到成熟的時代，雕刻家們或是直接在大理石上雕刻，用不著先製石膏模型，或是縱使用模型，在施工時也很自由，不受模型的拘束，「不像在我們的這個時代，人們在石頭上只是照抄原先已用石膏（或黏土）準備好的模型」（溫克爾曼的全集，第五冊，三八九頁附錄）。因此，古代藝術家做到了氣韻生動，這在照抄模型之中就多少要受到損失，儘管無可否認，著名的藝術作品中偶爾也在個別細節上露出瑕疵，例如兩個眼睛不是一樣大，一隻耳朵比另一隻耳朵低，兩隻腳長短不齊，如此等等。古代藝術家們並不在這些小節上計較錙銖，像一些沒有其他本領只知妄自尊大的平庸的創作家和批評家們那樣。

A. 木料

在雕刻家們用來塑造神像的各種材料之中，最古老的一種是木料。在一根樹樁或一根木柱上面安一個頭，這就是雕刻的開始。最早的廟中神像很多是木雕的，不過一直到菲迪亞斯時代，木料也還在應用。例如普拉提亞城中的由菲迪亞斯雕刻的米諾娃女神的巨像大部分就是木料鑲金的，手腳和頭部才是大理石的（邁約《希臘造型藝術史》卷一，六〇頁）。米隆也用木料雕成一座赫卡特神像[7]，只有面孔和軀幹部分，無疑是替愛琴那島雕的，她在這個島上特別受崇拜，每年有一次祭典，據愛琴那島的居民自己說，首創這種祭典的是奧菲斯[8]。

一般說來，木料由於它的纖維和紋理，如果不鑲金或塗上其他的東西，不適宜於雕製具

---

[7] 赫卡特（Hekate）希臘神話中一位職能甚多的女神，掌體育、農業、巫術等等，特別與鬼魂有密切聯繫，常在夜裡出現。

[8] 奧菲斯（Orpheus）希臘傳說中的最古詩人和音樂家。

有宏偉風格的作品，而只較適合於小型雕像。中世紀往往用木料來造小型雕像，就連在現代也還是如此。

B. 象牙、黃金、青銅、大理石

其他主要的材料有象牙，與黃金相配合，鑄過的青銅和大理石。

(1) 人們都知道，菲迪亞斯用象牙和黃金去雕製他的一些傑作，例如奧林匹克的天帝像以及雅典城堡上的那座著名的雅典娜女神的巨像，雅典娜手裡還捧著一座勝利女神像，單是這座像就不止一人高。雅典娜像的裸體部分是用象牙板，衣裳是用金板，可以卸下。用這種淡黃的象牙和黃金作爲雕刻的材料是從雕像著色的時代就已開始，著色的表現方式後來逐漸限於單色，即青銅或大理石的色調。象牙是一種純潔精美的材料，很光潤，不像大理石那樣現出顆粒紋，所以很珍貴。雅典人造神像，很重視材料的珍貴。普拉提亞城的雅典娜雕像只是鑲了一層金，而雅典的雅典娜像卻用結實的純金。雕像既要巨大，又要材料珍貴。伽特赫梅赫．德．甘西[9]寫過一部傑作論述這些作品和古希臘的鐫刻術（Toreutik）。「鐫刻術」這個詞的本義是指在金屬物上用刀刻陰文的人物圖形，或是在寶石上刻。後來人們把這個詞又推廣到包括用鑄模而不用鐫刻的就金屬物作浮雕或半浮雕的手藝，最後又推廣到它按照本義所不應包括的陶器上的刻畫乃至一般的青銅雕像。伽特赫梅赫特別深入地研究了鐫刻術的施工技巧，並且測算了從象牙上能切出多大多厚的板，要用多少塊象牙板才能造成一座巨大的雕像如此等等。另一方面他還費心思根據古代資料把天帝的坐像畫了一張圖，特別是把天帝的刻滿精美浮雕的寶座畫了出來，這樣他就在各方面使人可以想像到這件雕刻作品的富麗完美。

在中世紀，象牙應用到極多種多樣的小型雕刻作品，例如基督在十字架上、聖瑪利之類，此外還用在飲器上，雕出行獵之類場面，在這類作品中用象牙遠勝於用木料，因爲它既光潤而又堅硬。

(2)但是古代人最愛用而且用得也最廣泛的材料是青銅，他們對於熔鑄青銅的技術達到了極高的精巧。特別是在米隆和波留克列特斯的時代，神像和其他雕刻作品一般都用青銅。青銅的比較深暗的不明確的顏色和光澤一般還沒有白大理石那麼抽象，卻彷彿比較溫暖些。古代人所用的青銅一部分是用金銀，另一部分是用黃銅，以各種不同的分量比例合成的。例如所謂科林特青銅就有一種獨特的合成方式，它是科林特這座城發生大火災中全城豐富絕倫的青銅雕像和器皿熔化而成的。茂姆繆斯[10]把城中的許多雕像搬上船，他非常珍視這批寶物，費盡心思要把它安全地運到羅馬，吩咐船夫們說萬一有損失，就要罰他們照原樣另造一

---

⑨ 伽特赫梅赫·德·甘西（Quatremère de Quincy, 1775—1849），法國研究藝術的學者。

⑩ 茂姆繆斯（Mummius）西元前二世紀羅馬執政，他征服了希臘，把它改爲羅馬的行省，柯林特這座名城就是他焚毀的。

套賠償。

在熔鑄青銅的技術方面，古代人達到了難以置信的精巧，因此能煉出既細而又堅固的青銅板。人們也許會把這種本領看作與藝術無關的一種單純的技巧。但是每個藝術家都要運用一種材料來進行工作，而能完全駕御材料正是天才所特有的本領，所以技巧和手藝方面的熟練才能就是天才的一個組成因素。由於熔鑄技術的熟練，青銅的雕刻作品比起大理石雕刻作品花費較少，施工也較快。古代人憑熔鑄技術的熟練所能達到的第二個優點在於熔鑄品的精純，因此在製造青銅雕像時完全用不著打磨工作，所以不致使較精細的紋理受到損失，如果要打磨，這種損失就不可避免。如果我們看一看由技術上的這種輕巧熟練所產生的大量藝術作品，我們就會五體投地地佩服，並且承認雕刻方面的藝術敏感正是精神的一種動力和本能。這種精神只有一個時代和一個民族中才能達到這樣的高度和廣度。例如在整個普魯士國家裡，青銅雕像是屈指可數的，只有格尼森[11]教堂的一副青銅門，除掉柏林和布列斯勞兩城的布呂歇爾[12]的站像和威登堡的馬丁·路德的像以外，就只有哥尼斯堡和杜塞道夫的少數幾座青銅雕像（這是一八二九年寫的）。

青銅這種材料具有變化多方的色調和無限的易塑性與靈活性，可以適應各種表現方式，因此使雕刻有可能儘量擴充它的領域，創造出極多種多樣的作品。它是大量的幻想玩藝、乖巧玩藝、器皿、裝飾和零星雜件的適宜的材料。大理石卻只能用來表現某些對象和某種體積，範圍是有限的。例如它可以用來在骨灰瓶和花瓶上作一定體積的浮雕，但是不能用在更小的東西上。青銅則不排除表現任何體積的東西，因爲它不僅可以鑄成一定的形狀，還可以打磨鐫刻。

我們可以舉鑄造錢幣的技術爲例。在這方面古代人也創造出很完美的傑作，儘管在鑄造技巧方面比起機械工程發達的今天還顯得很落後。嚴格地說，古代的錢幣並不是鑄造的，而是用略呈圓形金屬片錘打出來的。這門技術到亞歷山大時代才登峰造極，羅馬帝國時代的錢幣就已經退化了。在近代特別是拿破崙曾竭力在錢幣和徽章方面恢復古代錢幣和徽章的美，成績相當卓越。在其他國家裡在鑄造錢幣中所考慮的，主要只是所用的金屬物的價值和正確的重量。

(3) 最後一種特別適宜於雕刻的材料是石頭。石頭本身就已有堅固持久的客觀性。埃及人就已進行極費力的工作用最堅硬的花崗石、黑花崗石、玄武石之類刻出巨大的雕像。但是最能緊密結合雕刻目的的是大理石[13]，因爲它純白無色、光澤溫潤，特別是由於它的顆粒狀組織和溫和的反光，比起白堊似的死氣沉沉的白石膏岩石有很大的優越性，石膏岩石太光亮眩目，不能表現細微的濃淡陰影。在古希臘，大理石的優先使用只有到較晚的時期才開始，

---

[11] 格尼森（Gnesen）德國北部城市。

[12] 布呂歇爾（Blücher, 1742—1819），普魯士名將，參加過最後打敗拿破崙的瓦特盧戰役。

[13] 即白色花崗石，希臘人用的當然不出自大理，譯「大理石」，因爲一般人都很熟悉。

就是在普拉克希特列斯和斯柯巴斯[14]的時代，這兩位大雕刻家都以大理石雕像獲盛名。菲迪亞斯固然也曾用大理石雕刻，但是絕大部分只是用來雕頭部和手腳。米隆和波留克列特斯都主要用青銅。普拉克希特列斯和斯柯巴斯設法使雕刻不著色，著色本來就不符合雕刻的抽象性。當然無可否認，雕刻理想的純美在青銅作品裡和在大理石作品裡都同樣可以表現得很完全。但是到了雕刻藝術開始走向形象的溫潤秀美時（這正是普拉克希特列斯和斯柯巴斯的情況），大理石就變成更適合的材料。因爲大理石「由於表面透明，利於產生柔和的輪廓，其中銜接曲折都很輕微委婉；此外，精妙圓潤的藝術風格在石頭的淡白色上，比在最優質的青銅上也顯得更清楚，青銅質愈美、色愈青，色澤和反光也就愈強烈，容易破壞靜穆的風味」（邁約《希臘造型藝術史》卷一，二七九頁）。在我們所討論的這個時期裡，人們在雕刻裡已開始重視光與陰影的效果，光與陰影的細微的濃淡之分在大理石上比在青銅上較易顯出，這也是當時雕刻寧可用石頭而不用金屬物的又一理由。

C. 寶石和玻璃

在上述那些最主要的材料之外，我們在結束本節之前，還應附帶地談一下寶石和玻璃。古代的寶石、雕花玉石和寶石仿製品都是些無價之寶，因爲它們在最小的體積上用高度的完美技巧複現了整個範圍的雕刻藝術，從神們的簡單造像到各種各樣的雕像群，表現出一切可能想到的美妙意象。不過溫克爾曼曾就斯妥希[15]的收藏說過這樣的話：「我從這裡首先窺見一個眞理，後來對我解釋最難懂的古代傑作有極大的用處，這就是無論在雕刻過的寶石上還是在大型雕像上，所雕的事蹟很少有發生在特洛伊戰爭之後或是在尤利西斯回到他的故鄉伊特卡之後，儘管人們把赫拉克勒斯的後裔的事蹟看作例外，因爲這類事蹟的歷史仍接近藝術家所用爲正當題材的傳說。我親眼見到的關於赫拉克勒斯的這類的雕像只有一個。」

第一關於寶石，這上面雕的眞正精工細作的人物形體都具有極高度的美，簡直比得上有機的自然作品，只有用放大鏡才看得出，卻仍絲毫不損失容貌細節的純眞。我提到這點，只是要說明這裡所用的藝術技巧已變成一種憑觸覺[16]的藝術，因爲這裡藝術家不能像大型雕像的作者憑眼睛去看和控制自己的工作，而是憑觸覺來體會它。他把嵌在蠟裡的寶石放在轉動的細而銳的輪齒上磨，這樣就刻成所需要的形狀。通過這種方式，指使手精巧地刻出心中所構思的線條點劃的正是觸覺；使得人們把這類石雕放在陽光裡去看時，就覺得看到的彷彿是一種浮雕。

其次，雕花玉石則與上述的情況相反，在這裡形象是在玉石上浮雕出來的。用作材料的特別是條絲瑪瑙，古代人運用這種材料特別善於把它的各種顏色（尤其是白色和棕黃色）的

---

⑭ 斯柯巴斯（Scopas），西元前五世紀左右希臘雕刻家，以浮雕著名。

⑮ 斯妥希（P. Stosch），十八世紀德國畫家和收藏家。

⑯ 原文是 Gefuhl，英譯作「直覺」，法譯作「感覺」，俄譯作「觸覺」，作「觸覺」似較妥。

紋理很精妙地烘托出來。伊米琉斯．鮑路斯[17]曾經把大量的這類雕花玉石和小器皿從希臘搬到羅馬。

在運用這類簡單的材料來進行雕刻之中，希臘藝術家所根據的並不是虛構的情境，而是神話和傳說（只有關於酒神祭典和跳舞的題材是例外）。就連在骨灰瓶上表現死者生平事蹟時，他們也一定要著眼到確與死者有關的某些特點，藉此來紀念他。有心要用寓意的表現方式卻不屬於眞正的理想，它只有在較晚的藝術裡才出現[18]。

3. 雕刻的歷史發展

以上我們把雕刻作爲古典理想的最適合的表現來研究。但是理想並不只是在它本身上有一種向前的發展，通過這種發展，它憑本身的力量造成符合它的概念的東西，然後開始走向越出這種與它所特有的本質的協調一致；而且像我們在第二卷討論各種藝術類型的過程中所已見到的，理想除此以外，還有象徵的表現方式作爲它的先行條件，它需越過這種象徵的表現方式，才能成其爲理想，而且也還有一種進一步的藝術，即浪漫型藝術，這種藝術就要越過理想本身。

象徵型的和浪漫型的藝術也都同樣採用人的形體爲它們的表現題材，同樣要保持人的形體的空間形式，因而也都要用雕刻的方式去表現。所以要談到歷史發展，我們就不僅要談希臘羅馬的雕刻，而且還要談到東方的雕刻和基督教的雕刻。不過在用象徵型作爲他們的藝術創作的基本類型的各民族之中，只有埃及人才特別開始運用剛在掙脫純粹自然生活狀態的人的形體去表現他們的神，所以我們主要在埃及人那裡才碰到雕刻，因爲他們一般總是憑純然物質的東西來使他們的觀點獲得一種藝術的存在。至於基督教的雕刻卻是一種更廣闊更豐富的發展，無論是就中世紀它的獨特的浪漫性格來看，還是就它在進一步發展中力求重新結合到古典理想的原則，因而恢復特別符合於雕刻的情況來看。

根據這個觀點，我在這第二部分的結束時首先還要略談一下埃及雕刻和希臘雕刻的差異，以及埃及雕刻作爲眞正理想的準備階段。

所以眞正希臘雕刻的發展完成就形成第二階段，這個階段終結於羅馬雕刻。不過在這方面我們只需主要地巡視一下直接出現在眞正的理想的表現方式之前的那一階段，因爲在本卷第二章裡我們已詳細討論了理想的雕刻本身。

第三，剩下來還要略加討論的就是基督教雕刻的原則。在這方面我也只能涉及最一般性的東西。

---

⑰ 伊米琉斯．鮑路斯（Emilius Paulus），西元前三世紀羅馬執政，他和他的兒子（同名）先後舉兵征服希臘北部馬其頓。

⑱ 西方重雕不重塑，所以黑格爾不提泥土。

A.埃及雕刻

如果我們要從歷史觀點在希臘去追尋雕刻這門古典型藝術的概念，在達到這個目標之前，我們就要先遇到以雕刻形式出現的埃及藝術，這當然不僅就具有最高的創作技巧和獨特的藝術風格的那些偉大作品來看，而且還要就埃及雕刻作爲希臘造型藝術各種形式的出發點和源泉來看。關於這後一點，是否根據史實確曾有過希臘藝術接觸到外來的影響，向埃及有所學習和借鑒（無論是就神話領域的所表現的神像的意義來說，還是就藝術的處理方式來說），這種問題的解決是藝術史的任務。關於希臘人的神的觀念和埃及人的神的觀念的一致，這是希羅多德所深信不疑而且加以證明的。至於希臘和埃及藝術處理方式的一致則是克洛伊佐的看法，他認爲這種一致在錢幣上是顯而易見的，他特別看重古雅典的錢幣。他曾讓我看過他所藏的這樣一枚錢幣。上面的側面像完全具有埃及雕像的輪廓（一八二一年）。不過我們在這裡不妨把這類史實暫置不談，只追問除掉史實以外，是否還可以找出一種內在的必然聯繫。我在上文已談到這種必然聯繫。要有理想，要有完善的藝術，先需有不完善的藝術，只有通過對這種不完善的藝術的否定，即消除它的缺點，然後理想才成其爲理想。在這一點上古典型藝術當然有一個形成過程，這種形成過程在古典型藝術本身之外需有一種獨立的存在，因爲古典型藝術既是古典型的，就需把一切缺陷和一切形成過程都已拋在後面，而在本身上就是完滿的。這種形成過程之所以是形成過程，就在於表現中的內容意義開始還與理想相對立，對不能按照理想來掌握，因爲它屬於象徵型的觀照方式，還不能使普遍的意義和個別的可觀照的形象形成一體。我在這裡所要約略討論的一個論點，就是埃及雕刻具有形成過程這樣一種基本性格。

(1) 首先應該提到的就是埃及雕刻缺乏一種內心方面的創造的自由，不管它在技巧上多麼完善。希臘雕刻作品都憑自由和活躍的想像，把當前的宗教觀念體現在個別具體形象裡，通過這種創作的個性化，使它的獨特的理想的觀點和古典形式的完滿變成爲客觀的東西。埃及的神像卻不然，它們都有一種一成不變的類型，像柏拉圖早就說過的：「這些表現方式自古以來就由僧侶們規定了的，無論是畫家還是其他造型藝術家都不許有所新創，不許有所發明，只許謹遵古老的傳統，到現在還是如此。因此你會發現億萬年以前（不是像人們隨便說的億萬年而是實實在在的億萬年）所製造的東西比起現在的作品既不能說更美，也不能說更醜」（《法律篇》卷二，二頁）。這種忠實於一成不變的陳規的風氣也和另一情況密切相關，像希羅多德（《歷史》卷二，第一百六十七章）所指出的，在埃及，藝術家們受到輕視，他們和他們的子女都要比不從事藝術的公民低一等。此外，在埃及，藝術並不是一種任人選擇的自由職業，由於等級制的統治，兒子總是跟著父親走，不僅是在社會地位上，而且就在運用工具和技藝的方式上也是如此，後人總是隨著前人亦步亦趨，像溫克爾曼所說的，「沒有哪一個人留下一個可以說是自己的足跡」（第三冊，卷二，第一章）。因此，藝術被拘禁在這種精神奴役狀態中，喪失了一切自由藝術天才的活潑靈敏，除名利以外別無較高尚的動機，即要做一個藝術家，不僅要作爲一個匠人或手藝人，根據現成的形式和規矩，用機械的抽象的一般化的方式進行工作，而且要在自己所特別創造的作品中見出自己的獨特個性。

(2) 其次，關於作品本身溫克爾曼對於埃及雕刻的性格曾指出以下幾個要點，他在這方面的描述仍然顯出觀察和區分的高度精細（第三冊，卷二，第二章）。

一般地說，埃及雕刻中形象整體及其形式，都缺乏由線條的眞正有機的動盪所產生的那種秀美和生動。輪廓是由僵直的很少曲折的線條所構成的；姿勢顯得勉強和生硬，兩條腿擠在一起，如果在站立的姿勢中雖然一條腿在前，一條腿在後，卻都朝著一個方向，而不是分成八字形；在男像上兩隻胳膊也筆直地垂下，緊貼在身旁。溫克爾曼還指出，兩隻手好像本來長得並不壞，卻遭到損壞或是沒有得到細心照顧；而兩隻腳則太平板而且過分放大了，腳趾都一樣長，小趾既不彎，也不向裡面微曲；此外，手、手指和腳趾雖都表現出來，而關節卻見不出。裸體的其他部分大致也是如此，很少見出筋肉和骨骼，完全見不出神經和血脈。總之，在細節方面，儘管創作手藝上顯出辛勞和熟練，而使形象眞正顯得靈活和生動的那種畫龍點睛的工夫卻見不出。反之，膝蓋、節骨和肘關節卻像在自然中那樣突出地伸出來。男像的臀部上的胸腹部分特別窄小，背部卻看不見，因爲靠著石柱而且和石柱是用一塊石頭雕成的。

這種不活動的情況並不是由於藝術家缺乏熟練技巧，而是由於他們對神像及其奧祕的寧靜所持的原始觀點。與這種不活動的情況有直接聯繫的是沒有情境、沒有任何種類的動作，而情境和動作在雕刻中是要通過手的姿勢和運動，以及儀表和面貌表情才能見出的。在埃及的方尖柱上和牆壁上我們固然也看到許多人物動態的描繪，但是只是用浮雕形式而且大半是著色的。

再舉幾種較重要的細節。眼睛在埃及雕像上並不像希臘理想所要求的那樣深陷下去，而是幾乎和額頭一樣平，不但平板，而且是斜著的。眉毛、眼皮和唇邊大半是用刻的陰線紋來標誌的，眉毛有時也用陽線紋來標誌，這條線紋一直伸到太陽穴，才很彆扭地截斷。這裡所缺乏的主要是額部的突出，此外，由於耳朵特別高聳，鼻樑曲成弧形，像在平凡的自然中照例如此，頰骨就縮到後面，顯得格外突出，腮幫總是扯向後面而且很小，口是緊閉著的，而口角不是向下而是向上，上下唇仿佛只是憑一條割縫分開來的。所以這種形象不僅在整體上缺乏自由和生動，而且特別在頭部缺乏精神的表現，因爲動物性的東西占上風，不容許精神獨立地顯現出來。

按照溫克爾曼所提供的資料，動物在埃及雕刻中卻雕得較好，顯出很高明的知解力，具有悅目的複雜變化，輪廓的曲折很柔和，而各部的起伏銜接也顯得「天衣無縫」。縱然在人的形象中，精神還沒有從動物類型中解放出來，還不能以新的自由的方式把理想和感性的自然的東西融合在一起，而在上述那些也是由雕刻表現出來的作品裡，無論是人的形象還是動物的形象，卻都顯出明顯的特殊的象徵意義，人的形狀和動物的形狀仿佛很神祕地結合在一起。

(3) 所以凡是帶有上述性格的藝術作品，就還停留在意義和形象的分裂沒有得到克服的階段，因爲對於這種藝術作品，意義還是最主要的，它們更多地表現出意義的普遍性，而還不能使它在一個具有個性的形象裡獲得生命，還不能成爲藝術觀照和欣賞的對象。

這個階段的雕刻還導源於一整個民族的精神。關於這個民族，我們一方面可以說，他們初次迫切感到表象的需要，只要把觀念中原有的意思在藝術作品中暗示出來，就感到滿足了，這裡說的觀念當然就是宗教的觀念。所以我們可以說，埃及人在雕刻方面還沒有教養，儘管他們用功很勤，而且在創作技巧上也很完善，因爲他們對於所創造的形象還不要求眞實、生動和完美，而自由的藝術作品正是要通過這些品質才獲得生命或靈魂。但是從另一方面看，埃及人當然也並非只停留在表象和表象的需要上，而是向前邁進一步去觀照人和動物的形象，而且用圖形來闡明他們的觀照；他們甚至還知道怎樣去用正確的比例關係，很清楚地把它們所複造的形狀構思出而且表達出，沒有什麼歪曲。不過他們的缺陷在於，既不能使那些形狀現出它們在自然中原來就有的生命，更不能使它們獲得更高的生命，通過這種更高的生命，精神的作用和活動才能在適合的形式中獲得表現。埃及人的作品卻只顯出一種無生氣的嚴肅，一種未經揭露的祕密，以致他們所創造的形象不能表現出它自己所特有的具有個性的內在意義，只能讓人揣測到與它不相干的另一種意義。舉一個例子來說，女月神伊什斯把她的兒子浩魯斯抱在膝上的形象是經常複現的。單就外表看，這裡所用的題材正和基督教藝術中聖母抱嬰兒是一樣的。但是從埃及雕像的對稱的直線形的姿勢裡，像近來有人說過的，所顯示出的「既不是一個母親，又不是一個嬰兒；沒有絲毫慈愛、微笑或親昵的痕跡，總之，沒有一點表情。這位給聖嬰餵奶的聖母是安安靜靜、寂然不動的。這裡所表現的不是女神也不是母親，不是兒子也不是神，這只是一種思想的感性符號，而這種思想不可能帶有任何恩愛和熱情；這不是一種實際動作的眞實描繪，更不是一種自然情感的正確表現。」（勞爾・羅歇特[19]《考古學講義》，第一至第二課，巴黎，一八二八）

正是這種情況造成了埃及人的意義和實際存在的割裂，以及他們的藝術觀照的缺乏教養。他們的內心方面的精神感覺還是很朦朧的，所以還感覺不到藝術表現的眞實、生動和明確的必要，但是只有具有這些品質的作品才能使觀賞者不需有所增加，只需把藝術家所已給出的一切接受過來和再現出來就行了。一個人需等到自己心中有比埃及人更高的對自己的個性的感覺，才會不再滿足於藝術中不明確的和浮在表面的東西，才會要求知解力、理性、動態、表情、靈魂和美在藝術作品中發生效力。

B. 希臘和羅馬的雕刻

我們看到這種對自己的個性的感覺只有在希臘人當中在雕刻裡才初次完全活躍起來，因此他們消除了前一階段埃及雕刻的一切缺陷。但是在這種向前的發展裡，也並不是由還屬象

[19] 勞爾・羅歇特（Raoul Rochette, 1789—1854），法國考古學家。

徵型的那種雕刻的不完善一躍而就攀登上古典理想的完善。像我前已屢次說過的，理想在它自己的領域裡，如果要提升到一個較高的階段，就先需掃除阻礙它達到完善的那種缺陷。

(1) 我在這裡要約略提到愛琴島和古代伊特魯里亞[20]的藝術作品，作爲古典雕刻本身的起源。這兩個階段或風格一方面已超越了埃及人所抱的那種觀點，即不再滿足於按照傳統陳規，抄襲一些雖非違反自然卻毫無生氣的形式，並且不再滿足於只提供一種形象，使想像從中可以抽繹出或回想起一種宗教的內容，但是這種形象並不能使觀賞者見出作品確已表現了藝術家自己的思想和活力。

但是另一方面理想藝術的這個準備階段，卻也還沒有達到眞正的古典階段，因爲它一方面還受定型的因而也是無生氣的東西的束縛，另一方面它儘管已在走向生氣和運動，而在開始時卻只限於自然事物的生氣和運動，還不能達到由精神灌注生命的那種美，只有這種美才能表現出精神的生命和它的自然形象的不可分割的統一，而這種完滿的統一所取的一些個別形式可以來自對現成事物的觀照，也可以來自藝術天才的自由創造。

關於愛琴島的藝術作品是否屬於希臘藝術範圍的問題過去曾引起爭論，只有到最近，人們對這類藝術作品才有較精確的認識。在藝術處理方面，頭部和身體的其餘部分在這類作品中有本質上的差別。頭部以外，整個身體都顯出對自然的最眞實的了解和摹仿。就連皮膚上的一些偶然形態也摹仿出來了，在雕刻加工上所顯出的對處理大理石的卓越本領是値得驚贊的。筋肉雕得很突出，身體的骨骼也標誌出來了，形象雕得很謹嚴厚實，但是顯出對人體的精確知識，使得人物產生逼眞的幻覺，用瓦格納[21]的話來說，看到這類作品，人們就感到一種恐懼，不敢動手觸摸它們。（《論愛琴島的雕刻作品，附謝林[22]的藝術史方面的評注》，一八一七）

但是在頭部的雕刻施工之中，忠實描繪自然的原則卻被完全拋棄了。雕像中所有的頭都是按照一個模樣雕成的，不管動作、性格和情境方面有多麼大的差別。鼻子都是尖的；額頭仍然是向後縮的，並不是自由直立的；耳朵豎得很高；眼睛的縫切得很長，平板無起伏、斜立著；口總是閉著的，口角向外扯起而不是低垂；腮幫也是平板的，下顎卻很厚實，現出棱角。頭髮的樣式和衣服的褶紋也是千篇一律的，其中占統治地位的是對稱原則（這在雕像的姿勢和群像的組合中特別顯著），再加上一種特別美觀的雕飾。人們有時把這種千篇一律歸咎於民族性格中審美能力的欠缺，有時歸咎於對一種還未發展完善的藝術的老傳統的尊敬束縛了藝術家的手腕。但是一個憑自己個性和自己作品活著的藝術家，不會讓自己的手腕這樣

---

⑳ 愛琴島在愛琴海的莎洛里克海灣裡，距雅典不遠，它是繁榮的商業中心，西元前六世紀至五世紀以藝術特別是雕刻著稱。它本來獨立，西元前四二九年爲雅典征服。伊特魯里亞（Etruria）在義大利中部，即後來的塔斯康省，在羅馬時代它有很高的文化。

㉑ 瓦格納（J. M. Wagner, 1777—1858），德國雕刻家。

㉒ 謝林（E. W. J. Schelling, 1775—1854），德國哲學家和美學家。

受束縛，所以這種本來具有熟練技巧而卻拘守定型的情況只能歸咎於一種精神上的束縛，使藝術家不能在藝術創作中保持獨立自由。

最後，雕像的姿勢也還是千篇一律的，與其說是僵硬，不如說是粗鄙和冷漠無情，戰士們的姿勢有些像手藝人在幹活，例如細木工匠在刨木料。

如果要從這裡所描述的情況得出一般性的結論，我們可以說：這類作品顯出遵守傳統和摹仿自然的矛盾，對於藝術史雖是極有趣的現象，卻缺乏由精神灌注的生氣。像我在本卷第二章已說過的，精神只有在面貌和姿勢上才能表現出來。身體的其餘部分固然可以顯示出精神的自然差異如年齡和性別之類，但是眞正屬於精神的東西只能通過姿勢表現出來。但是在愛琴島的雕像上面貌和姿勢還是比較缺乏精神的。

艾屈魯里亞的藝術品，就可以憑題字斷定是眞跡的那部分來說，顯示出水準較高的摹仿自然的方式，在姿勢和面貌特徵上較自由，實際上有一部分很接近眞實人物的造像。例如溫克爾曼提到有一座男像，看來簡直就是造像，顯得是較晚期藝術的作品。這個男像和眞人一般大，他代表一個演說家，一個做官的尊嚴人物，在表情和姿勢上顯得自然無拘束而又有明確的性格。這是一件值得注意的有特色的作品，可惜在羅馬的土壤上起初就符合鄉土習性的並不是理想而是實際的散文性的自然。

(2) 其次，雕刻的眞正理想，如果要達到古典型藝術的最高峰，首先就必須擺脫定型和對傳統的崇拜，使藝術創作的自由有發揮作用的餘地。要達到這種自由的唯一路徑，一方面在於把意義的普遍性完全納入形象的個性裡，另一方面在於把感性的形式提到精神意義的正確表現的高度。只有這樣，藝術才能擺脫掉古老藝術在起源時所現出的那種呆板和拘束，以及內容意義溢出個別表現形式的情況，從而獲得一種生動活潑的風格，其中人體形狀既不再有傳統定型的那種抽象的千篇一律，也不致再產生藝術所描繪的就是眞正的自然那種錯覺，從而邁進到古典理想的個性，這種個性既使形式的普遍性由於體現在個別具體的形象裡而顯得是活的，又使這具體形象的感性的實際存在成爲精神灌注生命的完滿表現。這種生動活潑不僅見於整個形象，而且也見於姿勢、運動、服裝、群眾組合，總之，見於我在上文所談到和加以區分的一切方面。

在這裡結成統一體的是普遍性和個性，無論是在單純的精神內容方面，還是在感性形式方面，普遍性和個性都必須處理得協調一致，然後彼此才能不可分割地結合起來，這才是眞正古典型藝術。但是這種統一本身又有階段之分。在一個極端，理想還偏向崇高和謹嚴，雖不反對表現個別人物情感和活動，卻仍更嚴格地使個性受普遍性的統轄。在另一極端，普遍性卻逐漸消失在個性裡，因而喪失了它的深度，爲著彌補這個損失，只會儘量發展個別的和感性的方面，因此就從崇高降落到愉快、俊俏、爽朗和媚人的秀美。在這兩極端之中還有一個第二階段，它把前一階段的謹嚴推向較多的個性，卻還沒有達到把單純的秀美當作主要的目的。

(3) 第三，在羅馬藝術裡，古典型雕刻就已開始瓦解。在羅馬藝術裡構思和創作的指導原則已不是眞正的理想；精神灌注生命的詩意，完滿表現的內在的芬芳和高貴，這些眞正的希臘造型藝術的優美品質都已消失了，代之而起的在大體上是對眞實人物造像的偏好。藝術裡這種強調自然眞實的傾向在各方面都表現出來了。不過羅馬藝術在它自己的限度裡畢竟維持住一種很高的水準，只是由於缺乏藝術作品的眞正的完美，和眞正意義的理想的詩意，它在本質上落後於希臘藝術。

C. 基督教的雕刻[23]

談到基督教的雕刻，它一開始就有一種關於掌握方式和表現方式的原則，這個原則並不像希臘的想像和藝術的理想那樣緊密符合雕刻的材料和形式。因爲像我們在第二卷已經說過的，浪漫型藝術所要處理的是脫離外在世界的內心世界，是收心內視的精神的主體性，這內心世界固然也顯現於外在事物，但讓這外在事物獨立地按照它的特殊性出現，不需要和內在的精神的東西融成一體，像雕刻的理想所要求的。哀傷，肉體的和精神的苦痛，殉道和懺悔，死和復活，精神主體的人格，內心生活，愛情，情緒和心情——這些才是浪漫型的宗教幻想的獨特內容，對於這種題材，作爲一種空間整體的抽象的外在形象，以及還未經理想化的只作爲感性物質而存在的材料[24]，既不能提供一種恰當的形式，又不能提供一種適合的材料。因此雕刻在浪漫型藝術裡並不像在希臘那樣，向一切其他藝術及其整個客觀存在提供基本特色。雕刻在浪漫型藝術裡比不上繪畫和音樂，這兩門藝術才較適合於表現內心生活和由精神滲透的外界特殊事物。在基督教時代我們當然也遇到許多運用木料、大理石、青銅以及鑲金鑲銀的雕刻作品，顯出雕刻師的卓越的才能，但是基督教雕刻畢竟不像希臘雕刻那樣成爲能造出眞正合式的神像的藝術。宗教的浪漫型雕刻比起希臘雕刻卻更是建築的一種裝飾。聖徒們大半擺在小樓閣和斜撐柱的神龕裡或是門的入口。基督的誕生、受洗、臨刑和復活，以及基督生平中許多其他事件乃至最後審判之類宏偉圖景，由於它們本身的豐富多彩，適宜於製成浮雕，安置在教堂的門上、牆壁上、合唱隊的座位台上、受洗池上，這些浮雕很容易降落到成爲阿拉伯式的花紋。由於主要是表現內在精神生活的，這整套浮雕都帶有繪畫的原則，往往超過理想的雕刻原則所能允許的程度。從另一方面來看，這類雕刻在題材上採取了較平常的生活，因而更接近眞實人物的造像。這種造像式的雕刻像繪畫一樣，也不避免採用宗教的藝術表現方式。例如擺在德國紐倫堡市場裡的一座賣鵝人的雕像曾得到歌德和邁約的高度讚賞，這是一個用青銅雕得（用大理石就不適宜）極爲生動的鄉下佬，他的左右胳膊下都夾著一隻鵝，拿到市場去賣。此外，在聖賽巴爾都斯教堂以及許多其他教堂和建築裡，也有許多作品，特別是在彼得．費希爾[25]時期以前的，表現基督臨刑之類宗教題材，也使人清

㉓ 即浪漫型雕刻，主要鼎盛於中世紀基督教流行時期。

㉔ 「外在形象」指人體形象，「感性材料」指花崗石和青銅之類。

㉕ 費希爾（Peter Vischer, 1487—1527），德國雕刻家。

楚地認識到這種描繪形象、表情、儀容姿勢等方面側重特殊細節的雕刻方式，特別是在表現不同程度的苦痛方面。

浪漫型雕刻往往走上最錯誤的迷途，只有在一種情況下它才最忠實於眞正的雕刻原則，那就是在它又更緊張地追隨希臘雕刻，無論是用古代的方式處理古代的題材，還是在用符合雕刻原則的方式處理英雄和國王的站像，和眞實人物的造像時都力求接近古代風格。近代的情況特別如此。就連在宗教題材的範圍裡，雕刻也還會做出卓越的成績。在這裡我只需提起米開朗基羅[26]，他的〈哀悼基督〉[27]（柏林皇家博物館裡有複製品）是令人讚賞不置的。比利時布魯日聖母大教堂裡的聖母像也是一件卓越的作品，有些人不認爲這是眞跡。我個人特別喜愛立在布列達的拿索伯爵[28]墓上的紀念坊（參看黑格爾的《雜文集》第二卷，五六一頁）。伯爵和他的夫人的像是按生前身體體積用雪花石膏岩雕成的，躺在一塊黑大理石上。這塊石頭的四角站著越顧路斯、漢尼拔、凱薩和一位取鞠躬姿勢的羅馬戰士，這四人頭上頂著另一塊黑大理石，和腳下踩的那塊一樣。如果看到像凱薩這樣的一個人物由米開朗基羅造成雕像，這就會更有趣了。但是在處理宗教題材上，需要有像米開朗基羅這樣的大師的智力和想像力，氣魄、澈底性、勇氣和藝術本領，才能把古代的雕刻原則和浪漫型藝術中的內心生活結合在一起，顯出獨特的創造性。因爲像我前已說過的，基督教心情以宗教的觀照和想像爲其頂點，它的整個傾向並不是朝著古典形式的理想性的，只有這種古典形式的理想性才構成雕刻藝術的最重要的也是最高的原則。

從此我們可以離開雕刻，轉到藝術構思和表現的另一個原則，實現這個原則也需要另一種感性材料。在古典型雕刻裡，中心是人的客觀的具有實體性的個性，它把人的形象提高到一個地位，以致抽象地把它定作單純的形象的美，用它來表現神。所以人，就他表現在古典型雕刻的內容和形式來看，還不是完整具體的人；藝術的擬人主義在古代雕刻裡還沒有儘量實現，因爲他不僅缺乏客觀的、直接的絕對特殊性和普遍性處於同一體的那種人性，而且也缺乏一般人通常叫做「凡人的」那一方面，即主體的個性，例如人的弱點、個別性、偶然性、任意性、直接自然性、情慾等等㉙，這一方面也要納入上述普遍性裡，才能使全部個性，即就他的整個生活範圍或現實生活無限廣闊的天地來看的主體顯現爲在內容和表現方式中起決定作用的原則。

在古典型雕刻裡，上述兩方面之一，即凡人的直接自然方面，只出現在動物、半動物、

㉖ 米開朗基羅（1475—1564）文藝復興時代義大利的最大的雕刻家，〈摩西〉是他的傑作之一。他也擅長繪畫和建築。羅馬聖彼得大教堂及其壁畫和雕刻就是他的傑作。

㉗ 英譯注：也許指羅馬聖彼得大教堂的聖瑪利抱基督屍體的像（La Pietà）。

㉘ 布列達是荷蘭的一個城市，拿索原是德國一個小郡，拿索伯爵威廉一世父子都獻身於反抗西班牙解放荷蘭的鬥爭。

㉙ 即作爲動物生來就有的一切。

林神之類身上，並不反映到人的主體性裡或是作爲否定面放在人的主體性裡。有時這種雕刻只有在愉快的風格裡，才順本身的傾向轉到特殊具體的外在方面，這種風格表現爲無數樣式的諧趣和奇思幻想，這些在古代雕刻裡是要避免的。這種雕刻卻缺乏主體方面的深度和無限性的原則，即精神與絕對的內在的和解，人和人性與神的理想的統一。基督教的雕刻固然把符合這種的內容表現出來了，但是它的藝術表現方式正足以顯示出雕刻並不適宜於表現這種內容；所以還要其他藝術來做雕刻所不能做的事。由於這些新的藝術㉚是最符合浪漫藝術類型的，我們可以把它們總稱爲「浪漫型藝術」。

㉚ 即繪畫和音樂。

第三部分

浪漫型藝術

序論

我們在上文已經說過，雕刻過渡到其他幾門浪漫型藝術的一般轉變，是由於主體性原則既侵入了內容，又侵入了表現方式。主體性這個概念所指的是精神從外在世界退回到自己的內心世界所獲得的觀念上的自爲（自覺）存在，從此精神就不再和它的肉體結合成爲不可分割的統一體了。

這個轉變所以就使得雕刻原有的那種實體性的客觀的統一，那種各部分契合無間和融貫一致的靜穆和完滿自足的狀態，遭到瓦解和分裂了。這種分裂可以從兩方面來看：一方面，就內容意義來說，雕刻把精神的實體性因素和還不自覺爲個別主體的個性直接結合成爲統一體，從而造成了一種客觀的統一體，這裡「客觀」因素指一般永恆的、不可變動的、眞實的、不帶任意性和個別特殊性的那種實體性因素。另一方面，雕刻卻仍把精神的內容意蘊完全融化到肉體裡去，把肉體當作能從精神內容方面獲得生氣灌注和意義的方面，從而造成一種新的客觀的統一，這裡「客觀的」是指和主體的內心生活相對立的外在的實際存在的外在世界❶。

這種初次由雕刻協調起來的兩方面既然分裂了，精神於是退回到它本身，就和一般外在自然相對立，也和它本身的肉體相對立，而且就連在精神領域本身、精神的客觀實體性，和有生命的主體的個別情況也分裂了，前此融成一體的兩方面（在浪漫型藝術裡）就互相對立，各自獨立自由了，因此它們也就以這種各自獨立的狀況受到藝術的加工而表現出來了。

(1) 因此從內容方面來看，我們看到的一方面是精神的實體性，即眞實和永恆的世界，亦即神性的東西，但是按照浪漫型藝術的主體性原則，這種神性的東西是作為主體或人格，作爲自覺的絕對所具有的無限精神性，作爲代表精神和眞實的神，而由藝術去掌握和表現出來的。和這方面相對立的是塵世凡人的主體性，這種凡人的主體性既然不再和精神的實體性緊密結成一體（直接統一），就要按照它的全部凡人的特殊性展現出來；凡人的整個心境和豐富的表現也可以由藝術去處理。❷

主體性原則是神和人這兩方面所共同的，也就是說，它成了這兩方面重新統一的結合點。因此，絕對既顯現爲活的實際的主體，即凡人的有限的主體性，也顯現爲實在的活的絕對實體和眞實的神的精神所具有的精神的主體性。但是這樣重新獲得的統一不再具有原來雕刻所表現的那種直接性，現在只是一種結合和調解，基本上是兩個不同方面的妥協；按照它的概念，它只有在內心裡或在觀念裡可以充分顯現出來。❸

在本書的總序論裡（卷一，3，各門藝術的系統）我已經說過，當雕刻理想既已把神的

---

❶ 前一種客觀的統一體指普遍性與個性的結合爲雕刻的內容意義，後一種新的客觀的統一指雕刻作品完成了有實體性的個性與人體形狀的統一。

❷ 主體性有兩種，一是和精神的實體性或神性亦即和普遍理想相結合的主體性，一是脫離神性的凡人的主體性，兩種都可以表現於藝術。

❸ 浪漫型藝術所表現的主體性的統一只能從觀念上來了解，不能直接由具體的外在形象充分顯現於感官。

本身眞純的個性表現於完全符合這種個性的肉體，就成爲可憑感官察覺，如在目前的對象了，神的信士群眾面對著這個對象就把它作爲精神的反映了。但是退回到本身的精神只能把精神本身的實體體會爲精神，即體會爲主體，從此就符合個別主體性與神在精神上相和解的原則。不過作爲個別的主體，人也還有他的偶然的自然存在，以及範圍大小不等的有限的興趣、需要、目的和情慾，在這方面結合到上述神的觀念和與神的和解上去。

(2)其次，就表現外在方面來看，它的特殊細節不但成爲獨立自主的，而且有權利顯出它們的獨立自主性，因爲主體性原則不容許內在方面和外在方面在各部分，和各種關係裡都達到澈底的互相滲透。事實上這裡主體性是自爲存在或自覺的主體性，離開了它實際存在而退回到觀念世界，即回到情感、情緒、心境和觀感等等內心生活方面去了。這些觀念性的東西固然也顯現出它們的外在形象，但是在這種顯現方式裡，這外在形象所顯出的只是一種原來自爲存在或是獨立的內在主體的外在方面。所以古典型雕刻中那種肉體和精神的緊密聯繫雖沒有消失，以至於毫無聯繫，卻也聯繫得很鬆散，使得兩方面雖互相依存，卻仍在這種聯繫中保持各自的特殊的獨立性；或是縱使達到一種較深刻的結合，精神性因素畢竟越出它們和客觀外在事物的融合，而成爲發出光輝來照耀全體的中心。由於客觀實在方面這樣相對地增加了獨立性[4]，這裡的重點固然大半移到對外在自然及其最特殊的孤立的對象上，不過儘管認識多麼忠實於自然，這些對象在這種情況之下，卻仍需顯出它們上面有一種精神因素的反映，它們在實現於藝術之中，仍需顯出就連在極端的外在事物上畢竟還有精神的參預，理解的活躍以及心靈的體驗，也就是說，還表現出一個內在的觀念性的方面[5]。

所以大體說來，主體性原則帶有雙重的必然性，一方面它必然要拋棄精神和肉體的緊密的統一，或多或少地對肉體持否定的態度，以便把內在的（精神）從外在的（肉體）中單提出來；另一方面它也必然要替精神的和感性的（物質的）兩方面的變化，分裂和運動的特殊細節開闢自由發揮作用的場所。

(3) 第三，這個新的原則[6]也適用於藝術完成新的表現方式所用的感性材料或媒介。

① 前此各門藝術的材料都是單純的物質，即有重量有體積的物質，具有空間存在的整體[7]，在單純的抽象的形象裡也還是用這樣的材料。一旦把主體方面本身經過特殊具體化的內在的東西[8]納入這種材料裡，爲著要使內在的東西顯現得很清楚，就要一方面把這種材料的空間整體消除掉，使它由直接存在的自然狀態轉化爲一種由精神造成的外貌[9]；另一方面

---

[4] 由於精神和肉體（客觀的實在的方面）的聯繫變得鬆散了。

[5] 偏重描繪外在自然的藝術作品畢竟還需反映出主體精神。

[6] 即主體性原則。

[7] 指占三度空間的立體。

[8] 即精神因素，或觀念性的東西，如觀念感想之類。

[9] 指繪畫轉化雕刻材料的立體爲平面，平面材料觀念性較強，因爲由平面想像到立體，要通過觀念活動。「外貌」與「整體」對立。

卻要使形象和形象外表在感性的可見性上見出新內容所要求的全部特殊具體的顯現[10]。藝術在浪漫型藝術裡，首先仍應在感性和可見性的領域裡活動[11]，因爲由於前此的發展過程的結果，內在的東西固應理解爲意識在意識本身裡的反映[12]，卻也顯現爲它由外在界和肉體返回到內心世界的過程，亦即自認識的過程。從浪漫型藝術第一階段（繪畫）的觀點來看，這個過程還只有在自然的客觀存在和精神的肉體存在上才能表達出來。[13]

在幾種浪漫型藝術之中最初的一種，所以還需按照上述方式把它的內容表現於外在的人體和一般自然事物形狀的形式，使它成爲可以眼見的，但已不是停留在雕刻的那種感性和抽象性裡。解決這個課題就是繪畫的任務。

②繪畫既然不是像雕刻那樣以精神與肉體的絕對完全地融成一體爲它的基本特徵，而是表現凝聚在本身上面（或收視返聽）的內心世界，所以占空間的外在形象對於精神主體性並不是一種眞正適合的表現媒介。因此，藝術就拋棄了以前各階段的形象化方式，不用占空間事物的結構，而用在時間上起伏迴旋的聲音結構；因爲聲音只有通過否定占空間的物質，才獲得觀念性較強的時間上的存在，符合根據主體的親切體會把自己當作情感來掌握的那種內心生活，因而能夠把心靈的內在運動中的每一種內容意蘊都恰如其分地表達於聲音的運動。遵照這種表現原則的是第二種藝術，即音樂。

③因此，音樂無論在內容上，在感性材料上，還是在表現方式上，都和造型藝術相對立，緊緊地把握著內心生活的無形象性。但是藝術，按照它的完整的概念來說，所要表現出

來供人觀照的不僅是內心生活，而且還要包括內心生活的外在現實中的顯現和實際情況。如果藝術拋棄這種在實在界的實際顯現，因而也就要拋棄客觀現實的可以眼見的形狀，而只顧到內心生活的因素，其結果就會使它終需回到的客觀現實不再是眞實的客觀現實，而只是一種觀念中的客觀現實，一種爲內心觀照、想像和情感而塑造出來的外在形象，而這種外在形象的表現，作爲進行創造的精神⓮在自己的獨特的領域裡向其他精神的傳達，只把描述所用的感性材料作爲傳達手段（媒介）來用，因而把這種感性材料降低成爲一種本身無意義的符號。採取這種立場的就是詩，即語言的藝術。正如精神原已通過所慣用的語言使其他精神了解自己，現在詩就用這種語言作爲體現它的藝術作品的藝術工具⓯。詩同時也是一種普遍性

⓾ 繪畫比雕刻要求更詳盡的形象和更具體的細節。

⓫ 說明繪畫還不能完全是觀念性的，感性方面還是主要的。

⓬ 觀念性的東西是由主體自覺的。

⓭ 在領會外在事物形象（起觀念）時，主體已由外在事物本身回到自己的內心世界，但這一活動畢竟還要憑外在事物的感性方面才表達得出，還不能脫離客觀事物的可以眼見的因素，至少在浪漫型藝術中最早的一種即繪畫裡是如此。

⓮ 指藝術家，下文「其他精神」指聽眾。

⓯ 這段說明詩不像繪畫直接運用外界事物的感性形象，而只運用代表觀念或意象的語言。語言的文字本身無意義，只是意義的符號，所以在各種藝術中詩是觀念性（與直接感性對立）最強的。

的藝術，通用於一切藝術形式或一切類型的藝術[16]，因爲詩能把精神的整體按它所含的因素完全展示出來；只有在精神對自己的最高的內容意義還沒有清楚地意識到，而只能在對它是外在的和另樣的事物的形式和形象裡，才意識到自己的朦朧預感時，詩才沒有用武之地。[17]

---

[16] 詩的原則通於一切藝術，一切藝術裡都有詩。

[17] 詩需假定精神主體的自覺，所以在精神發展的最初階段，即象徵型藝術的初級階段，自我意識還很朦朧，詩還不能出現。這並不符合歷史事實，在各民族中詩歌出現都很早。

第一章　繪畫

雕刻的最適合的題材是靜穆的具有實體性的沉思的人物性格，他的精神個性完全滲透到肉體存在裡而流露出來，而精神的這種體現所用的感性材料單從形象本身上看就是適合於表現精神的。雕刻中眼光不露的形象既沒有把內在主體性的焦點，或心情的生動活潑和最親切的情感靈魂，凝聚爲內心生活的集中狀態，也沒有使它們分散成爲精神的運動，顯出精神與外在界的差異以及精神本身內部的差異。就是因爲這個緣故，古代雕刻作品有時使我們感到冷淡枯燥。我們對它們並不流連不捨，如果流連不捨，也只是爲著要對它進行科學的研究、研究形象及其個別部分形式之間的微妙差別。我們不能責怪人們對本應引起濃厚興趣的高明的雕刻作品感覺不到濃厚興趣。因爲我們先需學習，然後才能欣賞這類作品。我們或是不能馬上就感覺到它們的吸引力，或是不久就認出整體的一般性格，如果要認識比較透澈些，就還要先研究其中是否還有什麼更遠的旨趣。但是要通過研究、思索、淵博的知識和頻繁的觀察，才能引起的欣賞並不是藝術的直接目的。此外，如果要通過這樣兜圈子才能達到欣賞，那就要求一個人物性格要有發展，要表現於向外的活動和動作以及內心生活的特殊具體化和浪漫化，而這個要求卻是古代雕刻作品永遠不能滿足的。所以，我們對繪畫感到比較親切。因爲繪畫才第一次開闢路徑，讓有限的和本身無限的兩方面主體性原則，亦即我們自己的存在和生活的原則，能發揮作用；在繪畫的作品中我們看到在我們自己身上起作用和活動的東西。

雕刻所表現的神對於觀照者是一個純粹與觀照者自己對立的對象，在繪畫裡神本身卻顯現爲一個活的精神主體，降臨到他的信士群眾當中，使其中每一個人都有可能使自己和神建立精神上的契合與和解。因此，繪畫裡實體性的東西不是一個離世獨立的僵化的個體，像在雕刻裡那樣，而是參加到群眾團體裡去，就在群眾團體裡顯出自己的特殊性。

這同一個原則既把主體和他自己的肉體以及一般外在環境區別開來，也把內心生活和這些外在因素聯繫起來。經過這種主體的特殊具體化，一方面顯出人離開神、自然，以及旁人的內在的和外在的存在而獨立，另一方面也顯出神和他的信士群眾之間以及個人和神，自然環境和人類存在中無限複雜的需要、目的、情慾、動作和活動之間的最親密的關係和牢固的聯繫；這種特殊具體化的範圍包括全部運動和生活情況，這些題材無論在內容上還是在表現手段上都不是雕刻所能處理的，但是這些繪畫以前的藝術所沒有的無限豐富的題材和多種多樣的廣闊的表現方式，在繪畫裡都作爲新的因素而進入藝術領域裡了。所以主體性原則一方面是特殊具體化的根據，另一方面也起和解和結合的作用，繪畫就是把前此屬於兩門不同的藝術的東西統一在同一作品裡：一方面是由建築加以藝術處理的外在環境，另一方面是由雕刻去表現的精神的內容意蘊。繪畫把它的人物擺在也是由它自己的創造的外在自然或建築周圍裡，同時卻也能通過構思中的心情和靈魂，把這些外在因素轉化爲一種主體內心的反映，因爲它能在主體和畫中形象的精神之間建立一種協調一致的關係。

這個原則就是繪畫對前此的表現方式所帶來的新的貢獻。

關於較詳盡的討論所應採取的程式，我們擬劃分如下：

第一，我們要再研究一下繪畫按照概念所具有的一般性質，這要從三方面去看，即繪畫所專用的內容，與這內容協調一致的材料以及由這種內容和材料所約制的藝術處理方式。

其次就要闡明由這種內容和表現方式所決定的一些特殊定性，並且界定適合於繪畫的題材以及構思、布局和著色。

第三，通過這些特殊定性，繪畫分化成各種不同的學派，這些學派像在其他各門藝術裡一樣，也有它們的歷史發展階段。

1. 繪畫的一般性質

我在上文已經說過，繪畫的基本原則在於內在的主體性，其中包括天上和地面的情感、思想和動作的生活活潑的情況，多種多樣的情境以及它們在肉體方面的各種外表顯現的方式，因此，我把繪畫的中心擺在基督教的浪漫型藝術裡。這種看法可能馬上引起這樣的非難：不僅在古代也可以找到卓越的畫家，他們在繪畫裡也達到了像雕刻那樣最高的成就，而且還有些其他民族，例如中國人、印度人和埃及人等等在繪畫方面也很馳名。繪畫所採用的題材和表現這些題材的方式既是多種多樣的，它當然就不會局限於某一民族，而會在各民族之中廣泛流行。但是問題的關鍵並不在此。如果我們單從經驗來看，這樣或那樣的作品，以這種或那種方式，曾由這個民族或那個民族在極不同的時期創造出來過，這確是事實，但是更深刻的問題在於繪畫的原則，在於研究繪畫的表現手段以及確定在本質上正和繪畫的形式和表現方式協調一致的那種內容，只有這種形式才適合這種內容。

古代繪畫只流傳下很少的遺跡，其中一些作品既不是古代最優秀的作品，也不出於當時名畫家之手。至少就從古代私人住宅中所發掘出來的繪畫作品來看，情況確實如此。但是在審美趣味的精緻上、選題的合式上、組合布局的清楚上，以及在創作施工的輕巧和著色的鮮明上，這些作品畢竟引起我們驚贊。例如龐貝❶城中發掘出的所謂悲劇詩人住宅中的壁畫就有這些優點，這些壁畫所根據的藍本當然還具有更高的優點。可惜的是古代名畫家的作品都沒有流傳下來。不管這些原始的繪畫作品多麼優異，我們還要說，古代人在雕刻方面雖然達到無與倫比的美，在繪畫方面卻沒有達到繪畫在中世紀基督教時代特別是在十六七世紀所達到的那種高度發展。在古代這種繪畫落後於雕刻的情況是理所當然的，因爲希臘世界觀的眞正核心最符合雕刻的原則，其他藝術在這方面都比不上雕刻。在藝術裡精神內容和表現形式是不可分割的。如果我們要問繪畫爲什麼只有通過浪漫型藝術的內容才能達到它的獨特的高峰，那麼，回答就是：爲繪畫的高度完美開闢道路，而且使這種高度完美成爲必然的，正是親切的情感和深心的苦樂所構成的較深刻的由精神灌注生命的內容意蘊。

❶ 龐貝原是義大利南部由羅馬人建築的一個供遊玩的城市，西元一世紀因火山爆發和地震把它淹沒在地下，十八世紀中葉才被人發現，發掘出一些建築和藝術品，有些壁畫很引人注意。

關於這一點我姑且再引前章已引過的勞爾・羅歇特所舉的埃及女月神伊什斯把她的兒子浩魯斯抱在膝上那座雕像的處理方式的例子。這個題材和基督教藝術中的聖母抱聖嬰在大體上是相同的。但是這兩種作品在構思和表現的方式上卻大不相同。埃及的伊什斯，照她在浮雕中所表現的情況來看，看不出是一個母親，沒有一點慈愛、沒有一點靈魂和情感的表現，就連生硬的拜占庭的聖母像也還不至如此。試想一想聖母抱聖嬰這個題材在拉斐爾和任何其他義大利的大畫家的手裡曾經產生過的結果！每一筆一畫表現出多麼深摯的情感，多麼親切和豐富的精神生活，多麼崇高而美妙，多麼和諧地熔化人情和神性於一爐的心靈！再試想一想這同一題材由同一畫家，特別是由許多不同的畫家表現於變化無窮的形式和情境！那位母親、那純潔的少女、那肉體的和精神的美、那崇高而又秀美的神態，這一切還有更多的東西都輪流地突出地表現成爲表現中的主要特點。但是顯示出大畫師本領的而且產生這本領的首先不是形式的感性美而是由精神灌注的生氣。

希臘藝術當然已遠遠超過了埃及藝術，而且也已把人的內在精神的表現用作題材，但是它還沒有達到基督教藝術所表現的那種親切而深刻的情感，而按照它的整個性格，它也並不追求這種情感的振奮。例如我已屢次提到的林神抱著年幼的酒神雕像就具有最高度的優美可愛的性質。照料酒神的那些女林神們也是如此，整個情境表現出最美的布局，像一顆小寶石。在這座雕像裡也看到無拘無礙無憂無慮的對嬰兒的母愛，但是除開母愛以外，這裡的表情卻絲毫見不出基督教繪畫裡的那種內在的靈魂和深刻的心情。古代人固然也曾做出一些很優異的人物造像，但是他們對自然事物的理解以及他們對人和神的情況的看法，都使他們不能在繪畫方面表現出基督教繪畫裡的那種親切的激情和靈感。

但是繪畫之所以必須要求這種主體方面的靈魂灌注，其原因還在它所用的材料。因爲讓繪畫施展手段的感性因素，是伸延開來的平面以及由著色加以特別具體化的形狀，通過這些因素，提供觀照的客觀事物的形式已由原來實際存在的形狀，轉化成爲一種由精神改造出來的藝術表現。就是根據這個關於材料的原則，外在的事物就不再憑它的實際存在而獨立地發生效力，儘管它也是由精神灌注生命的，而是應在這種實際存在中轉化爲一種單純的內在精神的表現，作爲精神性的東西而獨立地呈現於觀照。正是這種內在精神要用外在事物的反映來把自己作爲內在的東西而表現出來。其次，繪畫使它的題材現在平面上，這平面就已可以獨立地造成環境背景以及各種牽連和關係，而顏色作爲使顯現的形狀特殊具體化的手段，也要求內在因素特殊具體，這內在因素只在通過明確的表現、情境和動作才能變得很清楚，因而就要求要有變化，運動以及特殊具體的內在的外在的生活。但是我們已把這種單純的內心生活原則（這種內心生活在實際顯現中既和多樣化的外在事物的形象結合在一起，而又離開這種具體存在而退回到它本身，成爲收心內視的自爲存在）看作浪漫型藝術的原則，所以只有在浪漫型藝術的內容意蘊和表現方式裡繪畫才能找到它的唯一的完全適合的對象。我們也可以反過來說，浪漫型藝術如果要實現於作品，必須尋找一種和它的內容相適合的材料，而它首先找到這種材料的地方是在繪畫裡，所以繪畫在採用浪漫型藝術以外的題材和處理方式時，總不免或多或少是拘泥形式的。因此，在基督教繪畫之外儘管還有東方的、希臘的和羅馬的繪畫，繪畫在浪漫型藝術範圍之內所達到的高度發展，畢竟是繪畫的眞正的中心或最高峰。我們談到「東方繪畫」和「希臘繪畫」時，只能像我們儘管認爲雕刻植根於古典理想，只有在表現古典理想時它才達到眞正的高峰，而仍談到一種「基督教雕刻」那樣，這就是說，我們終需承認，繪畫只有在浪漫型藝術的題材裡才能找到它的內容，浪漫型藝術的題材才完全適合繪畫的手段（媒介）和形式，所以也只有在處理這種題材時，繪畫才能充分利用它的手段（媒介）。

既已確立了這些要點，從此就可以約略討論繪畫的內容、材料和藝術處理方式了。

A. 繪畫內容的基本定性

我們已經見過，繪畫的內容的基本定性是自爲存在的主體性。

(1) 因此，從內在的方面來看，個性不能完全納入實體性裡，而是要顯出作爲主體，這種個性本身就已含有它所表現的內容意蘊，包括它的全部內心生活，即它所特有的那種生動的思想和情感；另一方面外在的形象也不能顯得像在雕刻裡那樣，完全受內在個性的統治。因爲主體性儘管把外在形象作爲適合於自己的客觀存在而滲透到它裡面去，同時它卻又在這種統一體中從客觀事物縮回到它本身，由於這種凝神狀態，對外在事物就漠不關心、聽其自由。所以正如在內容的精神性因素，主體性中的個別特殊因素和普遍性的實體並不直接結合成爲一體，而是主體要反躬內省，以便達到自爲存在的頂點那樣，在形象的外在方面，特殊性和普遍性也不像在雕刻裡那樣融成一體，而是由個別特殊的，因而也是偶然的無足輕重的東西占優勢，在經驗的現實生活裡，一切現象本來就已如此❷。

(2) 第二個要點涉及繪畫原則所決定的題材範圍的推廣。

自由獨立的主體性，一方面讓全部自然事物以及一切領域的人類現實生活保持它們的獨立的實際存在，另一方面卻又能滲到一切個別特殊的東西裡去，把它們變成內在方面的內容❸；只有在這種和具體現實生活的融合中，主體性才顯得是具體的有生命的，所以畫家有可能把無限豐富的題材運用到它的表現領域裡，這是雕刻所做不到的。整個的宗教範圍、天堂和地獄的觀念、基督和他的門徒和聖徒等等的歷史，外在的自然、人類的事情，乃至情境和性格中最流轉無常的東西，這一切在繪畫裡都可找到位置。因爲個別特殊的、偶然的、任意性的興趣和需要也屬於主體性，所以也要由藝術來處理。

(3) 與此相聯繫的還有第三方面，這就是繪畫以心靈爲它所表現的內容。凡是在心靈裡生活著的東西都以主體的形式存在著，儘管心靈在內容意蘊上也是客觀的和絕對的。心靈中

---

❷ 這段大意：繪畫不同雕刻，它已破壞了主客體的統一以及普遍性與特殊性的統一，以主體的特殊性爲主，在內容和形式兩方面都要運用實際生活中的一些瑣屑事態和偶然因素。

❸ 因爲外在事物可以反映內在精神。

所起的情感固然也有普遍性的東西作爲內容，不過作爲情感，這普遍性的東西卻不保持普遍性的形式，而是顯現爲我這一確定的主體，在這情感裡意識到和感覺到我自己。爲著把客觀的內容意蘊按照它的客觀性表現出來，我就要忘去我自己。因此，繪畫固然通過外在事物的形式把內在的東西變成可觀照的，它所表現的眞正的內容卻是發生情感的主體性；因此，繪畫就連在形式方面，也不能像雕刻那樣提供很明確的觀照對象，例如神像，而只能提供情感中發生的一些不很明確的觀念。有一種情況好像和這個看法互相矛盾。我們也看到一些有名的畫家往往選用人類的外在環境中，例如山、谷、草地、溪流、樹木、船、海、雲、天、建築物、房屋及其內部等等作爲繪畫的題材，而且用的卓著成效。但是在這類藝術作品中形成內容核心的畢竟不是這些題材本身，而是藝術家主體方面的構思和創作加工所灌注的生氣和靈魂，是反映在作品裡的藝術家的心靈，這個心靈所提供的不僅是外在事物的複寫，而是它自己和它的內心生活。正是因爲這個緣故，題材在繪畫中顯得無足輕重，而開始突出地顯現爲主要因素的是題材所體現的主體性。由於這種轉向心靈（心靈在面對外在的自然界事物時往往只起一般的同情共鳴），繪畫最不同於雕刻和建築，而較近於音樂，形成了由造型藝術到音調藝術的過渡。

B. 繪畫的感性材料（媒介）

其次，關於繪畫在感性材料上不同於雕刻的地方，我已屢次談到一些最一般性的基本特點，所以現在只要討論這種材料和它較便於表現的精神內容之間的較密切的關係。

(1)在這方面首先應該討論的就是這一情況：繪畫壓縮了三度空間的整體[4]。徹底的集中就會造成取消一般彼此並列關係的點，以及這種取消過程所帶來的不安定狀態，像時間上的點那樣。但是只有在音樂裡才有這種徹底的否定[5]。繪畫卻仍保留空間關係，只取消三度空間中的一度，使面成爲它的表現因素。這種把三度空間縮爲平面的辦法是由內在化或轉向內心生活這個原則決定的，由於這種內在化，外在事物只有通過壓縮它們處在空間整體中的那種形狀，才能呈現於內心觀念。

人們一般傾向於把這種壓縮看作繪畫中的一種任意的行爲，因而是一種缺點。依他們看，繪畫表現自然事物，應完全按照它們在實際中的樣子，表現精神方面的思想和情感，也應藉助於人體及其姿態；要達到這個目的，平面就很不夠，不免落後於自然，因爲自然是以完全另樣的形式，即以完整的形狀出現的。

①繪畫在物質空間方面，當然比雕刻更加抽象。但是這種抽象性遠遠不是由於純粹任意性的壓縮或是人的技能夠不上描繪自然及其產品，而是由雕刻向前發展所必然要邁進的一

---

[4] 保留長度和寬度，取消了高度，成了平面。

[5] 「否定」即取消空間上並列的關係，轉化空間上的面爲時間上的點。音波不形成面，它只是時間點的持續運動。

步。雕刻就已經不是對自然的肉體存在所做的一種單純的摹仿，而是一種來自精神的再造，因而把凡是不適合於待表現的內容的那些平凡自然生活中的方面都刪除掉了。在雕刻中這樣被刪除掉的特殊因素之中有顏色，所以剩下來的只是感性形象的抽象品。在繪畫裡情形卻相反，因爲它的內容是精神方面內在的東西，只有在脫離外在事物而回到精神本身之中才能通過外在事物，作爲精神的反映，而把精神表現出來。所以繪畫雖然也是爲觀照而進行它的工作，在它的工作方式中卻使它所表現的客觀事物不再保存實際的完整的占空間的自然存在的狀態，而變成精神的一種反映，在這種反映中精神只有在消除了實際存在，把實際存在改造成爲一種供精神去領會的單純的精神的顯現，才能顯示出那種客觀事物的精神性。

②因此，繪畫必然要打破空間整體性。這種拋棄自然事物的完整形狀的辦法，並不能歸咎於人類才能的局限性。繪畫的題材，按照它的空間存在來看，只是內在精神的一種顯現，藝術把它表現出來是供精神領會的，它在空間實際存在中的那種獨立性已消失了，和觀眾建立了一種比在雕刻中緊密的聯繫。雕像是孑然獨立的對觀賞者漫不經心的，觀賞者可以隨意站在哪一個方面去看；他的立足點、他的走動和環行，對於雕刻作品來說，是無關宏旨的。如果要保持這種獨立性，雕像就應使觀賞者無論站在哪裡都可以得到同一種印象。在雕刻裡作品一定要保持這種獨立存在，因爲它的內容是內外都鎭靜自持、完滿自足的，而且是客觀的。在繪畫裡卻不然，它的內容是主體性，同時也是本身經過特殊具體化的內心生活。繪畫裡固然也有觀賞者和對象（作品）的分離，這種分離卻立即消失，由於作品既是表現主

體的，按照它的整個表現方式，就改變了目的方向，基本上只是爲主體，爲觀賞者而存在，不是爲作品本身而獨立存在。觀賞者仿佛自始至終就在作品裡，在作品裡就被考慮到的，作品就只是爲這個主體的固定點而存在的❻。爲著保證作品對觀賞的這種聯繫及其精神反映，實際事物的單純外貌就已經夠了，實際的空間整體性反而會起破壞作用，因爲如果按照實際空間整體性來表現，所觀照的對象就會保持一種本身獨立的存在，而不是只由精神來表現出，而且供精神自己觀照的。自然不能把它的產品壓縮成爲一個平面，因爲自然界事物本來有而且也應該有一種實際的獨立存在；繪畫所給人的滿足並不是來自實際存在，而是來自對內心世界的外界反映所抱的純然認識性的興趣，因此繪畫毫不需要按照實際空間整體性和構造把事物描繪出來。

③與這種壓縮成平面的辦法聯繫在一起的還有第三種情況：繪畫比起雕刻和建築的關係更遠。因爲雕刻作品縱使本身獨立地擺在公共場所或花園裡，總要有一個用建築方式來處理的基座；如果擺在房間、廳堂或庭院等等地方，那就有兩種可能，不是建築藝術只是爲雕像提供環境，就是雕像用來作建築物的裝飾，所以雕刻和建築之間有一種較緊密的聯繫。

❻這句法譯作「作品是按照觀賞者的意圖而作出來的，它考慮到觀賞者所處的那個固定點」。全段要義在於繪畫作品不能離觀賞者而獨立存在，它必須同時是觀賞者自己的精神反映，所以不能保持實物的三度空間的那種完整的獨立存在。

繪畫卻不然，它的作品無論是擺在遮蔽起來的房間裡，敞開的廳堂裡還是擺在露天裡，都只需靠在一面牆壁上就行。繪畫在起源時只有一個使命，就是填塞牆壁的平面。對於古代人，這個任務就夠了，他們都用繪畫來裝飾神廟的牆壁，後來還用它來裝飾私人住宅。哥德式建築藝術的主要任務在於，建造出一種規模宏偉的起遮蓋屏障作用的教堂，所以牆壁提供更大的，可以說最大的平面，但是只有在較早的鑲嵌畫[7]裡，繪畫才用來裝飾建築物內部和外部的空白的平面。較晚的十四世紀建築卻用建築本身的方式來填塞巨大的牆壁，最宏偉的例子是斯塔市堡大教寺的正面主要部分。這部分除掉正門入口以及玫瑰窗和其他窗戶之外，空白的平面都用牆上的窗形花紋和其他人物形體裝飾得很精美富麗，所以不再需要繪畫。只有到建築開始要求接近古代風格時，繪畫才出現在宗教建築裡。不過總的說來，基督教繪畫也是和建築分開的、獨立的，例如擺在祈禱室裡和大祭壇上的大幅畫。這種畫當然也要接合它所陳列的地方的性質，但是此外它不只是用來填塞牆壁，而是像雕刻作品，獨立地擺在那裡。最後，繪畫才被用來裝飾公共建築物的廳堂和房間、市政廳、宮殿乃至私人住宅，因此，它又和建築較緊密地結合在一起，但是作爲一種自由藝術，繪畫畢竟不應由於這種結合而失去它的獨特性。

(2) 繪畫有必要把立體化成平面，還另有一個原因：繪畫的任務在於表現豐富的內心生活中經過特殊具體化的多種多樣的細節。雕刻可以滿足於純粹局限在形象的空間形式裡，繪畫作爲較豐富的藝術卻不能如此，因爲在自然界裡空間形式是最抽象的，而現在繪畫卻要掌握住空間形式中特殊具體的細微差異，這就需要運用比較豐富多彩的材料，也就是按照空間形式來表現的原則要運用在物理上界定的較細緻具體的物質。這物質方面的各種差異如果要顯出對藝術作品的重要性，空間整體就不能再是最後的表現手段（媒介），就必須破壞三度空間的完整性，以便把物理方面的差異現象突出地表現出來。因爲在繪畫裡體積（三度空間的）不是爲它本身，按照它的實際的樣子而存在那裡的，它只有通過上述物理方面的差異現象才能成爲明顯的，可以眼見的。❽

① 如果要問繪畫所用的究竟是哪一種物理的因素，回答就是光，一般事物要變成可以眼見的，都要靠光。

前此建築所用的具體感性材料是有抵抗力和重量的物質，物質在建築藝術裡特別表現爲施壓力，支撐和被支撐之類的力量。有重量的物質向下施壓力，支撐和被支撐之類的力量，這種用途在雕刻裡也還沒有完全廢掉。有重量的物質向下施壓力，因爲它的物質的統一點❾

---

❼ 較早的哥德式教堂裡用不同顏色的碎石或玻璃碎片鑲嵌成花紋圖案或神像，叫做 Mosaik。在拜占廷（君士坦丁）東正教的教堂裡這種鑲嵌畫更流行。

❽ 大意是繪畫爲著突出表現事物的具體特殊的細節，就不得不把立體縮成平面，著重光和影以及顏色的處理，所謂「物理方面的差異現象」就是指光、陰影和顏色的差別。

❾ 英譯作「物質統一的中心」，疑指重心，或地心引力的集中點。

不在它本身而在另一物體上，它要找出這個點，力求達到這個點，以便站得穩，這就是要通過其他物體的抵抗來支援住它，使它停在它的位置上。光的原則和還未發見自己的統一點的有重量的物質原則正相反。不管人們對於光還可以說出什麼其他性質，有一點卻無可否認，光是極輕的，沒有重量和抵抗力，它總是純粹自身與自身統一，因而也只是和自身發生關係，它代表最初的觀念性，是自然的最初的自我。在光裡自然才初次走向主體性，從此光就是一般物理界（自然界）的「我」，這個「我」固然還沒有進展到成爲特殊的個體，沒有達到嚴格的完滿自足，反躬內省的自我，卻已消除了重物質的單純的客體性和外在性，對重物質的感性的空間整體性加以抽象化。由於光具有較多的觀念性，它就成爲繪畫的物理元素。❿

(2) 但是單純的光只是作爲主體性原則中的一個方面而存在，即作爲上述觀念性的統一而存在。從這個觀點看，光只是起顯現作用的，在自然界它一般只使事物成爲可以眼見的，至於光所顯現的那個特殊內容則是在光本身之外的客觀事物，不是光而是光的反面，是暗。光使這個客觀事物顯現形狀、距離等方面的差異，使它所照到的東西成爲可以認識的，這就是說，使它的暗和不可見性或多或少地消失掉，使其中個別部分成爲更是可以眼見的，例如觀賞者站得愈近，看得就愈明；站得愈遠，看得就愈暗。離開對象的具體的顏色來說，明與暗一般取決於光所照到的對象，在不同的光的強度中距離我們觀眾的遠近。在這樣和對象發生關係之中，光顯示出來的不再是單純的光，而是本身已經特殊具體化的明與暗、光與影。明與暗的多種多樣的配合就使對象的形象，對象與對象的距離以及對象與觀眾的距離成爲可以識別出來的。這就是繪畫所利用的原則，因爲繪畫的概念裡本來就包含特殊具體化。如果從這個觀點拿繪畫跟雕刻和建築比較，我們就會看到雕刻和建築都按原來實際的情況去表現占空間的形狀中的實際差異，讓自然光的照明和觀眾所占的地位來產生光和影，所以在雕刻和建築中對象的形狀原來就已是飽滿或圓整的，顯現這些形狀的光和影只是原來實際就已存在的東西的結果，並不依存於這種顯現的過程。在繪畫裡卻不然，光與影以及它們所有的不同程度的細微分別和最微妙的轉化卻屬於藝術材料的要素，它們把雕刻和建築按原來實際情況表現出來的東西，只表現爲適合意圖的外貌。光與影，對象在照明中顯現爲飽滿圓整的東西的過程，都是通過藝術而不是通過自然光來產生的，所以自然光只是使繪畫所已造成的光與影以及照明過程本身成爲可以眼見的。正是藝術材料本身所提供的這個充實理由，才能說明繪畫裡是由光和影造成的，單純的實際形狀就成了多餘的[11]。

---

[10] 這段關於光的理論頗玄奧。原來唯心哲學家們把精神和物質絕對對立起來，認爲光不是物質（這當然不符合近代物理學），所以接近於精神，具有精神的內在主體性和觀念性，取消了物質的主體性、外在性和客體性。其實光對繪畫的重要，只是因爲有光才能顯出事物的形狀。

[11] 這段從光來看繪畫與雕刻和建築的差異。它們都用光與影，但是在雕刻和建築裡，對象原是立體（例如圓柱），光與影是由自然光對對象的照明所產生的；在繪畫裡對象卻是平面，畫家需憑藝術造成光和影，才可以使平面的東西顯現爲圓整的。

③ 第三，明與暗、光與影以及它們之間的交互作用都只是一種抽象品，作爲抽象品，它們在自然中就不存在，所以就不能用作感性材料。

這就是說，光，像上文已經說過的，是和它的反面，暗，相聯繫的。不過在這種聯繫中，光與影不是各自獨立而是形成統一體起交互作用的。這樣光就受到暗的侵入而變暗，而暗也受到光的滲透和照明，顏色這個元素就是這樣產生的，顏色就是繪畫所特有的材料，單純的光是無色的，處在它和自身同一的那種純然不確定的狀態。顏色比光就較暗，所以它和光不同，是一種昏暗化，其中光與暗混成一體。因此，把光看成是由不同的顏色，即不同程度的昏暗化所合成的那種看法是錯誤的⓬。

形狀、距離、界限、圓整，總之，占空間的現象所有的一切空間關係和差異，在繪畫裡都只有通過顏色才能表現出來；顏色的觀念性較強，所以宜於表現觀念性較強的內容；通過較深刻的反襯，通過無限多樣化的過渡和轉變以及極細微的濃淡之差，顏色在表現所選對象的全部個別特殊細節方面，有著最廣闊的發揮作用的場所。在繪畫裡單憑著色就可以做出很大的成就，這是人們所料想不到的。例如有兩個完全不同的人，每個人在他的自我意識和身體構造方面，各是一個獨立的完滿自足的精神和肉體的整體，而這兩人的全部差異在一幅畫裡只能簡化成顏色的差異。在這裡某一個色調終止而另一個色調又開始，於是每個人的形狀、距離、姿態、表情，最富於感性的以及最富於精神性的東西，就都在這種色調變化中完全表現出來了。上文已經說過，我們不應把這種簡化看作一種應急的方便或是缺點。事實與此恰相反，繪畫拋棄第三度空間並不是隨便而是有意的，目的就是要用較高較豐富的顏色原則去代替單純空間性實際情況。

(3) 顏色這種豐富的手段，使繪畫在作品中能描繪出全部現象。雕刻或多或少地局限於完滿自足、遺世孤立的個性；但是在繪畫裡個人不是處在這種把自己禁閉在自我圈子裡的狀態，而是要跳出這個圈子和自身以外的事物發生最多種多樣的關係。從一方面來看，像上文已經說過的，繪畫使所描繪的對象和觀眾有遠較密切的關係；從另一方面看，畫中的每個人和其他個人以及外在的自然環境都有很複雜的聯繫。由於繪畫只需使對象呈現外貌，這就使它有可能把最廣闊的距離和空間以及其中所包羅的萬象都納在同一件作品之中，而這件作品還是一個本身完滿的整體，在這種自成完整體系之中卻沒有純粹偶然的間斷和分界，而顯得是一個在主題上互相依存的各特殊部分的整體。

C. 繪畫中藝術處理的原則

第三，在對繪畫的內容和感性材料進行了一般性的討論之後，現在我們還要簡賅地談一下藝術處理方式的一般原則。

⓬ 據英譯注：這直接指牛頓的理論。黑格爾的這番話雖富於啓發性，但是顯然受到歌德關於光的錯誤的學說的影響。

比起雕刻和建築，繪畫更可以有兩個極端：一個極端把重點放在題材的深刻、構思方面的宗教和道德思想的嚴肅，以及表現方面的形式的理想美上，另一極端卻把重點放在本身沒有重要意義的題材，實際生活的特殊細節以及主體的藝術創造的本領上。所以我們往往可以聽到兩個極端的評判，有時聽到這樣的歡呼聲：題材多麼高尚啊！構思多麼深刻、透闢和值得驚贊啊！表現多麼宏偉啊！構圖設計多麼大膽啊！有時又聽到另樣的歡呼聲：著色的手法多麼高妙絕倫啊！這種評判上的分歧的根源在於繪畫概念本身，人們甚至可以說，這兩方面是無法在平均發展中統一起來的，每一方面都必須是本身獨立的。因爲繪畫所用的表現手段既有單純的形狀，即有空間界限的形式，也有顏色；由於具有這種性格，繪畫處在造型藝術理想和直接現實中特殊現象這兩極端之間，因此就出現兩種繪畫，一種是理想的，要表現的是普遍性，另一種卻要按照特殊細節表現個別的東西。

(1) 第一，從這個觀點來看，繪畫也像雕刻一樣，首先採用具有實體性的題材，例如宗教信仰、偉大的歷史事蹟和傑出的個別人物，不過繪畫把這種具有實體性的題材表現於內在主體性的形式。這裡的重點擺在宏偉風格，所描述的動作情節的嚴肅以及其中所表現的心情的深刻，所以繪畫所特有的一切豐富的藝術手段的錘煉和運用，以及運用這種手段所要求的熟練技巧，就不能充分發揮它們的作用。在這裡內容意蘊的重要性以及對內容中實體性和本質性的東西的全神貫注，就要把上述單純的繪畫藝術的本領作爲較次要的因素而擠到後面去。例如拉斐爾的一些卡通畫在這方面就具有無可估計的價值，顯出了構思方面的全部優越性，儘管拉斐爾在他的一些脫稿的作品[13]裡，在素描，既是理想的而又是生動的人物形象的純潔性，布局和著色等方面也達到大畫師的水準，但是在著色和描繪自然風景等方面畢竟趕不上荷蘭的大畫師們。他更趕不上較早期的義大利畫師們，比起他們，拉斐爾在表現的深刻、雄強和親切方面就稍遜一籌，儘管在繪畫技巧，布局的生動優美以及素描等方面，他卻超過了他的前輩[14]。

(2)但是另一方面，像上文已經說過的，繪畫卻不能停留在這種對主體性的豐富內容及其無限性的全神貫注上面，它還要使本來像只構成附屬品，環境和背景的個別特殊事物保持它們的獨立自由。在這種由最深刻的嚴肅性的題材轉到外在界特殊具體的現象的前進過程中，繪畫必然要走到專注意單純外在現象的極端，以致內容變成無足輕重的，而表現事物外貌的藝術手腕卻成爲興趣的中心。這裡我們就看到天空、時節和樹林光彩的瞬息萬變的景象，雲霞、波濤、江湖等的光和反光，杯中酒所放出的閃爍的光影，眼光的流動以及一瞬間的神色和笑容之類，用最高的藝術手腕凝定下來了。繪畫在這裡從理想性向前跨到生動的現實，用精工細作的方式把其中現象所產生的效果絲毫不走樣地描繪出來。這裡所需要的不是

---

[13] 或完成的畫，有別於上文的卡通畫或大輪廓的不著色的畫稿。

[14] 黑格爾舉拉斐爾爲例說明在繪畫中內容的深刻比技巧的嫻熟更爲重要，所以他的脫稿的作品，不如他的卡通畫或素描，而他的全部作品比不上荷蘭的和早期義大利的大師們。

單純的施工方面的勤勉而是精神方面的努力，只有精神方面的努力才能把每一個別細節都畫成本身完美的，同時又使整體融貫和諧，這就需要最高明的藝術。在這種作品裡，在表現現實事物外表中所獲得到的生動性顯得變成一種比理想更高的目的或使命，所以沒有哪一種藝術比繪畫這門藝術引起更多的關於理想和自然的爭論，前此我已有機會較詳細地談到這一點。人們當然可以指責這樣把一切藝術手段運用於微細的題材是一種浪費；不過繪畫也不應排除這種題材，只有這種題材才宜於受到這種藝術的處理，從而提供事物外貌方面的無限微妙精緻的東西。

(3) 但是藝術處理方式並不停留在這種比較一般性的矛盾對立上，而是要走到進一步的特殊具體化和個別化，因爲繪畫本來要依據主體性和特殊性的原則。建築和雕刻固然也顯出民族的差異，特別在雕刻方面可以看出某些派別和某些個別雕刻家所具有的較明確的個性，但是在繪畫的表現方式方面，這種多樣性和主體性伸展到廣闊不可測量的程度，因爲繪畫所能採用的題材是不能事先加以限制的。特別是在這方面各民族、各地區、各時代乃至各個人的特殊精神都能發揮作用，不但影響到題材的選擇和構思的精神，而且也影響到素描、組合、著色、用筆、某些顏色的處理，乃至主體的特殊風格和創作習慣。

因爲繪畫的目的方向本來就不受限制地深入內心方面和特殊細節，所以很難就它的一般性的原則說出很確定的話。不過我們也不能滿足於我在上文就內容、材料和藝術處理的原則所作的闡明，還要就一些有深刻意義的特殊方面進行較詳盡的研究，儘管我們要把大量複雜的經驗資料拋開不談。

2. 繪畫的一些特殊的定性

根據上述觀點，我們還需較上文更明確地指出繪畫的特點，所涉及的有內容和材料及其表現方式三方面。

第一，關於內容，我們固然已把浪漫型藝術的內容意蘊看作繪畫的適合題材，不過我們還要進一步追問在浪漫型藝術的豐富寶藏裡，究竟哪一部分才最適宜於繪畫式的表現。

其次，我們已認識到感性材料的原則了，現在就要進一步確定哪些形式才便於用顏色來表現在平面上，因爲人類形狀以及其他自然事物應該由繪畫表現出來，目的在於顯出精神方面內在的東西。

第三，我們也同樣要追問繪畫的藝術的構思和表現有什麼特性，才使得它能以不同的方式去適應不同的內容，從而產生一些特殊種類的繪畫。

A. 浪漫型的內容

我在前文已經提到古代人中間也有過卓越的畫家，同時也說過繪畫只有通過在浪漫型藝術中顯得活躍的那種觀照和感受的方式，才能實現它的使命。從內容方面來看，這種看法似乎和這樣一個情況發生矛盾：正是當基督教繪畫的鼎盛時期，正是在拉斐爾、考列基俄和呂邦斯這些大畫師的時代，神話題材也常被利用於繪畫，有時用作本身獨立的題材，有時用來裝飾，或以寓意的方式描述偉大事蹟、勝利和王室婚禮之類。在近代也有類似的情況。例如歌德就曾借用斐羅特屈拉圖斯[15]對鮑立格諾特的一些畫的描述，用詩的構思方式使這些題材舊樣翻新，便於畫家去採用。但是在這種藉用古代題材的建議中，如果還要求按照古代人的那種特殊的意義和精神去理解和表現希臘神話和傳說中的題材，乃至羅馬世界的一些場面（法國人在他們的某一時代的繪畫裡，曾顯得對羅馬場面有很深的偏好），我們就不得不這樣概括地反駁說：過去的事物是無法使其復活的，古代的精神特點並不完全符合繪畫的原則。所以畫家在運用這類題材時必須把它們改造爲另樣的東西，放進去和古代人自己所放進去的完全不同的精神、情感和觀照事物的方式，這樣才可以使這種題材內容和當前繪畫的眞正的任務和目的協調一致[16]。正因爲這個緣故，古代題材和情境的體系在大體上並不是繪畫在連貫的發展中所形成的體系，毋寧說，這個體系對繪畫是一種性不相近的因素，在本質上就需先加以改造或拋棄。因爲像我已屢次提到的，繪畫所應採用的題材主要是可以通過外在形狀來表現的東西，在這一點上它與雕刻、音樂和詩都迴不相同。這種題材是沉浸在自己的內心生活中的精神，這是雕刻所無法表現的，至於音樂也不能用外在形象來表現內心世界的現象，而詩對肉體方面所提供的外在形象也只能是不完全的。繪畫卻能把這兩方面結合在一起，可以用外在的東西把內在的東西完全表現出來；因此繪畫所應採用的基本內容既要有豐富的深刻情感，又要有對人物性格和性格特徵方面刻畫很深的個別特殊因素；既要有對一般內容的親切情感，又要有對個別特殊因素的親切情感，而用來表現這兩種親切情感的具體事蹟，情況和情境必須顯得不只是說明個別人物性格，而是應使個別特殊因素顯得是深深地銘刻到，或則說，植根到靈魂和面貌表情裡，而且完全是從外界事物形狀裡吸收過來的。

一般地說，爲著表現這種親切情感並不要求古典型藝術中的那種理想的獨立性和宏偉性，即不要求個性與精神生活中實體性因素以及肉體現象中的感性因素都緊密地協調一致。同時，爲著表現心靈，單是自然本性的爽朗舒暢和希臘人的那種沉思中的欣喜也還不夠，要見出精神生活的眞正的深刻和親切，靈魂就還必須把它的精神作用滲透到各種情感、力量和全部內心生活裡去；它需克服過很多的困難，嘗過痛苦，忍受過心靈方面的焦慮和哀傷，但是在這種分裂狀態中需仍能鎮定自持，從分裂中回到心靈與自身的統一。古代人在關於赫拉克勒斯的神話裡固然也曾使我們看到一個英雄，他經歷過許多艱難險阻之後，被提升到神的行列，享受沐神福的安靜。但是他所完成的勞動只是一種體力勞動，而酬勞他的那種幸福也只是一種靜止和休息；有一個古老的預言，說赫拉克勒斯作爲希臘的最大英雄，將要消滅天神宙斯的統治，他卻並沒有實現這個預言。只有當人不僅征服了自然界的龍蛇，而且也克服

⓯ 斐羅斯屈拉圖斯（Philostratus），西元三世紀希臘學者，他的《阿波羅琉斯的傳記》描繪了一些古代名畫。鮑立格諾特（Polygnot）是西元前五世紀雅典名畫家，常取材於荷馬史詩。

⓰ 黑格爾在這裡用繪畫來說明各時代有各時代的特殊精神和思想情感，藝術不能生吞活剝地藉用古代題材，必須按今時的精神加以改造。

了他自己胸中的龍蛇，克服了主體性中的內在的頑固性和脆弱性的時候，那些獨立的神們的統治才會開始終止。只有這樣，自然本性的爽朗舒暢才會變成較高的精神性的爽朗舒暢，這種精神先要經過完成一分爲二[17]的否定過程，通過這種勞動，才掙得永無止境的滿足。舒暢和幸福的情感需光榮化和明朗化[18]爲神福。因爲舒暢和幸福只見出主體與外在情況的一種帶有偶然性的自然的協調；而在神福中，直接自然存在的那種幸福就已拋在後面，一切都來自沐神福的內在的東西。神福這種滿足感是經過掙扎得來的，所以只有它才有存在的理由：它是一種勝利的歡樂，是靈魂在否定了感性的和有限的事物，因而也就否定了經常在埋伏著的憂慮之後所感到的欣慰；享神福的靈魂經歷過鬥爭和苦難，但是它卻戰勝了苦難[19]。

(1) 如果我們現在追問在這種內容中究竟什麼才是眞正的理想，答案就是：理想就是主體心靈和神的和解，神在顯現爲人時，他自己就已經歷過這條苦痛的道路[20]。具有實體性的親切情感只能是宗教的，亦即主體自己所感覺到的和平，但是主體如果感到眞正的滿足，他就必須聚精會神於它自身，打破了它的塵世的心，把自己提高到超然於自然的有限的存在之上，而且在這種提高之中，獲得了一種帶有普遍性的親切情感，亦即自己與神一體的親切情感，靈魂起意志要實現它自己，但是要憑一個具有特殊性的另一體：從此它就向神捨棄了自己，以便在神身上重新找到自己而感到喜悅。這就是愛的本質，就是眞正的親切情感，就是不帶欲念的給精神帶來和解、和平和神福的宗教性。這不是實際的生物性的愛所產生的那種享受和歡樂，而是不帶情慾私念的，或則說，它是靈魂的一種嚮往。在這種愛裡，從自然方面來看，愛就是一種死亡、一種毀滅，以致現實情況，即人與人之間的結合和關係，都變成一種容易消逝的過眼雲煙，按照它們實際存在的樣子，在本質上就達不到完滿或成熟，帶有占時間的有限事物的缺陷；因而就有一種到彼岸的向上的希冀，這種向上的希冀就是對無希冀無欲念的愛。

就是這種愛的本質形成了一種充滿靈魂的、內在的較高一層的理想，在繪畫裡代替了古代藝術的那種靜穆的偉大和獨立自足。古典理想的神們固然也不缺乏一點憂傷意味或一種宿命論的消極面，仿佛有一種冷酷的必然[21]在這些爽朗怡悅的形象上投上一層陰影，不過這些形象仍保持住對自己的獨立的神性和自由，以及單純的偉大雄強氣魄的信心。但是古典神們的這種自由畢竟不是上文所說的來自靈魂對靈魂、精神對精神的關係。這種親切情感點燃了當前出現在心靈中的神福的火焰，或一種愛，這種愛在苦難中和在最慘重的損失中不是僅僅有恃無恐或無動於衷，而是苦難愈深，它就從中獲得愈深的愛的情感和對愛的信心；它在苦

⓱ 即上文的「分裂」，指苦與樂對立後，樂更提高。下文「勞動」指否定過程。

⓲ 據《新約》，基督臨死前曾變形爲神，「光榮化」和「明朗化」在宗教術語中即變形爲神。

⓳ 這一節藉赫拉克勒斯的神話故事說明眞正的幸福是鬥爭後的勝利感，征服龍蛇的譬喻含義頗深。

⓴ 這裡神指基督。

㉑ 「必然」指命運。

痛中顯示出單憑自己的力量而且就在自己身上就得到了克服。與此相反，在古代理想的人物身上，我們固然看到除掉上文所說的那一點靜默的憂傷意味以外，還有高尚的性格也露出痛苦的表情，例如尼俄伯和拉奧孔的雕像並沒有沉沒到哀怨和絕望裡，而是保持住他們的偉大雄強的精神氣魄，但是這種保持畢竟是空洞的，災難和痛苦仿佛是最後的[22]，表現的不是和解與欣慰而是一種冷靜的忍讓，在這種忍讓中，當事人雖沒有完全垮掉，卻放棄了他原來所堅持的東西。沒有什麼低劣的東西遭到了粉碎；沒有表現出忿怒、鄙夷或煩惱的心情；但是這種個性的崇高還只是一種頑強的鎮靜自持，一種無所實現的聽天由命，靈魂的高尚和苦痛顯得還沒有達到平衡或協調，只有浪漫型的宗教的愛才有神福和自由的表現。

愛這種協調和滿足在性質上是精神性的、具體的，因爲它是精神自覺到自己與另一體融爲一體的感覺，所以所表現的內容如果需是完滿的，就要求有兩個方面，因爲愛必然要有精神人格的雙重化；它涉及兩個獨立的人身，而這兩個人卻都需自覺到彼此的統一。不過這種統一總是要和否定因素聯在一起的。這就是說，愛是屬於主體性的，而主體就是一顆獨立自持的心，爲著愛，就需拋開這顆獨立自持的心，要捨棄自己，犧牲個人的獨特性，就是這種犧牲形成愛裡的感動人的因素，愛只有在拋捨或犧牲裡才能活著、才能感覺到自己。所以一個人如果既拋棄自我而仍取回自我，在否定他的自爲存在中終於肯定了他的自爲存在，那麼，在這種協調和最高幸福的感覺中畢竟還是一個否定的因素，即所感到的情緒不是對犧牲的感覺而更多地是僥倖得來的幸福感，因爲他畢竟感到自己是獨立的，只是自己與自己統一的。這種情緒就是對辯證矛盾的感覺，這個矛盾就在於既否定了個人人格而又維持住獨立存在，這種矛盾在愛裡出現，也永遠只在愛裡才得到解決。

關於這種親切情感中的特殊的人的主體性，使人在其中享到天國幸福的那種愛，就要超越出時間性的東西以及人物性格的特殊個性，使它們變成無足輕重的。我們前已說過，雕刻中各種神的理想就已互相轉化；但是仍不脫離原始的直接的個性[23]的內容和範圍，所以這種個性仍然是藝術表現的基本形式。在神福的那種純潔光輝裡，個別特殊的東西卻被否定或消除了，在神的面前凡人一律平等，或是毋寧說，虔敬使凡人實際上平等，所以要表現的就是上述那種愛的集中，那種愛並不需要幸福，也不需要這個或那個特殊對象。宗教的愛固然也需要一定的個別對象才能存在，而這些個別對象在愛這種情感之外還各有其他範圍的生活，但是這裡充滿靈魂的親切情感既然提供眞正的理想的內容，它就不能在人物性格的特殊差異以及才能、情況和命運裡找到它的外在表現和實際存在，而是要超越出這些特殊因素才可找到。如果現代人認爲在教育中和在人對自己的要求中主要的事是重視各個人在性格上的差異，從此就得出這種結論：每個人應如何對待自己和受旁人的對待都各不相同，各有各的特

---

[22] 法譯作：「他們沒有越過災難和痛苦。」

[23] 各種神未分化以前的那種原始神的個性。

點。這種看法就是和宗教的愛完全對立的，在宗教的愛裡這類差異是要拋到後面去的。與此相反，在繪畫裡這種個性特徵，正因爲它是非本質的，不和愛的精神天國完全融合在一起的卻獲得了較明確的定性。按照浪漫型藝術的原則，這種個性特徵變成自由的，它就更要顯出特徵的烙印，因此浪漫型繪畫不把古典型的美，即由精神的宗教的內容意蘊完全滲透到直接的、生動的、有限的、個別特殊事物中去的那種表現方式，作爲它的最高的法則。儘管如此，這種個性特徵卻並不因此就會干擾愛的親切情感，而這種親切情感也不會受到這種個性特徵的束縛，而是已變成自由的，本身獨立地形成了眞正獨立的精神理想。

所以在宗教領域裡形成理想中心和基本內容的，像我們在討論浪漫型藝術時已經分析過的，是在本身上就已得和解和滿足的愛，這愛的對象在繪畫裡不能是一種單純的精神的彼岸，而必須是實際存在的人，因爲繪畫的任務就在於用實際的人體形式來表現精神的內容意蘊。所以我們可以把神聖家族的愛，特別是聖母對聖嬰的愛，看作繪畫範圍裡的最適合理想的內容。但是這個中心的兩邊還有較廣泛的題材，儘管從某些觀點來看，對繪畫並不完全適合。這些題材可以有如下的分類：

①第一種題材是愛的對象本身處在單純的普遍性和未經干擾的自己和自己的統一，即神處在他還未顯現於現象的本身，亦即神作爲父親[24]。不過繪畫如果要按照基督教觀念來理解的作爲父親的神把他表現出來，卻需克服一些很大的困難。神和人的父親作爲特殊的個體在藝術中已由宙斯儘量表現出來了。相形之下，基督教的作爲父親的神所缺乏的就是人的個

性，而繪畫只能在人的個性裡再現出精神性的東西。因爲單就他本身來看，作爲父親的神固然是具有最高威力、智慧等等的精神性的人格，但是他是無形象的，只是思想的一種抽象品。繪畫卻不能避免用擬人或人格化的辦法，必然要讓作爲父親的神具有人的形象。不管那人的形象多麼帶有普遍性、多麼崇高、內心多麼深刻、多麼有威力，它畢竟不過是一個具有人的面貌，或多或少顯得嚴肅的個體，這和作爲父親的神的觀念畢竟不完全相稱。在早期荷蘭畫家之中范・艾克[25]爲根特教堂祭壇所畫的天父在這種題材的領域裡可算是登峰造極了，可以和奧林匹斯的天神像比美；但是不管它把永恆的靜穆、崇高、雄強、尊嚴之類品質表現得多麼完美（在構思和創作施工兩方面都儘量做到深刻與宏偉了），它對於我們的觀念來說，畢竟還有不圓滿之處。因爲所表現出來的作爲父親的神同時是一個具有凡人面貌的個體，還只是作爲兒子的基督，只有在他身上我們才看到這個凡人的個性具有一種神性，不像希臘的神們那樣是由自由幻想所產生的形象，而是本質性的啓示[26]，是主題和主要意義。

㉔ 即基督教的最高神或上帝。舊譯「天父」，基督是上帝的兒子，聖靈憑依聖瑪利而生基督，所以基督教神學有天父、聖靈和基督三位一體之說。

㉕ 范・艾克（Van Eyck），侯巴特和約翰兄弟二人，都是十四世紀至十五世紀荷蘭名畫家，根特教堂祭壇上的畫共十二幅，由兄弟二人合作，一般稱作《羔羊的頂禮》。

㉖ 上帝在基督身上現身，所以就在基督身上啓示出他的本質，所啓示的抽象意義還沒有眞正體現於具體的形象。

②所以愛的本質性的對象在繪畫的表現裡應是基督。在用基督爲題材之中，繪畫就走進人類領域，在基督之外還擴充到一個更廣闊的範圍，還要描繪瑪利（聖母）、約瑟（瑪利的丈夫）、約翰受洗者、門徒等等，乃至普通的人民，其中有皈依基督教的，也有呼籲要把基督釘死在十字架上，嘲笑他臨刑時痛苦的。

上文所提到的困難在這裡又出現了，這就是如何按照基督的普遍性來理解他和表現他，在半身像和肖像似的作品裡就發生這個難題。我不得不供認，至少就我所見到的基督的頭像來說，例如卡拉契[27]的作品，特別是原屬梭勒收藏現歸柏林博物館的范．艾克所畫的那幅基督的頭像[28]以及梅姆林[29]的作品（藏在慕尼克），對我都沒有產生我所期待的那種滿足。范．艾克的作品在形式、額頭、顏色和全域構思等方面固然很宏偉，但是口和眼兩部分所表現的並不是什麼超凡人的神情。它所產生的印象是僵硬的嚴肅，形式的定型和分髮式之類又加深了這種印象。反之，如果這種頭像在形狀和表情上更近於個別的凡人，就會顯得比較慈祥溫和些，但在深刻和強烈效果方面就容易有所損失；至少是像我已經說過的，這類作品極不適宜於表現出希臘式的美。

因此，處在實際生活情境的基督較適宜於用作繪畫的題材。但是在這方面也不要忽視一個本質性的差別。在基督的傳記裡一方面神所顯出的人的主體性當然是一個主要因素：基督成爲神們中的一員，但同時也是一個實際的人，是處在人群中的一個人，所以在人的顯現方式或生活方式中的基督也可以描繪出來，就採用這種顯現方式來表現精神的內在方面所能達到的程度來說。但是另一方面，基督並不只是一個個別的人，他完全就是神。在這種應從人的主體性中透露出神性的情況下，繪畫就碰上了一種新的困難。內容意蘊的深度就開始占壓倒優勢了。因爲在大多數情況下，例如在基督宣教的情況下，藝術所能做到的就只限於把基督表現爲一個最高尚、最尊嚴、最有智慧的人，就像畢達哥拉斯或其他哲人被拉斐爾在《雅典的學校》那幅畫裡所描繪的那樣。繪畫克服這種困難的一個最好的辦法，就是拿基督的神性和他周圍的人進行對比，顯出他和一些有罪的、懺悔的、卑鄙惡劣的人之間的鮮明的對照；或則與此相反，通過描繪基督的崇拜者，這批人作爲和基督平等的人，憑他們的崇拜，就把顯現在面前的基督移到直接存在以外，因此，我們看到他被提升到精神的天國，同時獲得一種印象，他不只作爲神而且作爲普通的、自然的，並非理想的形象而顯現出來；而且作爲精神，在本質上就在人類當中，在他的信士群眾當中獲得他的實際存在，在這批人的反映之中就表現出他的神性。但是我們不應把這種反映看作仿佛神在人類當中存在只是純粹偶然的事件，或是只取外在的形態和表現方式，而是應把人的意識中的精神存在看作神的本質性的精神存在。在要把基督表現爲人，爲宣教者、爲復活者或是受到神化而上升到天國者的時

---

❷❼ 卡拉契（Carracci, 1560—1609），義大利畫家。

❷❽ 即上文提到的根特教堂祭壇上的那幅畫。

❷❾ 梅姆林（Hemling），十五世紀比利時畫家。

候，上述表現方式就會特別合式。在這類情況中單憑繪畫所用的手段如人的形狀、顏色、面貌和眼神之類，是不能把基督的內容意蘊完全表現出來的。但是在這裡最不適用的是古代的那些形式的美。特別是復活、神化和升天，以及基督生平中一切有關他在受刑和死亡之後，放棄了個人的直接存在而回到他父親（上帝）那裡去的場面，就需要基督身上有一種較高的神性表現，而這是繪畫所不能完全做到的，因為在這種情形之下繪畫就需拋開它在表現中所必採用那個獨特的手段，即表現於外在形象的人的主體性，就要用一種更純潔的光輝來使這種主體性現形為神。

因此，基督生平中較適宜於繪畫，較符合繪畫目的的情境，就是基督在他本身上還沒有達到精神方面的成熟，或是當他的神性還顯得在否定過程中受到阻撓和貶屈的那種情境，也就是基督處在童年時代以及受刑時的情境。

基督是嬰兒這一事實，一方面就已明確地表現出他在宗教中的意義：他是神變成了人，所以就要經歷人的發展所應有的一些階段；但是另一方面他被表現為嬰兒這一事實，也說明他在這時如果要能把他的全部本質都顯示出來，這就是一件在物質上不可能的事。在這裡繪畫有一種不可估計的大便利：它能使嬰兒的天眞純潔吐露出一種精神方面的崇高和偉大，這種崇高和偉大時而通過這種對比就已獲得一種威力，時而正因為這些品質屬於一個嬰兒，就不能要求像基督作為成年人、宣教者和世界審判者時所表現的那樣深刻、那樣莊嚴。拉斐爾所畫的一些嬰兒基督作品，特別是竺來希敦博物館所藏的他替羅馬什斯圖斯小禮拜堂所畫的那幅聖母像[30]，就是嬰兒性格的最美的表現，但是這裡也顯示出一種越出單純的嬰兒天眞的傾向，即使人從這個年幼的軀殼裡見出神性的東西，又使人揣測到這種神性走向無限中所啓示的日益深廣的發展，而同時又想到他既然還是嬰兒，這種啓示還不完全，也是理所當然的。至於范．艾克所畫的一些聖母像卻不然，在每幅裡聖嬰像都是最不成功的，大部分很呆板，露出新出世的嬰兒在形體上的缺陷。有人在這些像裡見出寓意的意圖：有意不把這些像畫得美，因爲値得崇拜的不是嬰兒基督的美而是作爲基督（救世主）的基督。但是這種看法並不符合藝術原則，在這方面拉斐爾的聖嬰像，作爲藝術作品，就遠遠勝過范．艾克所畫的。

對基督臨刑故事的描繪也同樣很合適，例如基督受嘲笑、戴荊棘冠，「瞧，這是什麼人！」[31]背十字架，釘死在十字架上，屍體從十字架上取下，埋葬之類情節。因爲這裡提供內容的正是神性，這神性不是處在勝利而是處在它的無限威力和智慧受到屈辱的場合裡。這種內容不僅是藝術一般所能描繪的，而且構思的獨創性在這種內容裡也有廣闊的發揮作用的場所，不致流於離奇的幻想。是神作爲人而處在人的局限裡在受苦難；所以他所受的痛苦顯

---

[30] 什斯圖斯小教堂的聖母像，畫的是聖母抱聖嬰，右邊跪著聖巴巴拉（女聖徒，在羅馬皇帝迫害基督教中殉難），左邊站著教皇什斯圖斯二世（也在西元三世紀中葉殉難），都在祈禱。此外還有一些天使。

[31] 基督受審和臨刑經過，詳見《新約》各《福音》（例如《馬太福音》第二十七章）。這句話拉丁原文是 Ecce Homo，是基督戴荊棘冠時審判官彼拉多向猶太群眾說的一句話。

得不僅是人類命運所引起的人類痛苦，而是一種大得無比的痛苦，一種對無限否定的情感，儘管作爲主體的情感而體現於人的形象，不過因爲受苦難的是神，他的痛苦終於和緩下去，不致流於絕望、歪曲形象和恐怖。這種靈魂痛苦的表現是一種完全新的獨創，特別在一些義大利畫師的作品中是如此。這種痛苦只在面孔下部表現爲一種嚴肅的神情，不像在拉奧孔雕像身上表現爲筋肉的抽搐，可以使人想到他在痛苦哀號；只是在眼睛和前額上才仿佛見出靈魂痛苦的波濤在翻騰起伏，表現深心隱痛的汗珠流出來了，但是汗珠只出現在前額上，額上的基本特徵是固定不動的額骨，在這裡鼻、眼和額都會合在一起，正是內心活動和精神性集中流露的地方，在這裡只有皮膚和筋肉的幾條皺紋（額上的皮膚和筋肉本來不可能有很大的抽搐或歪曲），就把這種痛苦表現出來了。這裡我特別想起來斯漢姆畫館裡所藏的一幅頭像，作者（我想是圭多．雷尼[32]，當然還有其他的畫家也用過同樣的方法）發現了一種完全獨特的彩色，不是凡人的膚色。這些畫家們想把精神黑夜的罩幕揭開，造出一種彩色，正足以最恰當地表達出這種精神上的狂風暴雨和烏雲，而這種風暴和烏雲又只嚴格地局限於神的青銅般的額部。

但是我在上文已把在本身上獲得滿足的愛看到繪畫的最完善的題材，這種愛的對象不只是一種精神上的彼岸，而是實際存在的，所以我們可以從擺在目前的愛的對象裡看出愛本身。這種愛的最高也最獨特的形式是瑪利對基督的母愛，這位產生了救世主、把他抱在懷裡的唯一的母親的愛。這是最美的內容，夠得上表現這種內容的是一般的基督教的藝術，特別是宗教範圍裡的繪畫。

對神的愛，說得更精確些，對坐在上帝右邊的基督的愛，純粹是精神的愛；它的對象只有靈魂的眼睛才可以看見，所以這裡不發生通常愛所有的那種成雙成對的現象，也沒有一種自然本能的紐帶一開始就把相愛的雙方繫在一起。與此相反，每種其他形式的愛有時是偶然互相傾心，有時相愛的雙方，例如兄弟與姊妹或父與子，除愛的關係以外，還有其他應關心的事務。父兄還要關心世界、國家、職業、戰爭之類一般性的目的，而姊妹還要做妻子、做母親等等。但是母愛卻既不是偶然的，也不是一個純然孤立的因素，而是母親的最高的世俗使命，其中自然本能的傾向和最神聖的職責緊密地結合在一起。但是在通常的母愛裡，母親在兒子身上同時見到丈夫，感到對丈夫的衷心契合，在瑪利對嬰兒基督的關係中卻沒有這種情況。因爲她的愛和一般女人對丈夫的愛毫無共同之處；反之，她對丈夫約瑟的關係更多的是兄妹的關係，而約瑟那方面則對神和瑪利所生的聖嬰感到一種神祕的崇敬。所以宗教的愛在採取最完滿最熱烈的人與人之間愛的形式時，不是表現於蒙難的、復活的或滯留在朋友們中間的基督，而是表現於女人的情感方面的本性，表現於瑪利。她的全部心靈和全部生活都集中在對聖嬰的人類愛上（她把他叫做她的兒子），同時集中在對神（她感到自己和神是一

㉜ Guido Rheni（1575—1642），義大利畫家，他的耶穌頭像是傑作之一，他特別擅長著色。

體）的崇敬和愛上。在神的面前她感到卑微，但同時也感到自己在一切少女之中是唯一的沐神福者的無限幸福；她不是本身獨立的，而是只有在她的嬰兒身上、在神身上，她才達到完滿，但是無論是在嬰兒的搖籃旁，還是作爲天后，她在聖嬰或神身上，她都只感到滿足和幸福而不帶情慾和希冀，除掉享受和保持她已有的東西之外，別無需要和目的。

這種愛的表現從宗教內容方面得到廣闊的發展，例如天使預告基督降生、聖母訪問、基督降生、逃向埃及之類就屬於這個範圍。此外還加上追隨基督的那些門徒和婦女的生平經歷，這批人的對神的愛多少是他們與神之間的一種私人關係，他們愛這位現在目前的活的救世主，這位救世主是在他們中間走動的一個實實在在的人。天使們的愛也屬於這一類，這些天使們在基督降生以及許多其他場合圍繞著基督飛舞，表現出嚴肅的虔敬或是單純的歡樂。在處理這一切題材時，繪畫特別能表現出宗教愛中的心境和平與完全的心滿意足。

但是這種心境和平也會轉到最深沉的哀痛，瑪利親眼看到基督背十字架，看到他在十字架上受苦和死亡，看到他被從十字架上取下，埋到墳墓裡，沒有哪一種痛苦比她的痛苦還更深了。但是她的這種哀傷的眞正內容既不是這種痛苦的強烈、損失的沉重，也不是對必然災難的忍受或對不公正的命運的怨恨，所以拿她的痛苦和尼俄伯的痛苦來進行對比，就可以見出她的這種痛苦的特點。尼俄伯也喪失了她所有的兒女，卻仍保持著純粹的崇高和未經虧損的美。在她的痛苦裡她還保持住的是這位不幸者的自然存在方面，也就是構成她的全部實際存在的那種已變成自然的美；這種實際的個性還保持著它原有的美。但是她的內心世界、她的心，既然喪失了她的愛，也就是她的靈魂的全部意義，她的個性和美就只能變成頑石了[33]。瑪利的痛苦卻完全不同。她感覺到一直刺透她的靈魂中心的那把劍，她的心碎了，但是她卻沒有化成頑石。她不只是懷著愛，她的全部內心生活就是愛，就是那自由而具體的熱情，這愛雖喪失了它的對象，卻仍保持住它的絕對內容，就在愛的對象的喪失本身之中，她仍處在愛的心境和平中。她的心碎了；但是她心裡那具有實體性的東西，即她的心靈的內容，亦即透過她的靈魂苦痛而仍放出不朽生命的光輝的那種東西，卻是一種無比崇高的東西，是靈魂的活生生的美——這與抽象的實體是相反的，抽象實體的肉體方面的觀念性的存在，在靈魂的美喪失之後還沒有腐朽，卻要化成頑石。

最後，有關瑪利的還有一個題材，就是她的死和她的升天。瑪利臨死時恢復了她的青春美，把這個題材畫得很美的要推斯霍勒爾[34]。這位畫師把瑪利畫成在外表上表現出患睡行症，斷了氣、僵硬了、眼睛瞎了的樣子，但同時又表現出她的精神仍透過這些外表現象而顯得很透明，彷彿安居在另一個地方，享著神福。

---

[33] 尼俄伯（Niobe）的女兒被阿波羅殺盡的神話已見前二〇九頁注[5]；尼俄伯後來被天帝化成頑石。這裡就兩個具體的事例說明古希臘藝術中的愛和基督教藝術中的愛之間的差別。

[34] 斯霍勒爾（Scorel），十六世紀荷蘭畫家，擔任過梵蒂岡美景宮藝術館的館長，最早一個受到義大利影響的荷蘭宗教畫家。

③第三，屬於神在他自己和他的親信們的生活，苦難和光榮化中的實際存在這個題材範圍的還有人類，即把神或神的歷史中，某一特殊行動作爲自己的愛的對象的那種主體的意識，這種主體意識所保持的不是任何時間性的有限內容，而是絕對內容。這裡需指出的有三要素，即清靜的虔敬、懺悔和皈依（或改邪歸正）（這兩者無論在外表方面還是在內心方面，都是神的蒙難史在人身上的複演），以及第三要素即淨化中的光榮化（神化）和神福。

第一，就單純的虔敬來說，它主要地替祈禱提供內容。這種情境一方面是卑微感、自我犧牲，在另一體上尋求心境和平；另一方面不是祈求而是祈禱。祈求和祈禱當然是密切相聯的，因爲祈禱也可以是一種祈求。不過眞正的祈求是我爲我自己而想要一種東西，旁人擁有對我很重要的東西，我向他央求，想他喜歡我，想軟化他的心，引起他對我的愛，喚醒他和我同一的情感；但是我在祈求中所感到的卻是想要得到某種東西，旁人要把它喪失掉，我才能得到；旁人應該愛我，我愛自己的私心才得到滿足，我的福利才得到進展。我在這場交易中自己卻不給出什麼，只許下一個願，讓旁人將來對我有所祈求。祈禱並不是這樣；它是心向絕對的一種提高，而這絕對本身在本質上就是愛並不單獨爲它自己而擁有什麼；虔敬本身就是應允，祈求本身就是神福。㉟因爲儘管祈禱也可以包含對某種特殊的東西的祈求，這種特殊的東西卻不是眞正要表現的東西，是表現的本質性的東西是一種信念，相信有求必應，所謂「應」不是「應」在這件特殊的東西上，而是「應」在一般事物上，這是絕對的信念，相信神會分配給我對我最有益的東西。在這個意義上祈禱本身就是滿足，就是享受，就是對永恆的愛的明確的感情和意識，這永恆的愛不僅作爲起光榮化作用的光輝，把形象和情境照得透亮，而且它本身就構成情境，構成待表現的和實際存在的事物。例如在已經提到的拉斐爾的那幅畫裡，教皇什斯圖斯所表現的就是這種祈禱的情境，聖巴巴拉也是如此；此外還有許多繪畫，描繪使徒和聖徒，例如聖佛朗西斯科，在十字架下祈禱，這裡選作虔誠祈禱內容的不是基督的痛苦，也不是門徒們的灰心喪氣、懷疑和絕望，而是對神的愛和崇敬。這種情況特別表現在早期最古的畫裡一些人物身上，他們的面孔顯出他們生平曾飽經患難（在畫中是以眞實人物造像的方式來處理的），而他們的靈魂卻顯得是虔敬的，使人感覺到他們的祈禱不只是暫時的任務，而是像聖徒們一樣，他們畢生中的生活、思想、希冀和意志都是虔敬的表現，這種表現儘管是用眞實人物造像的方式描繪出來的，中心內容卻只是上述那種信念和愛的心境和平。但是在較早期的德意志和荷蘭的畫家的作品裡，情況卻不如此。例如德國科隆大教堂上[36]裡的那幅畫的題材是國王們和科隆地方施主們在祈禱，這種題材也常被范．艾克派畫家們採用。在這類作品裡，祈禱者往往是些名公貴人，例如布瓦索越所收藏的，據說是出於范．艾克的手筆的那幅名畫裡有兩個國王已經斷定爲勃艮第公爵菲利普

㉟ 法譯作：「虔教本身變成對這種絕對的皈依，而祈求本身則表現這種皈依所帶來的神福」，不很符合原文。

㊱ 科隆在普魯士萊茵河畔，它的大教寺是中世紀哥德式建築的代表作之一。勃艮第在法國東部，菲利普公爵是十五世紀人物。查理是他的兒子。

和查理「魯莽漢」。從這些人物身上可以看出他們除掉祈禱以外還有其他事務，只是在禮拜日或舉行彌撒禮的早晨才上大教寺來，此外就要照管其他世俗事務。特別是在荷蘭和德意志的繪畫裡，施主們都是些虔誠的騎士和敬畏上帝的主婦帶著他們的兒女。他們就像瑪大走來走去，也關心到一些外界世俗瑣事，而不像瑪利那樣選擇最好的事來做[37]。他們的虔誠固然也不缺乏內心的熱情，但不是愛的歌聲，不是專心致志，而愛的歌聲卻不是一種單純的振奮、一種祈求，或是對所得恩惠的感謝，而應該是唯一的生活，就像夜鶯不歌唱就沒有生活那樣。

一般說來，在這類繪畫中聖徒們和專心禱告者們與教會中一般虔誠的信士們之間在實際生活中的差別在於專心祈禱者們，特別是在義大利畫裡，在他們的虔敬中表現出內在方面與外在方面的完全一致。熱烈的心情主要地顯現在面孔形狀上，面孔形狀不表現任何與心情相反或不同的東西。這種協調一致在實際生活中並不是毫無例外的。例如一個啼哭的嬰兒，特別是在剛啼哭的時候，面孔上往往現出一副怪相，引起我們發笑，這並非因爲我們知道他的痛苦值不得流淚。老年人在要笑的時候，也會現出歪曲的面孔，因爲他們的面孔本來太僵硬、乾枯和鐵板，不便於發出自然不勉強的笑或是友好的微笑。心情和感性形狀之間這種不協調如果出現在虔敬的祈禱之中，就是繪畫所應避免的，繪畫必須顯示內在方面與外在方面的和諧。在這方面最擅長的是義大利畫家們，德意志和荷蘭的畫家們就較爲遜色，因爲他們用的是眞實人物造像的方式。

我還要補充一點看法。這種出自靈魂的虔敬，也不應表現爲處在外在的或內心的煩惱之際所發出的絕望的呼籲，像在《舊約．詩篇》和路德新教用的多數頌歌裡那樣，例如「像鹿號叫著找清水，我的靈魂也號叫著找您」，而是應像一種逐漸熔化（儘管不像尼姑們所表現的那麼溫柔），一種靈魂的拋捨以及對這種拋捨的享受，一種欣慰和功德圓滿的感覺。因爲信仰中的煩惱、心情的頹唐，永遠處在掙扎和分裂的疑慮和絕望，永遠不能斷定自己是否有罪，懺悔是否眞誠，恩赦是否無保留的那種患憂鬱症的虔誠，這種還不能忘去主體自己的拋捨（他的煩惱就是證明）和浪漫型理想美是不相容的。虔敬毋寧表現於向天渴望著的眼光，不過藝術性較強，引起較高美感的是讓眼光凝視一個目前存在此岸的祈禱對象，例如瑪利、基督和聖徒之類。要讓主要人物舉眼看天看彼岸的辦法來提高一幅畫的精神意味，這是一件輕巧的事，太輕巧了，就像目前有些人引聖經來證明上帝和宗教是社會的基礎或是證明隨便哪一個論點，而不根據現實情況的道理那樣。例如在圭多．雷尼的作品裡，舉眼望天已成爲一種習套。再如慕尼克所藏的那幅聖母升天圖，曾博得許多愛好者和藝術鑑賞家的最高的評價，其中神化過程的燦爛的光圈、靈魂沉浸和溶解在天國裡的情況，以及升天中整個身體姿

---

[37] 見《新約．路加福音》第十章：基督走進一個村莊，瑪大把他接到家裡，她的妹子瑪利在聽他講道，瑪大請求基督讓瑪利幫她照料家務。基督說：「瑪大，你操心的事太多了。但是應做的事只有一件，瑪利選擇了最好的事做，不能讓她離開。」最好的事指專心聽布道。

勢，乃至顏色的鮮明美麗確實都能產生最好的效果；不過在我看來，如果聖母的眼光被描繪成充滿著實際存在的愛和熱情，凝視著懷裡的聖嬰，那就會和她的性格較相稱。至於渴求、熱望以及上述那種向天渴望著的眼光卻更近於近代的感傷情調。

第二，出現在愛的精神性虔敬中也有消極方面。門徒、聖徒和殉道者們，在外在（身體）方面和內心方面都不免要經歷基督在臨刑中所曾經歷的那種痛苦的道路。

這種痛苦有時落在藝術領域的邊緣上，繪畫很容易越過這個邊緣，如果它用肉體痛苦方面的陰森恐懼的情況，例如活剝皮、活燒死、釘上十字架的苦刑作爲它的內容。如果繪畫不能放棄精神的理想，它就不應採用這類題材。這不只是因爲把這類酷刑擺在眼前，對感官是不美的，也不是因爲我們近代人神經脆弱，而是根據一個更高的理由，這就是繪畫的要務不在描繪這種感性方面的東西。在繪畫裡應該感覺到的而且表現出的眞正內容是精神的歷史，是處在愛的苦痛中的靈魂，而不是某一主體所受到的直接的肉體的痛苦，對旁人苦難的痛心，或是對自己罪過的痛心。殉道者的在恐怖的酷刑之下的堅忍，只是一種忍受肉體痛苦的堅忍，但是在精神性的理想裡首要的是靈魂，靈魂的痛苦、愛的創傷、內心的懺悔、哀悼和悔恨。

就連在這種內心苦痛裡也不能沒有積極的方面。靈魂應確信人憑自己而且就自己身上實現的人與神的客觀的和解，它所引以爲苦惱的只是這種永恆的幸福[38]還要在它自己身上成爲主體的。所以我們往往看到一些懺悔者、殉道者和僧侶儘管確信客觀的和解，有時卻爲要拋棄一顆心而哀悼，有時既已拋棄了這顆心，還需要不斷地重新完成上述和解，因而要不斷地重新懺悔。

這裡可以採取雙重的出發點。第一，如果畫家一開始就用一種會很輕易地應付生活和現實聯繫的生活爽朗、愉快、自由，而堅決果斷的人物性格作爲基礎，那麼，隨之而來的就會有形式[39]方面的自然高尙、秀雅、愉快、自由和優美。反之，如果他從一種倔強、傲慢、粗野、胸襟狹窄的人物性格出發，那麼，就要用暴力來勉強加以克服，才能把精神從世俗感性事物的控制中拔出來，獲得導致宗教的幸福[40]。隨著這種倔強的人物性格就會出現較生硬的粗獷和強悍的形式，就會現出這種倔強性格所必然遭受的創傷的痕跡，形式方面的美就會消失。

第三，上述和解的積極方面，既來自痛苦的光榮化（神化）和來自懺悔的神福，也可以本身獨立地用作繪畫的內容，不過這種題材當然很容易產生偏差。

以上所說的就是浪漫型繪畫，用來作爲基本內容的絕對精神理想的一些主要方面。繪畫中最成功最享盛譽的作品都要用這些材料，這類作品之所以不朽，就因爲它們具有深刻的思想，如果在深刻思想之外再加上眞實的表現，這類作品就會成爲任何藝術家所能達到的最高

---

[38] 即人與神的和解（統一）。

[39] 黑格爾用「形式」有時指「形狀」。

[40] 即上文人與神的和解。

成就，顯出靈魂攀登到最高的神福、最熱情最富於親切的內心生活的境界。

在討論過宗教範圍的繪畫以後，我們接著就要討論一些其他領域的繪畫。

(2) 與宗教範圍相對立的是單就它本身來看，既無親切情感又無神性的東西，這就是自然，特別就繪畫來說，就是自然風景。我們前已界定了宗教題材的性質，說這類題材表現出靈魂的具有實體性的親切情感，即愛在絕對中的自在[41]。但是親切情感也可以還有另一種內容意蘊。它也可以在對它完全外在的東西裡發見一種心情的共鳴（或回聲），可以在客觀事物裡認出某些與精神有親屬關係的特點。山岳、樹林、原谷、河流、草地、日光、月光以及群星燦爛的天空，如果單就它們直接呈現的樣子來看，都不過作為山谷、溪流、日光等等而為人所認識——但是第一，這些對象本身已有一種獨立的旨趣，因為在它們上面顯現出的是自然的自由生命，這就在也具有生命的主體心裡產生一種契合感；其次，客觀事物的某些特殊情境可以在心靈中喚起一種情調，而這種情調與自然的情調是對應的。人可以體會自然的生命以及自然對靈魂和心情所發出的聲音，所以人也可以在自然裡感到很親切。阿卡第亞人[42]曾提到一種叫潘恩的林神在黑暗的森林裡使人起恐怖之感，與此相類似，自然風景中許多不同的境界，例如自然的溫和爽朗、芬芳的寂靜、明媚的春光、冬天的嚴寒、早晨的蘇醒、夜晚的寧靜之類，也契合人的某些心境。平靜而深不可測的大海可能蘊藏著無窮的翻天覆地的威力，人的靈魂也有這種情況；反過來說，大海的咆哮翻騰，湧起狂風巨浪也可以引起靈魂的同情共鳴。這種親切情感也可以用作繪畫的題材。因此，構成繪畫的眞正內容的不是單按照它們的外在形狀和並列關係來看的單純的自然事物，如果是這樣，繪畫就會成爲單純的臨摹；而是滲透到一切事物裡去的自然界活潑的生命，正是這種生命的某些特殊情況與心靈中某些情調的同情共鳴，才是繪畫在描繪自然風景時所應生動鮮明地表現出來的。只有這種親切的滲入[43]才是精神和心靈活躍的時機，才使自然在繪畫裡不只是用作背景而且也可以用作獨立的內容。

(3) 最後還有第三種親切情感，它有時見於離開完整自然風景的生命，完全無意義的零散的對象上，也有時見於在我們看來仿佛不但是完全偶然的而且是卑微平凡的人類生活場面上。我在另一場合（卷一，二二七，二三三—二三七頁）已試圖辯護這類題材是適合於藝術的。現在我只就繪畫的觀點就前已提出的看法作以下的一些補充。

繪畫不僅要涉及內在的主體性，而且還要涉及本身經過特殊具體化的內心生活。這種內心生活，正因爲它是特殊具體化的，就不僅停留在宗教的絕對對象上，也不是從外在界只取自然條件以及它的一定的山水風景的性質作爲內容，而是要貫串到人作爲個別的主體所能感

---

41 人與神的統一所產生的幸福，絕對即指神。

42 希臘中北部山區的土著戶，原先從事畜牧，林神潘恩（Pan）是他們特別崇拜的神。

43 原文是 innige Eingehn，意即把主體方面的內心活動滲透到自然事物裡，體會到自然事物生活情況和姿態與主體的心情有契合之處。這個看法經過黑格爾的門徒費肖爾父子的發揮，就成爲「移情說」。

到興趣的而且能從其中獲得滿足的一切事物裡去。就連在表現宗教範圍的題材時，藝術愈提高，它也就愈要把它的內容納入塵世現實事物裡去，使這內容具有塵世現實生活的完滿性，因而使感性存在方面通過藝術成爲主要的方面，而宗教虔敬方面的興趣卻成爲次要的。因爲在這裡藝術也要擔負一個任務，把理想充分體現在現實裡，把原來脫離感官的東西變成可以用感性方式來表現的，並且把過去較遠的場面中的對象轉移到現在來，對這些對象加以人化。

總之，在這一階段，成爲繪畫內容的是，直接現實事物和日常環境中平凡瑣屑的事物所表現的親切情感。

①如果要問這種原來貧乏或無足輕重的題材之中，究竟有什麼足以提供眞正符合藝術的內容意蘊，回答就是：在這些題材裡存在的和發揮效力的實體性因素，一般就是獨立事物在極其繁複的各自特有的目的和旨趣中所見出的欣欣向榮的生氣。人總是永遠在直接現實中活著；他在每一瞬間的所作所爲都是一件特殊個別的事，這件事之所以有辯護理由，因爲每件事都是用全副精神來做的，儘管它是極其渺小的。這樣，人就和這種個別特殊的事形成一體，他彷彿就只是爲它而存在，因爲他投進去了他的個性的全副力量。這種結合[44]就造成人與他在他的最切近的情境中的一切特殊活動之間的和諧，這種和諧也是一種親切情感，在這裡就使這種本身完滿自足的存在具有獨立性的美。所以在這類題材描繪中使人感到興趣的不在對象本身，而在這種顯出生氣的靈魂，這種有生氣的靈魂單憑它本身，不管它出

現什麼事物身上，就足以適合每一個心靈健康而自由的人的口味，對他成爲一個同情和喜悅的對象。所以我們卻不應使一種說法敗壞我們的樂趣：這種說法要求我們應從所謂「妙肖自然」和「產生幻覺的摹仿自然」的角度來讚美這類藝術作品。這種要求表面上像是支援這類作品，而實際上它本身就只是一種幻覺，沒有抓住要點。因爲按照這種要求的欣賞只是根據一件藝術品和一件自然產品的比較，只求藝術描繪和原已存在的事物之間的一致，而其實這裡的眞正內容和藝術性，卻在於藝術家掌握住而且表現出所描繪的內容或事物和它本身的一致[45]，它是一種由靈魂滲透的現實事物。如果按照幻覺原則，丹那[46]的人物畫像（舉例來說）就應該受到讚賞。這些畫像固說得上是摹仿自然，但是其中絕大部分卻缺乏至關重要的生氣，只在描擬頭髮、皺紋之類小節上下功夫，所畫出來的雖不是一具死屍，卻也不是一個活人的面貌。

此外，如果我們認爲這類平凡的題材值不得我們費高明的心思，因而讓這種理解方面的成見降低我們對這類作品的欣賞，我們對內容所採取的態度就不符合藝術的實際情況所要求的。這就是說，照這樣看，我們就只按照我們的需要、喜好、原來的教養，以及其他方面的

[44] 原文是Verwachsensein，本義爲傷口縫合，法譯作「同一過程」，指上文所說的人和他所做的每一件事同一。

[45] 即事物本身的融貫完整。

[46] 丹那（B. Denner，1685—1749），德國自然主義畫家。

目的跟這類對象所發生的關係，來看待這類對象，換句話說，我們就按照這類對象的外在的目的性來看待它們，因而把我們自己的生活目的方面的需要看作首要的東西，而對象本身的生氣卻被消除掉了，因爲它的基本使命彷彿就是單純的服務的工具，只要我們不利用它，它對我們就成爲不關疼癢的。例如一線陽光透過開著的門射進我們走進去的那間房子，我們所遊覽的一個地區、一個縫衣的女子、一個在很勤快地做工作的侍女，我們看到時都可以漠不關心，因爲我們的心思和興趣不在這些對象的活動上面，因此在自言自語中或是跟旁人閒談中，我們所面對的這些情境就沒有什麼可以引起我們思考和談論的東西，或是我們偶然瞧它們一眼，也不過說句心不在焉的話，如「很有趣！美！醜！」之類。例如我們就抱這種態度去欣賞農民舞蹈的熱鬧，只是隨隨便便地瞧它一眼，或是瞧不起它就走開，因爲我們是「一切粗野玩意兒的敵人」。我們對待日常相往來的或偶然碰到的人們的面相也是如此。我們的主體性和交際活動在這些場合總是在起作用。我們被迫要向這個人或那個人說這樣或那樣的話，要有事務跟他辦，要對他採取一定的觀點，想到他的這方面或那方面，從這種或那種情況去看他。按照我們對他的認識來和他談話，有些話不說，怕得罪了他，有些事不提，怕他發生誤會，總之，我們總是要想到他的歷史經歷，他的身分和地位以及我們對他的態度或和他要辦的事務，我們不是和他處在一種完全實用的關係，就是對他漠不關心，毫不在意。

但是藝術在描繪這種生動的現實之中，卻要完全改變我們對對象的態度或觀點，因爲藝術需割斷原來把我們和對象聯繫在一起的一切實用方面的牽涉，讓我們完全從認識方面去對待這些對象；同時藝術也要消除漠不關心的情況，把我們的原來分散到其他事務的注意完全轉移到所描繪的情境上去，因爲我們需專心致志，才能欣賞這種情境，特別是雕刻，由於它側重理想的創作方式，壓根兒就打破我們和對象的實用方面的聯繫，雕刻作品顯得根本不屬於實用方面的現實。至於繪畫卻一方面把我們引到一個較接近我們的日常世界的現實情況裡去，而另一方面卻又割斷把我們聯繫到這種現實情況的一切實用方面的線索，如牽掛、願望和厭惡之類，以便引我們更接近對象，把它看作自有目的自有生命的事物。這種情況與施萊格爾先生關於比馬龍的神話[47]所說的話恰恰相反，他認爲這個故事說明由完美的藝術作品轉向平凡生活，轉向主體的欲望及其實際滿足的過程，這種轉向過程和藝術作品在我們和對象之間所設立的距離[48]恰恰相反，藝術作品通過這種距離才能把對象作爲一種獨立的生命和現象擺在我們眼前。

②藝術在這個領域裡，不僅使我們原來不認爲本身具有獨特性的內容重新獲得它的被剝奪去的獨立性，而且還能把這種原來在現實中不能長久留存，使我們慣於不單就它們本身

---

47 比馬龍（Pygmalion），希臘神話中的賽普勒斯國王，用象牙雕成一個美女，就愛上了這個雕像中的女人，因向女愛神禱告，請她把雕像轉化成爲活人。女愛神照辦了，他就和這位美女結了婚，生了兒子。這個例子說明由藝術的欣賞態度轉到實用的態度。

48 黑格爾的這個看法多少是後來德國美學界所流行的「距離說」的萌芽。

來看的對象固定下來。自然在它的構造和流動的表現方面愈向高級發展，它也就愈類似一個只適應眼前片刻需要的戲劇演員[49]。關於這一點，我在前文已經提到藝術對現實的勝利，在於藝術能把現實中最流動不居的東西凝定下來。在繪畫裡，這種使瞬間事物具有持久性的能力不僅見於把某些情境中暫時性的集中的生氣表現凝定下來，而且見於抓住這種生氣表現中瞬息萬變的色調，使這種生氣表顯現出魔術般的效果。

例如有一隊騎馬的人，其中全隊的組合次第以及每個人的位置和情況在每一瞬裡都可以有所改變。如果我們自己就是這隊裡的成員，我們就不會注意到這種改變所表現的生氣而要經心完全另外的事：我們要上馬、下馬、打背包、吃、喝、休息、照顧馬、餵馬料、讓馬喝水。反之，如果我們只是尋常實際生活中的旁觀者，我們就帶著完全不同的興趣看這個場面：我們就會想要知道這批人在做什麼、他們是哪地方的人、他們的目的地是哪裡，以及如此等類的問題。至於畫家卻窺伺這個物態中流動不居、瞬息萬變的人物活動，面孔表情和顏色現象，單是因爲對它們所表現的生氣感到興趣，就把他們描繪給我們看，如果不用繪畫凝定下來，這種生氣就一去無蹤。他的描繪之所以妙肖自然，主要是由顏色現象所引起的作用，這不是指顏色本身，而是指顏色的明暗之差和對象的顯隱遠近之差的幻變，對這方面我們在看藝術作品時通常不肯給以應得的注意，只有藝術才能使我們認識到這方面。此外，在這方面藝術家還利用自然事物的優點，深入到極個別特殊的細節，要求具體、明確和個性鮮明，要使所畫的對象保持它們在最短暫的瞬間所現出的那種生動鮮明的個性，而且還不是單對知覺提供一些嚴格直接從自然臨摹來的一些個別特殊細節，而是要對想像揭示一種明確的定性，其中同時還有普遍性在起作用。

③這一階段的繪畫用作內容的題材在和宗教的題材相形之下愈是微不足道的，藝術創作的本領、觀察、構思、創作施工、藝術家對他所要畫的那個個別範圍中的事物的深切體會，他在創作過程本身中所表現的靈魂和生氣蓬勃的愛，也就愈成爲興趣的中心，而且也就是內容的一個組成部分。但是對象經過藝術家的手也不能變成和它在現實中本來有的或可能有的樣子毫不相同。我們認爲所看到的只是完全不同的或新的東西，這是因爲我們在現實中從來不像畫家那樣仔細注意到這類情境和它們的色調變化的細節。不過畫家在這些平凡的對象之上也確實增加了新的因素，這就是藝術家在把握和處理這些對象之中所表現的愛、聰明智慧和靈魂，因此他把他自己所特有的創作靈感灌注到他的作品裡去，這就是一種新的生命。

以上就是關於繪畫內容方面所應注意的一些基本觀點。

B. 感性材料的一些較明確的定性

接著要討論的第二方面涉及感性材料爲著適應既定的內容，就必須具有的一些較明確的

㊾ 隨機應變，變化無常。

定性。

(1)這裡第一個重要的因素是線形透視。這個因素是必要的，因爲繪畫只可利用平面，不像古代雕刻中浮雕那樣把人物並列地鋪在同一透視水準上，而是不得不採用另一種表現方式，使畫中各對象之間的距離在一切空間尺寸上都成爲可以眼見的。因爲繪畫需把它所選的內容平鋪開來，使其中複雜的動態都展現在眼前，使人物與自然風景、建築、房間的環境等等，之間都現出雕刻在浮雕中所不能現出的那樣高度複雜的關係。繪畫既不能像雕刻那樣表現出實際的距離，它就只得憑形似（外貌）來代表實在。在這方面首先要注意的是繪畫要把它所能利用的一個平面劃分爲幾個不同的，看得出彼此有距離的透視水準，因此畫中各對象都獲得一個靠近的前景和一個隔遠的背景，這兩個部分又通過中間部分而連接成一片。繪畫把它的各種對象分布在這些不同的透視水準上。對象距離眼睛愈遠，按照比例關係它們也就愈縮小，在自然本身中這種逐漸縮小的情況是服從可以用數學來測定的光學規律的。繪畫也要服從這種規律，不過由於各種對象分布在一個平面上，運用這個規律的方式又有所不同。繪畫有必要運用所謂線形的或數學的透視，道理就在此。不過詳談透視不是這裡所應做的事。

(2)其次，畫中各對象不僅彼此前後有一定距離，而且具有不同的形狀。這種顯示出每一對象的特殊形狀的特殊的界定空間的方式是構圖設計方面的事。只有構圖設計才能既界定對象彼此之間的距離，又界定各個對象的形狀。構圖設計的最重要的規律是形狀和距離的準確，這當然還與精神的表現無關，而只涉及外表現象，因此也只構成外表方面的基礎，不過在處理有機物的形狀以及它們的複雜的動態時，表現因動態而產生的按照透視的縮小對繪畫卻是很難的事。就透視和構圖設計這兩方面都只涉及形狀和形狀的空間整體性來說，它們形成了繪畫中的造型或雕刻的因素。由於繪畫要用外在形狀來表現最內在的精神，它對這種雕刻的因素既不能拋棄不用，而從另外的觀點來看，又不能爲它所限制住。因爲繪畫的眞正的要務在於著色，所以眞正的繪畫中的形狀和距離，只有通過顏色的差異才能獲得眞正的充分表現。

(3)所以使畫家成爲畫家的是色彩，是著色。我們固然也很樂意玩索素描，特別是速寫，把它們看作是天才的主要標誌，但是儘管素描和速寫多麼能富於創造和想像地在寥寥數筆中，使內在的精神從仿佛是透明晶亮的形體包裹中吐露出來，繪畫畢竟要繪，如果它不肯從所描繪對象抽去見出生動的個性和特殊性的感性因素。這樣說，並不是要否認像拉斐爾和阿爾布雷希特·杜勒[50]之類大畫師的素描，特別是信手的素描，具有很大的價值。相反地我們承認，從某一方面看，正是這類信手的素描具有最高的興趣，因爲它們使我們看出一種奇蹟，這就是全副精神仿佛直接貫注到手的靈巧上，使手極輕而易舉地，不假探索嘗試地在一

[50] Albrect Dürer（1474—1528）文藝復興時代德國最大的畫家、素描家和版刻畫家。

霎時間的創作中就把藝術家的心靈中所含蓄的一切都揭示出來。例如杜勒在閔興市圖書館所藏的《祈禱書》的書邊上所做的素描就顯出一種難以言傳的精神性和自由；構思和表達彷彿就是一回事；至於面對著一幅繪成的作品，人們就不免有一種印象，覺得它是經過多次加工，嘗試和修改才達到完善的。

儘管如此，繪畫畢竟要通過顏色的運用，才能使豐富的心靈內容獲得它的眞正的生動表現。不過並不是一切畫派對著色技藝的掌握都達到同樣的高度，有一個很特別的現象，就是幾乎只有威尼斯人，尤其是荷蘭人，才特別擅長於著色。他們都住在海邊低窪的陸地上，到處有沼澤、溪流和運河。就荷蘭人來說，我們可以說他們之所以擅長著色，是由於他們經常面對著一種多雲的地平線，所以心中老是想著一種灰色的背景，這種陰暗天氣就使得他們對色調在光度、反光、深淺配合等方面的效果和複雜情況，進行研究和把它們顯示出來，並且把這種工作看作畫藝的首要任務。同威尼斯和荷蘭的繪畫對比之下，義大利繪畫，除掉幾個人的作品之外，就顯得枯燥冷淡、無潤澤、無生氣。

關於著色，應該特別提出的有下列最重要的幾點：

① 第一，一切顏色的抽象基礎是明和暗。如果單是明暗的對立和配合在起作用而還沒有加上顏色的差異，所顯現出來的就還只是白色作爲光而黑色作爲陰影之間的對立，以及兩者的過渡轉變和濃淡深淺之差，這些是素描的必不可少的組成因素，因爲它們屬於形體的眞正的造形因素，靠它們才可以顯示出對象的隆起、下陷和圓整以及所處的距離。我們在此可

以趁便提到銅板雕鐫的技術，這也是只涉及明暗之分的。除掉它所要求的精工細作之外，這種技術還有可珍貴的地方，那就是當它達到高度完善時，它可以把表達心智和印刷術的大量複印的效益結合在一起。不過銅板雕鐫術並不像單純的素描那樣滿足於只顯出光和陰影，而是簡直要和繪畫競賽，特別是在現代雕鐫術發達的情況下，除掉藉光度深淺去表示明暗之分以外，還要表現出起於局部色調的各種不同的明暗程度，例如銅板雕鐫用這種光度可以顯出白髮與黑髮之分。

但是在繪畫裡，像上文已經說過的，明暗只提供基礎。不過這個基礎也是極重要的，因爲只有明暗之分才可以明確表現出形體作爲感性的形體在向前與退後、圓整，以及它一般所特有的現象，這就是一般所謂塑形術。在這方面長於著色的大師們，把最明的光和最暗的陰影的對比推到極端強烈的程度，專靠這一點來產生宏偉的效果。但是他們也不許這種對比顯得生硬，要使各種深淺程度的轉化和配合起豐富多彩的作用，要使一切既和諧一致，委婉流動，而又顯出毫釐之差。如果沒有這樣的對比，整體就會呆板，因爲只有某些部分較大程度的明暗才被突出，而其餘卻都被忽略了。特別是在內容豐富的布局裡，所表現的各種對象彼此距離很遠，尤其有必要用最暗的陰影，才能使光與陰影有較多的深淺程度之分。

光與陰影的進一步的明確化，首先要靠畫家所採用的照明方式。白天的光、晨光、午光和夜光、日光或月光、晴天或陰天的光、暴風雨中的光、燭光、室內的、從外面投進來的或是平均分布的光，總之，千變萬化的照明方式在這裡都會產生千變萬化的差異。如果所描繪的動作是明顯而又豐富的，而情境又是清醒意識所能清楚地辨認出來的，外在的光就處於較次要的地位；畫家最好就用普通的白天的日光。假如他沒有必要要產生戲劇性的生動效果，有意要突出某些人物和人物組合，與另一些人物和人物組合之間的主次，他就無須運用適宜於分清這種主次的照明方式。所以古代的大畫師們很少運用對比，特別很少運用特殊情況下的特殊的照明方式。他們這樣做是正確的，因爲他們所專心致志的是表現精神而不是追求感性顯現方式的效果，在內在精神和內容意蘊占較大的比重時，他們就可以不管這類多少是外在的因素。但是如果畫的是山水風景和日常生活中不重要的事物，照明就有完全不同的重要性。在這裡就用得著追求人爲的，往往也是藝術性的巨大的神奇的效果。例如在山水風景畫裡，一大片光亮部分和很濃的陰影部分的大膽的對比可以產生最好的效果，不過也容易流於矯揉造作的習套。與上述情況相反，在山水畫的領域裡，正是光的反射、放光和反光，這種奇妙的光的呼應，造成一種特別生動的明和暗的自由閃動，無論是畫家還是觀眾對此都應該進行澈底的繼續不斷的研究。這種照明，無論是由藝術家從外界觀察得來的還是由他自己心裡想出來的，可以只是一種變動不居、一縱即逝的閃現。但是所採用的照明不管變得多麼快，多麼不尋常，藝術家即使在處理最激烈的動作中也必須當心，要使整體在這種複雜情況中不致顯得動盪不寧，紛亂迷惘，而是既清楚而又和諧。

②按照我們已經說過的道理，繪畫卻不能滿足於純然抽象的明和暗，而是要通過顏色的差別去表現明和暗。光和陰影必須是有顏色的。所以其次我們就要談顏色本身。

第一點要談的就是各種顏色互相對比時所顯出的明和暗，因爲各種顏色在它們相互的關係中可以起光和暗的作用，彼此可以互相襯托、減弱或損害。例如紅色，尤其是黃色，處在同等深度時，就比藍色較明亮。這種情況是由各種顏色本身的性質決定的，這一點近來曾由歌德加以正確的解釋[51]。這就是說，在藍色裡主要因素是暗，暗通過一種較明亮的但不是完全透明的仲介物，才顯得是藍的。例如天空本來是暗的，在最高的山頂上去看，就顯得更暗；通過地面大氣這種既透明而有些昏暗的仲介物去看，天空才顯得藍，大氣透明的程度愈低，天空也就顯得愈明亮。黃色的情況卻與此相反，這裡是由本身獨立的明通過一種讓明仍可現出的昏暗而起作用，才現出黃色。例如煙就是這種昏暗的仲介物；透過煙去看一件光亮的東西，它就微帶黃色和紅色。純眞的紅色是一種活躍的基本的具體的顏色，其中互相對立的藍色和黃色互相滲透在一起。青色也可以看作這樣的結合，但是還沒有結合成爲具體的統一，只結合成爲單純的消除掉的差異，成爲飽和的寧靜的中和色。上述這幾種顏色組成最純粹、最簡單的原始的基本顏色。所以我們從古代大畫師們運用這些顏色的方式中可以找到一種象徵的意義，藍色和紅色的運用特別如此。藍色符合較溫和的、意味深長的、較寧靜的東

---

[51] 英譯注：「這裡幾乎沒有必要去指出，這段討論由於根據歌德的錯誤的顏色學說，和牛頓的根據三棱鏡的分析相反，並沒有科學的價値，儘管具有歷史的興趣。天色藍，是由於藍色光線受到扣留。」

西和富於情感的體物入微，因爲藍色以暗爲基本，而暗並不發出抵抗，而明卻較多地起抵抗和生產的作用，它是生動爽朗的。紅色則符合帶有丈夫氣、統治地位和帝王威風的東西；青色則符合帶有冷漠態度的中性的東西。例如聖瑪利就往往按照這種象徵方式，在被描繪爲天后登上寶座時就穿上紅袍，在被描繪爲母親時就穿上藍袍。

一切其他無限複雜的顏色都應看作上述幾種顏色的變種，其中都可以認出上述那些基本顏色中的某種色調。在這個意義上，舉例來說，就沒有畫家把紫色叫做一種顏色。這一切顏色在它們的相互對比中都可以顯得較明或較暗，這是畫家所必須仔細考慮的一種情況，如果他想抓住爲對象塑型和布置距離時所必用的正確色調。這裡就有一種特殊的困難。例如就面孔來說，嘴唇是紅的，眉毛是暗的、黑的、棕色的或是儘管是金黃色的，比起嘴唇來，畢竟還要暗些；紅色的腮也比主要是黃、棕或青的鼻子在顏色上較爲明亮。這些部分可以按照它們的局部色調畫得比塑型所要求的較明亮和較濃些。在雕刻裡，甚至在素描裡，這些部分卻完全單憑形體的關係和照明去現出明和暗。畫家卻需按局部色調來畫這些部分，局部色調就會破壞這種形體的關係。如果所畫的對象彼此相距較遠，這種情況就更明顯。對於通常的視覺對象來說，判定事物形狀和距離的是知解力，這種判定並不單根據顏色現象，還要根據許多其他情況。在繪畫裡卻不然，擺在我們面前的只有顏色，而顏色單就它本身來說，會妨害單明和暗所要求的東西。這裡畫家的藝術本領就在於解決這種矛盾，要把各種顏色調配很恰當，使它們無論在塑型的局部色調方面，還是在其他關係方面都彼此不相妨害。只有同時考慮到這兩點，對象的形狀和顏色才能完滿地表達出來。舉例來說，試看荷蘭畫家用多麼高明的藝術手腕把綢緞衣服的光彩，以及衣褶等方面的複雜的反光和陰影的層次，乃至把銀、金、銅、玻璃器皿和天鵝絨的閃光都描繪出來了；就連范·艾克就已描繪過寶石、金線花邊、珍寶首飾之類東西的色澤。用來顯出金光的那些顏色本身並不是金屬的，仔細一看，就只看出簡單的黃色，本身並不那麼光亮；整個的效果一方面來自突出形狀，另一方面來自每一點色調上的細微差異都與相鄰的色調相近似，轉變得和緩。

其次，顏色的諧和是應研究的另一方面。

我在上文已經說過，各種顏色形成一種由事物本性劃分開來的整體。在繪畫裡它們也應顯現爲這種整體，不應缺乏哪一種基本顏色，如果缺乏，就會失去整體感。在這種顏色體系方面特別令人感到很圓滿的是較早的義大利和荷蘭的畫師們：在他們的繪畫裡我們看到藍黃紅青這四種顏色。這樣的完整性就形成顏色諧和的基礎。此外，各種顏色還必須配合得當，既現出它們在繪畫上的對立，又現出這種對立的和解與消除，使眼睛看到就感覺到一種平靜與和解。造成這種對立面的對比以及和解的平靜感的有時是配合的方式，有時是每種顏色的濃度。在較早期的繪畫裡特別是荷蘭人，才按照它們的純潔狀態和單純的光彩去運用基本顏色，這樣做的結果就是由於既有尖銳的對立，諧和就不易達到，但是如果達到，就很能悅目。不過在這樣運用鮮明而有力的顏色之中，對象的性質以及表情的力量也就應該是鮮明而單純的。色彩與內容的更高的諧和就在這裡見出。例如畫中主要人物就要用最顯眼的顏色來畫，他們在性格上，在全部儀表和表情方式上，都要顯得比次要的人物較爲宏偉，次要的人物只宜用複合的顏色去畫。在自然風景裡，純粹的基本顏色的這種鮮明的對立就用得較少。但是在人物占主位，特別是在服裝占住絕大部分地位的場面裡，用上述那些較單純的顏色也還是恰當的。在這種情況下，場面是由精神世界裡取來的，其中無機物或自然環境應該顯得比較抽象，不應照原狀和盤托出，不應顯出它在孤立時所起的作用，所以自然風景的複雜的色調，以及它的富於細微差異的駁雜性用在這裡就不很適宜。一般說來，用作人類活動的場面，自然風景比不上一間房子或一般建築物那樣完全適合，因爲在露天裡發生的情境，在大體上照例不適合使全部內心生活作爲本質的東西而顯現出來的那些行動。但是如果把人表現在自然界裡，那自然界也應只作爲單純的環境而發生效力。在這種表現裡，如上文所說的，鮮明的顏色是特別用得著的，不過用起來要有膽量和魄力。甜美的、性格模糊的、柔媚悅人的面孔並不宜於用鮮明的顏色。面相方面的這種軟弱的表情和蒼白化（從畫家門斯[52]以來，人們把這看作理想的）如果用鮮明的顏色去表現，就會顯得頹唐委靡。最近在我們德國人中間，已成爲時髦的是平板無味的軟弱的面孔裝模作樣，現出特別秀美悅人的、簡樸的或宏偉的姿態。這種內在精神性格方面的漫無意義就導致顏色和色調方面的漫無意義，因此，一切顏色都變得模糊不清，蒼白無力，一切細節都擺出，沒有什麼東西得到正當的突出。這當然也是一種顏色的諧和，往往很甜美、很能討人寵愛，但是漫無意義。在與此類似的意義下，歌德在翻譯狄德羅的《畫論》後所加的評論說過這一段話：「沒有人承認一種軟弱的著色比起一種強烈的著色較易調配得諧和；但是如果著色是強烈的，如果各種顏色都顯得生動鮮明，眼睛當然就會更生動地感覺到諧和與不諧和的效果。反之，如果使各種顏色軟化，在繪畫裡某些地方用明亮的色調，某些地方用混合的色調，另外一些地方又用渾濁的色調，人們就當然看不出這幅畫究竟是諧和的還是不諧和的；無論如何，人們都會說，它是無力的、無意義的。」

但是達到的顏色的諧和，在著色方面並不算是達到了一切；要達到完滿的效果，我們還要考慮到第三點，即一些其他因素。在這裡我只準備提到所謂空氣透視[53]、肉色以及選用色彩的魔術這三個因素。

線形透視首先只涉及物體的線條和人眼的遠近距離所產生的差異。不過形體的這種改變和縮小並不是繪畫所要摹仿的唯一因素。在現實界裡一切事物都由於空氣（對象與對象之間的空氣，乃至同一對象的不同部分之間的空氣）而產生著色方面的差異。正是這種仿佛隨距離漸遠而漸蒸發掉的色調形成了空氣透視，因爲通過空氣透視，所描繪的各對象部分地在它們的輪廓形態上，部分地在它們的明暗和著色上，受到了改變。人們通常以爲凡是處在前景

---

52 門斯（Mengs，1728—1779），德國畫家。

53 用大小差別表示遠近距離，叫做「線形透視」，用濃淡差別表示遠近距離，叫做「空氣透視」。

的離眼睛最近的東西就總是最明亮的，而處在背景的東西卻總是較昏暗的，但是事實卻正與此相反。前景既是最昏暗的，又是最明亮的，這就是說，光與陰影的對比在近的地方顯得最強烈，而輪廓也顯得最明確；反之，對象離眼睛愈遠，它們在形體上也就變得愈無顏色、愈不明確，因爲光與陰影的對比就逐漸消失，直到整體消失在一種明亮的灰色裡。不過在這方面不同的照明方式導致最變化多方的沖淡方式。特別在自然風景畫裡空氣透視最爲重要，在一切描繪廣闊空間的其他種類的繪畫裡也是如此。在這方面長於著色的大畫師們也產生出魔術似的效果。

其次，著色方面最大的困難，色彩的理想和高峰，卻在於肉色，即人類的皮肉的色調。它把一切其他顏色都奇妙地結合在一起，卻不使哪一種顏色獨立地突出。青年人的健康的腮幫上的紅色當然是純潔的紅，不攙雜一絲藍色、紫色或黃色；但是這種紅色畢竟只是一種飄忽的紅暈，或則毋寧說，一霎時的閃光，它是從內心裡流露出來的，隨後就不知不覺地消失在肉的其他色調裡。但是肉色是一切基本顏色的理想的互相滲透。透過皮膚的透明的黃色、動脈的紅色和靜脈的藍色就顯現出來。在光和暗之外，在其他複雜的發光和反光之外，還要加上灰色、棕色乃至於青色的色調，這一切乍看起來像頂不自然，但是仍然可以有它們的正確性和眞正的效果。這些色調的互相滲透完全沒有閃光，也就是說，它們不受本身以外事物的反光的影響，而是從本身內部得到靈魂和生氣的。對於藝術表現來說，正是這種從內心澈照出來的東西特別是最大的難題。我們可以拿它來比夕照下的海，我們從這種海裡既可以看出它所反映出來的各種形體，又可以看出水的晶瑩的深淵和本有特性。反之，金屬物的閃光固然既放光而又反光，寶石固然既透明而又閃爍，但是兩者都不像肉色那樣由各種顏色互相滲透而成的，綢緞之類的光澤也是如此。動物的皮膚和羽毛之類的顏色也是最多種多樣的，但是在一些特定的部分各有直接的獨立的顏色，所以它們的複雜性更多地是不同的表面和平面所造成的，而不是像肉色那樣由不同的色調的點和線互相交織在一起的。和肉色最相近的莫過於透明的葡萄所現出各種顏色的互映增輝，以及玫瑰花的奇妙的透明的各種色調的濃淡關係。但是這兩者都見不出肉色所必有的那種由內心灌注生氣的光彩。肉色的這種沒有閃光的靈魂的芳香，正是繪畫所遇到的最大難題。因為這種來自主體內心的氣韻生動，不是可以作為物質性的顏色或是作為顏色的點和線之類運移到皮面上去的，而是要本身顯現為氣韻生動的整體：要像天空的碧藍，既深遠而又透明，對於眼睛不應是一種引起抵抗的表面，而是讓我們可以沉浸進去的。在歌德所譯的《畫論》裡，狄德羅關於這一點就已說過這樣的話：「一個畫家如果獲得了肉的感覺，他就算已經走得很遠，其餘一切就微不足道。成千的畫家死去了，都不曾感覺到肉；還會有成千的畫家沒有感覺到肉就要死去。」

至於能使這種透明肉色的氣韻生動表達出來的材料或媒介，簡單說來，最適合於達到這種效果的首先是油畫，最不適合於產生這種互映增輝效果的是使用鑲嵌玻璃的處理方式。這種方式雖有耐久的長處，但是由於它只能用一些有色的玻璃或寶石的細塊嵌合在一起，來表現各種顏色深淺分寸，從來不能描繪出各種顏色的一種理想的互相融合和互相轉化的妙處。

壁畫方式和用膠或蛋白調顏料的方式在這方面算是進了一大步。不過就壁畫方式來說，顏料塗在濕膏泥面上需塗得很快，所以一方面需有最高度嫺熟而穩實的畫筆揮掃，另一方面需用大筆頭一筆接著一筆地畫，由於膏泥乾得太快，不容許精修細補。用膠調顏料的方式情況也是如此。這種方式固然可以畫出較好的內部明晰和較美的濃淡配合，不過由於乾得太快，也不易融合各色和精修細補，也需用明確的筆觸繪成一種輪廓較鮮明的畫面。油畫方式卻沒有這些缺點，它不僅可以使各種顏色互相融合和滲透得很微妙，而且可以精修細補，使人不易察覺出由某一色調轉化到另一色調的痕跡，或是說出某一種顏色從哪裡出現，到哪裡消失。我們看到的是各組成因素融合得很微妙，也處理得恰到好處，畫面本身就像寶石那樣放出光輝，而且通過透明的和不透明的色澤的微妙濃淡分寸，遠比用膏調顏料的畫法更能產生各種顏色層次的互映增輝的效果。

最後第三點要討論的涉及色彩效果的芳香或魔術。這種色彩的魔術主要出現在這種情況下：對象的實體性和精神性仿佛已經滲透到著色方面的構思和處理中去而蒸發掉了。一般可以這樣說，這種魔術在於把各種顏色處理得當，從而產生一種色彩現象方面的本身無目的的遊戲，這是色彩的一種飄忽蕩漾的頂峰；這也是各種色調的互相滲透，一種許多反光的照耀，這些反光在許多其他發光體中照耀著[54]，變得很精微，瞬息萬變、生動熱烈，以致開始越界到音樂的領域。從塑型的觀點來看，這就需要處理明暗方面的高明本領，在這方面最擅長的在義大利人之中是李奧納多·達文西[55]，尤其是考列基俄。他們用最濃的陰影，而這陰影卻又透明，通過不知不覺的逐漸轉變，升到最明亮的光。這樣就顯出最高度的圓整，沒有什麼地方見出生硬或界限，到處都是逐漸轉變；光和陰影不是直接作爲光和陰影而起作用，而是互映增輝，就像是一種內在力量通過一種外在的東西在活動。顏色的處理就要有這樣的本領才行，在這方面荷蘭畫家們也最擅長。由於這種理想性、這種互相滲透、這種返光和色澤的往復迴旋，由於這種逐漸過渡的流動不居，於是在整體上，在明亮、閃光、濃度以及顏色的柔潤的光輝各方面上，遍布著一種生氣（或靈魂）灌注的光輝，這才是色彩的魔術，這屬於藝術家所特有的精神，藝術家本人就是魔術師。

③這就涉及我還要略加討論的最後一點。

我們從線形透視出發，隨後轉到素描，最後討論顏色；關於顏色，第一步是從塑型的觀點去看光和陰影，第二步是討論顏色本身，或則說得較確切一點，先討論各種顏色的相對的明暗所現出的關係，接著就討論顏色的諧和、空氣透視、肉色及其魔術。現在第三步就要談到的就是藝術家在著色方面所表現的創造的主體性。

一般人通常以爲繪畫在顏色方面按照一些很明確的規則去辦事就行。但是這種想法只適

54 這就是「千燈齊照，互映增輝」的意思。

55 達文西（Leonardo da Vinci, 1452—1519），文藝復興時期義大利大畫師之一，由壁畫轉到油畫的試探者，也是一位有名的科學家和建築工程師。

用於線形透視，因爲線形透視完全是一種幾何學的科學；即使在線形透視方面，也絕不應拘守抽象的規則，否則就會破壞繪畫性的效果。其次，連素描在透視方面就已經不應該拘守一般性的規則，著色更不宜如此。顏色感應該是藝術家所特有的一種品質，是他們所特有的掌握色調和就色調構思的一種能力，所以也是再現的想像力和創造力的一個基本因素。藝術家憑色調的這種主體性[56]去看他的世界，而同時這種主體性仍不失其爲創造性的；正是由於具有這種主體性，畫家所繪出的色彩的千變萬化，並不是出於單純的任意性和對某一種不符合自然規律的著色方式的癖好，而是出於事物的本質。歌德在《詩與眞》裡曾舉過與此有關的事例。有一次他參觀過竺列希敦展覽館之後說過這樣一段說：「當我回到我的鞋匠家裡（他由於心血來潮，曾在一個鞋匠家裡住過）吃午飯的時候，我幾乎不相信我自己的眼睛，因爲我眼前所見的仿佛正是梵．奥斯塔德[57]所做的一幅畫，那麼完全相像，簡直應該把它掛在展覽館裡。人物的布置、光和陰影乃至整個場面的棕色的色調，一切在梵．奥斯塔德的作品裡受人讚賞的東西，我在這裡在現實界裡親眼看到了。這是第一次我認識到這樣高度的一種才能，從此我就著意要鍛鍊這種才能，想獲得我特別注意其作品的這位或那位藝術家看自然的視力。這種能力使我獲得很多的樂趣，卻也增加了我的願望，不斷地勤學苦練自然不曾給我的一種繪畫才能。」[58]色彩的差異特別在描繪人的皮肉時顯得突出，縱使不把年齡、性別、境況、國籍、情慾之類外在因素所產生的變化計算在內。此外，色彩的差異也表現於日常生活的描繪，露天的日常生活或是在酒館、教堂等等室內的日常生活；它也表現於自然風景，其中事物和顏色的豐富引導每一個畫家多少憑他自己的探索，去掌握和再現在自然風景中出現的千變萬化的光和色的活動，並且憑他自己的觀察、經驗和想像力去創造它們。

C. 藝術構思、布局和性格描繪

以上我們討論了適用於繪畫的一些特別觀點，首先討論了內容，其次討論了可以用來表現這種內容的感性材料（媒介）。最後剩下要確定的第三點，就是藝術家按照這種特定的感性材料，以繪畫的方式去就他的內容進行構思和創作的情況。我們的討論所涉及的廣泛的資料可以分類如下：

第一，是構思方式的比較一般性的差異，我們要把這些差異區別開來，並且順它們發展的程式，看出它們日漸變得豐富生動。

其次，我們要研究在這種構思方式範圍之內，更密切地涉及繪畫所特有的布局，關於所採取的情境及其組合的藝術動機中較明確的因素。

第三，我們要看一看性格描繪的方式，這種方式既取決於對象的差異，也取決於構思方

56 即上文的「顏色感」。

57 梵·奧斯塔德（Adriaen Van Ostade, 1610—1685），荷蘭畫家，喜畫鄉村日常景物。

58 歌德也能畫，但不擅長於此。

式的差異。

(1)關於繪畫構思的最一般的方式，它們部分地取決於所要表現的內容本身，部分地取決於這門藝術的發展過程，這門藝術並不是一開始就能表達出對象所含的全部豐富內容，而是要經過許多階段和轉變，才達到完滿的生動性。

①繪畫最初所能採取的立足點還顯示出它發源於雕刻和建築，因爲它在整個構思方式的一般性質上，還依附這兩門藝術。當藝術家只限於畫個別人物，不把他的人物在本身複雜的情境中的生動具體的表現顯示出來，而只把他們描繪爲獨立自足的人物時，依附於雕刻建築的情況就最爲明顯。在我所指出的適合於繪畫的各種內容體系之中，特別適宜於現階段的是基督和個別的使徒和聖徒之類宗教題材。因爲這類人物必須在他們的孤立的地位就有足夠的意義，本身就是一個整體，對於人們的意識才成爲一種具有實體性的敬愛的對象。特別是在早期繪畫裡，我們看到基督或聖徒被描繪爲這樣孤立的人物，身外沒有什麼明確的情境和自然環境。如果有環境，那也主要是建築的裝飾，尤其是哥德風格的，例如早期荷蘭畫和德國南部的畫就往往如此。在這種結合到建築的繪畫之中，往往是十二使徒之類人物並排地站在方柱和拱頂之間，這種繪畫還沒有達到後期藝術的生動性，而形象本身有時也還保留著雕刻造像式的僵硬性，有時還停留在某種雕像的定型上，例如拜占廷的繪畫就帶有這種性格。這種完全不用環境背景的或是只用建築物來關起的人物，就宜於用一種較簡單嚴肅的顏色，色調也應鮮明顯眼。所以最早的畫師們不用豐富多彩的環境背景，而用一種單色的即金色的

底子，和服裝的顏色相襯托，因而顯得更鮮明顯眼，像我們在繪畫發展到最完美的時代裡所看到的。此外野蠻人一般所愛好的也是紅藍之類簡單而鮮明的顏色。

大部分用奇蹟爲題材的繪畫，也是運用這種早期構思方式的。人們把這種繪畫看作一種令人驚駭的東西，抱著目瞪口呆的態度，對它們的藝術方面卻漠然無動於衷，所以這類繪畫不能憑人生經歷的反映和美來使人感覺可親可喜；事實上在宗教方面最受崇拜的繪畫，從藝術觀點來看，卻正是最低劣的。

但是這類孤立的人物如果不是本身獨立的完備的整體，不是由於他們的整個的人格而成爲一種崇拜或關心的對象，這樣按照雕刻構思方式的原則來創作出來的形象就沒有什麼意義。例如某些眞實人物的畫像由於描繪出他們的容顏和個性，可以使他們的熟人感到興趣；如果把人們不熟悉的或是被人遺忘了的對人物描繪爲處在一種可以顯出性格的動作或情境中，那麼，這種描繪所引起的興趣或同情，就完全不同於上述那種簡單的構思方式所引起的。凡是用盡一切藝術手段把人物表現得儘量生動的偉大的畫像作品，單憑這種豐滿的生命就足以使所畫的人物仿佛越出像框的局限，昂首闊步地走出來。例如在看范．戴克[59]的畫像作品時，特別是當畫中人物不是和觀眾正面相對而略微採取側身姿勢時，我感覺到相框仿佛

---

[59] 范．戴克（Van Dyck, 1599—1641），荷蘭名畫家和刻畫家，最擅長於畫像。

是一道通向世界的門，而畫中人物正從這門裡邁步出來、走進世界。所以這種個別人物不像聖徒天使們那樣本身完滿自足，而是單憑某一具體情境、某一個別情況和某一特殊動作就足使人感到興趣，這樣，他們就不宜於被描繪爲獨立自足的形象。例如陳列在竺列希敦的奎爾根[60]的最後作品，一幅基督、約翰受洗者、約翰使徒和浪子四個人的半身像。就基督和約翰使徒來看，我覺得構思方式是很妥帖的。但是我認爲約翰受洗者，特別是浪子，就絲毫沒有這種獨立自足性，足以使我可以從這種半身像裡看出來。與此相反，這裡一定要把人物的活動和動作畫出來，至少要畫出他們所處的情境，通過這種情境，他們才和他們的外在環境生動具體地結合在一起，才能顯出一種完滿自足，自成整體的顯出特徵的個性。奎爾根所畫的浪子的頭固然很好地表現出深刻懺悔的苦痛，但是僅僅靠背景中一群畫得很小的豬才暗示出這裡的懺悔就是浪子的懺悔。[61]我們應該看到的不是這種象徵式的暗示，而是浪子處在他的豬群中間或是其他具體生活的場面裡。因爲浪子如果不能變成一個純然寓意性的人物，就得通過聖經故事中所描述的那一系列的人所熟知的情境，才能顯出他的完滿的帶有一般性的人格，對於我們才是實際存在的人物。應該把他怎樣離開他父親的家、怎樣落到窮困、怎樣懺悔和回頭之類具體實在的事描繪給我們看。至於背景中的豬群卻不過是寫上「浪子」這名字的標簽。

② 繪畫既然要用主體的內心生活的全部特殊情況爲它的內容，它就更不能像雕刻那樣滿足於人物性格脫離情境的獨立自足性和對人物性格只揭示實體性方面的構思方式，而是應

該放棄這種獨立自足性，描繪出具體情境中的內容，描繪出人物性格和形象由於彼此之間的聯繫，以及對外在環境的聯繫而產生的複雜性和差異。正是由於這樣拋棄了單憑傳統的雕像式的定型，建築所用的安排和遮掩人物的方式以及雕刻的構思方式，正是由於這樣追求人的生動活潑的表情和顯出特徵的個性，這樣把每一種內容納入主體的特殊情況，以及對外界的複雜的關係中，繪畫才算向前邁進了一步，才達到它所特有的立足點。比起其他種類的造型藝術，繪畫更有必要（不只是可允許）走到戲劇的生動性，使所組合的人物都在一種具體情境中顯出他們的活動。[62]

③和這種深入到客觀存在的充分生動性，以及情況和人物性格的戲劇性運動聯繫在一起的還有第三點，這就是在構思上和創作施工上都要日漸把重點擺在使一切事物的個性和色彩現象的豐滿生動上，因爲在繪畫裡氣韻生動的最高峰只有通過顏色才可以表現出來。這種色彩的魔術最後還可以變成占很大的優勢，以致比起它來，內容變成無足輕重的，從而使繪畫變成只是一種芬芳的氣息，一種色調的魔術，它的互相對立、互相輝映以及遊戲性的諧和，就開始越界轉到音樂，正像雕刻在浮雕的高度發展中就開始接近繪畫一樣。

---

60 奎爾根（Kügelgen, 1772—1820），德國畫家。

61 浪子離開家鄉在外，一度成爲牧豬奴。見《新約·路加福音》第十五章。

62 黑格爾的這種看法和萊辛在《拉奧孔》裡所提出的繪畫不宜寫動作的理論正相反。

(2)我們現在要研究的第三點涉及繪畫布局所須遵守的一些規定，所謂「布局」就是通過把不同的人物形象和自然界事物配合在一起，形成一種完滿自足的整體，以便把一個具體的情境和它的較重要的動機描繪出來。

①可以擺在尖端的最主要的要求，就是很妥當地選擇一個適合繪畫的情境。特別是在這方面，畫家的創造發明的能力有無限廣闊的用武之地：從一個不重要的對象所處的最簡單的情境，例如一個花圈或是一個酒杯周圍擺著一些盤子、麵包和水果，一直到富麗堂皇的布局，其中包括社會上重大事件、國家的主要政治舉動、加冕典禮、戰爭，乃至最後審判，把上帝、基督、十二使徒、天兵天將、整個人類、天、地和地獄全都包括進去。

在這方面最重要的事是要明定界限，把眞正繪畫性的情境一方面和雕刻性的情境區別清楚，另一方面和詩的情境（即只有通過詩藝才能表現出來的情境）區別清楚。

一個繪畫性的情境和一個雕刻性的情境的基本區別，像上文已經提到的，在於雕刻的主要使命在表現本身獨立自足的、無衝突的，沒有始終一貫定性的平板（無害）情況，只有在浮雕中才開始主要運用一群人物的組合，使人物形象向史詩方面伸展，以及描繪以一種衝突爲基礎的動盪性較大的動作；至於繪畫則不然，它要完成它所特有的任務，就得跳出人物和外界無聯繫的獨立自足性以及缺乏明確定性的情況，才能走進人和外在環境不斷發生關係的情況、情慾、衝突和動作之類生動活潑的運動中，即使在描繪自然風景的構思中，也堅持要有一種具體情境的定性以及它的最生動鮮明的個性。所以我們一開始就向繪畫提出一個要求，要它描繪人物性格、靈魂和內心世界，不是要從外在形象就可以直接認出內心世界，而是要通過動作去展現出這內心世界的本來面貌。

主要就是這一點使繪畫和詩發生較密切的聯繫。在這種聯繫中這兩種藝術各有優點。繪畫不能像詩或音樂那樣把一種情境、事件或動作表現爲先後承續的變化，而是只能抓住某一頃刻。從此就可以見出一個簡單的道理：情境或動作的整體或精華必須通過這一頃刻表現出來，所以畫家就需找到這樣的一瞬間，其中正要過去的和正要到來的東西都凝聚在這一點上。例如戰爭中這樣一頃刻就是勝利的一頃刻：戰鬥還在進行，但是結局卻已經很明顯了。因此，畫家有能力使過去的殘餘一方面在消逝，一方面卻在現時仍發生作用，而且同時也把未來表現爲當前情境所必然產生的直接後果。[63]不過在這裡我不能就這一點詳細討論。

在這一點上面畫家雖不如詩人，他比詩人也有一個優點：他能描繪出一個具體情境的最充分的個別特殊細節，因爲他能把現實事物的形狀擺在目前，使人一眼就把一切都看清楚。「詩如此，畫亦然」[64]誠然是一句人所喜愛的格言，特別在理論上多次被人強調提出，而且由描繪體詩在描寫季節、時辰、花卉和山水風景中加以運用。但是用文字來描寫這類事物和情境，一方面很枯燥無味，如果逐一臚列，那就永遠臚列不完；另一方面這種描繪也不免歪

---

[63] 這就是萊辛所說的「最富於孕育性的頃刻」或頂點前的一頃刻。在這一點上黑格爾的看法和萊辛的看法卻相同。

[64] 見賀拉斯的《詩藝》，這是詩畫一致說的經典根據。

曲，因爲它要把在繪畫中一眼就看遍的東西作爲一系列的先後承續的觀念表達出來，以致我們總是聽到下句話，就忘去上句話，而這上句話卻必須和下句話連在一起，因爲兩句話所說的事物在空間中本是同時並列的，只有在這同時並列的關係中才有價值。此外在另一點上繪畫也落後於詩和音樂：那就是在抒情方面。詩藝不僅能表達一般情感和思想，而且還可以展示出它們的轉變、進展和上升。就集中了的內心生活而言，這種情況尤其適用於音樂，因爲音樂所要表達的正是靈魂的運動。至於繪畫卻只能表現面容和姿勢，如果要專門抒情，就會誤用它所特有的媒介或手段。因爲儘管繪畫也能把內心的情緒和情感表現於肉體的姿態和運動，這種表現卻不能直接觸及情感本身，而只能觸及情感的某一種外在表現、事件或動作。所以如果說繪畫也用外在事物來表現，這並不是抽象地認爲它通過面容和形象使內心世界成爲可以眼見的；而是說，它用來表達內心世界的那種外在因素正是某一動作的個別情境，或某一具體行動中的情緒，通過這種行動，那種情感才展現出來，才可以讓人認識到。所以我們如果把繪畫中的詩的因素假定爲具有這樣的意思，即繪畫應該用面部特徵和姿勢去直接表現內心的情感而無須用較重要的動機和動作，這就無異於把繪畫推回到抽象，而這卻正是繪畫所應避免的，而且這也就無異於要求繪畫去做詩的特殊領域中的事，如果它照辦，結果只能是枯燥無味。

我特別強調這一點，因爲在去年德國藝術展覽（一八二八年）裡，所謂杜塞道夫[65]派的很多作品博得了稱讚，這派畫家們顯示了很好的知解力和技巧的本領，採取了這種專寫內心生活的方向，亦即運用只有詩才能表達的材料。他們的內容大部分是從歌德以及莎士比亞、阿里奧斯陀和塔梭等詩人的作品中借來的，主要是關於愛情的內心情感。這派的一些最好的作品照例描繪一對情人，例如羅密歐和茱麗葉、芮那爾多和阿密達，此外就沒有什麼具體的情境，所以這些成對的情人就沒有什麼旁的可做或表現，只有互相戀愛、互相傾慕，一而再、再而三地眼漾情波，互相凝視。在這種情況之下，主要的表情自然要集中在口和眼上，特別是男人芮那爾多伸著一雙長腿，看來好像不知道怎樣擺布這雙長腿才好。所以它們伸在那裡，毫無意義。雕刻像我們在上文已經說過，雕不出眼睛和流露靈魂的目光，繪畫卻掌握著豐富的表情手段，但是也不應把一切都集中在這一點上，不應把眼睛所流露熾熱的情感或是沒精打采、憂傷眷戀的神色，以及口的親密姿態弄成表情的主要目標，絲毫不寫出動機，戶伯納[66]所畫的「漁夫」也是如此，題材是從歌德的名詩[67]借來的。歌德的詩本來以令人驚贊的深度和優美的情感，描繪出一種縹緲不定渴求安靜生活的心情以及水的清涼和潔淨，但是在「漁夫」這幅畫中那位捕魚的男孩裸著腿投到水裡，正像其他作品中男子形象一樣，掛著一副很枯燥無味的面容，人們從這副安靜的面孔看不出他能感受到深刻而優美的情感。一

---

65 德國萊茵區的一個城市。

66 戶伯納（J. Hübner, 1806—1882），德國畫家。

67 歌德的小詩《漁夫》寫一青年垂釣，水中湧現一仙子，唱歌召喚他，他就情不自禁地跳到水裡，長辭人世。

般說來，這派畫中的男女形象都不能說顯出了健康的美，恰恰相反，他們只露出愛情和一般情感中的神經興奮、憔悴和病態，這些表現都是人們不經過再現也可以看得到的，無論在實際生活中還是在藝術中，人們見著它們只好寬容一點。

這派的大師夏多[68]用歌德的《迷孃》[69]詩意所畫的作品在表現方式上也屬於這一類。迷孃的性格極富於詩意。她之所以引人入勝，是由於她的過去經歷、外在的和內心生活的艱苦命運，她的熱烈動盪的義大利人的激情中的矛盾，而她的心靈對這種激情還不完全自覺，還沒有什麼目的和抉擇，沉浸在這種朦朧狀態，對自己束手無策；我們對她所感到的興趣，正在於這種既沉浸在自己內心世界而又完全呈現分裂狀態的自我表現，這種自我表現也只有零碎的前後不協調的情緒迸發中才可以見出。這樣一種複雜的心理狀態我們固然可以想像到，但是畫不出來的。而夏多偏要不用明確具體的情境和動作，而單憑迷孃的形狀和面相把它描繪出來。所以就大體來看，可以說上面提到的一些形象是沒有通過對情境、動機和表情的想像來體會的。繪畫的眞正的藝術表現就要求用想像去掌握整個對象，把它表現爲形象以供觀照，這些形象通過一系列的情感，即通過一種動作，把它們的內心生活表現到外面來，而這種動作要很能顯示出情感，使得藝術作品的全體和每個部分都顯得由想像運用來把所選擇的內容充分表達出來。特別是早期義大利畫家們也像這些近代畫家們一樣，描繪過愛情的場面，有時也從詩中借取題材，但是他們卻懂得怎樣去憑想像和健康的爽朗心情去表現這類題材。例如男愛神邱比特和靈魂女神、邱比特和女愛神維納斯、陰曹地府大王普魯陀劫掠普洛索賓娜、賽拜尼族婦女們被劫掠、赫拉克勒斯在歐姆法利家搖紡車、歐姆法利披著獅皮等等，都是早期畫師們所慣用的題材，他們把這類題材表現於生動具體的情境，畫出場面和動機，而不是把它們表現爲不由想像通過動作來掌握的單純的情感。他們還從《舊約》借取一些愛情場面。例如竺列希敦美術館裡就掛著吉奧喬尼[70]的一幅畫，畫的是雅各從遠方來，招呼拉結，握她的手，吻了她；背景遠處有兩個年輕人在泉水旁汲水飲牲口，這些牲口成群地在山谷裡吃草。另一幅畫的是以撒和利百加[71]。利百加拿水給亞伯拉罕的僕人喝，因而就被認出來了。也有從阿里奧斯陀的詩裡取材的，例如麥道爾在井欄上寫安傑里卡的名字。

近代人大談畫中的詩，這不能指別的，只能指題材是憑想像來掌握的，情感是通過動作揭示出來的，而不是作爲抽象的情感來把握住和表現出來的。詩本來可以按內在狀態來表達情感，就連詩也要藉助於許多表象、觀照和審察。例如詩在表現愛情時如果只停留在「我愛你」這句話上，永遠只複述這句話，這也許是高談「詩中之詩」的老爺們所愛聽的，但畢竟

---

[68] 夏多（Schadow-Godenhaus, 1789—1862），德國畫家。

[69] 《迷孃》（*Mignon*）是歌德的一首著名的小詩，迷孃險遭暴徒淩辱，被威廉・邁斯忒營救，在這首短歌裡她召邀他的恩人同她回到她的義大利故鄉，去過優美寧靜的生活。貝多芬曾用此詩大意譜成樂曲。

[70] 吉奧喬尼（Giorgione, 1478—1510），義大利名畫家；雅各遇拉結的故事見《創世記》第二十九章。

[71] 見《創世記》第二十四章。

是最抽象的散文。因爲涉及感情，藝術的本領在於通過想像去把握和玩味感情，而這想像在詩裡把情緒轉化爲明朗的表象，通過這些表象的表現使我們獲得滿足，無論表現的方式是抒情的，還是敘述史詩事件或戲劇動作的。爲著要表現內心生活本身，在繪畫中單憑口、眼和姿勢是不夠的；還必須有一種完整的具體的客觀情境，才可以把內心生活顯示爲客觀存在。

所以一幅畫的主要任務是要描繪出一個情境、一個動作的場面。這裡第一條規律就是可理解性。在這一點上宗教題材具有很大的便利，因爲它們一般是人所熟知的。例如天使預報基督的誕生、牧羊人或三王朝拜基督、基督逃往埃及而獲得平靜、基督釘上十字架、埋葬和復活，以及關於聖徒們的傳說之類題材，都是看畫的群眾所熟知的，儘管我們現代人對殉道者們的故事比較疏遠了。例如在一座教堂裡畫的大半是施主或本城市護神的故事。所以畫家們選題往往不是出於自願，而是適應某某祭壇、禮拜堂和修道院等等的需要，所以畫所陳列的地方就可以幫助人理解畫的意義。這種對理解的幫助有時是必要的，因爲畫不像詩，不能藉助於語言、文字和題名以及其他多種多樣的標誌。再如在一座王宮裡，市議會廳和國會大廳裡，本國本市或本建築物的歷史中重大事件或重要階段的場面都適宜於用作畫題，在畫所掛的地方，這些題材是家喻戶曉的。人們不會輕易地從英國史、中國史或米特里達特王的生平中替一座德國王宮選畫題。在繪畫陳列館裡情況卻不如此，這裡人們把所收藏和蒐購的好的藝術品都陳列在一起，因此一幅畫就失去它和某一地方的個別聯繫，以及它通過地點而獲得的可理解性。私人收藏的情況也是如此。收藏家把他所能搜到的作品都擺在一起，湊成一個展覽館或是滿足其他的嗜好和好奇怪的念頭。

有一個時代很風行的所謂寓意畫，在可理解性這一點上遠不如運用歷史題材的畫，而且由於寓意畫的人物形象，必然缺乏內在的生氣和特殊具體的東西，它們總不免含糊而枯燥。反之，自然風景和人類日常現實生活中的情境在意義上既清楚，而又具有個性、戲劇的錯綜複雜和實際存在的運動和豐滿性，倒替繪畫的構思和創作提供了最適宜的發揮作用的場所。

②但是要使一個具體情境成為可以辨認出來的（就畫家的任務是要使它成為可理解的這一點來說），單靠陳列的地點和一般人對題材的熟悉就還不夠。因為這些在大體上都只是外在的聯繫，與藝術作品本身卻很少關聯。眞正涉及問題本質的關鍵卻在於藝術家要有足夠的才智和精神，去把具體情境所含的畫意揭示出來，並且憑豐富的創造發明的能力把這些畫意表現於形象。在每一個動作中，內心生活都外現為客觀存在，每一個動作都有它的直接的表現、感性的後果和各種聯繫，這些既然實際上都是內心生活所發生的作用，就要洩露出和反映出情感，因此都可以最妥帖地利用來一方面作為幫助理解的手段，另一方面也作為進行個性化的手段。例如人們對拉斐爾的《基督變形》畫提出過一個眾所周知和屢經討論的指責，說這幅畫分裂成為兩個毫不相關的情節。如果單從外表來看，它確實有這種情況，上部畫的是基督在山頂上變形，下部畫的是中魔的嬰兒。但是從精神方面來看，這幅畫卻並不缺乏最高度的緊密聯繫。因為一方面基督的感性（肉體）方面的變形，正是他脫離塵世的實際超升以及和他的青年門徒們的別離，這種分割和別離是應該表現成為可以眼見的；另一方面

基督的崇高，在這裡是通過一個具體的實際事例來闡明的，那就是門徒沒有基督的幫助就不能醫治那中魔的嬰兒。所以這裡的雙重情節都是完全事出有因的，而它們的內在的和外在的聯繫，也通過一位門徒有意地用手指著離開他們的基督這件事揭示出來了，這就暗示出上帝之子的眞正的使命是要同時處在塵世，證實了他說過的一句話：「如果有兩個人以我的名義聚會在一起，我就在他們中間。」還可以舉另一個例。歌德有一次懸獎徵畫，出的畫題是阿基里斯在伊底帕斯來到家門時穿上女裝[72]。應徵的稿件中有一幅素描畫著阿基里斯一瞅見這位全副武裝的英雄的頭盔，心裡就激發起熱情，這一陣激動使得他頭上戴的珍珠項圈都裂開來了，一個小孩把落下的珍珠從地上撿起來搜在一起。這些畫意是想得很巧妙的。

此外，藝術家要把不同程度的大幅空間塡塞起來，就得有自然風景作爲背景，就得有照明、建築環境、次要的人物和器具之類。他必須盡可能地運用這類完全感性的材料來表達情境中所含的畫意，使這類外在的東西和畫意發生關聯，而不再是本身獨立的漫無意義的東西。例如兩個國王或長老伸手相握：如果這是一種和好的表示，是表示要簽訂一個盟約，周圍應宜於有戰士和武器之類以及歃血爲盟時所用的犧牲的準備；但是如果他二人是旅途邂逅相遇，就要用一些完全不同的畫意。要構思出這類畫意來把發生的事件交代清楚，而又使全部描繪得到個性化，這就是藝術家在這方面所應施展心智的地方。有些畫家在這方面還利用環境和動作的象徵意義。例如在一些描繪三王朝拜基督的作品裡，基督往往躺在破屋頂下的一張搖籃裡，周圍是一座古建築的在倒塌中的牆壁，而在背景裡卻有一座開始建築的教寺。

這些碎石頹垣和正在升起的教寺就是暗示基督教會將導致異教的毀滅。在范・艾克派畫家以天使向聖母致敬爲題的作品裡，聖母身旁往往擺著一些沒有粉囊的百合花朵，暗示聖母還是貞潔的處女。

③ 第三，繪畫既然要按照內在和外在兩方面的複雜變化去揭示出情境、事故、衝突和動作的定性，它就不得不深入到題材中的無數差異和對立，不管它是關於自然界事物還是關於人的形體的，同時也就接受到一個任務，既要把這互相差異的因素區別開來，又要把它們配合成爲一個協調一致的整體，因此就必然帶來一個最重要的要求，即人物形象的安排和組合需見出藝術性。這裡要涉及很多個別的定性和規則，關於這方面可以說的最一般性的話只能完全是關於形式的，我在這裡只約略地指出幾個要點。

頭一種安排仍然完全是建築式的，它把人物平衡地並列起來，或是無論在形狀上還是在姿勢和運動上，都見出整齊的對立和對稱的配合。在這階段特別受歡迎的是金字塔形的組合。例如基督釘上十字架的構圖自然而然地形成金字塔形，基督懸在十字架上部，兩邊站著門徒們、瑪利和聖徒們。聖母畫像也是如此，瑪利和嬰兒坐在一張高座上，下面兩邊是門徒、殉道者之類祈禱者。就連什斯圖斯小教堂的聖母像[73]也還完全謹遵這種組合方式。這種

---

[72] 阿基里斯原想逃避參加特洛伊戰爭，所以喬裝婦女，想騙前來勸他參軍的伊底帕斯。

[73] 拉斐爾的名畫，上文已提到。

方式一般是使眼睛感到平靜舒適的，因爲金字塔通過它的頂點把本來分散的並列的形象連成一氣，使像群獲得一種外表方面的整一性。

在這種大體上比較抽象的對稱的安排之中，還可以在特殊部分和個別細節方面顯出姿勢，表情和運動的高度的生動性和個性。畫家由於儘量利用畫藝所能利用的手段，可以畫出幾個平面或層次，使主要人物比其餘人物顯得較突出，此外他還可以利用光線和顏色來達到這個效果。他怎樣從這個觀點去安排群像，是不難理解的，他不把主要人物擺在兩旁，也不把次要的東西擺在注意力最集中的地方；同理，他把最明亮的光線投到形成主題的人物上去而不把他們放在陰影裡，他也不用最鮮明的顏色和最明亮的光線去畫次要的人物。

在採用不太對稱因而比較生動的組合方式時，藝術家需特別注意不要把人物擺得太擠，以免造成有時在繪畫裡看到的那種混亂，使觀眾要費力才認清肢體，斷定哪雙腿屬於哪個頭，辨出哪些是手是腳而不是衣服和武器之類。在較大幅的構圖裡，最好的辦法是把整體劃分爲若干容易認出的部分，而同時又不使它們顯得零散；特別是在按性質本來就已分散的場面和情境裡（例如在荒野裡拾天糧[74]，週年集市之類題材），尤其要注意這點。

在這裡我只能提供這些關於形式的梗概。

(3) 我們既已首先討論了繪畫構思的一般方式，其次又就情境的選擇，畫旨的搜尋以及群像的組合討論了安排或布局，我現在還需略加說明的第三點就是性格特徵的描繪方式了，這就是繪畫之所以區別於雕刻和造型藝術理想的地方。

①前文已經說過，在繪畫裡主體的內在和外在的特殊性需得到自由的表現，因此這種特殊性無須是納入理想本身的那種個性的美，而是唯一能顯出近代意義的性格特徵的特殊具體細節。人們一般把這種意義的性格特徵看作近代藝術區別於古代藝術的標誌，就我們在這裡對這一詞所了解的意義來說，這種看法當然有它的正確性。如果用近代的尺度來衡量，宙斯、阿波羅、黛安娜之類神，嚴格地說，並不是人物性格，儘管我們對這些永恆的、崇高的、造型藝術的、理想的個性仍不禁驚贊。但是荷馬所寫的阿基里斯，埃斯庫洛斯所寫的阿伽門農和克利特姆涅斯屈娜，以及索福克勒斯通過言行去展示其內心生活的伊底帕斯、安蒂岡妮和伊斯閔，都已顯出較明確的個性特徵，足以見出這些人物的本質，所以如果把這些叫做人物性格，我們就當然可以在古代作品中找到人物性格的描繪。不過在阿伽門農、阿雅斯、伊底帕斯等人身上，個性特徵畢竟仍是一般性的，仍是一位君主的性格，愚勇或奸詐的性格，還只有抽象的定性，個別的和一般的仍緊密地結合在一起，使性格沉浸在理想的個性裡。繪畫卻不然，它不把個性特徵限制在理想性裡，要把偶然的個別具體細節的全部豐富多彩性展示出來，所以我們眼前所見到的不再是上述神和人的造型的理想，而是按照特殊事物的偶然性揭示出來的特殊具體的人物。因此，人物形象的肉體方面的完整，精神方面與它的

---

74 見《舊約·出埃及記》第十六章。

健康自由的實際生活的澈底適應，一句話，凡是我們在雕刻中稱之爲理想美的東西，在繪畫裡既不應按同等的尺度去要求，一般也不應形成主要的因素，因爲現在成爲中心的是靈魂的內在生活以及它的生動的主體性。那種自然領域並不那樣深刻地侵入這種較理想的境界，心地的虔誠和性情的宗教傾向可以處在一個醜陋的肉體裡（如果單就外形去孤立地看），正如道德方面的意志和活動可以處在蘇格拉底的林神似的面相裡[75]。在表現精神美之中，藝術家當然要避免絕對醜的外在形狀，或是會通過靈魂的無堅不破的力量去克服和轉化絕對醜的外在形狀，但是他畢竟不能完全取消醜。因爲像上文所已描繪的那種繪畫內容，就包括正是要藉人的形體和面相的奇形變態才能眞正表現出來的一方面。這就是壞人和惡人的階層，在宗教畫裡出現的主要是在基督臨刑時參加淩辱活動的士兵，打到地獄中去的罪人以及惡魔之類。特別長於畫惡魔的是米開朗基羅，他所畫的惡魔在奇形怪狀上越過了人形的標準，同時卻仍然有些像人。

但是繪畫所展示的個別人物儘管本身須見出特殊人物性格的整體，這也並非說他們身上就不能現出一種和在雕刻或造型藝術中的理想相類似的東西。在宗教畫裡最重要的主題當然是純潔的愛，特別是在聖母身上的，她的全部生命就在於這種純潔的愛，此外伴隨基督的那些婦女們[76]，以及使徒中的聖約翰（愛的使徒）也是如此。這種純愛的表情也可以和形狀的感性美結合在一起，例如在拉斐爾的作品裡就是如此。但是這種形狀的感性美並不能單靠它本身而有價值，必須由表情後面的最懇摯的靈魂從精神方面來給它灌注生氣，使它獲得光榮化，而且這種精神方面的懇摯必須顯得是眞正的題旨和內容。此外，美在嬰兒基督和約翰受洗者的故事裡也有發揮作用的場所。至於在其他人物如使徒、聖徒、門徒和古代哲人之類身上，這種提高的親切情感的表現彷彿只是某些暫時情境中的事，在這些暫時情境之外，他們就顯得是現實世界中的一些各自獨立的人物，具有勇敢、信仰、行動的力量和堅忍精神，所以不管他們的性格多麼互相差異，卻顯出一種基本特徵，即嚴肅的高尚的人性。他們所代表的不是神的理想而是完全個別的人的理想，不只是些應該如此的人，而是些實際本來如此的人的理想，既不缺乏性格方面的特殊性，也不缺乏這種特殊和一般的聯繫，這一般就充實了個體。米開朗基羅、拉斐爾和李奧納多．達文西（在他的著名的《最後的晚餐》裡）所創造的人物形象就屬於這一類，在其他畫家的人物身上不易見到這種尊嚴、雄偉和高尚。正是在這一點上繪畫和古代藝術走到一起，同時卻不放棄繪畫領域本身的特性。

②在造型藝術之中，繪畫最能讓特殊具體的人物形象享有單獨發揮作用的權利，所以特別在繪畫裡可以見出到眞實人物造像的過渡。所以人們如果斥責造像一類繪畫不符合藝術的崇高目的，就會大錯特錯。誰願意失去大畫師們的許多卓越的人物造像呢？姑且不談這類

---

75 林神奇醜，蘇格拉底也奇醜。

76 指基督臨刑時跟著到刑場的一些婦女，其中最著名的是抹大拉的馬利亞，參看《新約·馬太福音》第二十七和二十八章。

作品的藝術價值，誰不想對著名的人物，除掉對他們的精神和事業有些概念之外，還可以看到體現這些概念的形象生動具體地擺在眼前呢？因爲最偉大、地位最高的人物總是實際生活中的一個個體，而他的這種個體，他的精神的最實在的生動具體的面貌，正是我們想要親眼看到的。姑且不談這種落在藝術範圍之外的目的，我們可以有把握地說，繪畫的向前進展，從它的初步的不完善的嘗試開始，就是向眞實人物造像進行準備工作。起初是宗教的虔誠心情造成了內心方面的生動活潑，然後較高的藝術用表情的眞實和描繪特殊實際事物的眞實，使這種虔誠心情成爲有生氣的東西，外在表現逐漸達到深化，它所要表達的內心方面的生氣也就跟著深化。

但是要使眞實人物造像成爲一種眞正的藝術作品，就應該使它顯出精神個性的統一，使精神的性格成爲主導的和突出的方面。面貌的每一部分都特別有助於達到這樣的效果，而畫家描繪面貌的敏感要把個別人物的特性表現出來，就得把能用最清楚、含蓄最深廣的生動的方式，把這種精神特性表達出來的那些特徵和部分掌握住，並且把它們突出地表現出來。就這一點來看，一幅眞實人物造像儘管忠實於自然，下過很精細的工夫，卻可以毫無生氣，而出於名家之手的寥寥數筆的素描卻遠較生動和眞實，因爲這寥寥數筆抓住了眞正有意義的起標誌作用的特徵，形成了人物性格的簡單而卻基本的全部形象，這就使得那種工夫細，忠實於自然而卻毫無生氣的作品在相形之下黯然無光。最好的辦法是在這種素描與忠實於自然的摹仿之間走一種恰到好處的中間道路。提香[77]的畫像傑作就屬於這一種。這些畫像使我們感到個性鮮明，認識到面對眞實人物時所不能認識到的那種精神方面的生動活潑氣象。這頗類似具有眞正藝術才能的歷史家對偉大事蹟的描述所產生的那種效果：他所繪出的圖景比我們親眼看到這些事蹟時的印象還遠較崇高和眞實。現實生活都擔負著單純現象，次要事物和偶然事件的重載，這就使得我們往往辨不清樹木和森林，讓最重大的東西在我們眼前溜過去，仿佛只是些日常發生的平凡事件。只有內在的意義和精神才能使一件事蹟成其爲偉大事蹟，一篇眞正的歷史描述就能顯出這種內在的意義和精神，因爲它拋開純然外在的（不相干的）東西，只把那些足以生動地闡明內在精神的東西突出地揭示出來。畫家也是如此，他必須通過他的藝術把人物形象的精神意義和性格揭示給我們。如果他完全做到這一點，人們就可以說，這樣一幅畫像比起所畫的眞實人物本身仿佛還要抓住要害，還更逼眞。阿爾布雷希特・杜勒就畫過一些這類的畫像：他用很少的媒介，很簡單地、明確地、雄偉地把面貌特徵突出表現出來，使我們相信自己在親眼看到一個人的精神生活；對這種畫像看得愈久，體會就愈深刻，就會見到愈深廣的意蘊。它就像一幅銳利的意味雋永的素描，把顯出性格特性的東西完全表現出，至於其餘部分所用的色和形的渲染只是爲著襯托出特徵，使它們有更大程度的可理解性和鮮明性，以及達到藝術加工方面的圓滿，無須跟著自然去計較貧乏生活中的細

---

77 提香（Tizian, 1476—1576），義大利名畫家，長於畫像。

節。舉例來說，自然本身在自然風景中對每一枝一葉、每一株草之類的形狀和顏色都一一畫出，自然風景畫卻不應追隨自然這樣巨細無遺，它突出某些細節，只是因爲它們契合整體所表現的那種調質，即使在這裡，它如果要堅持只用足以顯出個性特徵的東西，也不應按照自然，依樣畫葫蘆地把這些細節全部畫出——在人類面孔上自然所做的素描是堅硬部分的骨骼，骨骼上面黏附著一些較柔軟的皮肉，展現爲多種多樣的偶然細節；但是對於人物造像來說，這些堅硬的部分儘管也重要，性格的標誌卻在於其他穩定的特徵，即由精神灌注生氣的面貌。在這個意義上我們可以說，眞實人物造像不但可以諂謀，而且必須諂謀[78]，因爲它拋開自然中純屬偶然的東西，只採用有助於顯出個性特徵的東西，即人物生活中最特別最內在的東西。目前人物造像的風尚是不管什麼人的面孔，都畫上一個笑容，以便顯得和藹可親，這種辦法很危險，因爲很難掌握適當的界限。這種笑容當然很悅人，但是社交中單純的禮貌的和藹不能形成任何人物性格的主要特徵，在許多畫家手裡，它很容易成爲最無聊的令人感到膩味的甜蜜。

③ 儘管繪畫在一切作品裡都可以採用人物造像的處理方式，它卻必須使個別的面孔特徵、形狀、姿勢、人物組合，以及各種著色的方式永遠符合既定的情境。繪畫把一些人物和自然事物擺在這種情境裡，目的在於要表現出某一內容，因爲要表現的正是處在這種情境中的這種內容。

在涉及這方面的無數細節之中，我只約略談一個主要點。所說的情境在本質上可以是暫時的，而它所表現的情感也只是暫時的，所以同一主體還可能表現出許多其他類似的乃至相反的情感；但是情境和情感也可以是由一個人物的整個靈魂所掌握住的，因而這個人物可以在這種情境和情感裡完全揭示他的最內在的本質。這後一種情境和情感對於性格特徵才是眞正絕對必要的因素。在上文談到聖母時已經提到的那些情境裡，沒有任何一個細節不是適合聖母以及她的全部靈魂和性格的，儘管在各個個別情況中她可以被了解爲一個本身完整的個別人物。在這裡她也必須被塑造成這樣一種人物，顯得她不是什麼別的人物，而恰恰是表現在這個具體情況中的人物。高明的畫師們正是採用這種永恆的母親情境和母親性情把聖母描繪出來的。其他畫師們在聖母的人物性格中還加上其他塵世現實生活中的表情。這種表情可以很美、很生動，但是這種形象、面貌和表情也適合於夫妻之愛之類旨趣和關係，所以我們很容易從其他觀點而不是從聖母觀點去看所畫的人物，但是在最高明的作品裡，我們除掉情境所應引起的思想之外，不應想到其他。由於這個緣故，我認爲竺列希敦陳列館裡所藏的考列基俄作品《抹大拉的馬利亞》是值得讚賞而且會永遠受到讚賞的。她是一個犯過罪而懺悔的女人，但是我們從畫裡可以看出，她的罪孽方面並沒有被看得很嚴重，她是一個徹頭徹尾的高尚的人，不可能有壞情慾或是做出壞事來。她處在深刻的但是鎭定的凝神狀態中，顯

78 即美化所畫的人物。

得只是回到她本身，這並不是一種暫時的情境，而是代表了她的全部本質。在整幅描繪中，無論是從形狀、面貌特徵、服裝、姿勢還是從周圍環境去看，畫家都絲毫沒有暗示出犯罪做壞事的情況，她把過去的時代拋到腦後，只一心一意地沉思現在，這種信仰、這種沉思默索彷彿就是她所特有的完整的性格。

這種內心和外表的契合以及人物性格和情境的明確性，特別在義大利畫家們手裡達到了最美的境界。反之，在前已提到的奎爾根所作的回頭的浪子的半身像裡，懺悔和痛苦的心情固然表現得生動，但是畫家並沒有能把浪子在所繪情境以外的整個性格和描繪出的他現在所處的情況統一起來。如果我們安安靜靜地細看浪子的面貌特徵，就會看出它們只標誌出在竺列希敦橋上或是在任何一個其他地方所碰到的任何一個人的面相。在人物性格和某一具體情境的表情眞正協調時，這種情況就絕不會發生，就像在正確的風俗畫裡，就連寫的是最流動不停的頃刻，它也會生動活潑到不能使人想到這些人物形象，在任何時候有可能採取另一種姿勢、另一種面貌特徵或是現出另樣的表情。

以上所說的，就是關於內容以及對繪畫的感性因素（平面和顏色）的藝術處理方面的一些要點。

3. 繪畫的歷史發展

關於這第三部分，我們不能像前此所採用的辦法，滿足於對繪畫所用的內容以及由繪畫原則產生出來的塑型方式，只進行一般性的陳述和討論，因爲繪畫這門藝術始終離不掉人物性格及其情境的特殊性、形狀及其姿勢乃至顏色等等，所以我們必須把繪畫的特殊具體的作品的實在情況擺在眼前，就它們來進行討論。如果要把繪畫研究得透澈，唯一的辦法是對用來證實既定觀點的那些繪畫作品本身知道很清楚，而且懂得怎樣欣賞和評判它們。這番話當然適用於一切藝術，不過在此前已經研究過的幾門藝術之中，它特別適用於繪畫。就建築和雕刻來說，因爲題材內容的範圍較窄，表現的媒介和形式並不那樣豐富多彩，也沒有那麼多的差異，而它們的特殊用途也比較單純，我們可以求助於複製品，描述的文章以及澆鑄的模型。繪畫卻不然，它要求我們親眼看到一件一件的作品本身，單純的描述並不夠解決問題，儘管人們往往不得不滿足於此。繪畫既然分化爲無窮無盡的雜多樣式，這些樣式中的許多因素又分散在各個特殊的作品裡，使得這些個別作品乍看起來只像一盤雜燴，對於研究提供不出系統性的分類和安排，所以很難使人見出這類個別作品的特性。多數繪畫陳列館就顯得有這種情況，如果人們對每一幅畫所屬的國家、時代、流派和作者都先已有了一些知識，整個陳列館就顯得是一種無意義的雜亂的迷徑，令人找不到出路。所以適合研究和欣賞的陳列是順歷史次第的陳列。這樣一種按歷史安排的繪畫結集，我們不久將有機會在建立在本地的皇家博物館的繪畫廊裡[79]欣賞到。這是一種獨特的無比珍貴的繪畫結集，不僅可以使人清楚地

[79] 指柏林博物館的繪畫廊。

認識到技巧發展的外表歷史，還可以使人清楚地認識到內在歷史的本質性的發展，包括各流派之間的差異、題材及其構思和處理的方式。只有通過這樣生動的巡視，才可以使我們認識到繪畫從起源於傳統的固定的類型，倒顯得有生氣，設法尋求個性特徵的表現，從靜止不動的人物形象中獲得解放，以及向戲劇性的活躍的動作、向群像組合、向著色的魔術等方面的發展，也認識到各流派之間的差異，這些差異有時見於對同樣題材的各有特色的處理，有時起於內容的差異。

繪畫的歷史發展具有重大的意義，無論是對於研究還是對於科學的探討和敘述。我所指出的內容、材料的琢磨、構思的各種主要階段，這一切只有在繪畫的歷史發展裡才在符合事實的先後承續的系列和差異之中獲得具體的存在。所以我還要巡視一下這種歷史發展，把其中最突出的東西揭示出來。

概括地說，這種發展大體是這樣：在起源時繪畫用的是宗教題材，這題材還是按照類型來構思或理解的，在安排上採用簡單的建築樣式，色彩的運用還很粗糙。接著就在宗教的情境裡，逐漸出現人物形象的現實性、個性和生動的美、內心生活的懇摯和深刻，以及色彩的魔術和吸引力，直到後來畫藝就轉向世俗方面，如自然、日常生活中的事物或是過去和現在的氏族生活中的重大歷史事件、眞實人物造像之類，乃至最瑣屑最不重要的題材也用和對待宗教題材的那種篤愛心情來處理，特別是在這種題材範圍裡不僅達到繪畫技藝的極端完善，而且還顯出最生動活潑的構思方式和最有個性的創作施工方式。這樣的發展在拜占廷、義大利、荷蘭和德意志這幾派繪畫的演變梗概裡可以看得極明顯。我們將約略地說明這幾派畫藝的特徵，然後轉到向音樂的過渡。

A. 拜占廷[80]繪畫

關於拜占廷繪畫，首先要指出它一直在保持著一定程度的古希臘藝術技巧；此外，古代模範作品在姿勢服裝等方面也有助於促進技巧的成熟。但是另一方面，拜占廷藝術完全不講求自然和具體生動，在面孔形式上它還墨守傳統成規，在人物形象和表現方式上還停止在通套類型上，很呆板，在布局上多少還是建築式的；它不用自然環境和山水背景，通過光與影和明與暗以及兩者的融合的塑形術和透視學，以及生動的人物組合的技藝都還沒有發達或是發達得極少。在這種拘守早已定下來的同一類型的情況之下，獨立的藝術創作就很少有發揮作用的餘地。畫藝和鑲嵌術往往墮落成爲單純的手藝，因而變成無生命、無精神的東西，儘管當時手藝人和古代製造花瓶的手藝人一樣，擁有古代藝術作品的優異典範，在姿勢和衣褶方面足供摹仿——類似這種拘守類型的繪畫也伸出一片藝術的烏雲去掩蓋分崩離析的西歐，特別是蔓延到義大利。不過在西歐，很早就已顯出一種傾向，儘管還是一種微弱的開始，要

---

[80] 拜占廷是東羅馬帝國的首都，即君士坦丁堡。這裡流行的是與天主教有別的正教，在文化上受希臘傳統的影響較大。

擺脫已往一成不變的人物形象和表現方式，要朝一種較高的發展方向前進，儘管開始時還很粗疏，至於拜占廷繪畫作品，則像呂慕爾在談到希臘人所畫的聖母像和基督像時所說的[81]：「就連在最好的例子裡，也可以看出它們直接起源於鑲嵌術，一開始就排斥了藝術的加工處理。」義大利人也遠在達到了畫藝獨立發展以前，就已和拜占廷人相反，企圖對基督教題材獲得一種較側重精神方面的理解。呂慕爾也曾舉過一個值得注意的例證，說明晚期希臘人和義大利人在描繪基督釘在十字架上這一題材時所用的方式不同。他說：「對於希臘人，看到可怕的肉體痛苦是件尋常事，所以他們設想基督的全身重量都懸在十字架上，下身腫脹，挨打過的雙膝彎向左方，頭下垂，在和死亡的痛苦進行掙扎。所以他們的題材就是肉體痛苦本身。義大利人卻不然，在他們的較古老的紀念坊上有一點不可忽視，那就是聖母抱聖嬰和在十字架上被釘死的人都極少出現，但是他們卻經常把救世主的形象畫成在十字架上挺直地掛著，看起來像是要表現精神勝利的意思，不像希臘畫家們所表現的是肉體的死亡。這種構思方式較高尚，這是無可否認的，它很早就出現在西方條件較有利的繪畫體系裡。」[82]

我在這裡就只說這一點。

B. 義大利繪畫

其次，在義大利繪畫的自由發展裡，我們卻要找出藝術的另一種性格。除掉從《舊約》、《新約》以及殉道者和聖徒們的傳記中所採用的宗教內容之外，義大利繪畫大部分都取材於希臘神話，卻很少取材於民族史中的事蹟，除掉眞實人物造像之外，也很少取材於當前現實生活；自然風景也用得很少，只有在晚期一些孤立的例子裡才出現。但是在對宗教題材的構思和藝術施工方面，義大利繪畫卻特別運用精神和肉體的生活中的生動的現實性，一切人物形象都從此獲得具體化和生動化。就這種生動性的精神方面來說，基本原則是天然的爽朗和悅；就肉體方面來說，基本原則是和精神相適應的感性形式美，這種美單作爲美的形式來看，就已表現出天眞純潔、歡樂、處女的童貞，心情的天然優美、品格的高貴、想像力和一種充滿著愛的靈魂。如果在這樣一種純樸自然的基礎上，再加上由宗教的親切情感和精神方面較深刻的虔敬（這種虔敬以熾熱的情感灌注生氣於這種宗教領域中，本來就已比較穩實完好的生活）所帶來的內心生活的提高和美化，我們就會看到人物形象及其表情之間的一種原始的協調，這種協調如果達到完全澈底，就會令人從這個基督教的浪漫型藝術領域裡，生動具體地認識到藝術的純理想。在這樣一種新的協調裡占優勢的固然是心情的親切，不過這種內心狀態是靈魂的一個更幸福、更純潔的天國。達到這個天國的道路，亦即從感性有限事物回轉到神的道路，儘管也要經歷過懺悔和死亡的深重痛苦，畢竟是較不吃苦費力的，因

81 這裡的希臘人指拜占廷區域的希臘人。拜占廷繪畫多出於晚期希臘畫家之手。
原注：見《義大利研究》，第一卷，二七九頁。

82 原注：《義大利研究》，第一卷，二八〇頁。

爲所經受的痛苦只集中在心靈的領域，即觀念和信仰的領域，而不降落到暴戾的情慾、倔強的野蠻性、頑固的自私和罪孽的領域，無須對神福的這些死敵進行搏鬥去獲得艱苦的勝利。這是一種始終在觀念界進行的轉變，一種哀而不傷的痛苦，一種較抽象的較富於心靈性的苦惱，只在內心世界裡發生，很少外現爲肉體的痛苦，很少在體形和面貌上顯出頑強、粗魯、骨節嶙峋的形狀或猥瑣庸俗的形狀，以致需要經過一番頑強的鬥爭，才能使這類形狀在大體上成爲宗教熱忱和虔敬心情的表現。義大利繪畫中眞正優美的作品所提供的那種動人的爽朗鮮明和不受干擾的美感享受，正是來自這種平靜無掙扎的靈魂的親切情感，以及來自外在形狀和這種內心狀態之間原始的（天然的）協調。

正像人們談到器樂時所說的，器樂裡應該有旋律和歌聲，這種繪畫就是出自靈魂的純粹的歌聲，一曲和諧的一氣呵成的旋律，在它的整個形象及其形式上蕩漾著；也正像在義大利音樂在它的旋律和歌聲裡，純粹的聲音天然流轉合拍，絲毫沒有生硬勉強的痕跡時，在每一個抑揚頓挫裡，彷彿就只有聲音對它本身的欣賞在發生聲響，義大利繪畫的基調也正是這種滿懷著愛的靈魂對它本身的欣賞。我們在義大利偉大詩人作品裡再度發見到的也正是這種親切情感、爽朗鮮明和自由。在三聯韻、抒情小曲、十四行詩和四行詩章裡，以藝術方式安排的那種迴旋往復的韻，那種不僅以重複一次的方式而還要以重複三次的方式，來滿足平衡對稱需要的聲調就是一種自由怡悅的聲調，所迸發的就是聲調爲著要欣賞它本身的那種聲響。同樣的自由在內容意蘊上也可以見出。在佩脫拉克的十四行詩、六行詩章和四行詩章的作品裡，心靈所輾轉反側以追求的並不是對有關對象的實際占領，需要表現出來的並不是涉及實際內容和主題本身的思想和情感；而是表現本身就是滿足，這是愛情對它本身的欣賞，這種愛情要在它的哀怨呻吟裡，在它的描述、追憶和幻想裡去追尋它的幸福；這種追求在追求本身上就已獲得滿足，就已滿足於所愛對象的形象和精神，就已完全占領了自己想和它契合成爲一體的那個靈魂。由於同樣的道理，但丁在由他的導師維吉爾引著走過地獄和淨界時，看到了一些最兇惡的恐怖場面，感到驚駭，往往淚流滿面，但是仍平心靜氣地邁步前進，沒有恐懼和憂愁，沒有想到「這一切不應該如此」的那種煩惱和抱怨的心情。就連他所描寫的打到地獄裡去的那些人物也還是享到永恆生命的幸福（本來地獄大門上就寫著「我永恆地持續下去」），他們就是他們那樣的人，沒有悔恨和希冀，不訴說他們的痛苦——這些痛苦對我們和對他們自己一樣虛無縹緲，因爲他們都要永恆地持續下去——他們所念念不忘的只是他們的主張和事蹟，頑強地抱著和原先一樣的旨趣不放，沒有什麼痛惜和渴望。

如果我們體會了靈魂在愛中這種幸福獨立自由的特徵，我們就會懂得最偉大的義大利畫家們的性格。正是憑這種自由，他們對表情和情境的特徵才能駕馭自如，憑這種內心平靜的翅膀，他們才能隨意支配形狀、美和顏色；在對現實生活和人物性格的最具體的描繪裡，他們儘管完全停留在塵世裡，往往只畫出或是像只畫出眞實人物的造像，但是他們所畫出的卻是另一種太陽下的另一種春天的圖景；是在天國裡含苞吐豔的一些玫瑰。他對美本身所關心的不僅是形象的美，也不僅是在肉體形狀上所表現的靈魂和它的愛融成一體的感性美，而是人物性格的每一形狀、形式和個性所表現出的這種愛與和解的特點；這像是蝴蝶，像是心靈女神[83]，在她的那個天國的燦爛陽光裡，甚至圍繞著枯萎的花而翩躚飛舞。只有憑這種豐富自由而完滿的美，義大利畫家們才能在近代體現出古代理想。

義大利繪畫並不是一開始就達到這樣完美的水準，而是經歷過漫長的道路才達到的。不過在早期義大利畫師的作品裡，最突出的特色卻往往正是天眞純潔的虔誠、全部構思的宏偉意味、形式上的天然美以及親切情感，儘管技巧的修養還很不完善。十八世紀人們對這些較古老的畫家不很重視，並且指責他們笨拙、枯燥、生硬。只是到了較近的時期，他們才被一些學者們和藝術家們從遺忘中救出來，但是在讚賞和摹仿中對他們卻表現出過分的偏嗜，勢必走向否定構思方式和表現方式的向前發展，不免把人們引向相反的歧途。

關於義大利繪畫直到成熟階段以前的幾個主要的歷史發展階段，我在這裡只約略指出以下幾點，以便界定義大利繪畫基本要素和表現方式的特徵。

(1) 在早期流行過一陣粗野風格之後，義大利畫家們拋開了過去拜占廷人所奠定的帶有匠氣的類型，掀起了一種新的躍進。他們所表現的題材範圍還不很廣，主要的風格特點還是嚴峻、肅穆和宗教的崇高。但是席耶納派畫家杜奇歐和佛羅倫斯派畫家契瑪布耶[84]（像對這個繪畫早期研究有素的權威學者呂慕爾所指出的）就已企圖學習根據透視學和解剖學的少量古代素描作品遺跡（由於早期基督教藝術特別是晚期希臘繪畫的機械式摹仿，這種古代素描方式獲得了保存），並且儘量按照他們自己所特有的精神對它們加以革新。他們「感覺到這類素描的價值，但是力求減輕它們的呆板僵硬，拿其中原來沒有理解得透徹的面貌特徵和實際生活來對照。從他們所得到的結果我們應該可以看出這一點」。[85]這些還只是藝術擺脫傳統定型而走向生動活潑和富於個性的表現方式的初步努力。

(2) 向前進展的第二步在於擺脫上述希臘的藍本，在全部構思和藝術施工上走進凡人的和個性的領域，使人的性格和形狀與所要表現的宗教內容意蘊之間的契合更完善更深刻。

① 首先應該提到的是喬托[86]和他的流派所產生的影響。喬托既變更了已往的調製顏色的方法，又革新了描繪方式的理解和方向。從化學分析的結果來看，晚期希臘畫像是用蠟作爲凝固顏色的材料和畫面的光澤，因而產生了一種「黯淡的青黃色調」，這種色調是不能完全說是由於燈光效果的。[87]喬托完全拋棄了希臘畫家們所用的這種膠狀的凝固顏色的材料，他

---

[83] 據希臘神話，心靈女神（Psyche）長著蝴蝶的翅膀。

[84] 杜奇歐（Duccio, 1260—1320左右），義大利席耶納畫派的始祖；契瑪布耶（Cimabue），十三世紀佛羅倫斯畫家，首先拋棄了拜占廷傳統，使繪畫逐漸接近自然。

[85] 原注：見《義大利研究》，第二卷，四頁。

[86] 喬托（Giotto, 1267—1337），義大利名畫家，契瑪布耶的徒弟，在畫藝技巧上做出很多的革新，他是第一個人使義大利畫拋開拜占廷傳統，轉向現實主義，儘管他的一些最著名的壁畫仍用宗教的題材。

[87] 原注：見呂慕爾的《義大利研究》，卷一，三一二頁。

在調製顏色時用的是嫩芽和未成熟的無花果的濾淨的汁水，以及中世紀早期義大利畫家們在拘謹地摹仿拜占廷繪畫以前也許就已採用的一些含油質較少的膠料[88]。這些凝固顏色的材料不致使顏色變暗，能使顏色保持原有的鮮明。不過喬托在義大利繪畫中所做的更重要的革新還在於題材的選擇和表現方式方面。吉伯第[89]就已讚揚喬托拋棄了希臘畫家的粗疏風格，並且在運用自然本色和秀美方面做得也不過分[90]。薄伽丘談到喬托時說過自然沒有造出喬托所不能摹擬得惟妙惟肖的東西[91]。從拜占廷繪畫裡看不出觀察自然的痕跡；喬托才把繪畫指引到現實生活，拿自己所描繪的人物形象和情感和自己周圍的實際生活相對照。和這個方向密切相關的還有一個情況，這就是在喬托時代，人情風俗一般變得比以前較自由，生活變得較熱鬧歡樂，而且新近開始崇拜的許多基督教徒和畫家們在時代上很接近。喬托在走向現實之中特別愛選這些新聖徒作爲繪畫的題材，因此內容本身就帶來一種要求，要畫出肉體現象的自然本色，以及明確具體的人物性格、動作、情慾、情境、姿勢和運動。不過在喬托的這種企圖中，作爲前一階段藝術基調的那種宏偉的宗教嚴肅風格已相對地受到損失了。世俗性的材料獲得了地位和推廣的機會，因爲喬托在當時風氣影響之下，讓詼諧滑稽的因素和激情的因素並列在一起。呂慕爾先生說得很對：「在這種情況下，我眞不理解何以有些人竟竭力宣揚喬托的方向和作品成就，標誌著近代藝術的最崇高的方面。」[92]對喬托的評價提出了正確的觀點，這是呂慕爾這位重要的學者的一個偉大的貢獻，他同時還指出，就連在走向凡人化和接近自然這一方面，喬托也還只停留在一種很低的水準上。

②在喬托所激發的這種趣味的影響之下，繪畫向前發展著。《新約》裡《福音書》所敘述的基督，使徒們和一些重要的事蹟的典型描繪已逐漸被擠到後台，因此，「題材的範圍轉向另一方面擴充」，「所有的畫家們都忙於描繪一些近代聖徒生平中的轉變，從他們早期的世俗生活、宗教意識的突然醒覺、虔誠和苦行生活的開始，以及他們生平中所現的奇蹟，特別是他們死後的奇蹟，在對這方面的描繪中，活人的表情比起無形可見的創造奇蹟的力量要占較大的比重，這是符合當時藝術外在條件的。」[93]此外，基督生平和臨刑的事蹟也並沒有被忽視。基督的誕生和教育過程以及聖母抱聖嬰都是特別受歡迎的題材，放在這類描繪中較多的是宗教方面骨肉的親密、溫柔和懇摯，是凡人的富於情感的特點；至於「在基督臨刑的課題中，著重點不再是崇高的人格和精神的勝利，而是動人情感的方面——這是當時流行的對救世主塵世苦痛的同情熱潮的直接後果，對這種同情熱潮，聖佛蘭西斯曾用身教和言教

---

88 原注：見呂慕爾的《義大利研究》，卷二，四三頁；卷一，三一二頁。

89 吉伯第（Ghiberti, 1378—1455），義大利名雕刻家，特別長於青銅建築物的鑄造。

90 原注：見《義大利研究》，卷二，四二頁。

91 原注：見薄伽丘的《十日談》，第六日，十一月五日。

92 原注：見《義大利研究》，卷二，七三頁。

93 原注：見《義大利研究》，卷二，二一三頁。

增添了一種新的前所未聞的鼓舞力量」。[94]

進一步發展到十五世紀中葉，應該特別提出的兩個人名是馬薩其奧和安傑利科・達・斐厄梭勒[95]。在繪畫把宗教的意蘊體現於人的形象和面貌中的熱烈表情的生動形式這一發展過程中，按照呂慕爾的意見，有兩方面特別重要，一方面是一切形狀都逐漸畫得豐滿，另一方面是「對人的面貌以及其各部分的分布和協調中的秀美，以及意義的最多種多樣的深淺層次所進行的日益深入的研究」。[96]要使這種藝術難題得到澈底的解決在當時不是某一個藝術家的力量所能勝任的，馬薩其奧和安傑利科兩人就分擔了這個任務。「馬薩其奧所著手研究的是明暗關係，把形狀畫得圓滾的技巧以及群像的分布和協調；安傑利科所探索的則是內心世界的聯繫以及人的面貌特徵的內在意義，他是第一個掘開這個寶藏的人。」馬薩其奧所關心的不是追求秀美，而是宏偉的構思、大丈夫氣概以及貫串一切的統一；安傑利科所關心的則是宗教的熱忱，遠離塵俗的愛，思想方面的僧院式的純潔以及靈魂的崇高和虔敬，瓦薩里[97]曾談到安傑利科從來沒有事先不做熱忱的禱告就著手繪畫，每逢描繪基督臨刑時沒有不傷心流淚的[98]。總之，繪畫在這一階段的進展一方面表現於提高了生動性和自然性（現實性），另一方面也表現於宗教情緒的深刻，靈魂的純潔懇摯不僅不缺乏，而且還壓倒了布局、姿勢、服裝和著色等方面的自由、精工、忠實於自然和美。儘管後來的發展使得精神的內在生活獲得遠較崇高完滿的表現，目前這個階段就宗教心情的純貞和藝術構思的嚴肅深刻來看，卻還沒有被其他時代超過。這個時代的許多繪畫作品，從顏色、組合和素描來看，當然不免引起我們的反感，而且用來表現內心的宗教熱忱的那些生動的形式，好像並不完全適宜於這種表現；但是從藝術作品所自出的精神意旨方面來看，我們畢竟不應忽視這個時代，它比起以後的時代，特別以素樸的純潔，對眞正宗教內容的最內在的深刻處的親切掌握，對虔誠的愛所抱的堅定信心（縱使在患難和痛苦中也始終不渝）乃至天眞和幸福中的優美這些特長，以後的時代儘管在藝術技巧完善的方面向前邁進了，卻沒有在這些優點既已喪失之後把它們恢復過來。

③在進一步的發展中，除掉上述兩點之外又新添上第三點，這就是用來表現革新了的精神意旨的題材在範圍上日漸擴大了。正如義大利繪畫一開始就由於被尊爲聖徒的那些人和畫家們在時代上很接近，不得不接近現實，現在藝術也把宗教以外的現實生活納入自己的領域了。這就是說，從只圖表現宗教熱忱的那個側重懇摯和虔敬的時代，繪畫逐漸發展到把外

---

94 引文仍摘自《義大利研究》。

95 馬薩其奧（Masaccio, 1401—1428），佛羅倫斯派畫家；安傑利科・達・斐厄棱勒（Angelico da Fiesole, 1387—1455），一般稱爲安傑利科修道士，義大利宗教畫家。

96 原注：見《義大利研究》，卷二，二四三頁。

97 瓦薩里（Vasari, 1511—1574），義大利畫家和建築師，以《最卓越的畫家、建築師和雕刻家的傳記》著名。

98 原注：見《義大利研究》，卷二，二五二頁。

界世俗生活拿來和宗教題材結合在一起了。一般市民在他們的職業活動中或工商業事務中所抱的歡樂的強有力的自己依靠自己的精神，他們的自由、男子漢的勇氣、愛國心，他們在歡樂的現實生活中所感到的幸福，這種對自己的道德風尚和生活諧趣的新醒覺的喜悅，這種在內在精神和外在形狀兩方面都達到的跟現實的和解，現在都要進入藝術構思和表現的領域，在其中發生效能了。在這種精神意旨的影響之下，我們看到愛好山水背景、城市景致乃至廟宇和宮殿的環境的風氣也活躍起來了；著名的學者、朋友、藝術家以及其他憑才智和爽朗精神博得當時寵愛的人們的眞實畫像，也在宗教情境中贏得一席地位了；家庭生活和城市生活中一些特點也以不同程度的自由被利用在繪畫裡了；縱使宗教的精神內容仍然是基礎，宗教虔誠的表現卻不再是孑然孤立的，而是和現實世俗各部門的較豐滿的生活結合在一起了。⑲採取了這個方向之後，宗教的聚精會神以及懇摯虔敬的表現當然受到削弱，但是藝術也需要這種世俗的因素，才可以達到高峰。

(3) 較豐滿生動的現實生活和內心的宗教熱忱的融合，就產生了一個意義深遠的新課題，只有十六世紀的大畫師們才使這個新課題獲得圓滿的解決。因爲現時的當務之急，是在充滿靈魂的親切情感和宗教熱忱的嚴肅崇高，與對人物性格和形狀在肉體和精神兩方面的生動具體的實在情況的敏感，這兩者之間建立協調，從而使表現在姿勢、運動和色彩等方面的肉體形狀，不再是一種單純外在的支架，而是本身就足以顯出生氣和靈魂，並且憑全體各部分的完滿表現使內在和外在兩方面都顯得美。

在懸此爲目標的一些最卓越的畫師之中，特別要提李奧納多．達文西。他憑堅決探索深微的理解力和感受力，不僅比任何一個前輩都更深入地探討了人體形狀及其所表現的靈魂，而且憑他對繪畫技巧所奠定的同樣深厚的基礎，在運用他從研究中得來的手段或媒介上獲得了極工穩的把握。此外，他還能保持一種充滿敬畏的嚴肅態度去對宗教畫題進行構思，所以他所塑造的人物形象，儘管顯得有現實生活的完整、圓滿，儘管他們在面孔上和秀美的運動上都表現出一種和藹可親的微笑，卻從來不拋開宗教的尊嚴和眞實所要求的那種莊嚴氣象。

但是在這個領域裡達到十足完美的只有拉斐爾。呂慕爾特別指出十五世紀中葉以後的烏姆布里亞畫派[100]具有一種人人都會感覺到的神祕的吸引力，並且企圖說明這種吸引力是由於情感的深摯和溫柔，也由於這派畫家既有對最早期的基督教藝術探討和經驗的朦朧記憶，又有對當時藝術界一些較溫和的觀念，把這兩者所結合成的奇妙的統一，在這一點上他們勝過了和他們同時代的塔斯康、倫巴第和威尼斯各派畫家。[101]拉斐爾的老師佩魯吉諾[102]也曾學會表現這種「靈魂的純潔無瑕以及對憂思柔情的沉湎忘返」，再加上外在形狀的客觀性和生動

---

99 原注：參看《義大利研究》，卷二，二八二頁。

100 烏姆布里亞（Umbria）在羅馬以北，拉斐爾是烏姆布里亞畫派的大師。

101 原注：見《義大利研究》，卷二，三一〇頁。

102 佩魯吉諾（Pietro Perugino, 1446—1524），烏姆布里亞畫派的代表之一。

性，以及特別由佛羅倫斯畫派所發展出來的對現實界個別具體事物的深入鑽研。拉斐爾在早年作品中似仍受佩魯吉諾的趣味和風格的束縛，後來從佩魯吉諾向前進展，便完全實現了上述要求。這就是說，他把對宗教藝術課題的宗教情感，對自然現象的生動鮮明的色彩和形狀的透澈認識和喜愛，和對古代藝術美的同樣深湛的敏感結合在一起了。對古代藝術理想美的高度讚賞，卻沒有使他摹仿和採用希臘雕刻所發展出來的那些完美形式，而是只在大體上掌握住古代希臘藝術的自由美的原則，並且把繪畫所要求的個別具體事物的生動性，表情後面的深刻靈魂，以及拉斐爾以前義大利畫家們從來還沒有認識到的那種表現方面的爽朗鮮明和深刻周密，完全滲透到這種自由美的原則裡去。在對這些因素的錘煉、熔合和調配之中，拉斐爾達到了藝術完美頂峰。

不過在運用明暗方面的神奇魔力上以及在心情、形狀、運動和組合方面的精妙秀美上，他還趕不上考列基俄，在自然生動以及色彩的和諧、燦爛、溫暖和強烈等方面，他還趕不上提香。沒有什麼能比考列基俄所表現的純樸優美的精神（非自然的而是宗教的）更爲美妙可愛，也沒有什麼能比他所畫出的那種微笑的、天眞純樸的美更可愛了。

這些大畫師在繪畫方面所達到的完美是藝術的一個高峰，是一個民族在歷史發展過程中只有一次才能攀登到的高峰[103]。

C. 荷蘭和德意志的繪畫[104]

第三，關於德意志繪畫，我們可以把它和荷蘭繪畫擺在一起來談。這兩派繪畫和義大利繪畫的一般差異，在於德意志和荷蘭畫家們都不肯而且也不能憑自己的力量去達到義大利繪畫的那種自由的理想的形式和表現方式，從而達到由精神滲透而顯得光輝煥發的美。他們所發展的一方面是深刻情感和主體方面獨立自足的精神表現，另一方面是在信仰的親切情感裡加上個別人物性格中的較廣泛的特殊細節，這種個別人物性格不僅表現於關心宗教信仰和靈魂解救，而且還關心世俗生活，糾纏在生活的憂慮裡，而且在艱苦的工作裡培養成一些世俗性的道德品質，例如忠誠、持恒、爽直、騎士的堅定和市民的精幹之類。由於這種較狹隘的性情，我們在這兩派繪畫裡，特別是在德意志繪畫裡，所看到的不是義大利繪畫從開始就有的那種較純粹的形式和性格，而是一些倔強人物性格的倔強表現，這些人物或是以桀驁不馴、固執己見的態度和神相對抗，或是勉強克制自己，通過艱苦的工作，去掙脫自己的狹隘和粗野，然後才贏得宗教的和解；所以他們必然要使內心遭受到的深刻創傷流露在他們的宗教虔誠的表情上。

---

[103] 請注意，黑格爾在義大利大畫師中不提米開朗基羅。

[104] 荷蘭和德意志在民族傳統和語言方面有血緣關係，所以黑格爾把這兩派繪畫擺在一起來談。

關於較詳細的陳述，我在這裡只提出幾個主要點，它們對於區別早期荷蘭繪畫和德意志南部繪畫，以及十七世紀的一些較晚的荷蘭繪畫是具有重要意義的。

(1) 在早期荷蘭畫家之中，傑出的人物是十五世紀初期的侯伯爾特．范．艾克和約翰．范．艾克弟兄，他們的畫藝本領只有到近來才重新被人重視。像人們所熟知的，他們被尊爲油畫的發明者，至少是在油畫中最早達到完善的畫師。從他們對畫藝所促成的巨大進展來看，我們可以想到從較早期的開始到後來的成熟之間一定可以找到有一種循序漸進的階段，但是我們卻不能從保存下來的作品中見出這種逐漸進展的次第。現在開始期和成熟期的作品都混在一起，很難分先後。因爲幾乎很難找到其他畫家畫得比他們兩弟兄更好。此外，從他們所流傳下來的作品可以看出，他們已經拋棄和戰勝了畫藝中的定型陳規，不僅在素描、姿勢、人物組合、內心的和外表的特徵、色彩的生動，鮮明、和諧和精妙，布局的宏偉和完整等方面顯出高超的本領，而且在自然環境、建築配備、背景、地平線（遠景）、材料、服裝的富麗多彩、武器和裝飾的式樣等方面，也處理得很眞實，顯出高度的繪畫敏感和熟練技巧，以致在後來的幾個世紀裡，沒有人能比他們達到更完善的地步，至少是在深刻和眞實這兩點上是如此。不過我們如果把荷蘭繪畫和義大利繪畫中的傑作對比來看，義大利繪畫就顯出更大的吸引力，因爲義大利畫家們在宗教的親切情感和想像的雋永、自由和優美這些方面要領先。荷蘭畫中的人物固然也憑他們天眞純樸和宗教虔誠博到欣賞，甚至在心靈的深刻方面有時還超過最好的義大利畫中的人物，但是在形式的完美和靈魂的自由方面他們卻不能提升到同樣的高度；特別是他們的聖嬰形象塑造得很壞，至於其他人物，無論是男的還是女的，儘管在宗教的表情之內同時還顯出一種由深刻信仰所贊許的對世俗旨趣的才幹，畢竟顯得無論是在越出這種虔敬生活之上的時候還是在落到這種虔敬生活之下的時候，都顯得平庸，仿佛不能憑本身成爲自由的，富於想像和才智的。

(2) 値得研究的第二方面，是從較平靜的充滿敬畏的虔誠轉到殉道事蹟（一般說來，轉到現實生活中不美的事物）的過渡階段。在這方面特別擅長的是德意志南部的畫師們。他們在基督臨刑故事中選用兵士們對基督的橫蠻和惡毒譏嘲，以及在基督垂死的過程中人們對他所表現的野蠻的仇恨之類場面時，很有力地、突出地刻畫出與內心的邪惡相對應的外形的醜惡。較平靜而懇摯的宗教虔誠的靜穆美被推到後面去了，上述那些情境所決定的激動展現爲可怕的奇形怪狀、野蠻的姿勢和漫無約束的放情縱欲。這類繪畫既然塞滿了紛紛擾攘中的互相追逐推擠的人物，而在這些人物性格中野蠻性又占了上風，在構圖和著色兩方面就當然都缺乏內在的和諧，所以到了德意志早期繪畫重新博得愛好的初期，人們看到其中技巧一般很不完善，就不免在斷定作品的年代中作出錯誤的推測，把它們看作比范·艾克時代的較爲完美的作品還要早一些，而實際上它們大部分卻是較晚期的作品。不過德意志南部畫師們也並非絕對死守這類作品的表現方式，他們也處理過多種多樣的宗教題材，而在處理基督臨刑的情境時，知道怎樣成功地避免極端野蠻的場面，例如阿爾布雷希特·杜勒就是如此；他們對於這類課題總是當心要保住內心的高尚和外表的獨立自由。

(3)德意志和荷蘭的藝術所達到的最後一點在於，對世俗性的日常生活的透澈認識以及與此相聯繫的繪畫，分化爲樣式最多的表現方式的過程，這些表現方式無論在內容上還是在處理方法上，都彼此區別開來而各自向某一方面發展。在談到義大利繪畫時我們就已看出當時發展的方向是由單純而莊嚴的虔敬轉到日漸上升的世俗生活。不過這種世俗生活在義大利繪畫裡（拉斐爾是例證）時而有宗教熱忱滲透進去，時而受到古代藝術美的原則的節制，保持住統一的整體，至於這派義大利繪畫後來的發展與其說是在於以色彩爲引路線，分化成爲對一切種類題材的多種多樣的表現方式，毋寧說是在於膚淺的分散或是對各種形式和畫法的東拼西湊的摹仿。德意志和荷蘭的畫藝卻不然，它以最明確最觸目的方式運用了一整系列的題材內容和處理方式：從完全傳統式的教堂畫像，個別人物的像和半身像，轉到對深思默索的虔敬的宗教熱忱的描繪，一直到在較宏偉的布局和場面裡對這類描繪的生動化和擴大化；但是在這種布局和場面裡，對人物性格的自由刻畫以及憑描繪列隊遊行，隨從隊伍，群眾中偶然出現的個別人物、服裝和器皿的裝飾，大量的眞實人物造像、建築物、自然環境，以及教堂、城市、街道、河流、森林和山峰等等所造成的高度活躍氣氛，卻是由宗教的基礎支撐起和聯繫成爲整體的。這個中心[105]現在離開繪畫了，所以以前由它聯繫成爲整體的那一系列的對象就拆散了，這些零星個別的事物，就各按它的特殊的孤立狀態和偶然的變化，聽命於多種多樣的構思方式和繪畫創作方式了。

爲著在這裡對最後一個領域作出完滿的評價，像前此已經談到過[106]，我們就得再度仔細考察一下它的起源所自出的民族情況。談到這一點，我們要用以下的方式來說明荷蘭繪畫的轉變的理由，即從教堂和宗教虔誠的觀點和形象塑造的方式，轉變到單純的世俗生活以及自然界的事物和一些特殊具體的現象，例如正當的歡樂的安靜的但是狹窄的家庭生活，乃至民族的喜慶、宴會和列隊遊行、農村舞蹈、教堂節日的娛樂和遊戲之類。宗教改革運動已經滲透到荷蘭全國，荷蘭人已變成新教徒而且推翻了西班牙教會和國王的專制統治。從政治情況來看，我們在荷蘭既找不到一個曾驅逐暴君或強迫他們接受法律的聲勢煊赫的貴族階級，也找不到一個像瑞士人那樣受過壓迫掙脫枷鎖獲得自由的農民階級，荷蘭人民的絕大部分，即除掉少數勇敢的耕田人和更少數的英勇的海上英雄之外，都是些城市居戶、做生意的殷實市民，這些人安居樂業，沒有什麼很高尚的理想，但是等到緊急關頭，需保衛他們的正當得來的權利以及他們的地區、城市和公會的特殊利益時，他們卻挺立起來起義，毅然信任上帝和他們自己的勇氣和智力，不怕那統治著半個世界的西班牙主子的可怕的意旨，敢冒一切危險，英勇地流血奮鬥，憑這種正義的勇敢堅忍，終於勝利地爭得了宗教的和政治的獨立。如

---

[105] 「中心」指上文的「宗教基礎」。

[106] 參看第一卷第三章2節。

果我們可以把某一種特殊的性情氣質叫做「德意志」[107]的性情氣質，自尊而卻不驕傲，在宗教虔誠中不只是熱情默禱而是結合到具體的世俗生活，在富裕中能簡樸知足，在住宅和環境方面顯得簡單、幽美、清潔，在一切情況下都小心翼翼，能應付一切情境，即愛護他們的獨立和日益擴大的自由，又知道怎樣保持他們祖先的舊道德習俗和優良品質。

這個聰明的具有藝術資稟的民族，也要在繪畫中欣賞這種強旺而正直的安逸的殷實生活，要在一切可能的情境裡從圖畫中再度享受他們的城市、房屋和家庭器皿的清潔，家庭生活的安康，妻子和兒女的漂亮裝飾，城市政治宴會的富麗輝煌的排場，海員的英勇以及他們對本國的商業在全球各海洋上行駛的船艦的聲譽所感到的欣慰。荷蘭畫師們也正是把這種對正當的愉快生活的審美感帶到對自然題材的描繪裡去，他們在一切繪畫作品裡，都能把構思的自由和眞實，對看來似是微不足道的只在瞬間出現的事物的愛好，敞開眼界的新鮮感，以及對最孤立絕緣和最有局限性的事物的聚精會神這些特點和藝術布局方面的最高度的自由，對次要因素的最精微的敏感以及創作施工方面的周密審慎結合在一起。這派繪畫在描繪戰爭生活和戰士生活、酒店中的熱鬧場面、婚禮和其他農村宴會、家庭生活關係、眞實人物、自然風景、動物、花卉之類題材時，一方面儘量顯出光影和一般色彩的奇妙效果，另一方面也用最高度的藝術眞實最卓越地刻畫出生動鮮明的人物性格。儘管這派繪畫取材於村俗、粗野和平凡的自然中不重要的偶然的事物，這些景象卻顯得滲透著一種毫無拘束的快活熱鬧的氣氛，以致形成眞正的題材內容的不是那些平凡村俗的東西而是這種毫無拘束快活氣氛。所以我們所看到的不是平凡的情感和情慾，而只是下層生活中的樸質的接近自然本色的東西，也就是快活的謔浪笑傲的喜劇性的東西。在這種自由自在的放蕩之中就有一個理想因素：這就是生活中的禮拜天，它使一切平等無差別，掃除了一切邪惡；這樣整個心都充滿著歡樂的人就不可能是澈底邪惡或卑鄙的人。暫時表現出的邪惡和形成人物性格基本特徵的邪惡並不是一回事。在荷蘭人那裡，喜劇性就把情境中的邪惡消除掉了，我們觀眾心裡很明白，這些人物本來的性格可以和在這一瞬間讓我們看到的面貌大不相同。這種爽朗氣氛和喜劇因素就是荷蘭畫的無比價值所在。如果現代畫家們往往想使作品裡也有這種動人的風趣，他們往往只能表現出在內在本質上就平凡村俗醜惡的東西，而拿不出起和解作用的喜劇因素。例如一個惡劣的婦人在一家小酒館裡痛罵她的酒鬼丈夫，當然也很潑辣；但是這種場面像我已經說過的那樣，只能顯出他是一個二流子而她是一個老潑婦。

如果我們拿這副眼光去看荷蘭畫家們，我們就不會再認爲繪畫應該排斥這類題材，而只應去描繪那些古老的神、神話和寓言或是聖母，基督釘上十字架，殉道者、教皇、男聖徒和女聖徒之類題材。凡是適合於每一種藝術作品的題材也就適合於繪畫：包括凡是對於人、人的精神和性格的認識，對於人究竟是什麼以及這個人究竟是什麼的認識。在這裡形成詩的基

107 黑格爾用的是德意志（Deutsch），指的是日爾曼，因爲荷蘭人與德國人同屬北歐日爾曼民族。

本特徵的東西，就是大多數荷蘭畫家所表現的這種對人的內在本質和人的生動具體的外在形狀和表現方式的認識，這種毫無拘束的快活心情和藝術性的自由，這種想像方面的新鮮爽朗和這種藝術施工方面的既穩妥而又大膽的手腕。從荷蘭畫家的作品裡我們可以研究和認識到人和人的本質。但是近來畫家們讓我們看到的老是那些人物畫像和歷史畫，我們一眼就可以看到，儘管這些畫中人物很像人、很像實際存在的人，但是畫家既不知道人和人的色澤，也不知道能表現出人之所以爲人的那些形狀。108

108 論荷蘭畫這一節是值得特別注意的。過去藝術史家和批評家們都特別推尊義大利畫，義大利畫藝術造詣固然很高，但在題材方面局限在宗教領域，在創作風格方面仍沒有擺脫古典理想的束縛；荷蘭畫開始側重現實生活，眞正反映了資本主義時代新興市民的精神，可以說是在繪畫中開創了現實主義風氣。黑格爾在《美學》中再三給荷蘭畫以很高的評價，在這方面他是開風氣之先的。儘管他的藝術理想是希臘古典雕刻、史詩和戲劇，在繪畫方面卻推尊荷蘭畫，這說明了他堅持了歷史發展的觀點，不是一味厚古薄今的。

第二章　音樂

回顧一下前此各門藝術的發展過程，我們是從建築開始的。建築是一門最不完善的藝術，因爲我們發見它只掌握住有重量的物質，作爲它的感性因素，而且要按照重力規律去處理它，所以不能把精神性的東西表現於適合它的可以目睹的形象，只能局限於從精神出發，替有生命的實際存在的精神準備一種藝術性的外在的圍繞物。

其次是雕刻。雕刻固然用精神性的東西作爲對象，但是還不把它當作具體特殊的人物性格，也不把它當作心靈主體的內在生活，而是把它當作既不能離開實體性的內容意蘊，又不能離開精神的肉體現象而獨立的一種自由的個體；作爲個體，精神性的東西在表現（雕刻作品）裡應出現多少，就要取決於把一種本身重要的內容，體現於個別的有生命的形象中所需要的多少；也就是說，精神的內在因素究竟要在多大程度上滲透到肉體形狀裡去，就要看哪樣才能顯出精神和與它相應的自然形狀之間的不可分割的統一。雕刻所必有的這種統一只是絕對精神與它的肉體機構的統一，而不是精神與它自己的內在生活的統一，這種情況就向雕刻這門藝術提出了一個課題：仍要用有重量的物質爲它的材料（或媒介），但不能像建築那樣按照支撐重力的規律，去把這種材料的形狀塑造成爲一種純然無機的圍繞物，而是要把它轉化成爲適合精神及其理想的造型藝術式的具有古典美的形象。

從這個觀點來看，如果雕刻特別適宜於在作品中運用古典型藝術的內容和表現方式，使作品顯得有生氣，而建築則無論利用什麼內容，在表現方式上卻不能越出它的基本類型，即專靠暗示的象徵型，那麼，走到繪畫，我們就走到第三種類型，即浪漫型藝術的領域了。因爲在繪畫裡用來表現內在精神的儘管還是外在形狀，但是這種內在精神卻是觀念性的個別具體的主體性，即由肉體存在退回轉到精神本身的內心生活，亦即人物性格和心境中的主體的情慾和情感，這種情慾和情感不再能像在雕刻裡那樣完全流露於外在形狀，而是要藉這外在形狀來反映出內心的自爲存在和精神在它所特有的領域之中的活動，例如情境、目的和行動。由於內容的這種內在性，繪畫一方面就不能滿足於按照有重量的物質來塑造形狀，而另一方面又不能滿足於只就形狀去理解的未經特殊具體化的材料；它只能選擇這種材料的外形和色彩作爲感性的表現手段。但是顏色的作用只在於使占空間的形式和形狀顯得仿佛和在生動的現實世界裡一樣鮮明。到了著色的技藝發展成爲一種色彩的魔術時，客觀的物質仿佛開始在消失，它的效果幾乎不再是通過物質的東西來產生的。繪畫在發展過程中終於達到了外形的解放，外形不再黏附到自然的單純的形體上，而是可以在自己的活動範圍裡自由獨立地發揮作用，顯示出外形反覆照映的遊戲和明暗色調的幻變。但是儘管如此，這種色彩的魔術畢竟永遠還是空間性的，永遠還是一種在空間中並列的，因而是持久存在著[1]的外形。

(1) 但是如果內在因素需顯現爲主體的內心生活，像繪畫原則所已要求的那樣，眞正適

---

❶ 原文是 bestehender schein，意指畫出的外形儘管仿佛脫離了物體，但畢竟仍占空間，所以仍繼續存在下去，並未完全消失，針對上文「客觀的物質仿佛開始在消失」而言。在繪畫裡形離了體（「外形的解放」）而獨立地顯出形和色光和影的幻變，但仍占空間。

合這種內心生活的材料（媒介）就不能仍然有持久的獨立存在。因此，我們就得到另一種表現方式和傳達方式，其中客觀形象並不作爲占空間的形式而持久存在，我們所需要的一種材料，就它的爲他的存在❷而言，是不穩定的，它在剛出現或獲得客觀存在那一頃刻裡就消失了。這種不僅要消除一度空間❸而且要完全消除空間性，這種無論在內心生活還是在表現方面都完全退回到的主體性❹的情況，就構成了第二種浪漫型藝術，即音樂。就這個意義來說，音樂形成了一種表現方式，其中心內容是主體性的，表現形式也是主體性的，因爲作爲藝術，音樂固然也要把內在的東西表達出去，但是即使在這種客觀存在中❺卻仍然是主體性的，這就是說，音樂不能像造型藝術那樣，讓所表現出來的外形變成獨立自由而且持久存在的，而是要把這外形的客觀性否定掉，不許外在的東西作爲外在的東西來和我們對立著，顯得是一種固定的客觀存在。

不過否定占空間的客觀事物作爲表現手段，既然就是拋棄原來從造型藝術所依據的感性空間❻，這種否定也就必然要同時否定前此靜止地獨立存在著的物質性，就像繪畫在它的領域裡已把雕刻的主體化爲平面那樣❼。所以對空間的否定在這裡所指的就是：一種確定的感性材料放棄了它的靜止的並列狀態而轉入運動，開始震顫起來，以致本來凝聚在一起的物體中每一部分不僅更換了位置，而且還力求移回到原來的情況❽。這種迴旋震顫的結果就是聲音，也就是音樂的材料。

由於運用聲音，音樂就放棄了外在形狀這個因素以及它的明顯的可以眼見的性質，因此，要領會音樂的作品，就需要用另一種主體方面的器官，即聽覺。聽覺像視覺一樣是一種認識性的而不是實踐性的感覺，並且比視覺更是觀念性的。因爲對藝術作品的平靜的不帶欲念的觀照，固然讓所觀照的對象靜止地如其本然地存在著，無意要把它消滅掉，但是視覺所領會到的並不就是本身對象觀念性的，而是仍保持著它的感性存在[9]。聽覺卻不然，它無須取實踐的方式去應付對象，就可以聽到物體的內部震顫的結果，所聽到的不再是靜止的物質的形狀，而是觀念性的心情活動。還有一層，往復迴旋的材料（聲音）所達到的否定一方面否定了空間狀態，而另一方面這否定本身又被物體的反作用否定了，所以這雙重否定的表

---

❷ 「爲他的存在」（Sein für anders）與「自爲的存在」對立。這裡說的是音樂所用的聲音對於聽者是一出現就消失，不是持久的。

❸ 繪畫消除了一度空間，只保存兩度空間，即平面。

❹ 音樂不用客觀事物的形象，只表現內心生活，也只訴諸內心生活。

❺ 內心生活一經表現（有聲可聞）即成爲客觀的東西。

❻ 即拋棄雕刻的三度空間和繪畫的兩度空間。

❼ 繪畫否定了雕刻的三度空間，音樂要完全否定空間性，因而也就要否定物質性。它比繪畫又進了一步。

❽ 聲音由空間上的並列轉化爲時間上的運動或往復迴旋。

❾ 視覺對象在觀者心中是觀念性的，但它本身還是離開觀者的心理活動而獨立存在的，還是感性的而不是觀念性的。

現，即聲音，就是一種隨生隨滅，而且自生自滅的外在現象[10]。通過這外在現象的雙重否定（這是聲音的基本原則），聲音和內在的主體性（主體的內心生活）相對應，因爲聲音本身本來就已比實際獨立存在的物體較富於觀念性，又把這種較富於觀念性的存在否定掉，因而就成爲一種符合內心生活的表現方式[11]。

(2) 如果從另一方面來看，追問哪一種內心生活才顯得宜於用聲音來表達，我們在上文就已說過，聲音作爲實際的客觀現象來看，就不同於造型藝術所用的媒介，是完全抽象的。石頭和顏料可以適應無數種類事物的形式，並且按照它們的實際存在的狀況把它們描繪出來；聲音卻辦不到這一點。所以適宜於音樂表現的只有完全無對象的（無形的）內心生活，即單純的抽象的主體性。這就是我們的完全空洞的「我」、沒有內容的自我。所以音樂的基本任務不在於反映出客觀事物，而在於反映出最內在的自我，按照它的最深刻的主體性和觀念性的靈魂進行自運動的性質和方式。

(3) 這番道理也適用於音樂的效果。通過音樂來打動的就是最深刻的主體內心生活；音樂是心情的藝術，它直接針對著心情。拿繪畫來說，我們已經說過，固然也可以藉面貌表情和形狀來表現內心生活、心境的情調和情慾、靈魂的處境、衝突和命運，但是我們從畫中所看到的這些客觀現象，和觀照的「我」，作爲內心方面的自我，卻仍然是兩回事。儘管我們可以把自己沉浸到一座雕像或一幅畫中的對象、情境、人物性格和形狀裡去，欣賞這件藝術作品達到完全爲它所占領以至於忘我的程度，這畢竟不能改變這樣的事實：這類藝術作品始終是本身存在的對象，我們逃不脫對它們處在觀照地位的關係。在音樂裡這種主客的差別卻消失了。音樂的內容是在本身上就是主體性的，表現也不是把這主體的內容變成一種在空間中持久存在的客觀事物，而是通過它的不固定的自由動盪，顯示出它這種傳達本身並不能獨立持久存在，而只能寄託在主體的內心生活上，而且也只能爲主體的內心生活而存在。所以聲音固然是一種表現和外在現象，但是它這種表現正因爲它是外在現象而隨生隨滅。耳朵一聽到它，它就消失了；所產生的印象就馬上刻在心上了；聲音的餘韻只在靈魂最深處蕩漾，靈魂在它的觀念性的主體地位被樂聲掌握住，也轉入運動的狀態。

內容和表現方式兩方面所用的都是無對象的內心活動，這是音樂的形式方面的情況。音樂固然也有內容，但不是用在造型藝術和詩裡的那種意義的內容；因爲音樂所辦不到的正是自展現爲客體⑫，無論是這個客體是各種實際外在現象，還是精神觀照和觀念界的意象⑬。

進一步的討論可分爲下列三部分：

---

⑩ 聲音是雙重否定的結果：一重是對物體占空間狀態的否定，另一重是音波震動中後一浪否定前一浪，是否定的否定，是隨生隨滅，是隨滅隨生，對持久存在的否定。

⑪ 因爲內心生活也是流轉不停，後一浪否定前一浪的。

⑫ 原文是 das objektive sichausgestalten，意指把自己展現成爲有形可見的對象。

⑬ 心中想到的意象還是一種對象。

第一，我們要更明確地界定音樂的一般性質和它的效果，它和其他各門藝術的差別，不僅從材料方面來看，而且還從精神內容所採用的形式來看。

其次，我們要討論音樂與音樂所組成的曲調，在時間長短上或是在實際響聲調質上開展和配合之中所產生的一些特殊差異。

第三，音樂和它所表現的內容還有一種關係，它或是結合到本來已由歌詞表現出來的情感、觀念和觀感，或是只在它所特有的領域裡獨立自由地發展，不受什麼拘束[14]。

既已泛論了音樂的原則和題材劃分，我們進一步來分析音樂的一些特殊具體方面，就碰上一個由本題性質帶來的巨大困難。這就是因爲聲音和用作內容的內心生活這兩種音樂組成因素都是很抽象的、偏於形式的，要討論它的一些特殊具體方面，就不得不涉及一些專門技術方面的問題，例如聲音的長短高低輕重的關係以及不同的樂器、音質、音階等等之間的差別。但是我對這方面不大熟悉，所以需預先道歉，我只能提出一些一般性的觀點和個別的看法。

1. 音樂的一般性質

在音樂通論中重要的觀點可以按照下列次序來討論：

第一，我們要拿音樂一方面和造型藝術，另一方面和詩進行比較。

其次，從此我們就可以較深入地研究音樂所掌握的一種內容，和表現這種內容的方式。

第三，我們可以從這種處理方式出發，較確切地說明音樂所特有的對於心情的效果，在這方面它不同於其他各門藝術。

A. 音樂與造型藝術和詩的比較

(1) 音樂儘管和建築是對立的，卻也有一種親屬關係。

① 這就是說，如果建築要用建築形式來表現的內容，並不像在雕刻和繪畫作品裡那樣把全部內容納入形象裡，而是作爲一種和形象有別的外在圍繞物，音樂作爲道地的浪漫型藝術，也像建築一樣，缺乏古典型藝術所特有的那種內在意義與外在存在的統一。因爲[15]精神的內在生活，是離開心靈的單純的凝聚狀態，而達到觀照和觀念以及想像根據觀照和理念所造成的各種形式，而音樂則始終只能表現情感，並且用情感的樂曲聲響來環繞精神中原已自覺地表達出來的一些觀念，也就像建築在它的領域裡用石柱、牆壁和梁架所構成的一些憑知解力去認識的形式去圍繞神像一樣，不過建築所用的方式當然比較呆板。

② 因此，聲音和它所組合成的曲調是一種由藝術和藝術表現所造成的因素，和繪畫雕刻利用人體及其姿勢和面貌的方式完全不同。從這一點來看，音樂也較近於建築，因爲建築

⓮ 即伴歌詞的與不伴歌詞的兩種樂曲的分別。

⓯ 法譯本在這裡加了「在建築和雕刻裡」似較清楚。分別在於建築和雕刻所表現的是觀照和觀念以及想像，根據這種觀照和觀念所塑造成的各種形式，而音樂則只表現情感。

所採用的一些形狀，不是來自現成事物而是來自精神創造的，它塑造這些形狀一部分是按照重力規律，一部分是按照對稱與和諧的規則。音樂在它的領域裡所做的事也是如此，它一方面遵照以量的比例關係爲準而與情感表現無關的和聲規律，另一方面在拍子和節奏的迴旋上以及在對聲音本身的進一步發展上，也要大量運用整齊對稱的形式。所以在音樂裡靈魂最深刻的親切情感和最謹嚴的知解力都一樣重要，這樣，音樂就把對立的情感和思想兩個極端結合在一起了，不過這種對立是很容易變成各自獨立的。特別是在這種獨立化的情況中，音樂脫離了表現心情的功用，就獲得了一種建築的性格，專門在建造符合音樂規律的聲音大廈上大顯創造發明的才能。

③ 儘管有上述的類似，聲音的藝術畢竟仍在和建築完全相對立的領域裡進行活動。在這兩種藝術裡提供基礎的固然都是量的比例關係，即大小長短高低的比例關係，但是兩者按照這種比例關係來造型的材料卻是直接相對立的。建築就靜止的並列關係和占空間的外在形狀來掌握或運用有重量有體積的感性材料，而音樂則運用脫離空間物質的聲響及其音質的差異，和只占時間的流轉運動作爲材料。所以這兩種藝術作品屬於兩種完全不同的精神領域，建築用持久的象徵形式來建立它的巨大的結構，以供外在器官的觀照，而迅速消逝的聲音世界卻通過耳朵直接滲透到心靈的深處，引起靈魂的同情共鳴。

(2) 其次，關於音樂和兩種造型藝術的較密切的關係，所可指出的類似和差異在上文已經說過的道理中可以找到部分的根據。

①無論是從材料和就材料塑形的方式來看，還是從雕刻所能達到的內在因素和外在因素的緊密融合來看，音樂和雕刻都距離得很遠。音樂和繪畫卻有較密切的親屬關係，部分地由於在這兩門藝術裡內心生活的表現都占較大的比重，部分地也由於對材料的處理相類似，我們已經說過，在材料處理方面，繪畫可以越境轉到音樂的領域。但是繪畫和雕刻卻有一點相同，它們都永遠以描繪占空間的客體形狀爲目標，因而受到約束，只能運用這種形狀在藝術之外原已存在於現實界的現成形式。無論是畫家還是雕刻家，在採用人的面貌、身體姿勢、山峰的線條或樹的枝葉爲題材時，當然都不能恰恰按照在某一時一地在自然中直接看到的那個外在現象的原樣子，而是都有一個任務，要對所見到的東西加以調整，使它適應既定的情境以及由內容決定的那種表現方式。所以這裡一方面是一種本身獨立的既已完成的內容，需用藝術的方式加以個別具體化，另一方面是也是原已獨立存在的現成的自然形式；如果藝術家的任務是要把這種內容和形式緊密地融合成爲一體，他在構思和創作施工上就要以這兩方面爲立足點。從這種既定的任務出發，藝術家有時需把觀念中的一般加以具體化，有時需把在零星狀態可供他用作藍本的人的形體，或其他自然事物的形狀加以一般化和精神化。音樂家卻不然，他固然也不是要抽掉一切內容，而是有時要根據歌詞中現成的內容去製曲，有時以較獨立自由的方式把某一種情調納入一種音樂主題的形式裡，然後進一步加以發展；但是他的樂曲的眞正活動範圍，卻仍是偏於形式或較抽象的內心生活和純粹的聲音，而他對內容的深化並不是使它外現爲一種圖景，而是一種返回到他自己內心世界的自由中的過

程，一種反躬內省的過程，而在音樂的許多領域裡也是一種信念的確立，即確信他作爲藝術家有離開內容而獨立的自由。如果我們一般可以把美的領域中的活動看作一種靈魂的解放，而擺脫一切壓抑和限制的過程，因爲藝術通過供觀照的形象，可以緩和最酷烈的悲劇命運，使它成爲欣賞的對象，那麼，把這種自由推向最高峰的就是音樂了。這就是說，凡是造型藝術憑客觀造型美（這種美把人的整體，單純的人性，一般的和理想的東西，表現在個別特殊事物裡，而不喪失它本身的和諧）所達到的效果，音樂卻需以完全另樣的方式去達到它。造型藝術家只需把原已蘊藏在思想裡的東西，本來就在那裡的東西，揭露或展示出來，所以每一個別細節在基本定性上只是對整體的一個較詳細的展現，而這整體原已通過所要表現的內容浮現於心眼前。例如在一件造型藝術作品裡，一個人物形象在這種或那種情境裡需要現出一個身體、手、腳、胸腹和頭，以及某一種表情、某一種姿勢，還要有某些其他人物以及其他有關的東西，這些項目中每一個項目都要求有其他項目在一起，才能形成一個本身融貫的整體。在這裡對音樂主題的發展，只是把主題本身原已包含的東西較周密地分析出來，由此展示出來的形象雕琢得愈精細，統一體也就顯得愈集中（凝練），而各部分的協調也就愈加強。如果藝術作品是名副其實的，個別細節的最周密的表現同時也就是最高度統一的實現。至於一件音樂作品當然也要有各部分的內在協調，融貫成爲整體，其中每一部分都依存於其他部分，都是不可缺少的，但是在音樂作品裡有時藝術施工採取完全另樣的方式，有時對「整體」這個詞要就較窄狹的意義來理解。

②一個音樂主題本身所要表達的意義原已表達無餘了；如果這意義經過複現、旁生枝節、變調，或其他音樂表現手法，對於知解力來說，都很容易顯得是多餘的，它們只屬於純粹的音樂方面的精工刻畫，以及要精通和聲學中多種多樣的互相差異的因素的要求，而這些因素既不是內容本身所要求的，也不是能在內容裡找到根據的。至於在造型藝術裡情況卻不如此，對個別細節的精工刻畫只是對內容本身的一種更充分的突出和生動具體的分析。不過當然也不能否認，就連在音樂作品裡，一個主題在展現過程中，也可以派生另一主題，接著這兩個主題在互相交替和交叉出現，就互相促進、互相改變，在這裡消失了，在那裡又湧現出來，現在像是挫敗了，等一會兒又勝利地走出來，通過這種展現方式，內容在它的較明確的關係，矛盾、衝突、轉化、錯綜複雜化，以至於解決之中也可以得到闡明。但是即使在這種情況中，統一體並不像在雕刻和繪畫裡那樣，通過這種精工刻畫而得到更高度的深刻化和集中化，所得到的毋寧是一種擴大和推廣、一種拆散、一種往復迴旋，所要表達的內容當然仍是這一切的中心點，但是這中心點卻不像在造型藝術的形象裡那樣，能把作品聯繫成很緊湊的整體，特別是在題材限於人體機構的時候。

③從這方面來看，音樂不同於其他藝術，它和內心生活中形式的自由關係太密切了，所以多少可以越出現成的內容之外。藝術家回想到他所選的主題仿佛也就是他察覺到自己，認識到他自己是藝術家，可以來去自如、縱橫馳騁。但是這種信任自由幻想的作品顯然不同於本身獨立的旋律，後者應該形成一個由各部分融貫一致的整體。不過在信任自由幻想的作

品裡，放縱不羈本身就是目的，所以藝術家在他的臨時即興的作品裡，可以自由任意把人所熟知的一些樂調片段交織在一起，使它們獲得一種新的面貌，現出多樣的微細差別，或是從此旁生枝節，乃至跨到性質相差極遠的領域裡去。

但是就大體來說，一個旋律在兩種方式中有選擇的自由，一種是較有節制地創作出來的，要遵守一種可以說是造型藝術的統一性，另一種是取主體的生動活潑的方式，任意從一點出發縱橫馳騁，在不同程度上節外生枝，對這個或那個音調或放或收，都全憑一時心血來潮，然後又像長江大河，急瀉直下。所以如果畫家和雕刻家要研究自然事物的形式，音樂卻根本沒有必要去遵守這種在它本身之外的現成的形式。音樂方面的關於形式的規律性和必然性全都限於聲音本身的範圍裡，而聲音與它所含蓄的內容並不那麼緊密地聯繫在一起，所以在聲音的運用上，音樂家主體創作自由有儘量發揮作用的餘地。

音樂不同於較客觀的造型藝術的地方主要如上所述。

(3) 第三，從另一方面看，音樂和詩有最密切的聯繫，因爲它們都用同一種感性材料，即聲音。不過這兩種藝術的聲音的處理方式上，以及在表現方式上卻仍有極大的差別。

① 我們在討論各門藝術的一般分類時已經看到，在詩裡聲音本身並不那麼複雜，並不是由人造的樂器發出來的，也不是用豐富的藝術形式組合成的，它只是把人類語言器官所發出的語音降低成爲單純的符號，這符號本身並無意義，只因爲標誌出某些觀念，才獲得價值。因此，聲音在詩裡一般是一種獨立的感性客觀存在物，作爲情感思想和觀念的單純符

號，正因爲它只是這種符號，它就具有本身固有的外在性和客觀性。因爲內心生活作爲內心生活而具有的眞正的客觀性並不在於語音和文字，而在於我意識到一個思想或一種情感之類，我把這個思想或情感變成了對象，可以把它擺在心眼前來看，或是把它裡面所含的意蘊闡發出來，把思想內容的內在的和外在的聯繫分析出來。我們固然經常用文字（詞）來思想，不過並不因此就要運用實際說出來的話。由於語音作爲感性材料對它所傳達的觀念思想之類的精神內容並無必然的聯繫[16]，聲音在詩裡就恢復了獨立性。在繪畫裡顏色及其組合，如果單作爲顏色來看，固然也是本來沒有意義的，是一種獨立於精神內容之外的感性因素，但是單靠顏色也還不能形成繪畫，還必須加上形狀及其表現。形式（形狀）由精神賦予生命之後，顏色才和這種形式發生一種聯繫，比起語音和片語與觀念之間的聯繫遠較密切。

如果我們就詩和音樂在運用聲音的方式的差別來看，音樂並不用聲音來組成語言的詞，而是任聲音獨立地成爲音樂的因素，正因爲它是聲音，就把它作爲目的來處理。因此，聲音系統，由於不是用作單純的符號，就獲得了獨立自由而變成一種表現（塑形）方式，可以把它的獨特的形式（即富於藝術性的聲音構圖）看作音樂的基本目的。特別是在近代，音樂已經擺脫了本身獨立的原已清楚的內容意義，而退回它自所特有的因素[17]裡，因此就不免日益

---

[16] 一個觀念可用這個音做符號，也可用那個音做符號，例如同一思想各民族用不同的語言來標誌。

[17] 即本身作爲目的，不作爲符號的聲音，亦即不顧聲音所標誌的意義。

喪失掉音樂對整個內心世界的大部分威力，因為它所提供的樂趣只有藝術一個來源，所滿足的只是對單純的音樂創作的熟練技巧一方面的興趣，這只是音樂行家所注意的一方面，和一般人類的藝術興趣沒有多大關係。

②在藝術所能允許的範圍之內，詩可以拋開它的感性因素[18]，但是它因此而在外在的客觀性方面所遭受的損失，卻在詩的語言提供給精神意識的那些觀感，和觀念的內在的客觀性方面得到補償[19]。因為這些觀感、情感和思想需由想像塑造成為一個本身完整的世界，其中包含事件、動作、心情和情慾的迸發，這樣就造成了作品，把完整的現實，無論在外在現象上還是在內在意蘊上，都轉化成為為我們的[20]精神性的情感、觀感和觀念，這種客觀性正是音樂所必須放棄的，如果音樂要在自己的領域裡維持獨立的地位。這就是像上文已經說過的，聲音系統固然和心情有聯繫，而且和心情的精神運動相協調一致，但是它所引起的只不過是一種朦朧的同情共鳴，儘管一部音樂作品如果來自深心，滲透著豐富的靈魂和情感，可以在聽眾心裡引起很深廣的反響。此外，一般說來，我們聽眾的情感可以很容易越出這種內容意蘊中不明確的（朦朧的）內心因素，把我們主體內心情況擺進去，達到一種物我同一狀態，從而對這種內容有較具體的觀感和較一般的觀念[21]。這種情形在一部音樂作品裡也可以發生，如果這部作品憑它的特性和藝術家所灌注的生氣在我們心中所引起的情感，在我們心中發展成為更明確的觀感和觀念，因而把這些較確定的觀感和較一般的觀念較具體的心情烙印也帶到意識裡來。但是這只是我們的觀念和觀感，儘管是由音樂作品所激發起來的，卻

不是直接由它對聲音的音樂處理所造成的[22]。詩卻不然，它所表現的是情感、觀感和觀念本身，使我們也能對外在對象畫出（想像出）一幅圖形來，儘管詩既達不到雕刻和繪畫的造型藝術的鮮明性，也達不到音樂的心靈的親切情感，因而不得不求助於我們平常用的感性觀照和無言的心領神會[23]，來彌補它的不足。

③第三，音樂卻不停留在這種一方面與詩藝對立，另一方面和意識中的精神內容對立的獨立性上，而要結合到一種已由詩儘量發揮的明確表現爲情感、觀點、事件和動作之類過程的內容。如果在由此形成的藝術作品之中音樂的因素還占主導的突出的地位，詩（歌詞）無論是取普通詩或戲劇體詩之類的形式，就不應在其中要求獨立地發生效用，一般地說，

---

⑱ 詩不像音樂，不是把聲音（感性因素）作爲本身有價值的因素，而只用它作爲思想情感的符號。下文「外在的客觀性」即指聲音本身所現出的客觀性。

⑲ 詩的語言有意義，在意識中喚起思想和情感，意識到的情感和思想即具有「內在的客觀性」，因爲已成爲對象。

⑳ 「爲我們的」即成爲我們的認識的對象。這句話解釋上句所說的詩的「內在的客觀性」。

㉑ 讀者因文生情，文以有限之言寓無窮之意，所以有些朦朧；讀者的體會不免憑個人主體經驗，所以比較具體；同時也把作者的原意推廣到自己，所以比較一般。

㉒ 音樂可以引起具體的情感和感想，但並不直接表現具體的情感和感想。

㉓ 「感性觀照」指想像，詩憑想像去求造型藝術的鮮明性；「無言的心領神會」指對言外之意的玩索，詩憑此去體會音樂對心靈的親切情感。

在音樂與詩的結合體之中，任何一方占優勢都對另一方不利。所以歌詞如果成爲具有完全獨立價值的詩作品，它所期待於音樂的就只能是一般微末的支援；例如古代戲劇中合唱就只是一種處於從屬地位的陪襯。反之，如果音樂保持一種自有特性的獨立地位，歌詞在詩的創作上也就只能是膚淺的，只能限於表現一般性的情感和觀念。對於深刻的思想進行詩的刻畫，正如對外在自然事物的描繪或一般描寫體詩一樣，不適宜於歌詞。所以歌詞、歌劇詞以及頌神樂章之類，如果從精細的詩的創作方面來看，總是單薄的，多少是平庸的；如果要讓音樂家能自由發揮作用，詩人就不應讓人把自己作爲詩人來讚賞。在這方面特別是義大利人，例如梅塔斯塔西奧[24]等，顯出了很大的才能，而席勒的詩歌本來不是爲配樂而寫的，譜成樂曲就顯得很笨重不適合。如果音樂獲得了適當的藝術演奏，聽眾們對歌詞就不大理會乃至簡直不理會，對於德國語言和語調特別是如此。所以如果把重點放在歌詞上，就不是走正確的音樂方向。舉例來說，義大利觀眾在看到歌劇的不重要的場面時，就閒聊天、吃東西，或是玩牌，但是一聽到一個突出的調子或重要的樂章開始演奏，每個人就又聚精會神地去聽。我們德國人卻不然，我們最感興趣的是歌劇中王子和公主們的命運，以及他們和隨從、親信和僕婢之類人物的談話，甚至在今天也許還有許多人一聽到歌聲開始，就感到敗興，馬上就閒聊起來了。

在宗教音樂裡，歌詞大半是一種家喻戶曉的教義或是從《詩篇》中選來的，所以歌詞只應看作替闡明性的樂曲提供一種機緣，而這種樂曲其實是獨立創作出來的，並不僅是爲闡明歌詞，而是只從歌詞內容中採取一般性的意義，大致類似繪畫取材於宗教故事的方式。

B. 對內容的音樂掌握

其次，如果我們要追問音樂不同於其他藝術的掌握方式，亦即音樂無論在伴樂詞還是不伴樂詞時，怎樣理解和表達某一具體內容，我們在上文已經回答了這個問題，那就是在一切藝術之中，音樂有最大的獨立自足的可能，不僅可以自由脫離實際存在的歌詞，而且還可以自由脫離具體內容的表現方式，從而可以滿足於聲音的純音樂領域以內的配合、變化、矛盾與和解的獨立自足的過程。不過在這種情況之下，音樂就變成空洞無意義的，缺乏一切藝術所必有的基本要素，即精神的內容及其表現，因而就不能算是眞正的藝術。只有在用恰當的方式把精神內容表現於聲音及其複雜組合這種感性因素時，音樂才能把自己提升爲眞正的藝術，不管這種精神內容是否已由樂詞提供詳明的表現，還是用比較不明確的方式，即單從聲音及其和諧的關係與生動美妙的曲調中體會出來。

(1) 從這方面來看，音樂的獨特任務就在於它把任何內容提供心靈體會，並不是按照這個內容作爲一般概念而存在於意識裡的樣子，也不是按照它作爲具體外在形象而原已進入知覺的樣子，或是已由藝術恰當地表現出來的樣子，而是按照它在主體內心世界裡的那種活生

㉔ 梅塔斯塔西奧（Metastasio, 1698—1782），義大利詩人，長於替歌唱家寫歌詞，也寫過一些歌劇。

生的樣子。分配給音樂的艱巨任務，就是要使這種隱藏起來的生命和活動單在聲音裡獲得反響，或是配合到樂詞及其所表達的觀念，使這些觀念沉浸到上述感性因素[25]裡，以便重新引起情感和同情共鳴。

①所以單純的內心生活就是音樂用來掌握內容的形式，並且憑此來吸取凡是可以納入內心生活的尤其是可以披上情感形式的東西。但是這裡就包含一個條款：音樂不應希求訴諸知覺，而應局限於把內心生活訴諸內心的體會，或是把一種內容中具有實體性的內在的深刻的東西印刻到心靈的深處，或是寧願把一種內容中的生命和活動表現為某一個別主體的內心生活，從而使這種主體的親切情感成為音樂所特有的對象（題材）。

②這種抽象的內心生活以情感為它和音樂發生關係的最主要因素，情感就是自我的自伸展的主體性，它當然要結合到一種內容上去，但是讓這內容保持這種直接的封閉在自我中的狀態，無外在性，只與自我發生關係。因此，情感永遠只是內容的包衣，這正是音樂所要據為己有的領域。

③在這個領域裡音樂擴充到能表現一切各不相同的特殊情感，靈魂中一切深淺程度不同的歡樂、喜悅、諧趣、輕浮任性和興高采烈，一切深淺程度不同的焦躁、煩惱、憂愁、哀傷、痛苦和悵惘等等，乃至敬畏崇拜和愛之類情緒，都屬於音樂表現所特有的領域。

(2)處在藝術範圍之外時，聲音作為感歎、痛苦的呼號、歎息和嬉笑，原來就已是心靈狀態和情感的最生動的直接表現，或則說，靈魂的「哎呀」和「呵呵」。在這種表現裡已可見出靈魂作爲靈魂的一種自我生產和對象化，這種表現處在心不在焉的沉思和回到內在的明確思維這兩種狀態的中間，它是一種非實踐性的而是認識性的創造，就像鳥兒在它的歌唱裡也有這種欣賞和這種自生產。

不過感歎這種單純的自然表現還不是音樂。因爲這類表現當然不像語音那樣是代表思想的發音分明的人爲符號，所以不能把一種心裡想到的內容按照它的普遍意義表現爲觀念，而是只通過聲音把一種心情和情感流露於聲音本身，這種心情和情感通過這種心聲的迸發，就得到了宣洩或解放。與此相反，音樂卻需把情感納入一定的聲音關係裡，把自然表現的粗野性和放蕩不羈性清除掉，使它合拍中節。

(3) 總之，感歎雖然是音樂的出發點，卻只有成爲有節律的感歎，才成其爲藝術。就這一點來說，比起繪畫和詩來，音樂需對它的感性材料進行更高度的藝術調配，然後才能以符合藝術的方式把精神的內容表現出來。關於音樂怎樣把聲音調配得妥帖，我們要待將來詳談；現在我只複述已說過的話：聲音本身是一種許多差異面的整體，可以分散和結合成爲樣式最多的緊密協調，本質性的對立與和解。這種對立和統一，以及聲音在運動和轉變、出現、進展、鬥爭，自解決和消失中所顯出的各種差異，和這種或那種內容以及心情和神智用

㉕ 聲音及其組合。

來把握這內容的情感這兩方面的內在本質，有遠近程度不同的相對應的關係，所以掌握和處理得很妥帖的聲音關係（樂調），就給在精神中原已存在的確定的內容提供生動的表現。

聲音這種媒介比起前此討論過的那種感性材料，更接近一種內容的單純的內在本質，因爲聲音並不凝定成爲占空間的形狀，保持各部分並列和互相外在的關係，而是落在時間的觀念性的領域裡，所以不致發生單純的內心因素與具體的肉體形狀和現象這兩方面之間的差異。主要靠音樂來表現的那種內容的情感形式也是如此。這就是說，在知覺和觀念裡，正如在自覺的思維裡，就已有發生知覺、觀念和思維的自我，與被知覺、觀念和思維的對象之間的區別；但是在情感裡，這種區別已消失了，或則毋寧說，還沒有出現，內容和單純的內心生活還不可分割地交織在一起。所以在音樂作爲陪伴的藝術而與詩結合在一起，或是詩作爲講解員而與音樂結合在一起的情況之下，音樂就還不能按照觀念和思想爲自意識所掌握到的樣子，把那些觀念和思想表現爲可以觀照的外在形狀，或是著意要把它們再現出來，而是像上文所說的，只有兩種辦法：一種是把單純的內容表現於與它密切聯繫的那種情感相適合的聲音關係；一種是通過伴隨著詩而且使詩深化的聲音去直接表現知覺和觀念的內容，在既起同情共鳴而又發生觀念的心靈中所能引起的那種情感。[26]

C. 音樂的效果

第三，從上文所說的話就可以轉到音樂主要對單純的心情所發揮的威力。這種心情既不走到憑知解力的思索，也不把自意識分解爲一些零散的知覺，而是在情感的未經開放的深處活動的那種心理狀態。音樂所掌握的正是這個領域，正是這種內心的敏感，這種抽象的自我認識；由於掌管了這個領域，音樂就促使內心世界變化的發源地，即心情和神智，亦即整個人的單純的精神凝聚的中心，處於運動狀態。

(1) 特別是雕刻能使它的作品具有一種完全獨立的持續存在，一種在內容上和在外在藝術表現上都是獨立自足的客觀存在。雕刻的內容是精神方面的實體性，雖然體現在個別的人身上才有生氣，卻是獨立的、本身融貫一致的。雕刻的形式是占空間的完整的形象。所以一件雕刻作品作爲觀照的對象也有最充分的獨立性。至於繪畫，我們在討論繪畫時已經見到，它已和觀眾發生了一種較緊密的聯繫，部分地由於它所表現的內容在本身上較富於主體性，部分地由於它所描繪的是現實事物的單純的外貌，因而顯出它不是自爲的、獨立的，而是爲旁人的，即爲起知覺和情感的主體（觀眾）的。不過縱使面對著一幅畫，我們觀眾也還有一種獨立自由，因爲我們要應付的總是一種外在的現成的對象，只有通過觀照才能使我們認識到，因而只能對情感和想像發生作用。所以觀眾看一幅畫，可以來回走動，時而看它的這一

㉖ 以上一節要義在於音樂以情感爲內容，也是以情感爲形式，內容尚未成爲明確的觀念，所以也只能訴諸觀眾的情感。這一節値得特別注意，因爲它闡明了內容決定形式的基本觀點，是無標題音樂或純音樂之類形式主義的最深刻的批判，另一方面也說明了音樂在內容和形式上都不同於其他藝術。

點，時而看它的那一點，可以分析立在面前不動的整體，進行多方面的思索，這樣就保持充分的自由去進行獨立的考察。

①音樂的藝術作品卻不然，作爲藝術作品，它一般當然也顯出欣賞的主體和作品客體之間的初步區別，因爲作品在它的實際的響聲中維持著一種不同於內心生活的對立，卻不像在造型藝術裡那樣，不是上升到使聲音成爲在空間中保持一種外在的持久的存在和可以觀照的自在的客體，而是使聲音的實際存在蒸發掉，馬上就成爲時間上的過去。另一方面，音樂也不像詩那樣，不是把外在材料和精神割裂開來，使觀念離開語言的聲音而獨立，成爲各種藝術中，最使觀念與外在材料割裂開來的一種藝術[27]，創造出詩所特有的一整串精神性的想像的形象。這裡當然還要指出，音樂像上文所說的，也可以使聲音喪失內容而變成獨立的，但是這種脫離內容的獨立卻不符合眞正的藝術，藝術卻要求音樂運用和聲和樂曲運動去表現原已選定的內容以及這內容所能引起的情感。音樂所表現的內容既然是內心生活本身，即主題和情感的內在意義，而它所用的聲音又是在藝術中最不便於造成空間形象的，在感性存在中是隨生隨滅的，所以音樂憑聲音的運動直接滲透到一切心靈運動的內在的發源地。所以音樂占領住意識，使意識不再和一種對象對立著，意識既然這樣喪失了自由，就被捲到聲音的急流裡去，讓它捲著走。不過這裡也還有另一種情況，由於音樂可以朝不同的方向分散地發展，它就可以產生不同的效果。這就是說，如果音樂缺乏深刻的內容或靈魂深處的表現，結果我們可以一方面只欣賞純然感性方面的悅耳的聲響，而絲毫沒有內心的感動，另一方面也

可以單憑知解力去注意音調的和諧的轉變過程所顯出的技巧，內心也還是沒有受到感動，在音樂方面特別存在著這樣憑知解力的分析，在藝術作品裡看不到別的，只看到一種人工製造品的熟練技巧。如果我們拋開這種憑知解力的分析，無拘無礙地沉浸到音樂裡去，我們就會完全被它吸引住，被它捲著走，還不消算上藝術作爲藝術一般所能顯示的威力。音樂所特有的威力是一種天然的基本元素的㉘力量：這就是說，音樂的力量就在於音樂藝術用來進行活動的聲音這種基本元素裡。

② 聲音這種基本元素占領住主體，不僅憑這個或那個特殊方面，即不僅憑某一確定的內容，而是憑主體的單純的自我，憑他的精神存在的中心，把他吸引到作品裡來，使他自己也動起來。例如聽到重點分明的輕快的節奏時就馬上想要跟著打拍子、跟著音樂去歌唱，如果是舞蹈的音樂，腿子馬上就想動起來。一般說來，主體是作爲這個人而受到音樂的感動。反之，單就聲音的一種單純的有規則的運動來說，這運動既然占時間、既然有規則，就要現出節拍，此外就沒有什麼內容，碰到這種情況，我們一方面要求這種單純的規則運動的表現

㉗ 詩用語言爲感性材料，語言的聲音只是意義（觀念）的符號，本身並沒有意義，而在音樂裡聲音本身自有價值，與所表達的內容有直接的聯繫。

㉘ 原文是 elementarische，有「天然的」、「原始的」、「基本元素的」等義。古代人把地水火風稱爲四大基本元素，作者把聲音叫做「基本元素」也取這個意義。

適應主體的內心活動，因而變成是主體的；另一方面又要求這種客體與主體的等同得到較明確的實現。音樂的伴奏就滿足了這兩個要求。例如軍隊的進行用音樂來伴奏，音樂就引起內心和正在進行的有規則的步伐合拍，使主體專心致志於他的動作，使動作和諧地實現出來。因爲同樣的道理，擠了很多人的餐廳中的不規則的騷動，以及它所引起的鬧哄哄的情況是使人厭煩的；這種來來往往的奔跑，這種劈劈啪啪和唧唧喳喳的聲音應該受到規則化才行，因爲人們在吃喝時有許多空餘的時間要消磨。在這種場合像在許多其他場合一樣，音樂就很合時宜，除掉消磨時間之外，還可以使人不想到一些旁的分心的事。

③由此可以見出主體的內心生活和單純的時間之間的關係，時間就是音樂的一般因素。這就是說，內心生活作爲主體的統一，是對等值的空間並存現象的澈底否定，所以它是否定性的統一。但是原先這種主體與自身的同一還是完全抽象的、空洞的，它之所以爲同一，只在於它使自己成爲對象（客體），但是接著就要把這種本身只是觀念性的，與主體實是一回事的客體地位（客體性）否定掉，以便顯出自己是主體的統一。這種觀念性的否定的活動，就它的外在狀態來說，就是時間。因爲第一，它消除掉等值的空間並存現象，把這種並存現象的持續性凝縮（集中）到時間點上，即凝縮到「此時」（現在）上。其次，時間點卻同時顯出它對自己的否定，因爲這個「此時」一出現就把自己否定掉，讓位給另一個「此時」，從而顯出它的否定的活動。第三，由於時間在其中運動的外在界，這固然還不算達到第一個時間點，和由否定「此時」而出現的第二個時間點之間的眞正的主體的統一，但是

「此時」在它的變動中畢竟還是同一個「此時」；因爲每一個時間點都是一個「此時」，與另一個「此時」（作爲單純的時間點來看）並沒有什麼差別，正如抽象的「我」與它的由否定自己而轉化成的對象之間沒有什麼差異一樣，因爲這個對象還只是空洞的「我」本身。

說得更確切一點，如果我們把意識和自意識中的具體內容抽掉，實際的「我」本身就是「我」與之同一的時間；因爲這種「我」只是一種空洞的運動，就是把自己變成另一體（對象），而又把這個變動否定掉的運動，也就是說，保持下來的還是那個單純的抽象的「我」。「我」是在時間裡存在的，時間就是主體本身的一種存在狀態，既然是時間而不是單純的空間形成了基本因素，使聲音憑它的音樂的價值而獲得存在，而聲音的時間既然也就是主體的時間，所以聲音就憑這個基礎，滲透到自我裡去，按照自我的最單純的存在把自我掌握住，通過時間上的運動和它的節奏，使自我進入運動狀態；而聲音的其他組合，作爲情感的表現，又替主體帶來一種更明確的充實，這也使主體受到感動和牽引㉙。

音樂的力量之所以是天然的基本元素的力量，理由大致如上所述。

(2) 但是要使音樂充分發揮它的作用，單憑抽象的聲音在時間裡的運動還不夠，還要加

㉙ 「論音樂的效果」第一大段，特別是③節，比較艱晦，需結合下文「時間的尺度、拍子和節奏」一節來看，才較易捉摸。基本要點是外在的聲音運動和內在的主體情感運動需合拍，才能發揮音樂的效力。這兩方面的

上第二個因素，那就是內容，即訴諸心靈的精神洋溢的情感以及聲音所顯出的這種內容精華的表現。

所以我們不應對音樂本身萬能的威力抱著一種荒謬的看法，像古代宗教的和世俗的著作裡所說的那許多荒誕的故事那樣。在關於奧菲斯[30]的文化奇蹟的傳說裡，聲音及其運動對於野獸就已有足夠的力量，野獸們聽到他的音樂，就很馴服地躺在他的周圍。但是這對於人類卻還不夠，人類還要求一種寓有較高教義的內容。例如有些流傳到我們手裡的，據說是奧菲斯所做的，儘管不是保存原狀的，頌神詩歌都寓有神話性的和其他性質的觀念。與此類似的圖爾特的戰歌也是很著名的，據說斯巴達人久戰不勝，聽到圖爾特的戰歌，就鼓起勢不可擋的勇氣，終於戰勝了麥色尼亞人[31]。在這裡悲歌所喚起的思想內容也是主要的因素，儘管在野蠻民族中間，特別在熱情奮發的時節，音樂的因素也無可否認地要發揮它的作用和顯出它的價值。蘇格蘭北方人的風笛對鼓舞人民的勇氣也起重要的作用，在法國大革命中〈馬賽曲〉和〈這些將會過去〉[32]之類歌曲所發揮的威力也是無可否認的。但是眞正的精神鼓舞的根源在於，充塞於一個民族間的某種明確的思想和精神的旨趣，而這種思想和旨趣可以通過音樂暫時提升成爲一種活躍的情感，於是樂調就把專心傾聽的主體捲著走。但是在現代，我們已不大相信單憑音樂本身就可以這樣激起勇氣和不怕死的精神。今天幾乎所有的軍隊都有很好的軍樂，去提供消遣、催促行軍和鼓舞鬥志。但是沒有人相信憑音樂就可以殺敵；單憑號角和軍鼓還不足以鼓舞起勇氣，如果要叫一座壁壘像耶利哥城牆那樣讓號角聲吹倒[33]，那就不知道要用多少大喇叭了。現在起重要作用的卻不是音樂而是思想動員、槍炮和將帥的才能，音樂只能在已經把心靈振奮起的那些力量之外加一把助力。

(3) 關於聲音對主體（包括聽眾）的效果，最後還有一個方面，那就是音樂的藝術作品打動我們的方式和其他藝術作品的方式不同。聲音不像建築、雕刻和繪畫那樣獨立地具有一種持久的客觀存在，而是在迅速流轉中隨生隨滅，音樂的藝術作品由於僅是暫時的存在而需

連結紐帶是時間。時間在音樂裡需有一定的尺度（長短高低等），亦即在每一時間單位裡，聲音需有定性，不能前後無別；其次，這種定性在各時間單位裡需有規律地往復複現，也就是音樂要有節奏。聲音的節奏運動和主體情感運動之所以能一致，就因爲音樂所表現和打動的是情感，是一種單純的內心活動，而不是觀念和思想。這種單純的自我（主體）就只以時間爲它的存在狀態（因爲心中沒有觀念和思想），主體在聚精會神之中，音樂的以時間爲基礎的運動就滲透到主體的心靈裡把主體捲著走，引起他的同情共鳴。這就是音樂的效果。

㉚ 奧菲斯是傳說中希臘最大的音樂家。

㉛ 圖爾特是西元前七世紀雅典詩人。據希臘傳說，斯巴達攻麥色尼亞屢戰不勝，遵照神諭，往雅典求派一個將官，雅典不願斯巴達戰勝，派了跛腿的教書先生圖爾特。他寫了一些戰歌，教斯巴達人歌唱，鼓舞起他們的勇氣，使他們得到勝利。

㉜ 原文「ça ira」，就是過去一切將被推翻的意思。

㉝ 見《舊約．約書亞記》第六章，約書亞圍攻以色列人固守的耶利哥，聽上帝的吩咐，派人繞城吹號角達七天，後來這座城的牆就應聲倒了。

要不斷的重複的再造（複演）。不過重新獲得生命的需要也還有一種更深刻的意義。因爲音樂用作內容的是主體的內心生活本身，目的不在於把它外化爲外在形象和客觀存在的作品，而在於把它作爲主體的內心生活而顯現出來，所以這種表現必須直接爲表達一個活的主體服務，這個主體把他自己的全部內心生活攞到作品裡去。人聲的歌唱尤其要如此；器樂也多少是如此，它只能憑熟練的藝術家以及他的精神方面和技巧方面的本領，才演奏得出來。

通過音樂的藝術作品在實踐或演奏方面所涉及的主體性，主體因素在音樂中的意義才能充分體現出來。但是主體因素也可以沿這個方向，逐漸孤立化，以致片面地發展到一種極端，使演奏中純然主體的熟練技巧成爲音樂欣賞的唯一的中心和內容。

關於音樂的一般性質，我就只說以上的這些話。

2. 音樂的表現手段的特殊定性

在上文我們已研究過音樂如何賦予形狀和生氣於聲音，使它成爲表現主體內心生活的聲音，現在我們就要追問通過什麼方法才有可能與必要，使聲音不只是發洩情感的自然呼聲，而是情感的藝術表現。情感本身就有一種內容，而單純的聲音卻沒有內容，所以必須通過藝術的處理，才能表現一種內心生活。就大體來說，關於這一點可以作出以下的說明。

每一個聲音是一種獨立的本身完成的存在，但是它既不像人或動物的形體那樣分成各部分而由主體統攝成爲一種有生命的統一體，又不像有生命的有機體的某一個別部分以精神方式或物質方式，受到生氣灌注的肉體的某一特點那樣本身就足以顯出。這種分別部分和特點只有在和其餘部分和特點形成有生氣的結合體才能存在，才能獲得它的意義、重要性和表現。一幅畫如果單從它的外在材料來看，固然是由個別的線條和顏色組成而這些線條和顏色也可以是原已獨立存在的，但是使這些線條和顏色成為藝術作品的眞正的材料，即形象的線和面之類，卻只有作為具體的整體才具有意義。個別的聲音卻不然，它本身就是獨立的，在一定程度上可以從情感受到生氣灌注，得到一種明確的表現。

但是另一方面，聲音既然不只是不明確的嘈雜的聲響，而是通過它的定性和純潔性而獲得音樂的價值，它就由於這種定性而在它的實際響聲上，以及在它的時間長短上直接和其他聲音發生關係，而且正是這種關係才使它具有它的獨特的實在的定性，使它和其他聲音見出差異和矛盾，或是和其他聲音融成統一體。

由於聲音的這種相對的獨立性，上述關係對於所涉及的各種聲音還是外在的，所以替這些聲音所安排成的關係並不是依據它們的本質，不是它們本身所固有的關係，不像人或動物的身體的各部乃至於自然風景中各種形狀之間的關係那樣。所以把不同的聲音安排成為有定性的關係，儘管並不違反聲音的本質，所造成的關係畢竟只是人為的而不是在自然中原已存在的。就這個意義來說，這種關係來自第三方，而且也是為這第三方而存在的，這就是說，為領會出這種聲音關係的那個人而存在的。

由於這種關係外在於孤立的聲音，各種樂音的定性和彼此的配合要以量或數的關係為基礎，這種數量關係固然植根於聲音本身的性質，但是要由音樂按照藝術去發明而且分出無數細微差異的方式去運用。

從這方面來看，音樂的基礎不在於有機的統一所顯出的生動性，而在於平衡與不平衡（類似和差異）之類由知解力來掌握的形式，在數量的領域裡占統治地位的本來就是這種由知解力來掌握的形式。所以如果要把樂音說得很明確，就要採取對數量關係的說明，以及運用我們經常用來表示聲音數量關係的那些人爲的字母或音符。

在可歸原到數量及其憑知解力去認識的外在定性這一點上，音樂和建築最相近，因爲像建築一樣，音樂把它的創造放在比例的牢固基礎和結構上。但是這些比例還不能自在自爲地成爲一種有機的自由的部分的整體，其中每一定性都依存於其餘的定性互相因依，結成爲一種有生命的統一體；而是只有在進一步的準備工作中，使統一體從上述比例關係中湧現出來，然後才開始成爲自由的藝術。如果建築在這種解放中只不過達到一種形式上的和諧，和一種神祕的勻稱所產生的生氣，音樂卻由於所用的內容是靈魂的最內在的主體方面的自由的生活和活動，就要碰上這種自由的內心生活和上述數量的基本關係之間的最深刻的矛盾。音樂卻不能停留在這種矛盾裡，而是要接受一個困難的任務，要抓住這個矛盾而且把它克服掉。因爲音樂通過上述那些必要的比例關係，給它所表現的心靈的自由運動提供了一種較穩實的基礎和土壤，在這種基礎和土壤上，內心生活就只有通過上述必要的比例關係才達到的內容豐富的自由的活動和發展。

從這個觀點來看，首先要區別聲音在按照藝術來運用時所涉及的兩個方面：一方面是抽象的基礎，即還未以物理的方式經過特殊具體化的一般因素，那就是時間，聲音就落在時間領域裡；另一方面就是聲響本身，即各種音質之間的實際差異，即發音體的差異以及聲音本身無論作爲個體還是作爲整體時彼此之間的差異。此外還要加上第三個因素，即靈魂，靈魂灌注生氣於聲音，使它成爲一種完滿的自由的整體，在它的時間上的運動和實際的聲響裡提供一種精神的表現。根據這些方面，我們可以依下列的次序來進行較明確的題材劃分。

第一，我們要研究單純的時間長短和運動，藝術不應讓這些因素聽命於偶然，而是要根據固定的尺度去確定它們，通過差異使它們多樣化，而且還要使這些差異重歸於統一。這就是時間尺度、拍子和節奏的必要性。

其次，音樂要處理的不僅有抽象的時間、長短的比例、頓挫和強調之類，而且還有各種音質不同的聲音的具體的時間。音質不同的聲音並不是單憑時間長短來區別的，這方面的差異一方面要靠因震動而發音的那些感性材料的特性，另一方面要靠各種發音體在同一時間尺度中震動的次數不同。另外還有第三方面，音質的差異包括各種聲音互相協調、對立與和解的關係也是重要的因素。我們可以給這部分定一個概括的名稱，把它叫做和聲學。

最後，第三個因素是旋律。通過旋律，聲音的領域，在上述有節奏的生動的拍子以及和聲方面的差異和運動的兩種基礎上，結成一種在精神上是自由的表現。這就把我們帶到最後的一個主要部分，這部分要研究的是音樂與精神內容的具體結合，而這精神內容要在拍子、和聲和旋律中才表現出來的情況。

A.時間的尺度、拍子和節奏[34]

首先關於音樂的純粹的時間因素，我們第一要討論時間在音樂裡占統治地位的必要性，其次要討論拍子，即單憑知解力來調節的時間尺度，第三要討論節奏，節奏開始使這種抽象規律受到生氣灌注，因爲它強化拍子的某些部分，弱化某些其他部分。

(1)雕刻和繪畫中的人物形象是在空間中並列的，它們把這種伸延[35]表現爲實在的或貌似的整體。音樂卻只能通過使一種占空間的物體的震動和往復運動來產生聲音。這種往復運動只有在先後承續這一方面才屬於藝術，所以感性材料出現在音樂裡，一般只憑它的運動的時間長度而不憑它的占空間的形式。一個物體的每一運動固然也總要在空間中出現，因此繪畫和雕刻儘管所表現的人物形象在實際上是靜止的，卻仍有權去表現運動的外貌，而音樂卻不利用這種空間性去表現運動，所以剩下來讓它表現的就只有物體往復運動所占的時間。

①根據上文已經說過的道理，時間不像空間那樣是肯定的並列關係，而是否定的外在關係：作爲已被否定的互相外在的關系，時間是微點[36]，作爲否定的活動，時間是否定這一時間點而進入另一時間點，接著又否定這另一時間點而進入那另一時間點，如此循環不斷的過程，在這些時間點先後承續之中，每一個別的聲音可以有時獨立地作爲一個單元而固定下來，有時也可以與其他聲音發生數量上的聯繫，因此時間變成可以數計的。但是從另一方

面來看，時間既然是這種時間點的隨生隨滅的不斷過程，這種時間點如果就這種未經特殊具體化的抽象狀態來看，彼此之間就沒有什麼差異，因此就使時間也就像一條滾得很勻稱的河流，本身無差異地持續下去。

②但是音樂不能讓時間處在這種無定性[37]的狀態，而是必須對它加以確定，給它一種尺度，按照這種尺度的規律調整它的流轉。通過這種有規律的處理，於是就出現聲音的時間尺度。這裡就產生了音樂爲什麼一般需要這種時間尺度的問題。一定時間量的必要性可以用這樣的事實來說明：時間和單純的自我（這種自我需從聲音裡認識自己的內心生活）處在最緊密的聯繫中，因爲時間作爲外在的現象來看，本身所依據的原則也就是在作爲一切內在精神活動的抽象基礎的那個自我中發揮作用的那個原則。所以如果在音樂裡要由內在因素而變成對象的就是單純的自我，這種對象性（客觀性）中的一般因素也就必須按照內心生活的原則來處理。可是自我並不是無定性（無差異）、無停頓的持續存在，而是只有作爲一種聚精會神於本身和反省到本身的主體，才成其爲自我。自我經受了否定，從而使自己變成對象，才

---

34 原文是 Zeitmas, Takt, Rhythmus。

35 「伸延」（Ausbreitung）法譯作「並列」。

36 「互相外在」性，時間否定了這種空間性，變成無數微點的先後承續。

37 「無定性」即上文的「無差異」或「未經特殊具體化的抽象狀態」。

獲得自爲（自覺）存在，只有憑這種對自己的關係，主體才有自我的感覺和自我意識等等。這種聚精會神於本身的活動，在本質上就需使原來無定性的一瀉直下的時間之流中發生一種間斷或停頓。時間點的生滅和更新本來不過是從這一「此時」到另一同樣的「此時」的純然形式的轉變，因而只是一種毫不間斷的持續進展。和這種空洞的持續前進相反，自我是一種鎮靜自持的存在[38]，它的聚精會神於本身的活動就打斷了時間點的毫無定性的承續系列，在抽象的持續性中割出一道裂痕，現出一種停頓，自我在這種回思反省本身中就想到自己，找回了自己，因而從單純的外在於自己而經受變動之中解放出來。

③ 按照這個原則，一個聲音的時間長短就不是毫無定性地拖延下去，它有起點有終點，這起點和終點就是受到定性的，這就否定了一系列的時間點先後承續的無差異狀態。如果許多聲音先後承續，而其中各個聲音在時間長短上各有差別，結果就不再是空洞的無定性狀態，而是許多特殊音量所形成的任意性的因而還是無定性的嘈雜的複合體了。這種不規則的隨意流轉，也還是和抽象的自運動一樣，與自我的統一發生矛盾，自我就不能在這種定性不同的時間點先後承續的情況裡重新發見自己，使自己獲得滿足，除非是把許多個別的音量變成一個統一體。這種統一體由於統轄著那些個別特殊的音量，本身就必須是一種受到定性的統一體，不過最初還只是外在的音量的統一體，它的性質就只能還是外在的。[39]

(2) 這就把我們引到進一步的調節作用，這是由拍子產生的。

① 這裡要研究的第一點就是像上文已經說過的，在這統一體裡自我要獨立地實現和

它自己的同一。自我在這裡既然本來只作爲抽象的自我而提供基礎，所以這和它自己的等同[40]，聯繫到時間及其聲音的持續進展來看，也就只能是一種本身抽象的等同，這就是說，只是同一時間單位的形式等同（一律）的複演。根據這個原則，拍子的單純的使命就只在於確立一個確定的時間單位作爲尺度和標準，既用來使本來無差異（無定性）的時間承續序列中出現分明的間斷，又用來使各個別聲音的任意性的時間長短，變成一種受到定性的統一體；此外，拍子還使這種時間尺度以抽象的一律方式不斷地更新。從這個觀點看，拍子在音樂裡的任務和整齊一律在建築裡的任務是相同的，例如建築把高度和厚度相等的柱子按照等距離的原則排成一行，或是用等同或均衡原則去安排一定大小的窗戶。這裡所看到的也是先有一個固定的定性[41]，然後完全一律地重複這個定性。在這種一律性裡自我意識重新發見到自己是一個統一體，一半是因爲它認識到它自己的等同在任意性的錯綜複雜之中奠定了秩

---

[38] 原文是 Beisichselbstseinde，英譯作「與自己一陣持續下去的」（that which persists along with itself），簡直不知所云。實際上Beisich原有「鎮靜自持」的意思，這裡著重指出人的「自我」與「聲音」畢竟不同，人能反觀自己、認識自己，所以有自覺性的存在。

[39] 還沒有結合到內心生活，即還沒有內容，這一節說明音樂的聲音既不能是無停頓、無定性的單純的持續，也不能是許多雜音的拼湊；它既要有時間段落，又要有規律的抑揚頓挫。

[40] 原文是 Gleichheit，法譯作「同一」。

[41] 例如一定的長短高低。

序，一半也因爲在這種統一或聲音的時間單位，每一次往而複返時就回想到這個單位原已存在過，正是通過它的複現，顯出它是起統治作用的規律。但是自我在通過拍子而重新發見自己的過程之中所獲得的滿足，比單從統一和一律性本身所獲得的就更大，因爲這種統一和一律性並不是時間和聲音本身所固有的，而是只屬於自我，是由自我爲自己的滿足才把它們納入時間裡的。自然事物裡本來並沒有這種抽象的同一[42]，就連諸天體在它們的運動中也沒有整齊一律的拍子，而是或快或慢，所以它們在相等的時間裡所走過的空間卻不相等。下墜的物體以及拋擲的運動之類也是如此，至於動物更少有按照某一固定的時間尺度往而複返的原則去調節它們的奔走、跳躍和伸手攫物之類活動。在這些事例裡，拍子比起建築中的整齊一律的體積在較大的程度上是由精神決定的，而雕刻還是比較能在自然界找到類似點的。

② 所以如果自我通過拍子而在複雜的聲音及其時間長短裡，重新發見到自己或回到自己，經常覺察到自己與自己的同一就是聲音的同一，而且就是自己產生了聲音的同一，如果要感覺到某一有定性的統一[43]就是規律，當前也就要有不規則的和不整齊一律的方面才行。因爲只有通過尺度的定性把任意性的不整齊一律的方面克服了，安排就緒了，上述有定性的統一才顯出它是偶然的錯綜複雜現象中的統一和規律。所以有定性的統一需把這種錯綜複雜的現象納入自己的範圍，讓整齊一律在不整齊一律的東西裡顯現出來。就是這個情況才使拍子具有它的獨特的定性，無論是單就它本身來說，還是就它對其他可以按拍子複現的時間尺度的關係來說，都是如此。[44]

③因此，連結成一個拍子的雜多聲音就有了確定的標準，根據這個標準就可以把它們區分開來，安排出秩序來；從此就產生第三個因素，即各種不同的拍子。在這方面應注意的第一點就是按照被重複的相等部分，是雙數還是單數來對拍子本身進行分類。例如屬於雙數的有四分之二和四分之四的拍子，在這類拍子裡雙數是起主導作用的。屬於單數的有四分之三的拍子，在這類拍子裡，各部分當然還是彼此相等，卻在單數裡形成一種統一。這兩種拍子有時結合在一起，例如八分之六的拍子，如果單從數來看，這種拍子好像和四分之三的拍子相等，但是事實上卻不是分成三部分而是分成兩部分，其中每一部分在再細分時卻以單數三爲原則。

這樣的特殊具體化形成了每種拍子的經常複現的規律，但是一定的拍子儘管要很好地把複雜的時間長度和較長或較短的段落統轄起來，它的統轄畢竟有一個限度，它不能使它們呆板一律地服從它，例如在四分之一的音，在四分之三的拍子裡只許有三個完全相等四分之一的音等等。規律性所指的只限於例如在四分之四的拍子裡各個單音的總和，只能等於四個相

㊷ 即以某一定性爲標準所作的有規律的安排。

㊸ 有定性的統一與抽象的統一對立，例如五線譜中所標誌的就是各種音在長短高低上的定性。

㊹ 這一節說明寓整齊於變化的道理。這節裡的同一或統一原文是 Einheit，就音樂方面說，譯「單位」較妥，一個拍子就是一個單位。

等的四分之一的音，這個音量不僅可以再分爲八分之一乃至十六分之一，而且還可以反過來縮回原，乃至參用許多其他變化。

(3)不過變化愈豐富多彩，也就愈有必要使拍子的基本劃分在這些變化裡發揮效力，要在實際運用中顯出它是主導的規律。這就要通過節奏才能辦到。只有節奏才能使時間尺度和拍子具有眞正的生氣。關於這種生氣灌注，可以指出以下幾個不同的方面。

①首先是強音。強音落在拍子的某一定部位，多少可以聽出，拍子的其餘部分卻不帶強音而平平地流轉下去。通過這種本身再可細分的揚和抑，每種拍子就各有獨特的節奏，節奏和拍子的劃分方式是緊密相聯繫的。例如以雙數爲主導原則的四分之四的拍子就有兩個強音部位，第一個落在第一個四分之一上，第二個稍弱，落在第三個四分之一上。因此人們把前者叫做拍子的優強音（第一強音）部分，後者叫做劣強音（次強音）部分。在四分之三的拍子裡強音只落在第一個四分之一上，在八分之六的拍子裡強音卻先落在第一個八分之一上，後來又落在第二個八分之一上，這雙重強音就把依雙數劃分的拍子分成兩半。

②如果音樂成爲伴奏的，它的節奏就和詩（樂詞）發生重要的關係。在這裡我只想極概括地說，音樂拍子的強音部位不應和詩律中的強音部位發生直接的衝突。例如按照詩律不是強音所落的音節如果擺在音樂拍子裡的強音部位，而詩律中的強音或頓反而落在樂拍中次強音部位，就會產生詩與樂的節奏之間不應有而應避免的矛盾。這番話也適用於詩的長音節和短音節，這些一般也應和樂音的時間長短協調一致，長配長，短配短，不過這種協調一致

也不宜過分澈底，因爲音樂往往需要有較大的伸縮餘地去處理音節的長度和對音調的較豐富多彩的劃分方式。

③第三，這裡需預先指出，拍子節奏的抽象性（呆板的一律性）和嚴格的整齊一律的複現和較生動的樂曲節奏是應區別開來的。音樂在這一點上比詩有類似的但是更大的自由。在詩裡字或詞的起點和終點不一定要和音步的起點和終點完全一致，這是眾所周知的；如果兩者完全一致，詩的音節就會呆板沒有頓挫，此外，詩的一句或一個詞義組的起點和終點，也不應完全就是一行詩的起點和終點：與此相反，一個詞義組止於一行詩的開頭，中間乃至靠近最後一個音步的地位，反而較好；這樣，一句或一個詞義組就可以跨上下兩個詩行㊺。在音樂裡，就拍子和節奏來說，也有與詩類似的情況。一個樂曲及其不同的段落無須嚴格地在一個拍子開始的部位開始，在它停頓的部位停頓，而是一般可以不受這種約束，一個樂曲的主要強音可以落在拍子的按照習慣的節奏並非強音的部位，反之，一個依樂曲的自然流轉不應顯著地加強的聲音，卻可以落在拍子需要強音的部位，所以這樣一個聲音在拍子節奏中所起的作用並不同於它在樂曲中所應起的作用。拍子節奏和樂曲節奏之間的衝突在所謂「約

㊺ 西文詩按音節分行，上行詩的話在意義上如果還未完足，就可以跨到下行去完足，這和中文詩裡意義終點與音律終點一般是一致的情況大不相同。但中文詩在一句之內意義的劃分也有時不一致，例如「這雙燕何曾會人言語」，依詞義應頓於「燕」字，依音律應頓於「曾」字。

調」或「切分法」中顯得最爲尖銳。

另一方面，如果樂曲在節奏和音節劃分上嚴格遵守拍子的節奏，它就容易顯得拖沓、枯燥無味、沒有創造性。這裡所要求的，如果說得乾脆一點，就是既不要音律的花腔和也不做節奏整齊一律的粗野風格的奴隸。缺乏較自由的運動以及拖沓和綿軟，就容易導致愁慘和頹唐，所以我們德國的許多民間樂曲都有些淒涼、拖沓、容易惹人疲倦，因爲用來表現心情的只有一種比較單調的直籠統地向前發展的樂調，這種媒介就必然迫使人們把傷心人的愁苦情緒放在這種樂調裡。南歐各國的語言，特別是義大利語言，卻提供一種豐饒的土壤，讓一種複雜的較活躍的節奏和流利的樂曲得到發展。就在這一點上可以見出德國音樂和義大利音樂之間的差別。在許多德國歌裡經常反覆出現的那種呆板一律的抑揚格的音律，扼殺了樂曲的自由歡樂的痛快淋漓的意味，阻礙了一切昂揚高舉和大開大合的局面。在近代，我覺得賴夏德[46]和其他音樂家們在製歌譜之中都想通過放棄抑揚格的老調（儘管在他們的某些歌裡，抑揚格還是占統治地位），來向節奏灌注一種新生命。不過抑揚格的影響不僅在歌調裡還存在，而且還波及到我們德國的許多最偉大的音樂作品。就連在韓德爾的《救世主》[47]裡，也還有許多歌調和合唱調不僅跟隨歌詞意義而顯出朗誦式的眞實，而且還運用抑揚格的節奏，有時在只用長短相間的音節上可以見出，有時是因爲抑揚格中的長音比短音在音調上提得較高。這種特徵正是許多因素之一，使我們德國人聽起韓德爾的旋律特別感到親切，儘管韓德爾的旋律還有許多其他優點，例如雄偉的迴旋、一瀉直下的氣勢、豐滿的深刻的宗教情感，以及牧歌式的單純的情感之類。旋律中的節奏因素對於我們德國人的耳朵比起對於義大利人的耳朵，聽起來較爲舒暢，義大利人卻感到這種節奏因素有些不自由、奇怪、不順耳。

B. 和聲[48]

另外還有一個因素，通過它，拍子和節奏的抽象基礎才得到充實，因而有可能變成眞正具體的音樂，變成單就聲音本身來看的聲音領域。這個重要的領域是由和聲的規律來支配的。這就涉及一個新的因素，這就是一個物體通過它的震動，不僅使藝術從用空間形狀的表現方式中跳出來，轉到刻畫一種可以說是占時間的形象；而且還通過具體樂器的特性，不同的長短以及它在一定時間內的震動數，發出各種各樣的聲響，來供藝術掌握和處理。

關於這第二個因素，我們提出三個要點來談得明確些。

第一點要討論的是各種樂器的差別。樂器的發明和調配對於音樂之所以必要，是因爲要利用樂器來造成一系列不同質的聲音的整體，這些音質單就它們實際的感性的響聲來看，不涉及高與低的差別和互相關係。

---

[46] 賴夏德（Reichardt, 1752—1814），德國作曲家。

[47] 韓德爾（Handel, 1685—1759），德國著名作曲家，畢生在英國工作，《救世主》是一種宗教樂曲。

[48] 和聲原文是 Die Harmonie。

其次就是樂音本身，離開各種樂器和人的口音的差異來看，就是各種不同的音、音組和音質所構成的整體，這些不同的音、音組和音質本來是憑量的關係來定的，各種聲音就依這種量的關係而得到定性，每種樂器和人的口音所接受的任務就是按照各自的特殊聲響，在不同的完美程度上把這些聲音召喚出來。

第三，音樂既不是由個別孤立的音程，也不是由一系列純然抽象的聲音或互不相關的不同的聲音來形成的，而是各種聲音的一種具體的齊鳴、衝突與和解，這些聲音因此就勢必形成一種發展過程和一種互相轉變的過程。這種組合和變化不能聽命於偶然、隨意任性，而是要受一定的規律制約，這些規律就是一切眞正的音樂作品所必有的基礎。

如果我們要就這幾個觀點進行較詳明的討論，我就只能局限於一些最概括的說明，像上文已經說過的。

(1) 雕刻和繪畫所用的感性材料如木石、金屬以及顏色之類，都多少是現成的或是很少有必要去加工改造才適合於藝術運用的。

① 音樂卻不然，它是通過一些由藝術製造來爲藝術服務的因素來活動的，它先要進行一種重要而困難的準備工作，然後才能使它們產生音樂。雕刻和繪畫除掉各種金屬物的混合和熔煉以及用植物汁調製顏色，把顏色配成不同程度的濃淡之類工作以外，就無須有什麼內容豐富的創造發明。音樂卻不然，除掉人的口音是由自然直接提供的以外，音樂對它的其餘的工具都要自行澈底加工調配，使它們能發生實際需要的聲音，否則它們就根本不能存在。

②單就這些工具本身來看，我們在上文已就它們的聲響理解成這樣：這種聲響來自在空間中存在的一種物體的震動，它是最初的從內心方面獲得生氣灌注的東西，和純然感性的空間並列關係相對立，通過對實際空間性的否定，於是作爲觀念性的統一體而出現，一切物質的屬性如某種重量，一個物體的內部融貫性之類都包括在這統一體裡。如果我們進一步追問這種用來發響聲的材料在質的方面究竟有哪些特性，回答就是：無論從這種材料的物理的性質還是就它的藝術構造來看，它的特性都是極複雜的：有時是一種直線形或迴旋形的空氣柱，用一個堅固的木管或金屬管把它圍住；有時是一根皮製或金屬製的繃緊的直弦，有時是一張繃緊的皮或是一個玻璃或金屬製的鈴子。這方面可以指出下列幾個主要的區別。

第一，占統治地位而且眞正便於音樂利用的樂器的是發音沿著直線的方向[49]，無論是像在管樂器裡那樣，以一種無內聚力的空氣柱爲基本原則，還是在絃樂器裡那樣，用一根可以繃緊而又有足夠的彈性以便於震動的弦柱。

其次是平面的材料，這只能產生次要的樂器，例如鼓、鈴和口琴。說它是次要的，因爲在自覺的內心生活和沿直線走的聲音之間有一種祕密的同情共鳴。因此，本身單純的主體性所要求的就是一種單純的長形體的震響，而不是一種寬的或圓的平面體的震響。這就是說，

---

[49] 法譯作「發出的聲音的直線方向」。

內心生活作爲主體就是一種精神點，聲音就是這種精神點的外化，所以精神點在聲音裡察覺到自己。但是點的最切近的自否定和外化不是朝平面的方向鋪開，而是朝單純的直線方向前進。從這個觀點來看，寬的或圓的平面不符合聽覺力的需要。

鼓是在一個鍋狀體上撑上一張皮，敲到上面的一點，就使整個平面震動起來，產生一種重濁的響聲。這種響聲固然也協調，但是作爲發音的樂器，既沒有明確的定性，也不能有多大的變化。與鼓相反的是口琴和嵌在它裡面的小玻璃鈴。口琴的聲音凝聚而不易發散，容易使人疲勞，不少的人一聽到它，就感到神經疼。此外，口琴儘管有特殊的效力，卻不能產生持久的快感，而且不易和其他的樂器配合。鈴像鼓一樣，音調缺乏變化，也是要一陣陣地敲，不過鈴聲不像鼓聲那樣重濁，而是很清脆的，不過它的持續的嗡嗡聲很像只是一次敲擊聲的餘韻。

第三，最自由的而且響聲最完美的樂器是人的聲音，它兼有管樂和絃樂的特性，因爲人的聲音一方面是一個震動的空氣柱，另一方面由於筋肉的關係，人的發音器官也像一根綳緊了的弦子。正像我們談到人的膚色時說過它是理想的統一體，把其餘一切顏色都包括在內，因此它本身就是最完美的顏色，人的聲音也是如此，它是分散在各種器樂裡的響聲的理想的整體。因此，人的聲音是完美的，可以與任何樂器配合得頂合式、頂美。此外，人的聲音可以聽得出來就是靈魂本身的聲音，它在本質上就是內心生活的表現，而且它直接地控制著這種表現。在一切其他樂器裡，只是一個與靈魂和情感漠不相關的，在性質上相差很遠的物體在震動，但是在人的歌聲裡，靈魂卻通過它自己的肉體而發出聲響來。所以人的聲音，正像主體的心靈和情感本身一樣，展現出大量的個別特殊情況的變化，這種變化就它的較普遍的差異來說，是以民族情況和其他自然情況爲基礎的。例如義大利人是一個歌唱的民族，在他們中間最美的聲音是最常見的。這種美的主要特點首先在於發音體就像純金，發出的聲音既不太尖銳刺耳，也不嫌重濁空洞，不發展到震顫聲，而是顯得玉潤珠圓，仿佛是內心生活在迴旋動盪，發出聲響。所以聲音的純潔是首要的條件，所謂「純潔」，就是在本身完整的聲音之外不應有別的噪音在起作用。

③音樂對這整個體系的樂器可以單用某一種，也可以全都配合在一起，使它們互相協調。特別在後一種用法上，音樂在近代才得到很大的發展。按藝術來把各種樂器配合在一起，當然有很大的困難，因爲每一種樂器都有它的特性，不易適應另一種樂器的特性。所以無論是在許多種類不同的樂器齊奏的情況下，還是在有力地突出某一種樂器，例如管樂、弦樂，突然迸發的喇叭聲的情況下，乃至在全隊合唱時輪流突出某些響聲的次序中，都需要巨大的學問、審慎、經驗和創造才能，才不至於在這些差異、變化、矛盾對立，進展與和解（仲介）之中失去內在的意義、靈魂和情感。舉莫札特爲例來說，他在器樂處理這一方面是一位大師，能顯示出器樂的既生動而又明晰的意味深長的豐富多彩性。他的一些交響樂曲使我感覺到各種樂器的輪流演奏往往像一種戲劇式的音樂會演，像一種各種樂器的對話，其中有時這一種樂器角色發展到一個地步，仿佛它已爲另一種樂器角色埋伏了線索或做了準備；

有時這一種樂器像是回答另一種樂器，或是補充前一種樂器的未盡之意，結果是一種美妙的談話，其中響聲和反響聲，開始、進展和完成都互相呼應。

(2) 還應該提到的第二個因素並不再涉及響聲的物理的性質，而只涉及聲音本身的定性以及它和其他聲音的關係。通過這種客觀的關係，響聲才伸延成爲一個聲音領域，無論就單個的固定的聲音本身來說，還是就它和其他互相連續的聲音處在重要的關係中來說。就是這種客觀的關係形成了音樂的眞正的和聲的因素；就它的原有的物理的方面來看，它所依據的基礎是量的差異和數的比例。說得更詳細一點，在現階段，這種和聲體系的要點如下：

第一，單個的聲音，就它自己的一定的量來看，以及就這種量對其他聲音的關係來看。這就是單個音程（Interval）的學理。

其次，多個聲音擺在一起所形成的系列，就一個聲音直接聯繫另一個聲音的那種先後承續的次序來看，這就是音階（Tonleiter）。

第三，這些音階之間的差別，由於每個音階都以不同的基音爲起點，這些音階就分化成爲一些互不相同的音調（Tonarte），也就形成這些音調的整個體系。

① 單個的聲音不僅有各自的響聲，而且這響聲還由於震動的物體而各有精確的獨特的定性。要能達到這種定性，那震動就不能是偶然的、任性的，而是本身也要界定很明確。這就是說，發聲響的空氣柱或是繃緊了的弦子和平面樂器之類，一般都有一定的長度和伸延度[50]，例如把一根弦子的兩頭繫住，然後使這兩頭之間繃緊了的部分震動起來，這裡至關重

要的就是粗度和緊張度。如果兩根弦子在粗度和緊張度上完全相等，那就要先看它們的長度，按照畢達哥拉斯首先觀察到的事實，如果兩根弦子完全相同只是長短不同，在同一時間裡所發出的震動數就不同。這兩種震動數的差異和比例關係，就是各種聲音在高低上的差異和比例關係的基礎。

如果我們去聽這些聲音，所得到的感覺當然完全不同於這樣枯燥的數的比例關係。我們無須知道這種震動數和算學比例，即使看到弦子在震動，等到震動過去了，我們也無從知道它的震動數究竟是多少，而且我們往往根本用不著去看發音體，就可以對聲音得到印象。所以說聲音和數的比例關係有聯繫，乍聽起來不但很難置信，而且還會產生一種印象，彷彿把對和聲曲調的傾聽和體會歸原到純然數量的比例關係，就是降低傾聽和體會的能力。但是無論如何，同一時間內的震動數的比例關係畢竟是界定聲音定性的基礎，說聽覺印象本身很簡單，並不足以反駁這一點。一個單純的印象本身，無論在概念上還是在實際情況上，可以包含很複雜的東西，而且與其他的東西有重要的聯繫。例如我們看到純潔的顏色、綠色或黃色、青色或紅色，所得到的印象也是它只有一種很簡單的定性。儘管如此，純潔的綠色也並不那麼簡單，而是還有一種確定的明暗交織的關係。宗教的情緒，對這一事例或那一事例的

㊿ 伸延度指粗細之分，即下文的「粗度」。

正確與否的感覺，也都像是很簡單的，但是一切有關宗教的事情和一切是非感都包含複雜的特殊定性，這些定性的統一才產生這種簡單的感覺。聲音也是如此，我們聽起來，感覺到它很簡單，它也是要靠一種複雜比例關係的基礎；由於聲音來自物體的震動，既有震動，即落在時間範疇裡，這些複雜比例關係就要歸原到這種占時間的震動的定性，也就是要歸原到在一定時間裡的震動的一定的數量。如果要把這種歸原過程說詳細一點，我只提出以下幾點看法。

緊密協調的一些聲音在震響時就聽不出彼此的差異是一種對立，它們的震動的數的比例關係就是最簡單的，反之，那些本來就不協調的聲音卻包含比較複雜的比例關係，例如八度音程（Oktave）中的聲音就屬於前一種。這就是說，如果我們調一根弦子，它的一定的震動數提供了基調，於是把它加以二等分，分成兩半，在相等的時間裡，後一半的震動數和前一半的震動數就相等[51]。同理，在第五度音程裡每個音的震動數與某調的震動數是三與二之比，在第三度音程裡，每個音的震動數與基調的震動數是五與四之比。第二度音程和第七度音程就和前幾種音程不同，其中每個音的震動數與基調的震動數，前者是九與八之比，後者是十五與八之比。

②這些比例關係既然如上文所述，不應是偶然選定的，而是無論就個別的音還是就整體來說，都有一種內在的必然性，所以按照這種數的比例關係來確定的各音程彼此相對的關係也不是任意隨便的，而是要配合成爲一個整體。但是這樣產生的最初的聲音整體還不是各種不同的聲音的具體的協調，而是一種完全抽象的一系列聲音的先後承續的次序，這種次序

是按照它們彼此之間的最簡單的比例關係和在整體中的地位來定的。聲音的這種簡單的序列就是音階。音階的基本決定因素是基音，基音在它的第八度音裡複現，而其餘的六個音則散布在這兩個基音之間；這樣，基音在第八度音裡就返回到它本身，直接和它本身協調。音階中其他的音或是直接與基音協調，例如第三度音和第五度音，或是與基音在響聲上有本質的差異，例如第二度音和第七度音，這類音安排成為一種特殊的序列，我在這裡不能詳談。

③第三，各種不同的音調就是由這種音階產生的。這就是說，音階中每一個音又可以形成一個新的特殊的聲音系列的基音，這個新系列和前一個系列是按照同一規律來安排的。隨著音階發展到包括更豐富繁複的聲音，音調的數目也就相應地增加；例如近代音樂比古代音樂就有較複雜的音調。此外，由於音階中的不同聲音一般是像上文所說的，或是彼此緊密協調，或是彼此有本質的乖離或差異，所以由用這些聲音為基音所產生的聲音系列也不外有兩種情況，或是有比較密切的關聯，因而使一個音容易轉化到另一個音，或是由於彼此異質而不能互相轉化。此外，各音調彼此之間還有硬與軟之分，也就是長調與短調之分，隨著它們所自出的基音不同而各有一種確定的性格，這種性格又和一種特殊的情緒如哀怨、歡樂、愁慘之類相對應。在這方面古代人早已就音調的差異討論得很多，並且在實踐中多方利用這

51 照原文如此，英法俄三種譯本都作「與全弦的震動數相等」。

種音調的差異。

(3) 第三個要點，即我們可以用來結束對於和聲學的簡短說明的一點，涉及各種聲音本身的協調，即和音的體系（Das System der Akkorde）。

① 前此我們固然已經說過，各音程形成一個整體，而這個整體最初展開成爲各種音階和音調，只是把它們安排成爲一些單純的相聯在一起的系列，在這些系列的先後承續中，每一個音只作爲個別的音而獨立出現。這些音還是抽象的，因爲總是只有某一個特殊定性出現。但是這些聲音既然憑它們彼此的關係才成其爲它們那樣的聲音，所以整個的音調就要作爲這些具體的聲音而獲得存在，這就是說，這些不同的聲音就要結合成爲同一個音調。這種不同聲音的共鳴就形成和音的概念，在共鳴中參加的聲音的數目多少是無關重要的，兩個聲音就足以形成這樣一種統一體。如果個別的聲音得到定性，就已不應聽命於偶然性和任意性，而是應由一種內在的規律性去支配，去安排先後承續的次序，那麼在和音裡同樣的規律性也就應發揮作用，才便於確定哪一種配合才宜於用在音樂裡，哪一種配合就應該去掉。這些規律才形成名副其實的和聲學，也就是根據和聲學，一系列的和音配合成爲一個有內在必然性的系統。

② 各種和音在這個系統裡展現出各自的特殊性和彼此的差異，因爲共鳴的總是一些受到定性的聲音。因此我們所要研究的是一個由一些特殊的和音所形成的整體。關於這些和音的最概括的分類，我在討論音程、音階和音調時已約略談到的那些原則還是適用的。

在第一種和音裡參加進來的聲音是彼此緊密協調的。因此這種調子裡沒有對立和矛盾，它是沒有受到干擾的最完全的協調。這種情況發生在所謂協調的和音裡，這種和音的基礎是三和音（Dreiklang）。大家都知道，三和音是由基音、第三度音或中音以及第五度音或主音所組成的。在三和音裡可以見出和音概念的最簡單的形式，和音概念的一般性質也在這裡表現出來了。因爲這就是幾個互相差異的聲音的整體，把這些差異顯示爲不受干擾的統一體；這是一種直接（緊密）的同一，卻又不缺乏個別特殊化與和解（仲介），這種和解卻並不應停留在互相差異的那些聲音的各自獨立上，不應滿足於某一種相對關係的單純的往復迴旋，而是要眞正地實現結合或統一，從而直接返回到自身。

其次，我對三和音的不同種類不能在這裡詳談，它們實際還沒有現出一種較深刻的對立。但是我們在上文已見過，音程除掉無衝突的互相協調的聲音之外，還包含其他消除這種協調的聲音，例如長調和短調的第七度音。既然這後一類聲音也屬於聲音的整體，它們也就應該納入三和音裡。但是如果它們進入三和音，上述緊密的統一和協調就要受到破壞，因爲一個聲響根本不同的聲音參加進來了，因而才眞正現出一種確定的差異，這就形成了對立。這種對立才形成音調的眞正的深刻性：它儘管發展到根本的對立，卻不畏避這種對立的尖銳性和破壞性。因爲眞正的概念雖然本身就是一個統一體，而這種統一體卻不僅是直接的，而是本身就已遭到分裂、陷入矛盾對立的。例如我在《邏輯學》裡，固然曾把概念作爲主體性來闡明，但是這種主體性，作爲觀念性的透明的統一體，卻也否定它自己，轉到它的對立面，即客體性；主體性作爲純然觀念性的東西只是一種片面性和特殊性，它本身就包含一個與自己對立的一面，即客體性，主體性只有在進入了這種矛盾對立，克服了它、解除了它，它才成爲眞正的主體性[52]。所以在實在的世界裡，只有較高級的自然物才獲得一種能力，可以忍受和克服矛盾對立的痛苦。所以如果音樂要用藝術方式去表達最深刻的內容的內在意義和主體情感，特別是以痛苦的深淵爲主要因素的基督教的宗教情感，它就必須在聲音領域裡找到一種手段，可以描繪這種對立面的鬥爭。所謂第七度與第九度兩種不協調的和音就向音樂提供了這種手段。關於這方面我在這裡不能詳談。

第三，關於這種和音的一般性質，還有一點很重要，就是這種和音是些互相對立的因素，就以互相對立的形式處在同一個統一體裡。但是說對立面就以對立面的形式而處在統一體裡簡直是自相矛盾、站不住腳的。一般說來，按照對立面的內在概念，兩對立面中無論哪一面都沒有支撐柱，處在對立狀態的兩對立面就要因對立而歸於消滅。所以上述那種和音不可能產生和諧，對耳朵只產生一種矛盾印象，這種矛盾要求解決，解決了才使耳朵和心靈感到滿意，所以對立面必然要導致失調的音達到和解，回到和音。只有這種運動，這種與自身同一的運動，才是眞實的。在音樂裡只有一個辦法才能達到完全的同一，就是把所用的聲音在時間上分散開來，成爲先後承續的序列，至於它們的融貫一致則見於它們顯得是自生自發，不斷變化，帶有必然性的前進運動。

③ 這就把我們引到還應當注意的第三點。這就是說，如果音階開始還只是一種本身固

定的儘管還是抽象的聲音系列，現在各種和音也就不能停留在孤立的和獨立的狀態，而是彼此要具有內在聯繫，並且顯出轉變與進展的需要。和音的這種進展儘管比起音階的變化更重要和更廣泛，卻也不能只是聽命於隨意任性。一個和音本身的性質，部分地依靠這些和音所產生的不同音調。音樂理論在這方面定出了許多清規戒律，我們在這裡不能詳加分析和解釋，只能提出以上這些最一般的看法。

C. 旋律[53]

現在回顧一下我們關於一些特殊的音樂表現手段所已討論過的項目。我們首先就時間尺度、拍子和節奏，討論了聲音以時間上的長短如何表現的方式。從此我們就進入到實際的樂音：第一，研究了樂器的聲音和人的口音，其次，研究了音程的固定的有定性的尺度，以及音程在音階和不同音調中的抽象的先後承續的序列；第三，研究了各種和音和它們的承續進展的規律。現在要研究最後一個領域就是旋律，在旋律裡以上所說的各種因素形成了統一體，並且在這種統一體中才初次產生聲音的眞正自由的生展和配合協調。

---

[52] 黑格爾在這裡簡略地提到了他的辯證邏輯，絕對概念是具體的，既是主體思想中的，又是客觀世界中的道理，是對立面的統一。只看到對立面中的某一面就是片面的、抽象的、不完全眞實的。這種主客體的統一就是「存在與思維」的統一或歷史與哲學的統一。這個道理也適用於音樂。

[53] 「旋律」原文是 Die Melodie。

這就是說，和音只包括形成聲音領域裡的必然規律的那些基本的比例關係，它本身正和拍子與節奏一樣，還不是眞正的音樂，而只是任自由靈魂遨遊的實體性的基礎，或符合規律的基礎和土壤。音樂的詩的方面就是靈魂的語言，它把內心深處的哀樂情緒流露於聲音，在這種流露裡它對情感的自然烈性加以緩和，因此使自己超出了情感的自然烈性，因爲它使靈魂認識到當前自己受情感激動的情況[54]，使它成爲自由流連欣賞的對象，因此就使人心擺脫了哀樂情緒的壓力——總之，在音樂領域裡，靈魂的自由的音響才是旋律。我們現在要談的首要地就是最後的一個領域，因爲旋律是音樂的最高的一個方面，即詩的方面，亦即運用上述那些因素來進行眞正的藝術創造的領域。不過我們在這裡正遇到上文所說過的困難。就一方面來說，要對這方面進行詳盡的和有科學根據的討論，就要有對製譜規則的充分知識和對最完美的音樂藝術作品的專門學問，而這是超過我所掌握的和旁人所能給我的知識學問，因爲我們無論是從眞正的鑒賞專家還是從有實踐經驗的音樂家那裡，都很少聽到關於這方面的明確而周詳的闡述，尤其從音樂家那裡聽到的最少，因爲他們往往是最缺乏理解力的。就另一方面來說，音樂的本質就決定了音樂比起其他藝術，更不易讓我們以較一般的方式來把明確的和特殊個別的東西掌握住和說清楚。因爲音樂儘管要採用一種精神性的內容，並且以這種題材的內在實質或情感的內在運動作爲它所表達的對象，這種內容畢竟是比較不明確的、朦朧的，正因爲它是從內在方面（或精神方面）來掌握的，或是作爲情感而反映於聲音的——而且音樂的變化並不是每一次都恰恰代表某一情感、觀念、思想或個別形象的變化，而只是一種音樂的向前運動，這種運動在和自己遊戲，雖然其中還是運用著方法[55]。因此，我只談我感到興趣的和注意到的下面一些一般性的看法。

(1)旋律在它的聲音的自由展現之中，一方面固然獨立地浮游於拍子、節奏與和聲之上，而另一方面除掉聲音按照本身的內在本質和必然關係的合拍的運動之外，它也沒其他表現手段。所以旋律的運動離不開要獲得客觀存在就必須運用的手段，如果違反這些手段的必然規律，它就不可能獲得客觀存在。在這樣和單純的和音密切結合在一起之中，旋律並不因此就喪失了它的自由，而只是擺脫了憑偶然的幻想而進展得反覆無常地和變化得離奇的那種主體性；只有擺脫了這種主體性，它才能獲得眞正的獨立。因爲眞正的自由並不是和必然對立，不是把必然看成一種外來的，因而是壓抑的力量，而是包含這個實體性因素（必然）作爲它（自由）本身所固有的，而且和它本身處於同一體的本性；所以自由服從必然的要求，也就是服從它自己的規律，滿足自己本性的要求；如果它背離必然的戒律，那就是背離了它的本性，對它自己不忠實。但是另一方面，有一個事實也很明顯，拍子、節奏與和音，如果孤立地看，都只是些抽象品，沒有什麼音樂的效用；它們只有通過旋律，作爲旋律的因素或組成部分，才能獲得一種眞正的音樂的生命。這樣把和音與旋律兩個差異面結合成爲統一

---

54 即使主體的哀樂情緒轉化爲觀照的對象。

55 遊戲式的運動之中有條理規則。

體，就是偉大音樂作品的祕訣。

(2) 其次，關於旋律的特殊性格這一方面，我認爲下列一些差別是重要的：

① 第一，就它在和音方面的發展來看，旋律可以局限於一個範圍很簡單的和音和音調，可以在一些無衝突的彼此協調的聲音關係中開展，把這些聲音關係只當作基礎來處理，以便在這個基礎上只替它的較細緻的圖案和運動找出一些較一般性的支撐點。例如替短歌譜成的旋律一般只按照最簡單的和音關係往復迴旋，卻並不因此而變成膚淺的，它可以是靈魂最深處的表現。和音和音調的較困難的錯綜複雜化對伴歌的旋律彷彿不成問題，因爲伴歌調的旋律所需要的進展和起伏變化，如果要達到協調，並不要經過尖銳的矛盾對立和複雜的和解就可以達到圓滿的統一。這種處理方式當然也可以導致膚淺，例如在許多義大利和法國的旋律裡和音的承續次序就很膚淺，作曲家在這方面只追求節奏的娓娓動聽，或加進其他類似的香料。但是就大體來說，旋律的空洞無味並不是和音基礎簡單的必然結果。

② 其次，另一個差別是這樣：旋律不再像上述伴歌的情況裡那樣只用一些個別的聲音，只按照一種相對獨立的基礎而向前進展的和音次序發展下去；而是供旋律中每一個別的聲音自成一個具體的整體，充實成爲一個和音，因而有時音調顯得很豐富，有時與和音的進程緊密地交織在一起，以致令人很難把一個獨立伸展的旋律跟一個只提供支撐點和牢固基礎的和音分辨開來。這樣，和音與旋律就形成一個完滿的整體，其中一方面的變化必然同時是另一方面的變化。例如在四聲合唱的歌調裡就特別有這種情況。甚至同一旋律裡也可以有多

聲交織在一起，使這種交織就形成一種和音的進展，此外也可以由各種不同的旋律以和音的方式結合在一起，使這些旋律中的各種音調的齊奏就形成一個和音，例如巴哈[56]的樂譜就往往有這種情況，其中全曲的進展分化爲許多彼此分道揚鑣的像是各自獨立而並列的進程，但是彼此之間仍然保持著一種基本的和聲關係，從而造成一種帶有必然性的融貫一致的整體。

③在這種處理方式中，較深刻的音樂應該不僅要把它的運動推到直接協調的極限，甚至先破壞這種協調，然後再回到這種協調；與此相反，它必須把第一個單純的協調就破壞掉，使它轉化爲不協調。因爲只有從這種矛盾對立裡，才能見出和音中的較深刻的關係和祕密，其中寓有一種獨立的必然性，所以旋律的產生深刻印象的運動只有以這種較深刻的和音關係爲基礎。因此，音樂作品的大膽風格要放棄純然協調的進展，走向對立，喚起最強烈的矛盾和不協調，這樣它在發掘和音的全部力量之中就能顯出它自己的力量，能緩和各和音之間的衝突，從而有信心去慶祝樂曲的平靜氣氛所顯示的令人快慰的勝利。這是一場自由和必然的鬥爭，一場創造想像的自由與和音關係的必然之間的鬥爭。前者（旋律）必須運用和音爲表現手段，並且把它的獨特的意義放在和音裡。但是如果和音及其一切手段的運用，以及在運用中與這種手段作鬥爭的勇氣成爲基本的因素，作品也就容易流於沉重和賣弄學問，因爲這樣實際上就會妨害運動的自由，或是至少不讓自由運動達到完全的勝利。

---

[56] 巴哈（Sebastian Bach，1685—1750），德國音樂家，以風格簡單而深刻的賦格曲（Füge）著名，常用宗教題材。

(3)第三，這就是說，在每一個旋律裡，眞正的樂曲性的可歌唱的因素，不管在哪一種音樂裡，都應顯得是主導的獨立的因素，在樂曲的豐富表現裡就不能被遺忘或喪失掉。從這方面來看，旋律在聲音的進展運動中固然可有無限的定性和可能性，但是運用這些無限的定性和可能性仍需有節制，使我們聽起來仍是一種本身完滿自足的整體。這種整體固然包括錯綜複雜的因素而且本身是一種進展；但是作爲整體，它就必須穩實地根據它的本質，而且要有明確的起點和終點，使中部成爲承上啓下的環節。只有作爲這樣不越界亂竄，而按照本質來構成各部分而且終於回到起點的運動，旋律才適應它所要表現的自由的鎭靜自持的主體性。只有這樣，音樂才能通過它所特有的內心生活活動因素裡，使內在的東西表現爲外在的，而這外在的對象又成爲直接內在的東西，獲得觀念性和解放。這種運動過程既要服從和音的必然規律，又要把靈魂移置到一種較高的領會境界[57]。

3. 音樂的表現手段和內容的關係

我們先已說明了音樂的一般性質，其次討論了聲音及其時間長短在音樂表現裡所必根據的一些特殊方面。接著我們轉到旋律，亦即自由藝術創造和實際音樂創作的領域，因此我們就涉及一種內容，這種內容要在節奏、和音與旋律裡獲得一種藝術性的表現。對這種表現所通用的一般形式加以確定，這就提供一個最後的出發點，讓我們再巡視一下音樂的各個領域。在這方面首先應提出的有以下一點差別。

像上文已經說過的，在一種情況之下，音樂可以是伴奏的，這時音樂的精神內容不是就它的抽象的內在的意義，或是作爲主體的情感來掌握的，而是按照它已想像成形並且用文字表達出來的樣子，才配合到音樂運動。在另一種情況之下，情形卻相反，音樂擺脫了這種已經完成的內容，在它自己的領域裡維持獨立的地位，所以當它不得不表現某一既定內容時，它就把那內容直接溶化到旋律及其和聲結構裡，否則它就滿足於運用完全獨立的單純的音調及其和音的和旋律的形式結構。與此類似的差別在另一藝術領域裡也可以見到，例如建築就可以是獨立的藝術，也可以是服務的藝術。不過伴奏的音樂比起服務的建築在本質上較爲自由，它和內容的結合也較爲緊密。

這種差別在實際藝術作品裡表現爲聲樂和器樂的差別。但是我們也不應單從外表來看這種差別，認爲聲樂只是運用人聲，而器樂則運用各種樂器的不同聲響。人聲在歌唱之中也說出話來，話就表達一定內容裡的思想，所以這種音樂，作爲唱出來的話來看，就只能有一個任務，就是要使這個內容得到音樂的表現，而這內容，作爲內容來看，就憑它的較明確的定性被音樂在它的可能範圍裡帶進觀念領域裡，而不再是一種模糊的情感。不過儘管有這種結

---

57 這一節說明旋律比起和音有遠較廣闊的範圍和自由，但本身應形成完滿自足的整體，不能違反和音的規律。在旋律裡內心生活表現於和音運動，使情感化成觀念性的東西，從而獲得解放，使靈魂上升到較高的藝術領會境界。

合，被表現了的內容作爲歌詞，是可以獨立地讓人聽到或閱讀到的，所以就通過觀念去領會來說，歌詞畢竟和它的音樂表現有差別，因此，配合到歌詞上的音樂是伴奏的，比起雕刻和繪畫就不同，在這兩門藝術裡，被表現了的內容並不是先已在藝術形象之外獨立地爲群眾所領會的。不過另一方面我們也不應把伴奏的概念理解爲只有爲歌詞服務的單純目的，事實卻與此正相反，歌詞是爲音樂服務的，除掉使聽眾對藝術家所選的題材有一種較確切的觀念之外，別無其他效用。音樂保持住這種自由，主要是因爲音樂對於內容的掌握不就是歌詞所說明的，而是運用一種不是知覺和觀念所能掌握的因素。關於這一點，我在上文談音樂的一般性質時已提到過：音樂必須表現的是單純的內心活動。但是內心活動有兩種。按照內心活動去掌握一個對象，這句話一方面可以指不按照它的外表現象，而是按照它的觀念性的意義來掌握它，另一方面也可以指按照內容活在主體情感中的樣子來表現它。音樂可能有這兩種掌握方式。我現在設法把這一點說得更清楚些。

在古代教堂音樂裡，例如以基督臨刑爲主題的樂曲，這一主題中基督的苦痛、死亡和埋葬之類情節所含的深刻意義，往往不是理解成爲表達某一主體對這件事的感動、同情或某一種人類苦痛之類情感，而是仿佛這主題本身，亦即這段事蹟的深刻意義，通過和聲及其在旋律中的發展過程而表達出來了。在這種情況之下，音樂當然也還要打動聽眾的情感：但是卻不應使聽眾只想到臨刑和埋葬的痛苦，或是對這種痛苦形成一個一般的觀念，而是要他們在自己的心靈最深處體驗到神的這種死和痛苦的最內在的意蘊，聚精會神地把自己沉浸到這種意蘊裡去，仿佛使它變爲自己的一部分，忘去其餘一切，使這種意蘊完全籠罩住自己。作曲家的心情也應如此，如果要使作品有感人的力量，他也要心領神會到這主題的深刻意蘊，而不只對這主題感到個人主體方面的情感，只有主題的深刻意蘊吐露到聲音裡，對於內心的感覺才成爲生動的東西。

另一方面，我在談到敘述一件事，描繪一個動作或是把情感表達於語言的一本書或一章歌詞時，也可以受到極深的感動，乃至於流淚。這種主體情感可以伴隨著一切人類的事蹟和動作，以及每一種內心生活的表現，可以由對每一事件的觀感和對每一動作的觀照激發起來。這種情感也可以由音樂來加以組織、柔化、安靜化和觀念化，然後通過它的力量在觀眾心中引起同情共鳴。在這種情況之下，內容都是對主體的內心深處發出聲響，由於音樂能引導主體進入單純的凝神內省狀態，就可以對思想觀念和觀照的漫無約束的自由劃定界限，不讓它們越出一定的內容意蘊之外，這樣，它就把心靈集中到一個特殊內容上，情感也就只能在這個範圍裡活動和伸展。

我們在這裡所談的關於伴奏音樂的話大意就是如此，它以上述方式，把已由歌詞呈現於觀念的那種內容的內在方面闡發出來。但是由於音樂可以用來完成這種任務的主要靠聲樂，而此外人聲還要和器樂配合，所以人們照例把器樂叫做伴奏的音樂。器樂當然是伴隨聲樂的，所以不應有絕對的獨立，也不應成爲主導的方面；不過在這種配合中，聲樂仍應直接屬於上述伴奏調子的範疇，因爲用音節分明的語音所說出來的話是讓觀念（思想）去掌握的，而歌唱則只是對這種話語的內容進行一種新的進一步的改變或闡發，以便讓內在的心靈去感受；至於在單純的器樂裡，卻沒有向觀念或思想說的話，音樂就完全靠它所特有的手段，即純粹的音樂表現方式。

最後，這些差別之外，還有一個不宜忽視的協力廠商面。我在上文已提到過：一部音樂作品的有生命的實際存在要靠每一次的重新演奏。從這一方面看，雕刻和繪畫之類造型藝術就處在較便利的地位。雕刻家和畫家打了草稿，然後就把全部作品創作出來；全部藝術活動都集中在創作家一個人身上，因此構思和創作施工之間就容易有密切的對應[58]。建築師所處的地位就要差些，他需把一座建築的千頭萬緒的手工操作委託旁人去做。作曲家也是如此，他也要把作品交給旁人去演奏或歌唱，不過他和建築師的情況有一點不同，音樂的演奏或歌唱本身也是一種藝術的而不是手工匠的活動，無論是從技巧方面來看，還是從灌注生氣的內在精神來看。趁便可以指出音樂在近代（像在古義大利歌劇時代那樣）朝著作曲構思和演奏的熟練才能兩個方向發展，創造了奇蹟，這種情況是其他藝術所沒有的。因此，對於較偉大的音樂鑒賞家來說，音樂是什麼和能做出什麼的概念也逐漸擴大起來了。

現在我們可以把這最後一方面的研究劃分爲下列三個要點：

第一，我們先研究伴奏的音樂，並且追問它這種表現方式一般宜於表現哪一種內容。

其次，我們進一步探索這個問題，聯繫到本身獨立的音樂具有哪種特性的問題。

第三，我們將就藝術的演奏提出一些看法，並就此結束。

A. 伴奏的音樂

根據上文關於音樂與歌詞的關係所已說過的話，就可以直接導致這樣一個要求：在伴奏音樂的領域裡，音樂的表現應該比單憑和音運動和靈感的獨立的音樂，較密切地結合到一個遠較明確的內容。因爲歌詞本來就從明確的觀念出發，因而從意識裡剔除不帶觀念的朦朧情感，這種情感因素如果不受干擾，就會任自己東奔西竄，我們可以有自由隨便從樂調裡得到這種或那種體會，受到這種或那種感動。但是在這種樂調與歌詞的交織裡，樂調卻不應降低到從屬的地位，以致爲著要再現歌詞的全部特性，就放棄音樂運動的自由流轉，因而不能構成一種獨立自足的藝術作品，而只是運用憑知解力的人工造作，把音樂的表現手段用來表現一種沒有樂調也就已表現出來的內容。在這方面如果有一點容易覺察到的勉強，或一點對自由創作的干擾，就會破壞音樂的印象。另一方面樂調也不應像在最近的義大利作曲家中所形成的風尚那樣，幾乎完全不管歌詞的內容，把明確的內容看成一種桎梏，想儘量接近獨立的音樂。伴奏的音樂藝術卻與此相反，它要完全滲透到已由歌詞說出的意義、情境和動作等等裡去，然後從這種內在的靈感出發，去尋求一種意味深永的表現，用音樂的方式把它刻畫出來。一切偉大的作曲家都是這樣辦的。他們既不給出不符合歌詞的東西，又不妨害曲譜中聲

58 即「心手相應」。

音的自由融合以及不受干擾的發展進程，因此樂調自有獨立的價値，不只是爲歌詞而存在。

在這種眞正的自由中可以分辨出三種不同的表現方式。

(1) 我想從一般人所稱呼的表現中眞正的旋律性的方面開始。在這方面是情感，是發聲響的心靈在要求爲它自己而存在，而在它的外現中使它自己獲得享受。

① 作曲家的活動範圍就是人類的心胸，或心靈的情調，而樂曲作爲出自內心的純粹聲響，就是音樂所特有的最深的靈魂。因爲聲音只有通過把一種情感納入它裡面去而又由它鳴出來，才成其爲眞正的意味深永的表現。從這一點來看，情感的自然呼聲，例如驚恐的叫號、哀傷的呻吟或狂喜極樂的歡呼就已極富於表現力，我在上文已把這種外現方式稱爲音樂的出發點，但是同時已加上一句補充：音樂卻也不能停留在這種單純的自然狀態上面。特別是在這一點上可以見出音樂和繪畫的差別。繪畫如果深刻地體會到一個人在某種情境和環境中所現出形狀、顏色和內心的表情，並且完全按照它們在實際中活生生的樣子把它們描繪出來，它往往就可以產生最美的藝術效果。在這裡適用的原則是忠實於自然，如果它能和藝術眞實結合在一起。音樂卻不然，它不能按照情緒的自然迸發方式去表現情感，而是要憑豐富的敏感把靈魂形成一定聲音比例關係的響聲裡，這就是說，要把表現納入一種由藝術專門爲這種表現而創造出的媒介裡，使單純的自然呼聲變成一系列的樂音，形成一個運動過程，而這過程的曲折變化和進展是由和聲來節制，按照旋律的方式去達到盡善盡美的。

② 這個旋律性因素要聯繫到人的精神整體，才獲得一種較精確的意義和使命。雕刻和

繪畫這類美的藝術使內在的精神性的東西外化爲客觀存在，而同時又使精神擺脫觀照中的這種客觀存在，因爲精神一方面在這種外在對象裡再見到它自己，見到它是一種內在精神的產品，反映出內在精神；另一方面主體方面的特殊性、主觀任性的觀念、見解和感想都拋棄無餘，因爲內容是按照它的完全確定的個性而揭示出來的。音樂卻不然，像我們已屢次說過的，它要外現爲客觀存在的只有主體因素本身，通過這主體因素，內在的東西只是和它本身融合，而在它的外現中，在情感把自己唱出來的聲音中，內在的東西實際上是回返到它本身，音樂就是精神、就是靈魂，直接爲自己而發出聲響，在聽到自己的聲響中感到滿足。但是作爲美的藝術，音樂需滿足精神方面的要求，要節制情感本身以及它們的表現，以免流於直接發洩情慾的酒神式的狂哮和喧嚷，或是停留於絕望中的分裂，而是無論在狂歡還是在極端痛苦中都保持住自由，在這些情感的流露中感到幸福。這才是眞正的理想的音樂，也是帕萊斯特、杜蘭特、洛提、裴高雷西、海頓、莫札特[59]諸人的樂曲的特徵。這些大師在作品裡

[59] 帕萊斯特（Palestina, 1524—1594），義大利作曲家，主要爲羅馬教皇作教堂用的樂曲；杜蘭特（Durante, 1684—1755），義大利作曲家；洛提（Lotti, 1665—1740），奧地利作曲家；裴高雷亞（Pergolese, 1710—1730），義大利作曲家；格魯克（Gluck, 1714—1787），德國著名作曲家，近代歐洲歌劇奠基人之一；海頓（Haydon），十八世紀奧國作曲家，擅長交響曲；莫札特（Mozart, 1756—1791），德國大作曲家，以交響樂著名。

永遠保持住靈魂的安靜，愁苦之音固然也往往出現，但總是終於達到和解；顯而易見的比例匀稱的樂調順流下去，從來不走到極端；一切都很緊湊，歡樂從來不流於粗獷的狂哮，就連哀怨之聲也產生最幸福的安靜。在談到義大利繪畫時，我已經說過，就連在最深沉的痛苦和極端的心情分裂衝突中也不能沒有和解，使涕淚和哀傷之中仍保持一點寧靜和樂觀的信心。在一個深刻的靈魂裡痛苦總不失其爲美，就連在丑角身上也還是統治著雋妙和秀雅。與此類似，自然也特別分配給義大利人樂曲方面的才能，我們在早期義大利的教堂音樂裡發見到最熱烈的宗教虔誠之中仍寓有和解的純粹感覺，儘管靈魂陷入最深沉的痛苦，卻仍現出美與幸福、單純的偉大，以及想像所塑造的能從多方面供自己欣賞的形象。這種美在表面上像是感性的，所以人們往往把這種由樂曲產生的滿足感稱作一種單純的感官享受，但是藝術正是要在感性因素中活動，把精神引導到一個領域，其中像在自然界一樣，基調是徜徉自得的幸福感。

③所以旋律儘管不應缺乏情感的特殊性，音樂在使情緒和想像流露於音調之中，卻仍應使沉浸在這種情感中的靈魂超出這種情感之上，即不受內容的約束而回翔自如，這樣就替靈魂闢出一個境界，使它可以從沉浸於情感的狀態恢復過來，不受干擾地單純地感覺到它自己。正是這種情況構成了一個樂調的眞正的可歌唱性。這裡的主要因素並不只是某一具體的情感如愛、希求、歡樂之類發展過程，而是超然於這類情感之上的，無論在愁苦還是在歡樂中都在伸展自己和欣賞自己的內心生活。人的歌唱和旋律表現正像鳥兒在樹枝上、雲雀在天

空中，唱出歡暢動人的歌調，是爲歌唱而歌唱，是純粹的「天籟」，沒有其他目的，也沒有明確的內容。義大利音樂也是如此，上述原則在這裡起著統治的作用。它像詩一樣，往往轉到單純的美妙的聲調上去流連恣肆，仿佛忘記而且有時的確忘記了情感及其具體的表現，而只是在爲藝術而欣賞藝術，靈魂在欣賞自己的幸福的歌聲。義大利音樂之外，一般眞正的旋律也多少具有這種性格。它們固然也表現單純的特殊具體細節，但是同時也把它們否定掉，由於聽者的心不是沉浸在自身以外的某一具體內容裡，而是沉浸在自己的聽聞或印象裡。只有這樣，只有像純潔的光照耀它自己那樣，才能產生幸福的親切情感與和解的最高表現。

(2) 在雕刻裡占統治地位的必須是理想美，或鎭靜自持，而繪畫卻已進一步走向特殊個別的人物刻畫，它所表現的主要任務是要在具體表現方面顯出魄力。與繪畫類似，音樂也不能滿足於上文所描繪的那種樂曲的方式。靈魂對它自己的單純感覺以及這種自覺所流露的聲音運動，作爲單純的情調來看，畢竟還是太一般化、太抽象，不免要導致一種危險，這就是不僅要脫離歌詞明白表達出的內容中的較確切的意義，而且一般不免流於空洞和平庸。如果要把苦痛、喜悅和希求之類情調體現在旋律裡，實在的具體的靈魂在嚴肅的實際生活裡，只有處在一個具體內容的範圍裡，即處在某些特定環境和特殊情境裡發生某些事件、發生某些動作之類情況下，才會有這種情調。例如一首歌曲表現出對一種損失感到哀傷或哀悼的情感，我們不免馬上就要問：損失的究竟是什麼？是生命及其全部豐富的利益呢？是青春、幸福、妻子、愛人、兒女、父母還是朋友呢？因此，音樂就接受到進一步的任務，在涉及具體的內容和特殊個別的關係和情境（這些正是心靈所體驗到的，而且要通過這些才能把它的內心生活反映於音調）時，就必須使音樂表現本身也獲得類似的特殊具體化。因爲音樂所要處理的不是單純的抽象的內心生活，而是由具體內容充實起來的內心生活，這種具體內容是和具體的情感密切結合在一起的，所以根據不同內容的標準，表現在本質上也必然現出一些差異。心靈也是如此，它愈以全力去對付某種個別特殊的事物，它的運動和情緒也就愈緊張，因此就與上文所說的靈魂欣賞自己那種幸福狀態相反，要轉入各種情慾之間的分裂、衝突和鬥爭，一般說來，要轉入深刻的特殊具體化，對這種情況前此所討論的那種表現方式就不再適應了。內容的細節正是由歌詞提供的。眞正的旋律並不深入到這些明確的細節，所以在樂曲裡，歌詞中的特殊細節大半只處在次要的地位。例如一首歌儘管作爲詩或歌詞來看可以是包括無數細微差別的情調、見解和觀念的整體，但是歌調中卻從頭到尾都大半只用其中某一情感的同一基調，所以主要也只打動某一種情調。把這種情調掌握住，然後使它體現在聲音裡，這就是這種伴歌的旋律的基本功用。所以全詩中各章可以都用同一個旋律，儘管各章在內容上互不相同，這同一旋律的反覆複現不僅對效果無害，而且正足以提高歌的感動力。這正如在一片自然風景裡，有許多不同的事物擺在眼前，但是總有某同一基本情調和情境灌注生氣於整體。在歌裡也應有某一個占統治地位的音調，儘管這個音調只適合於歌中某一兩句而不適合其餘各句，因爲歌詞的明確意義不應占優勢，而單純的樂曲應該獨立地回翔於不同的內容意義之上。有許多伴歌的音樂作品卻不是這樣，每一節新詞都用一個新曲調，前後往往往在拍子、節奏乃至於音調上各不相同，我們從這裡簡直看不出這種變化有什麼必要，既然歌詞或詩本身並不是從頭到尾在音節、節奏和韻腳上變化不停。

①但是凡是適合於歌調（這是靈魂的一種眞正旋律式的歌唱）的並不都適合於任何一種音樂表現方式。所以在單純的樂曲式之外，我們還應提到一種同樣重要而和它對立的第二個方面，只有通過這個方面，歌調才眞正成其爲伴奏的音樂。在朗誦調占優勢的表現方式裡就有這種情況。在這種表現方式裡並沒有一種獨立自足的旋律，其中仿佛只掌握住一種內容的基調，而在展現這種內容基調之中，靈魂仿佛聽聞到（或覺察到）它自己的主體性；這裡所說的表現方式卻不是這樣，而是由歌詞的內容按照它的全部特殊細節去決定聲音，所決定的不只是聲音的進程，而且還有聲音的高低抑揚的尺度。因此，這種音樂就不同於旋律的表現方式，變成了一種高聲宣講，在意義上和在組合安排上都緊密地跟著歌詞走。這種表現方式只帶來了一個新的因素，即顯得較激昂的情感，所以它的地位介乎單純的旋律與詩的語言之間。適應這種地位，這種表現方式就用一種緊密跟著歌詞字義的較自由的抑揚頓挫。歌詞本身不必嚴格遵守固定音節格律，而歌調也無須像旋律那樣嚴格按照拍子和節奏向前發展下去，而是在抑揚頓挫和快慢等方面都適應歌詞內容所激發的情感。音調的曲折變化也不像在旋律裡那樣首尾完整：開始、進展、停頓、中斷、再開始、休止，一切都有毫無限制的自由，只需服從歌詞的需要；突如其來的強調，不大有準備的轉折，突然的變調和終結都是可允許的。和旋律的一氣呵成不同，這種表現方式也可適應內容的要求，分裂成爲一些零星的

片段，甚至聽命於強烈的情感，顯得破碎零亂。

②具有這種性格，朗誦和宣講的表現方式，也適用於對事件的平靜的考察和敘述，正不亞於適用於富於敏感的心情描繪，也可以顯出心靈在某一種情境下的分裂，以激動的靈魂的呼聲喚醒聽眾的心靈，使它對所描繪的一切活動起同情共鳴。這種朗誦的表現方式主要用在頌神樂章裡、故事的朗誦裡，或是在敘述某一短暫事件的生動的穿插裡，另一方面是在戲劇的歌唱裡，可以表達流動的交談中的一切色調以及每一種情感，無論這種情感的轉變是迅速、短暫、零碎，還是犀利而暴躁，像閃電似的交鋒還是像長江大河一瀉千里。此外，在史詩和戲劇的兩個領域裡還可以加上器樂，以便很簡單地指出和聲運動中的停頓點，或是用插曲來使歌唱中斷，以音樂的語言來描繪當時情境的其他方面和進展。[60]

③但是這種朗誦宣講的方式所缺乏的正是單純旋律的優點，即明確的段落劃分和圓滿的整體，亦即上述心靈的親切情感和統一的表現，這種親切情感和統一固然要結合到一個特殊具體的內容，而這個內容裡卻仍顯出靈魂與自己的協調一致，由於它不讓自己被特殊個別細節弄得支離破碎、東奔西竄，而是在這些細節中仍使主體方面的綜合發揮效用。因此，音樂即使涉及已由歌詞表達出的內容中的這種較明確的特性，也是既不滿足於朗誦宣講，又不能停留在旋律式和朗誦式的單純差別上，前者相對地超然回翔於歌詞中的特殊個別細節之上，而後者卻盡力和這些細節保持最緊密的聯繫。與此相反，音樂需尋求達到這兩個方式的和解。我們可以拿這種新的統一和上文談到和音和樂曲的差別時所出現的那種統一進行比

較。旋律採用和音作爲它的基礎，不只是一般的基礎，而是本身受到定性和經過特殊具體化的基礎，旋律並不因此而喪失掉它的運動自由，而且這樣才使它的運動自由獲得一種類似人類軀體通過牢固骨骼所得來的力量和確定性，有了骨骼，就可以防止不合式的姿勢和運動，保證穩定和安全。這一點就把我們引導到關於伴奏音樂研究中的最後一個觀點。

(3) 第三個表現方式就是伴歌詞的旋律歌調也要轉向個別具體的特徵，因而對在朗誦式樂調中占優勢的原則不能毫不關心，而是要把這種原則變成它自己的原則，以便使自己獲得原來缺乏的明確性，也使描繪特徵的宣講式樂調獲得一種有機的結構和見出圓滿自足的統一。因爲像我們在上文已經討論過的，旋律就已不能是空洞的、沒有定性的。所以當時我主要只強調這一點：旋律在一切內容裡都只表現心靈本身及其親切情感，而心靈在這種和本身的統一中是處在一種享受幸福的心情，這種心情表現出來，就適應單純的旋律，因爲從音樂觀點來看，這種單純的旋律也表現出類似的統一和圓滿地返回到本身的情況；我當時強調這一點，只是因爲這一點涉及純粹的旋律和朗誦宣講式樂調的差別。但是現在卻要把旋律的進一步的任務確定爲這樣：它要使本來像是需在它的範圍之外活動的東西也變成它自己的財產，只有通過這種充實，變成既是旋律式的，也是宣講式的，它才達到一種眞正具體的表

---

[60] 所謂「朗誦」和「宣講」的表現方式，頗類似我們曲藝中的說書彈詞。

現。從另一方面來說，宣講式的樂調也因而不再是獨立和孤立的；而是通過被採用到旋律式表現裡彌補了它自己的片面性。這種具體的統一之所以必要，理由就在於此。

爲著把這種表現方式說得更詳細一點，我們在這裡需區分以下幾個方面：

第一，我們要檢閱一下適應旋律的歌詞的性質，因爲前已證明歌詞的明確內容對於音樂及其表現具有根本的重要性。

其次，我們要考慮到樂譜中出現的一個新的因素，即刻畫性格特徵的宣講方式，我們研究這種宣講方式，需看它和我們原已在樂曲中發見到的那個原則的關係。

第三，我們要研究在哪些種類音樂裡，這種音樂表現方式才占最主要的地位。

① 在我們現在要研究的這個階段，音樂不只是泛泛地伴隨內容，而是要深入到內容的詳細的具體特徵，像我們在上文已經說過的。所以如果認爲歌詞的性格特徵對旋律無足輕重，那就是一種有害的成見。與此相反，凡是風格宏偉的音樂作品總有一種由作曲家審愼選出，或親手寫出的優秀的歌詞做基礎。沒有一個藝術家應該把它所處理的材料視爲無足輕重，音樂家尤其不應如此，特別是在詩先已把內容的較確切的形式，史詩的、抒情的或戲劇的，替音樂家刻畫好和寫定了的情況下。

對於一種好的歌詞所應提出首要的要求就是：歌詞的內容本身要眞正是純潔堅牢的。如果內容本身就呆板、平庸、枯燥和荒謬，就不可能根據它作出優秀的深刻的音樂作品。作曲家儘管用調味劑和香料，也不能用燒焦的貓來做成兔肉餅。在單純的旋律裡，歌詞在大體上固然不能起很大的決定作用，但是也要本身就有眞正的內容意義。另一方面，這種內容也不應有太重的思考氣味和哲學的深度，例如席勒的抒情詩所表現的激情的廣度就不是音樂的抒情方式所能充分表達的。埃斯庫洛斯和索福克勒斯的悲劇中的合唱也有這種情況，這類合唱在見解深刻之中卻有豐富的想像和敏感，把個別細節刻畫得淋漓盡致，作爲詩來看，本身就已盡善盡美了，就沒有剩下什麼讓音樂來加工了，心靈彷彿不再有在這種內容上發揮作用使它表現於一些新的音樂運動的餘地。所謂浪漫派詩的新的內容和處理方式卻與此正相反。它們大部分本應具有素樸的民間風味，但是往往只是一種弄姿作態的、人爲的、勉強裝配的素樸，帶來的不是眞純的情感，而只是勉強的通過思索費力造作的情感、低劣的眷戀情緒和賣弄風騷的伎倆，過分地以枯燥、愚蠢和庸俗自豪，陶醉於毫無內容意義的情慾、妒嫉、魔鬼的邪惡之類，對自己的優點和對這種淫蕩卑鄙都一樣沾沾自喜。[61]這種詩裡絲毫沒有原始的單純的眞實的深刻的情感，如果音樂要在自己的領域裡也採用這種辦法，就會受到不能更大的損害。無論是深刻的思想還是毫無價值而沾沾自喜的情感，都不能向音樂提供一種正確的內容。最適合於音樂的是一種中等詩。我們德國人不肯把這種詩看作詩，義大利人和法國人對於這種詩卻有很好的敏感和才能。這種詩用來抒情時是極簡單而眞實的，用寥寥數語就寫出一個情境和情感；用在戲劇裡它就很生動鮮明，不用過多的錯綜複雜的情節，對個別細

---

61 黑格爾對當時消極浪漫派的詩極端厭惡。

節也不精雕細刻，一般只勾出粗線條的輪廓，用意不在寫出一部詳盡完備的詩作品。這種詩必然只對作曲家提供一般基礎，在這個基礎上他可以按照自己的創造和對一切題旨的儘量發掘，來建成他的大廈，而且可以向許多方面自由活動。樂調既然應吻合歌詞，歌詞就不應儘量描繪出內容的個別細節，否則就會使音樂的宣講流於瑣碎零亂，弄出許多節外生枝，這樣就會破壞統一和削弱整體效果。從這個觀點看，人們對一首歌詞是優秀的還是不合式的判斷往往是錯誤的。例如我們往往聽到人責備《魔笛》[62]歌詞太平凡，實際上這是值得稱讚的歌劇腳本之一。席卡內德寫過許多粗獷、離奇和呆板的作品，但是這個腳本卻射中了目標。其中所寫的夜的王國、王后、日的王國、宗教祕密儀式、入教典禮、智慧、愛情，各種考驗都具有一種平凡的而在大體上卻很優秀的道德品質——這一切加上樂調所表現的深刻而美妙的靈魂都是激發想像和感動人心的。

再舉一些其他的例，在宗教音樂方面，大彌撒典禮的樂調所伴的拉丁歌詞是很卓越的。它們用最簡單的語言，時而表達出最普通的宗教信仰的內容，時而表達出信士群眾的情感和意識發展中的重要階段，這樣就使音樂家有最寬廣的加工的餘地。偉大的《輓歌》[63]和《頌聖詩》中的一些段落也是很可利用的。韓德爾也曾運用一些宗教的教義，特別是運用聖經中一些帶有象徵意義的段落和情境，來作爲他的樂調的歌詞，把這類材料刻畫成爲一個完滿的整體——至於抒情詩，特別宜於用來譜曲的是些情感眞摯的小詩，尤其是形式簡樸，語言簡單而情感深刻，滲透到某一種情調和情感境界裡去而又美妙地表達出來的作品，或是一些輕鬆愉快的作品。這類詩幾乎每個民族都有。在戲劇領域裡，我只想提到麥塔斯塔西阿[64]以及瑪蒙泰爾[65]。後者是一個富於敏感、有教養、很可愛的法國人，教過皮契尼[66]的法語，他在戲劇作品中善於把發展情節的熟練技巧，和情節本身的興趣跟美妙而爽朗的風格結合在一起。但是在一切這類作品之中首先應提到格魯克[67]的一些著名的歌劇腳本，它們的題旨都很簡單，範圍只包括情感方面的最純眞的內容，例如母愛、夫妻愛、兄弟姊妹的愛、友誼、榮譽之類，他讓這些簡單的題旨和重要的衝突平平靜靜地展現出來。因此，所寫的情緒始終是純潔的、偉大的、高尙的，而且具有造型藝術的簡樸。

②這種內容就適合表現於既重性格特徵而又不失其爲旋律式的音樂。要達到這個目的，歌詞就不僅要表現出嚴肅的心胸、喜劇性和悲劇性的偉大情緒、深刻的宗教的思想情感，以及人類心胸的力量和命運，而且作曲家還要全神貫注，對這種內容意義透澈地心領神會過才行。

---

[62] 莫札特臨死前（一七九一）所作的歌劇，歌詞是由席卡內德（Schikaneder）作的。

[63] 指基督教會彌撒典禮中替死人唱的安魂歌。

[64] 麥塔斯塔西阿（Metastasio, 1698—1782），義大利詩人，寫過一些悲劇。

[65] 瑪蒙泰爾（Marmontel, 1723—1799），法國百科全書派作家，寫過一些悲劇和歌劇。

[66] 皮契尼（Piccini, 1728—1800），義大利作曲家。

[67] 格魯克，已見前注。他和皮契尼同時，代表當時對立的兩派。

此外，表現性格特徵的音樂和旋律式的音樂這兩方面的關係也很重要。我認爲這裡的主要的要求在於在這兩方面之中，優先地位應永遠屬於旋律方面，因爲只有它才能達到融貫和統一，而不應屬於性格特徵方面，因爲它依靠一些互相脫節的個別細節。例如現代戲劇性的音樂往往追求強烈對比的效果，所用的辦法是憑藝術技巧把互相對立的情緒擠壓到同一個音樂發展過程裡，使它們互相鬥爭。例如它一方面表現出歡樂、結婚典禮和慶祝宴會，另一方面又把仇恨、復仇和敵視之類情緒夾雜進去，結果是熱鬧、歡喜、跳舞的音樂，跟激烈的爭吵和最惡劣的分裂混作一團的大喧嚷。這種分裂破碎狀態的對比，沒有統一，時而把我們推向這一方面，時而又把我們推向另一方面，是與美的和諧背道而馳的，對立雙方的性格特徵的對比愈尖銳，它離開美的和諧也就愈遠，於是旋律所應有的心靈欣賞它自己和返回到它自己的情況就不可能出現了。一般說來，旋律方面與性格特徵方面的配合總不免冒著一種危險，就是比較具體的特徵描繪易於越出劃得很細微的音樂美的界限，特別在要表現的是暴力、自私、罪惡及暴躁之類極端褊急的情緒時，這種危險就很大。如果音樂在這種情況下把明確的性格特徵納入抽象化的形式裡，它就不可避免地走到歧途，變成尖銳生硬、簡直沒有旋律的音樂性質，甚至只是亂用些不和諧的噪音。

與此類似的情況在描繪個別特殊的性格特徵中也可以發生。如果這些特徵被視爲各自獨立的而過分突出地描繪出來，它們就很容易互相脫節，變成仿佛是靜止孤立的，而在音樂的展現中卻應有一個基本的進展運動，而這種運動應有一個始終不離的線索，上述的孤立化就會破壞音樂的流瀉過程和統一。

伴奏樂的眞正的音樂美在於單純的旋律雖然發展成爲性格特徵的描繪，而在這種特殊具體化之中，旋律卻仍保持著靈魂的支撐和統一的作用，正像拉斐爾的繪畫作品中的描繪性格特徵的方面始終保持著美的調質。這樣，旋律方面就充滿著意義，儘管描繪了明確的個別特徵，它起著滲透到一切和統攝一切的灌注生氣的作用，具有性格特徵的個別特殊的因素，顯得只是某些受到定性的方面從這旋律中脫穎而出，這些方面總是經常要返回到上述的統一和生氣灌注。不過在音樂裡想找到正確的標準，要比在其他各門藝術裡較爲困難，因爲音樂比較容易把上述兩種對立的表現方式拆散開來。所以幾乎在某個時代裡對於音樂作品的評判總是有分歧的。一派人只重視旋律方面，而另一派人卻偏袒性格特徵較強的作品。例如韓德爾在他的歌劇裡對於某些個別的抒情片段也要求表情嚴格，而在當時就往往和演奏他的作品的義大利歌手們發生衝突，後來由於聽眾都站到義大利人一邊去了，被迫完全轉到只譜頌聖樂章，在這方面他的創造才能算是用得其所。在格魯克派和皮契尼派之間長久而熱烈的爭執也是很著名的。盧騷也反對早期法國缺乏樂曲式的音樂，袒護富於樂曲意味的義大利音樂。最後，在目前也有擁護和反對羅西尼[68]和義大利新派的兩派人之間的爭執，反對派責備羅西尼

---

[68] 羅西尼（Rossini, 1792—1868），義大利作曲家，當時旋律派和性格特徵派的爭執實際上是音樂方面形式與內容的爭執，旋律派著重音樂形式的融貫完整，性格特徵派著重描寫內容與特殊細節。黑格爾是偏袒旋律派的。

的音樂只產生一種空洞的耳癢的感覺，但是如果我們更深入地體會他的旋律，就會覺得他的音樂是最富於感情和才智的、有力量深入人心的，儘管他不從事於描繪性格特徵，而我們德國人憑較生硬的音樂知解力，就特別愛好這種描繪。無可諱言，羅西尼對他的歌詞往往不忠實，讓他的樂曲隨意自由馳騁，使得聽眾只有一種選擇：或是拘守題材，對和題材不一致的旋律感到不滿；或是放棄內容，無拘無礙地全神貫注地，享受作曲家的自由的信任靈感的旋律以及其中的靈魂。

③ 最後，關於伴奏音樂的最主要的種類，我想談得簡略些。

作爲第一個主要種類，我們可以舉教堂音樂。由於這種音樂所處理的不是個人的主體情感而是一切情感的實體性的內容意蘊，或則說，信士群眾作爲集體的普遍情感，它絕大部分具有史詩的純眞堅實，儘管它並不爲敘事而敘事。藝術的構思在不假道於敘事之中如何仍能成爲史詩的，我們將來在詳細討論史詩時還要就這個問題加以分析。這種基本的宗教音樂，在音樂一般所能創作出的作品之中，是最深刻和最富於感動力的。因爲這種音樂代表僧侶替信士群眾祈禱，它在天主教範圍裡才有眞正的地位，例如彌撒典禮中的樂曲，一般作爲教堂中各種活動和慶祝中的主要點綴。耶穌教或新教也有教堂音樂的作品，它們在宗教意義上最深刻，而且從音樂的構思和創作方面看，也很結實，具有豐富的內容。巴哈在這方面是傑出的大師，只有到現代，人們才開始學會珍視他的偉大的才能，他表現出眞正的新教精神，很強健，仿佛學問也很淵博。但是新教在教堂音樂方面不同於天主教舊方向的新發展，主要差別在於它使起源於基督臨刑慶祝典禮的頌聖樂章達到完備的形式。在我們的時代裡，在新教中音樂當然已不再和教堂禮拜緊密結合在一起了，不再用在宗教典禮中了，於是它就變成一種學者們的練習，而不再是有生氣的作品了。

其次是抒情的音樂。它以旋律的形式表現個人的心情，需儘量避免只是描繪性格特徵式和宣講式的調子，儘管也可以把歌詞的具體內容（無論是宗教的還是其他性質的）納入它的表現裡。但是不能回到平靜和達到終結的激烈情緒，沒有達到和解的心情分裂以及單純的內心的深刻的痛苦，都不大適宜於抒情的音樂，放在戲劇的音樂中作爲某些個別的部分就比較適宜。

第三是戲劇的音樂。古代悲劇裡就已有音樂，但是音樂在古代悲劇中並不占優勢，因爲在眞正的詩作品裡應居首位的是語言的表現，以及詩人對思想情感的刻畫，至於音樂則由於和聲與旋律在古代都還沒有發展到基督教時代的高度，只能爲語言的表現服務，其作用在於通過音樂節奏來提高詩中語文的音樂性，使詩更能深入人心。但是在它用在教堂音樂和抒情音樂裡都已達到很完善的程度之後，戲劇的音樂就獲得了一種獨立的地位，這就是在近代歌劇和小樂劇之類作品裡。不過從歌唱方面來看，小樂劇是一種較不重要的中間品種，它只把說話和歌唱、音樂和非音樂的因素，散文語言和旋律式的歌調機械地雜糅在一起，人們通常說，戲劇中的歌唱一般都很不自然，但是這種責備未免太苛，倒是更可以用來反對歌劇，其中從頭到尾，每一種思想、情感、情慾和決斷都是由歌伴隨著和表現出來的。反之，小樂劇倒有理由可辯護，如果它碰到情感和情慾比較活躍或一般適宜於音樂描繪的地方，才讓音樂介入。但是它把對話部分的散文式的閒談和經過藝術處理的歌唱部分夾雜在一起，這總是一個缺點。這就是說，通過藝術而得到的解放還不完全。在正式的歌劇裡卻不然，一個完整的情節從頭到尾都是用音樂方式來處理的。如果音樂所採用的主要內容是情感的內在方面，處在各種不同情境中的個別的和一般的情調，以及情慾的衝突和鬥爭，通過最完滿的表情，把這類內容突出地表現出來，我們就會永遠從散文世界搬到一種較高的藝術世界，整部作品都會保持住這種藝術世界的性格。[69] 滑稽的鬧劇[70]與歌劇不同，它用家喻戶曉的大家都喜愛的老調子來歌唱一些零星的押韻的俏皮話，歌唱仿佛是對它自己的嘲諷。被歌唱的東西應帶有開玩笑的摹擬意味，主要的風趣在於對歌詞及其中笑話的理解；歌唱一完畢，想到這種話竟要用歌唱的方式說出來，我們馬上就要笑起來。[71]

B. 獨立的音樂

我們在上文已把旋律式的音樂和造型的雕刻的那種獨立自足，本身融貫一致的情況相比，至於宣講式的音樂則使我們再度看到近似繪畫的那種描繪個別細節的藝術類型。這種較明確的性格描繪之中有一系列的分散開來的特徵，就不易由較簡單的人類口音的運動過程表達其全部豐富內容的，所以就要加上器樂伴奏。音樂愈要展現多方面的生活，也就愈需要器樂伴奏。

其次，除掉伴歌詞的採用描繪性格特徵的文字表現方式的旋律之外，還另有一種旋律，在運用音樂之外，還有自己特有的採取明確觀念形式而被傳達出來的內容，把這種內容納入音樂運動的自由演變[72]。本來音樂的本原就是主體內心生活，但是具體自我的最深刻的內心生活是單純的主體性，還沒有結合到固定的內容而受到定性，所以還沒有被迫朝這一方面或那一方面活動，而是一種不受拘束的自由運動，只需要本身融貫一致。如果這種單純的主體性也要享受表現於音樂的權利，它就得脫離一種既定的歌詞，由它本身決定它的內容和表現的過程和性質，作品的統一和發展，一個貫串始終的基本思想以及旁遷他涉、節外生枝之類[73]，由於這裡整體的意義不是能用文字來表現的，它就只能用純粹的音樂的手段來表現。這就是上文已提到的「獨立的音樂」這一領域中的情況。伴奏的音樂要在本身以外取得它所要表現的內容，因而在它的表現中需涉及不是它作爲音樂所特有的而是屬於另一門藝術即詩

---

69 這是歌劇的理想，不一定就能達到。黑格爾對近代歌劇並不讚賞，參看最後一卷論戲劇體詩中關於歌劇的部分。

70 原文是 Vaudeville，一種輕鬆愉快的帶有滑稽意味的小歌舞劇。

71 在西方和在中國一樣，詩歌音樂和舞蹈是同源的。黑格爾著重地談了音樂和詩歌的關係，至於對音樂舞蹈的關係卻隻字未提，似是一個漏洞。

72 原文是 Freiwerden，法譯作「完全的自由」，俄譯作「聲音的自由遊戲，內容的自由發展」。

73 即按自己的本質規律決定自己的發展，「無待外求」，這就是聲音的自由運動。

的東西。但是音樂如果要成為純粹的，它就必須擺脫上述不是它所特有的因素，即完全拋棄文字的明確性，從而獲得完全的自由。我們現在所要詳細討論的就是這一點。

我們在伴奏的音樂裡就已看到這種走向自由運動的開始。因為有時固然是詩詞在把音樂推向後面，迫使音樂處於服從地位，也有時是音樂在安靜地回翔於文字的特殊具體的定性之上，或是完全擺脫文字所已表達出來的思想意義而憑自己的意願去自由迴旋，無論採取的是歡樂的還是哀傷的情調。這種現象在聽眾中也可以看到，特別是在涉及戲劇音樂的時候。這就是說，歌劇包括許多因素，例如山水風景和其他地方色彩、情節的發展過程、偶然事件、儀仗和服裝之類；另一方面還有情緒及其表現。所以在歌劇裡內容是雙重的，即外在的情節和內在的情感。單就情節來說，儘管它是一切個別部分的綜合體，它的發展過程畢竟不大適宜於音樂的表現，大部分要靠用文字去敘述。觀眾很容易傾向於不愛聽這一方面的內容，特別是不愛聽人物交談和台詞朗誦，而集中注意於眞正是旋律性的和音樂的方面。前文已經說過，在義大利人中間特別有這種情況，最近的義大利歌劇每逢插入無聊的對話部分或其他瑣屑細節時，聽眾就不愛聽，互相閒談起來或用其他方式來消遣，等到演奏到眞正的音樂部分，聽眾才又聚精會神地靜聽和欣賞。從此可見，作曲家和聽眾都傾向於完全擺脫歌詞的內容而把音樂作為一種獨立的藝術來處理和欣賞。

(1) 但是這種眞正獨立自由的領域不能是受歌詞約束的伴奏的音樂，而只能是器樂。因為人的口音像上文已經指出的，是整個主體內心生活所特有的聲響，這種主體內心生活也可以表現於觀念和文字，但是只有自己的口音和歌聲才是適合的工具，才能把它所觀照到的內心世界（這是處在情感的聚精會神狀態的）表現出來使人聽到。但是對於器樂來說，就沒有這種要有陪伴的歌詞的理由，所以在器樂裡專守音樂所特有的範圍的音樂才開始占統治地位。

(2) 這種器樂的獨奏或合奏可以取四重奏、五重奏、六重奏和交響曲之類形式，無須用歌詞和人的口音，並不根據一種本身就很明白的思想過程，所以一般只用來表現抽象的情感，而這種抽象的情感也只能以一般（抽象）的方式表現在這種音樂裡。這種音樂的主要旨趣在於和聲與旋律的運動的往復和起伏、進展方面的快慢、輕重段落分明和輕妙流利，憑音樂所能掌握的一切手段對旋律的精心刻畫，即各種樂器在合奏中承續轉變低迴往復之類所表現的藝術性的協調。因此，主要是在器樂領域裡，一般音樂愛好者和音樂內行之間開始顯出重要的差別。音樂外行在音樂中所喜愛的主要是可以憑知解力來了解的情感和思想的表現，是題材和內容，所以特別愛聽伴奏的音樂；音樂內行卻不然，他熟悉各種樂音和樂器的內在的音樂關係，他愛器樂只取其中對和聲與旋律的錯綜曲折的形式的藝術的運用，他完全沉浸在這種音樂裡，要靠他所聽到的引起興趣的細節和他所熟悉的法則和規律進行比較，以便對演奏的成就能更好地評判和欣賞，儘管他碰到某一種他所不習慣的進展和轉變的技巧時，藝術的新的創造才能也往往使他這位內行感到迷惑。這種完全沉浸到音樂裡的狀態在單純的音樂愛好者之中卻是罕見的。一般音樂愛好者只想沉浸在聲音的這種迷離恍惚的蕩漾中，去找一種精神的立足點以便掌握進展的線索，特別是掌握在他自己靈魂裡引起共鳴的東西，也就是要找出較明確的思想和較確切的內容。由於這個緣故，音樂對於這種聽眾總是象徵性的，但是等到他試圖探索這種象徵的意義時，他就會繼續不斷地碰到無法解決的謎語似的難題，它們一般是既可以這樣解釋，又可以那樣解釋的。

就作曲家方面來說，他固然在作品中擺進一個確定的意義，一種思想和情感的內容以及這種內容的段落分明的完滿自足的發展過程，但是他也可以與此相反，不受這種內容的拘束，只在作品的純粹音樂結構以及這種結構的巧妙上下工夫。不過這樣做出來的作品很容易成為無思想、無情感的，也無須有教養和心靈兩方面的深刻意識。由於可以有這種內容空洞的音樂，所以我們不僅看到作曲家的才能往往在幼年時期就已很發達，而且也有一些有才能的作曲家從少到老都是些最不自覺、最缺乏內容的人。所以比較深刻的作曲家即使在器樂裡也要同時注意到兩方面，一方面是內容的表現，儘管還不很確定，另一方面是音樂結構，因而他可以自由任意，時而側重旋律，時而側重和聲方面的深度，時而側重個性特徵，或是把內容和表現形式這兩種因素融化在一起。

(3) 我們一開始就已把無拘無礙地運用音樂創作方式的主體性，定為這一階段的音樂的一般原則了。這種不受某一現成內容束縛的獨立性，多少不免要使主觀任意性在一種難以嚴格界定的範圍裡發揮作用的餘地，因為這種音樂創作方式儘管也有一定的規則形式，主觀幻想也要受這些規則和形式的節制，這類規則畢竟是通套的，至於在具體細節方面，主體仍有無限廣闊的天地可以任意自由迴旋，只要他不越出聲音關係的性質所定的界限。此外，隨著這一類型的音樂仍繼續發展，主觀任意性終於變成毫無約束的主子，和旋律表現的穩定進展並且緊隨歌詞內容的伴奏音樂不同，可以自由馳騁奇思幻想，運用突然的中斷、俏皮的玩笑、使人迷惑的緊張、匆促的轉變、跳躍和閃電式的運動，以及出人意料的效果等等。

C. 藝術的演奏

在雕刻和繪畫裡，擺在我們眼前的藝術作品是獨立的客觀存在的藝術家活動的結果，而不是這種活動本身，不是實際的活生生的創作過程。如果要使音樂的藝術作品呈現到我們耳裡，情形卻與此相反，我們已經說過，演奏的藝術家卻像戲劇詩的演員一樣在活動，要作爲一個活生生的人站出來，使他自己變成一種受到生氣灌注的藝術作品。

我們在上文已經見到，音樂是向兩個方面發展的，或是適應一個確定的內容，或是獨立自由地走自己的道路，我們現在也可以把音樂演奏的藝術分爲兩個主要的品種。一種是演奏者完全沉浸在既定的藝術作品（樂譜）裡，謹守現成的作品原已包含的東西，不越雷池一步；另一種是演奏者不只是在複演，而是在創造表現方式或演奏方式，總之，他的眞正的灌注生氣的作用不僅來自擺在面前的樂譜，而主要地是來自他自己所特有的手段。

(1) 在史詩裡，詩人把一個發生事蹟和情節的客觀世界展現給我們看，所以誦史詩的人只能隱藏起來，完全不介入他所演述的事蹟和情節。他愈不介入，效果也就愈好；他甚至可以用單調的毫無生氣的音調去演述。產生效果的關鍵是詩人的刻畫和敘述而不是誦詩者的實際敘述中所用的音調。從此我們也可以得出頭一種音樂演奏方式的規律，這就是：如果作品（曲譜）也具有與史詩類似的客觀完美，作曲家本人原來只把主題和貫串在主題裡的情感譜到樂調裡，演奏也就應該取客觀的方式。演奏的藝術家不僅無須憑自己的意思添油加醋，而且絕對要避免這樣辦，以免使效果遭到破壞。他需完全服從作品的性格，使自己只成爲一個敬聽指使的器官。不過在服從之中，他也不應該降低到只是一個手藝人的地位，實際上就往往有這種情形，只有在街上演奏手風琴的賣藝人才許這樣演奏。如果演奏是藝術性的，藝術家就要當心不要產生他只是一架音樂的留聲機的印象（這種留聲機只是機械地複述一段指定的曲譜），而是要把作曲家的全副心神灌注到作品裡去，使它具有生氣。不過這種灌注生氣的熟練手腕，也只應限於用來正確地解決作品（曲譜）中技巧方面的難課題，同時卻不僅絲毫不露辛苦克服困難的掙扎痕跡，而且還要顯出在這種困難情況中能充分自由地活動。所以從精神方面來看，演奏的天才在於在實際演奏中能達到作曲家的精神高度，使作品現出生氣。

(2) 如果作曲家本人在作品中原來就已讓主體方面的自由和任意性占上風，一般不大追求表現方式都盡善盡美，情況和上文所說的就不同了。在這裡有時來自熟練技巧的大膽是用得其所的，有時演奏的天才不能局限在複演現成的曲譜上，而是要擴充到一個程度，以致藝術家本人在演奏中同時在作曲，彌補缺陷，使膚淺的東西深刻化，使本無生氣的東西獲得生氣，這樣他就顯得簡直在獨立地創作。例如在義大利歌劇裡就有這種情況，歌唱家總有廣闊的自由發揮作用的餘地，特別是在「花招」方面；因爲義大利歌劇裡宣講部分本來就已離開歌詞的內容，所以這種獨立的演奏也就成爲靈魂的一種自由的旋律的流轉運動，靈魂在獨立地發出歌聲和憑自己的回翔和騰空高舉之中來自得其樂。人們說，羅西尼[74]使得歌唱家們的任務變得太容易了，這種責備也只有一部分是正確的。他實際上使得歌唱家的任務變得很難，因爲他把很多的東西移交給具有天才的獨立的演奏家去自行處理了。如果演奏家果眞有天才，他所產生的藝術作品就會有完全獨特的美妙風味。我們就不僅看到一件藝術作品，而且還看到藝術家的創作活動本身。在作品和創作活動都這樣活生生地出現在面前時，我們就把地點、時機、在宗教典禮中的確定的地位、戲劇情境的內容和意義之類外在的條件都忘去了，我們無須有，也不願意有一種歌詞。剩下來的只有情感的一般調質，在這種情感調質的氛圍中，藝術家的鎭靜自持的靈魂盡情地流露自己，顯出他的創造才能，他的深刻的心情以及他對技巧的熟練掌握。只要這種情況發生時可以看出才智和値得喜愛的品質，演奏家還可以在旋律中穿插一些帶有諧趣、幻想和巧妙手法的「花招」，讓自己聽命於暫時的興致和影響。

(3) 第三，如果所用的工具不是人的口音而是某一種樂器，上文所說的生動性還會顯得更奇妙。這就是說，樂器所發的聲響離靈魂的表現較遠，一般是一種外在的死的東西，而音樂卻是內心的運動和活動。如果樂器的外在性完全消失，如果內心的音樂透過外在的現實而

[74] 羅西尼，流行的曲譜有《奧賽羅》、《摩西》、《威廉泰爾》等等。

湧現出來，這種異於人聲的樂器在熟練的演奏之中，就會成爲藝術家靈魂的一種最適合的構造完善的工具。例如我回想起青年時代聽過的一位彈吉他琴的神手。他替這種卑微的樂器作了一些缺乏藝術趣味的軍樂曲。如果我記得不錯，他原是一個紡織工人，同他談起話來，他顯得很遲鈍、沉默寡言，但是一旦他彈起琴來，人們馬上就忘掉他的作品（樂譜）缺乏藝術趣味，正像他忘掉他自己那樣。他把他的整個靈魂都放在吉他琴裡，彷彿不知道世間還有什麼演奏比他自己在聲音中傾吐心靈的演奏還更高明，因此他產生了奇妙的效果。

這樣一種熟練的演奏在登峰造極時，不僅顯出值得驚贊的對外在事物[75]的駕馭，而且也顯出內心方面的毫無約束的自由，因爲演奏者以遊戲的態度克服了像是不可克服的困難，巧妙地耍出一些花招，加一些穿插，突然開一個俏皮的玩笑，在他的獨到的發明創造中，連離奇古怪的東西也變成值得欣賞的。一個貧乏的頭腦當然不能創造出獨出心裁的藝術作品，但是天才的藝術家卻在這種作品中顯出他對樂器的神奇的掌握，他的熟練手腕知道怎樣去克服樂器的局限性，往往可以在這種樂器上奏出和其他樂器完全不同的聲響，大膽地證實他在克服樂器的局限性方面所取得的勝利。聽到這種演奏，我們就欣賞到最高度的音樂生動性以及其中神奇的祕密，這就是一個外在的工具居然能變成一種完全活的工具；這時我們就看到藝術家內心的構思，以及憑天才想像的演奏手腕，在瞬息間的神思煥發中和一縱即逝的生活中，像閃電似地突然湧現在我們眼前。

這就是我從音樂裡所聽到和感覺到的一些最基本的方面。我把我所抽繹出來的一些一般性的看法綜合起來，作爲本篇對音樂的研究。

75 指吉他琴。

名詞索引

二畫

三畫

四畫

五畫

六畫

七畫

八畫

九畫

十畫

十一畫

十二畫

十三畫

經典名著文庫036

美學 第三卷　上

Vorlesungen über die Ästhetik III (1)

作　　者── 【德】黑格爾（Hegel, G. W. F.）
譯　　者── 朱光潛
發 行 人── 楊榮川
總 經 理── 楊士清
文庫策劃── 楊榮川
主　　編── 蘇美嬌
特約編輯── 朗　慧
封面設計── 姚孝慈
著者繪像── 莊河源
出 版 者── 五南圖書出版股份有限公司
地　　址：台北市大安區106和平東路二段339號4樓
電　　話：02-27055066（代表號）
傳　　眞：02-27066100
劃撥帳號：01068953
戶　　名：五南圖書出版股份有限公司
網　　址：http://www.wunan.com.tw
電子郵件：wunan@wunan.com.tw
法律顧問── 林勝安律師事務所　林勝安律師
出版日期── 2018年10月初版一刷
定　　價── 580元

國家圖書館出版品預行編目資料

美學．第三卷／黑格爾著；朱光潛譯．-- 初版 -- 臺北市：五南，2018.10
面；公分
ISBN 978-957-11-9481-3（上冊：平裝）. —
ISBN 978-957-11-9482-0（下冊：平裝）
1. 美學
180　　106020571